EinFach
Deutsch
Unterrichtsmodell

Liebeslyrik

Erarbeitet von
Gerhard Friedl

Herausgegeben von
Johannes Diekhans

© 2009 Bildungshaus Schulbuchverlage
Westermann Schroedel Diesterweg Schöningh Winklers GmbH
Braunschweig, Paderborn, Darmstadt

www.schoeningh-schulbuch.de
Schöningh Verlag, Jühenplatz 1 – 3, 33098 Paderborn

Druck 5 4 3 2 / Jahr 2012 11 10 09
Die letzte Zahl bezeichnet das Jahr dieses Druckes.

Umschlaggestaltung: Jennifer Kirchhof
Druck und Bindung: Media-Print Informationstechnologie GmbH, Paderborn

ISBN 978-3-14-022381-2

Vorwort

Der vorliegende Band ist Teil einer Reihe, die Lehrerinnen und Lehrern erprobte und an den Bedürfnissen der Schulpraxis orientierte Unterrichtsmodelle zu ausgewählten Ganzschriften und weiteren relevanten Themen des Faches Deutsch bietet.

Im Mittelpunkt der Modelle stehen Bausteine, die jeweils thematische Schwerpunkte mit entsprechenden Untergliederungen beinhalten.

In übersichtlich gestalteter Form erhält der Benutzer/die Benutzerin zunächst einen Überblick zu den im Modell ausführlich behandelten Bausteinen.

Es folgen:

- Vorüberlegungen zur Behandlung der Gedichte im Unterricht

- Hinweise zur Konzeption des Modells

- Ausführliche Darstellung der einzelnen Bausteine

- Zusatzmaterialien

Ein besonderes Merkmal der Unterrichtsmodelle ist die Praxisorientierung. Enthalten sind kopierfähige Arbeitsblätter, Vorschläge für Klassen- und Kursarbeiten, Tafelbilder, konkrete Arbeitsaufträge, Projektvorschläge. Handlungsorientierte Methoden sind in gleicher Weise berücksichtigt wie eher traditionelle Verfahren der Texterschließung und -bearbeitung.

Das Bausteinprinzip ermöglicht es dabei den Benutzern, Unterrichtsreihen in unterschiedlicher Weise und mit unterschiedlichen thematischen Akzentuierungen zu konzipieren. Auf diese Weise erleichtern die Modelle die Unterrichtsvorbereitung und tragen zu einer Entlastung der Benutzer bei.

 Arbeitsfrage

 Einzelarbeit

 Partnerarbeit

 Gruppenarbeit

 Unterrichtsgespräch

 Schreibauftrag

 szenisches Spiel, Rollenspiel

 Mal- und Zeichenauftrag

 Bastelauftrag

 Projekt, offene Aufgabe

1.1	Was ist Liebe? – Bestimmungsversuche	W. H. Fritz: Weil du die Tage E. Fried: Was es ist	Arbeitsblatt 1 Einzelarbeit Unterrichtsgespräch
1.2	Liebesempfindungen in den *Carmina burana* von Carl Orff (Ausschnitt)	Carl Orff: Carmina Burana (Ausschnitt)	Arbeitsblatt 2 Unterrichtsgespräche Tafelbild
1.3	Handlungsorientierte Betrachtung von Liedern der Pop- und Rock-Musik		Einzelarbeit Projekt
1.4	Intuitionsgeleiteter Einstieg anhand von Beispieltexten aus unterschiedlichen Epochen	C. H. v. Hoffmannswaldau: Beschreibung vollkommener Schönheit J. W. Goethe: Willkommen und Abschied W. Schnurre: Gedenken	Arbeitsblatt 3 Einzelarbeit Tafelbild
1.5	Wechselwirkung von Inhalt, Sprache und Form	J. W. Goethe: Willkommen und Abschied F. Hölderlin: Diotima	Arbeitsblätter 3–5 und 57 Zusatzmaterialien 2 und 5 Einzel-, Partner- und Gruppenarbeit Unterrichtsgespräch Tafelbild
1.6	Von Symbolen und Motiven in einem romantischen Volkslied zu semantischen Feldern im modernen Gedicht	J. v. Eichendorff: Das zerbrochene Ringlein E. Lasker-Schüler: Ein Lied	Arbeitsblätter 6, 7 Einzel- und Partnerarbeit Unterrichtsgespräch Tafelbilder Schreibauftrag
1.7	Interpretationshypothesen	I. Bachmann: Eine Art Verlust	Arbeitsblatt 8 Einzel- und Gruppenarbeit Unterrichtsgespräch Tafelbilder

Baustein 2: Ältere Liebeslyrik von der Antike bis zum Barock   (S. 46–78)

2.1	Die Liebe als göttliche Person und als unwiderstehliche Macht in der Antike	Sappho: Ode, Hymnus an Aphrodite Orphische Hymne an die Liebe P. Verlaine: Amor auf der Erde	Arbeitsblätter 9, 10 Einzel- und Gruppenarbeit
2.2	Das Hohelied Salomos: Liebesdialog und Schönheitsvergleiche	Hoheslied Salomos (Ausschnitte)	Arbeitsblatt 11 Einzel- und Partnerarbeit Tafelbild
2.3	Minnesang	Der von Kürenberg: Das Falkenlied H. v. Morungen: Vil süeziu senftiu toeterinne W. v. d. Vogelweide: Under der linden	Arbeitsblätter 12, 13 Malauftrag Unterrichtsgespräche Partnerarbeit Tafelbild
2.4	Petrarkismus und Sonette	F. Petrarca: Wo nahm der Liebesgott das Gold so fein M. Opitz: Sonett von der Liebsten Augen W. Shakespeare: 130. Sonett E. Mörike: An die Geliebte B. Brecht: Entdeckung an einer jungen Frau M. L. Kaschnitz: Maß der Liebe	Arbeitsblätter 14–17 Unterrichtsgespräche Einzel-, Partner- und Gruppenarbeit Tafelbilder
2.5	Geistliche Liebeslyrik	F. Spee: Ein Liebgesang der Gespons JESV	Arbeitsblatt 18 Unterrichtsgespräche Einzelarbeit Tafelbild

Baustein 3: Liebe im Spiegel von Natur und Zeit   (S. 79–110)

3.1	Jahreszeiten	J. W. Goethe: Mailied H. Heine: Im wunderschönen Monat Mai B. Brecht: Das Frühjahr kommt H. Domin: Winter S. Kirsch: Die Luft riecht schon nach Schnee G. Eich: Dezembermorgen H. Czechowski: So kam dieser Winter, der Frost K. Krolow: Gedicht für J. S. R. Prutz: Liebeskalender	Arbeitsblätter 19–21 Unterrichtsgespräche Partner- und Gruppenarbeit Tafelbilder

Baustein 3 (Fortsetzung)

3.2	Liebe und Gewalt	J. W. Goethe: Heidenröslein C. F. D. Schubart: Die Forelle	Arbeitsblätter 22, 23 Partnerarbeit Unterrichtsgespräche Tafelbilder
3.3	Tageszeiten	W. v. Eschenbach: Sîne klâwen E. Lasker-Schüler: Zwei Liebeslieder	Arbeitsblätter 24, 25 Einzel- und Partnerarbeit Unterrichtsgespräch Tafelbilder
3.4	Dauer und Vergänglichkeit	M. Opitz: Ach Liebste, lass uns eilen C. H. v. Hoffmannswaldau: Vergänglichkeit der Schönheit Novalis: Zweite und dritte Hymne an die Nacht E. Stadler: Anrede C. Meckel: Alles wie immer	Arbeitsblätter 26–28 Einzel- und Partnerarbeit Unterrichtsgespräche Tafelbilder

Baustein 4: Liebeslyrik in Volks- und Kunstliedern   (S. 111–138)

4.1	Zwei Königskinder	Es waren zwei Königskinder A. v. Arnim: Getrennte Liebe F. Schiller: Hero und Leander	Arbeitsblätter 29, 30 Unterrichtsgespräche Partnerarbeit Tafelbilder
4.2	Vogel- und Nachtigallen-Motiv	Wenn ich ein Vöglein wär H. Heine: Ich steh auf des Berges Spitze H. Novak: kann nicht steigen nicht fallen L. Rellstab: Ständchen C. Brentano: Der Spinnerin Nachtlied H. Heine: Aus meinen Tränen sprießen	Arbeitsblätter 31, 32 Unterrichtsgespräche Einzel- und Partnerarbeit Tafelbilder Schreibauftrag
4.3	Heinrich Heine: Buch der Lieder	Und wüssten's die Blumen, die kleinen Ein Jüngling liebt ein Mädchen Der Herbstwind rüttelt die Bäume Ich stand in dunklen Träumen Du schönes Fischermädchen Das Meer erglänzte weit hinaus	Arbeitsblatt 33 Einzel- und Gruppenarbeit Unterrichtsgespräch

Baustein 5: Ich und Du   (S. 139–169)

5.1	Das Grundmuster aller Liebeslyrik	H. v. Hofmannsthal: Die Beiden S. George: Du schlank und rein R. Ausländer: Wort an Wort	Arbeitsblatt 34 Einzelarbeit Schreibauftrag Tafelbild
5.2	Augen-Blicke	Dante: Die Liebe wohnt im Auge meiner Frauen W. v. Eichendorff: Der Blick R. Gernhardt: Doppelte Begegnung am Strand von Sperlonga C. Baudelaire: An eine, die vorüberging	Arbeitsblätter 35, 36 Einzel- und Partnerarbeit Unterrichtsgespräch Tafelbilder
5.3	Liebe im Wechselgesang	J. W. Goethe: Hatem/Suleika K. Tucholsky: Liebespaar am Fenster	Arbeitsblatt 37 Einzel- und Partnerarbeit Tafelbilder
5.4	Nähe und Ferne	J. W. Goethe: Nähe des Geliebten E. Fried: Nähe I. Goll: Ivan an Claire	Arbeitsblätter 38, 39 Einzel- und Partnerarbeit Unterrichtsgespräche Tafelbilder
5.5	Steigerung und Krise der Identität	J. W. Goethe: Neue Liebe, neues Leben J. v. Eichendorff: Neue Liebe R. Huch: Ich bin dein Schatten R. M. Rilke: Du, Gütige E. Jandl: liegen, bei dir	Arbeitsblätter 40, 41 Unterrichtsgespräch Partnerarbeit Tafelbilder Schreibauftrag

Baustein 6: Moderne Liebeslyrik des 20. Jahrhunderts   (S. 170–188)

6.1	„Großstadtliebe"	M. Kaléko: Großstadtliebe, Abschied	Arbeitsblatt 42 Unterrichtsgespräche Einzelarbeit Tafelbild
6.2	Bertolt Brecht	Erinnerung an die Marie A. Terzinen über die Liebe Morgens und abends zu lesen Der Abschied	Arbeitsblätter 43, 44 Projekt
6.3	Weitere Repräsentanten	M. Kaléko: Sogenannte Mesalliance G. Benn: Blaue Stunde S. Kirsch: Dreistufige Drohung, Bei den weißen Stiefmütterchen U. Hahn: Mit Haut und Haar	Arbeitsblätter 43, 45, 46 Projekt

Liebeslyrik

Baustein 7: Liebeslyrik im Kontext von Dramen und Romanen – Gedichte über die Liebe   (S. 189–215)

7.1	Goethes *Faust*	Monolog Fausts in den Versen 2709–28 Es war ein König in Thule (vv. 2759–82) Gretchens Lied am Spinnrad (vv. 3374–3413) Brunnenszene (vv. 3545–86) Carmen buranum Nr. 126	Arbeitsblätter 47, 48 Partnerarbeit
7.2	Schillers *Räuber*: Amalias Liebeslieder	Wechselgesang Andromache/Hektor Liebeslied im Garten zur Laute zu Beginn des 3. Akts	Arbeitsblatt 49 Partnerarbeit Unterrichtsgespräch
7.3	Theodor Fontane: Effi Briest/Heinrich Heine: Seegespenst	H. Heine: Seegespenst T. Fontane: Effi Briest, 17. Kapitel (Ausschnitt)	Arbeitsblatt 50 Einzelarbeit Schreibauftrag Unterrichtsgespräch
7.4	Bertolt Brecht: Der gute Mensch von Sezuan: Ich will mit dem gehen, den ich liebe	Schluss des 5. Bildes *Der Tabakladen*	Arbeitsblatt 51 Einzel- und Partnerarbeit Unterrichtsgespräche Tafelbild
7.5	Gedichte über die Liebe	J. W. Goethe: Gingo biloba, An vollen Büschelzweigen C. F. Meyer: Zwei Segel R. Kunze: Die Liebe R. Gernhardt: Fünf schlichte Gedichte zu einem komplexen Thema (1)	Arbeitsblätter 52–54 Einzel- und Partnerarbeit Tafelbilder Unterrichtsgepräch

Baustein 8: Der Interpretationsaufsatz   (S. 216–227)

8.1	Inhalt – Aufbau – Teilübungen		Arbeitsblatt 55 Zusatzmaterial 4 Einzelarbeit Unterrichtsgespräch Schreibauftrag
8.2	Arbeit mit Beispielaufsätzen	J. W. Goethe: Willkommen und Abschied H. Heine: Auf Flügeln des Gesanges H. Domin: Magere Kost	Arbeitsblätter 55–59 Schreibauftrag Einzel-, Partner- und Gruppenarbeit Unterrichtsgespräch

Inhaltsverzeichnis

Zu diesem Heft gibt es eine Hör-CD: EinFach ZuHören. Liebeslyrik. Best.-Nr. 062636-1.
Sie enthält zahlreiche der in diesem Heft abgedruckten Gedichte. Diese sind im Inhalts-
verzeichnis mit ᴑ gekennzeichnet.

Liebeslyrik

„Amor
als Nachtigallenfütterer"
mit Versen Goethes
im Schlosspark Tiefurt
bei Weimar

Philomele
Dich hat Amor gewiss, o Sängerin, fütternd erzogen;
Kindisch reichte der Gott dir mit dem Pfeile die Kost.
So, durchdrungen von Gift die harmlos atmende Kehle,
Trifft mit der Liebe Gewalt nun Philomele das Herz.

J.W. Goethe: Antiker Form sich nähernd

Vorüberlegungen zur Behandlung der Gedichte im Unterricht

„[A]lles Denken und Sprechen von und mit Dichtung, […] alles Sprechen und Denken von und mit Liebe […] bringt Rastlosigkeit, nicht Ruhe; bedeutet stets neue **Herausforderung statt Erledigung**. Mit Lyrik, gar der von der Liebe und der Leidenschaft, zu tun zu haben, verlangt uns die Bereitschaft zum Aufbrechen im mehrfachen Sinn des Wortes ab und den **Verzicht auf die Illusion des Ankommens**. Die Gefahr, sich dabei gelegentlich zu verirren und zu versteigen, gehört zu dieser Wanderung auf ungebahnten Pfaden; sie zu meiden käme einer Vermeidung der Sache selbst gleich. Die metonymische Struktur der Lyrik und die metonymische Struktur der Liebe verlangen nach einem Spiel der Bedeutungen, nach einer **Sprache des Entwerfens, nicht des Festschreibens**: Lyrik, Liebe und Leidenschaft vertragen sich nicht mit steinernen Gesetzestafeln, sondern bedürfen des fließenden Atems. **Diese Sprache zielt**, obgleich Meta-Sprache, **nicht auf eine sich überhebende Interpretation**, mit der stets die Illusion verbunden ist, das Gedicht wäre zu ‚haben‘; sie hofft vielmehr auf das Einlassen und aktiv mitgehende Zuhören des Anderen, das „Zuschauen beim Sprechen", wie Paul Celan dies in seiner großen Rede zur Verleihung des Büchnerpreises *Der Meridian* nennt: ein inneres Mit-Sprechen als Form der gemeinsamen Sinnsuche und der Begegnung in Sprache." (Härle[1], S. 11 f.) Solche Ansprüche, die lyrische Texte im Allgemeinen und Liebesgedichte im Besonderen an Leser und Leserinnen stellen, widersprechen nicht nur gängigen Maßstäben wie Nützlichkeit, Effizienz oder auch Unterhaltungswert, sondern sie vertragen sich auch schwer mit den Anforderungen, die Schülerinnen und Schüler bei der Interpretation literarischer Texte erfüllen müssen, denen „in der schriftlichen Abiturprüfung eine vorrangige Bedeutung zu[kommt]"[2]: „Die Textinterpretation bedient sich analytischer Mittel und Methoden; die erarbeiteten inhaltlichen und formalen Einzelergebnisse werden als vernetzte Zusammenschau vorgestellt." Im Einzelnen erfordere dieses untersuchende Erschließen „folgende Operationen bzw. Leistungen der […] Interpretation:

- Erfassen des Textes in seinen wesentlichen Elementen und Strukturen
- Formulierung der Interpretations- bzw. Analysehypothesen
- Skizzierung des Lösungsweges, begründende Auswahl von Untersuchungsaspekten
- aspektorientierte Organisation der Textdeutung unter Berücksichtigung des Wechselbezuges von Textstrukturen, Funktionen und Intentionen (durch Erfassen zentraler strukturbildender, genretypischer, syntaktischer, semantischer, stilistisch-rhetorischer Elemente und ihrer Funktion für das Textganze)
- Kontextualisierung: z. B. Entwicklung von literaturgeschichtlichen, gattungsgeschichtlichen, geistesgeschichtlichen, biografischen, politisch-sozialen Bezügen
- Erkennen und ggf. Beurteilen des Zusammenhangs von Struktur, Intention und Wirkung im Rahmen des historischen und aktuellen Verstehenshorizontes
- Diskussion von Wertvorstellungen, die in den Texten enthalten sind
- literarische Wertung
- Entwicklung geeigneter Argumentationsverfahren

---

[1]   Die Hervorhebungen stammen vom Verfasser des Modells. Auf Quellen, die in den Literaturhinweisen am Ende des Modells angegeben sind, wird im laufenden Text in Kurzform hingewiesen. Die ausführlichen bibliografischen Angaben anderer Werke finden sich auf der Seite, auf der zum ersten Mal aus ihnen zitiert wird.

[2]   Einheitliche Prüfungsanforderungen in der Abiturprüfung Deutsch (Beschluss der Kultusministerkonferenz vom 1.12.1989 i.d.F. vom 24.5.2002) (http://www.kmk.org/doc/beschl/epa deutsch.pdf, S. 16 f., 20)

Der Gegensatz zwischen einer angemessenen Rezeption lyrischer Texte und einer ergebnisorientierten schriftlichen Interpretation stellt also Deutschlehrer und Deutschlehrerinnen vor eine gewaltige didaktisch-methodische Aufgabe, die zu bewältigen ein hohes Maß an hermeneutischer Flexibilität erfordert. Gelingt diese Gratwanderung, erleben die Schülerinnen und Schüler eine ungewohnte, oft befremdliche, aber ebenso reizvolle Sprachlandschaft, die ihnen sonst verschlossen bliebe: „Für viele Kinder und Jugendliche heute ist und bleibt die Schule der erste und einzige Ort, Gedichte kennenzulernen: als Stoff des Deutschunterrichts." (Korte[1], S. 211) Es geht darum, „die Komplexität lyrischer Texte und ihrer möglichen Kontexte zwischen subjektiver Involviertheit, genauer Textwahrnehmung und der Wahrnehmung historischer Kontexte auszuloten" (Kammler[2], S. 6). Aus den formalen und strukturellen Merkmalen von Gedichten – Kürze, Abweichung von der Alltagssprache, Verdichtung, bildhafte Rede und Nähe zur Musik – lassen sich Gründe ableiten, auf sie in der Schule nicht zu verzichten (vgl. Kammler, S. 5): Lyrik biete „eine besondere Chance zum kreativen, eigene Sinndimensionen auslotenden Lernen, und die Tatsache, dass sich sehr viele Gedichte gegen eindeutige Sinnzuweisungen sperren, stellt eine besondere Herausforderung an die Verstehenskompetenz dar. Im Umgang mit lyrischen Texten kann man – intensiver noch als bei der Beschäftigung mit epischen oder dramatischen Texten – die Erfahrung machen, dass die Faszination poetischer Sprache im Zusammenspiel mehrerer Ebenen entsteht (Laut, Metrum, Rhythmus, Bildlichkeit) und dass aus diesem Zusammenspiel Mehrdeutigkeit resultiert. Diese Mehrdeutigkeit auszuhalten, ohne sie mit Beliebigkeit zu verwechseln oder auf Eindeutigkeit zu reduzieren, ist ein wichtiges Ziel des Deutschunterrichts." (Ebd.) Außerdem wirkten Gedichte „[s]eit frühesten Zeiten und verstärkt seit Mitte des 18. Jahrhunderts […] als Medium der Auseinandersetzung mit Subjektivität". Und schließlich würden in dieser Gattung Identitätsfragen besonders eindringlich aufgeworfen. Komplexität, Mehrdeutigkeit und Subjektivität in Form und Inhalt bringen die Lyrik in große Nähe zum Thema der Liebe, die ihre „metonymische Struktur" (Härle, S. 11) miteinander verbindet. Es ist über die Gattung hinaus eines der großen Felder der Literatur.

Das Unterrichtsmodell geht auf die bildliche und musikalische Seite der Gedichte ebenso ein wie auf sprachliche und formale Muster und Überlieferungen. Die literaturgeschichtliche Einbettung der lyrischen Texte will es den Schülerinnen und Schülern vor allem an den Umbrüchen im 18. und am Übergang vom 19. zum 20. Jahrhundert verdeutlichen: Im 18. Jahrhundert etablierte sich „[d]as lyrische Subjekt, das nur seiner eigenen, unverwechselbaren Stimme folgende Genie" als „autonomes Ausdruckszentrum" und emanzipierte sich damit von „eine[r] tradierte[n], durch Gesellschaft und Religion fundamentierten Weltsicht" und ihr verpflichteten Formen. Seit der „historischen Zäsur um 1890" unter dem Einfluss der „lyrischen Moderne" ersetzen „konstruierte[]" und „reflektierte[] Sprachgebilde" die „authentische Herzensschrift" und die Erlebnislyrik der Goethezeit. (Korte, S. 215) Die Schülerinnen und Schüler „[lernen] eine Auswahl von Gedichten als Angebot kennen […], [erwerben] Handwerkszeug zu deren Erschließung […] und [bekommen] Hinweise dafür […], wie man bei entsprechendem Bedürfnis als privater Leser seine Beschäftigung mit Lyrik ausweiten und intensivieren kann" (Hassenstein[3], S. 639). Die Anwendung des Interpretationsinstrumentariums mündet in einen Interpretationsaufsatz. Deshalb ist es nicht zuletzt ein Anliegen dieses Modells, die Schülerinnen und Schüler schrittweise und in Teilübungen darauf vorzubereiten.

Wer die Interpretation von Lyrik als einen Prozess begreift, dessen Ergebnisse immer nur vorläufig sein können, muss auf die Deutungsangebote der Schülerinnen und Schüler –

[1] Hermann Korte: Lyrik im Unterricht. In: Klaus-Michael Bogdal, H.K. [Hrsg.]: Grundzüge der Literaturdidaktik. 4. Aufl. München: Deutscher Taschenbuch Verlag 2006
[2] Clemens Kammler: Lyrik verstehen – Lyrik unterrichten. In: Praxis Deutsch Nr. 213. Januar 2009: Lyrik verstehen (Basisartikel)
[3] Friedrich Hassenstein: Gedichte im Unterricht. In: Günter Lange u. a. [Hrsg.]: Taschenbuch des Deutschunterrichts. Jubiläumsausgabe. Bd. 2: Literaturdidaktik. 6. Aufl. Baltmannsweiler: Schneider-Verlag 1998

so ungewöhnlich sie auch sein mögen – mit großer Offenheit eingehen und sie an den Texten belegen und überprüfen. Dosierte Impulse, etwa Rückfragen oder Hinweise auf noch nicht genügend gewürdigte Textstellen, begleiten das mündliche oder schriftliche Interpretationsgespräch oder halten es in Gang. In Anbetracht der Bewegung, die zu diesem Erschließungs- und Verstehensprozess gehört, wollen auch die Interpretationsvorschläge dieses Modells Ergebnisse nicht endgültig festlegen. Sie sind vielmehr als Grundlage und Anreiz für die eigene Auseinandersetzung mit den Gedichten gedacht. Vielleicht lösen manche Deutungen Widerspruch aus und es entstehen dadurch Reibungen – diese erzeugen nicht nur in der Physik Wärmeenergie und gelegentlich sogar den zündenden Funken.

Konzeption des Unterrichts-modells

Lyriksammlungen ordnen die Gedichte entweder nach den Zeiten ihrer Entstehung (Deutsche Liebeslyrik) oder nach thematischen Gesichtspunkten an (Liebesgedichte aus aller Welt; Härle). Daneben gibt es weitere Ordnungskriterien: Situations- und Empfindungskategorien, Bilder und Symbole, Vokabular und Syntax oder lyrische Formen. Das Unterrichtsmodell versucht unterschiedliche Möglichkeiten der Anordnung – Literaturgeschichte, Themen, Motive, Gedichtformen – miteinander zu verbinden, damit die Schülerinnen und Schüler Textbezüge auf diesen unterschiedlichen Ebenen erkennen. Da sich Gedichte natürlich in verschiedene Kontexte einbinden lassen, wird auf weitere Zusammenhänge kurz hingewiesen, in die sie auch gestellt werden könnten. So enthält zum Beispiel Goethes Gedicht *Willkommen und Abschied* Naturschilderungen (Baustein 3) und mit Tageszeiten verbundene Ereignisse (Kapitel 3.3); der morgendliche Abschied der Liebenden knüpft sogar an das mittelalterliche Tagelied an. Und das Ich erfährt die anziehende und beglückende Wirkung des Du, das mit Beginn der dritten Strophe schlagartig das Ziel des nächtlichen Reiters vor Augen führt (Baustein 5). In manchen Fällen liegt es nahe, über die Zuordnung hinaus auf weitere Aspekte einzugehen: So stehen die Balladen *Hero und Leander* von Friedrich Schiller und *Getrennte Liebe* von Achim von Arnim dem Motiv des getrennten Liebespaars nahe, sie bieten sich aber auch an, die literaturgeschichtlichen Epochen der Klassik und der Romantik zu erarbeiten. Selbst einzelne Kapitel können in andere Bausteine verschoben werden, etwa das zum Vogel- und Nachtigallenmotiv (4.2) in das Umfeld der in der Natur gespiegelten Liebe (Baustein 3). Das Modell möchte Texte aus dem ganzen Spektrum der Liebeslyrik bereitstellen, sie in einer breiten Themenpalette anbieten und Vorschläge für die Behandlung im Unterricht machen, sodass die Lehrer und Lehrerinnen nach ihren Bedürfnissen und der Situation ihrer Klassen auswählen können – eine vollständige Umsetzung ist ausgeschlossen und war nicht beabsichtigt.

Baustein 1 führt die Schülerinnen und Schüler an das Phänomen der Liebe und an Gedichte heran, an denen sie epochenspezifische Ausdrucksformen leicht unterscheiden können. Sie bemerken außerdem die für die Gattung typische und besonders aufschlussreiche Wechselwirkung von Inhalt, Sprache und Form und eignen sich das Handwerkszeug für die Interpretation an.

Baustein 2 rückt mit der Antike, dem alttestamentlichen Hohenlied sowie dem Minnesang die Vorläufer der neuzeitlichen Liebeslyrik ins Blickfeld, die gleichwohl in dieser nachwirken. Das zeigt sich in barocken Sonetten ebenso wie in der geistlichen Liebeslyrik Friedrich Spees. Es wird außerdem deutlich, dass das Sonett eine bis in die Gegenwart beliebte Gedichtform ist.

Baustein 3 erschließt mit der Natur und den Jahreszeiten wichtige Bildräume der Liebeslyrik, in denen Glück, Schmerz und sogar Gewalt ebenso wie die Entfremdung und Verlorenheit moderner Menschen ihren Ausdruck finden. Über die Zeit im Tagesablauf hinaus spielt sie in Fragen nach Dauer und Vergänglichkeit eine Rolle, die sich in der Neuzeit nicht mehr nur an die Religion, sondern zunehmend auch an die Liebe richten.

Baustein 4 bezieht beim Vortrag der Gedichte die musikalische Seite der Lyrik ein und ruft dadurch den reichhaltigen Bestand an Volks- und Kunstliedern in Erinnerung, den die Jugendlichen kaum noch kennen oder der ihnen fremd geworden ist. Einen Schwerpunkt bildet dabei Heines *Buch der Lieder*, dessen Liebesgedichte in vielen Vertonungen vorliegen.

Baustein 5 wendet sich dem Ich und dem Du und damit der Personenkonstellation zu, die der Liebeslyrik zugrunde liegt. Die beiden Liebenden begegnen sich im Kontakt über Augen und Blicke, führen Zwiegespräche im Wechselgesang, schildern ihr Empfinden bei körperlicher Nähe und Ferne und erleben schließlich, wie sich ihre Gefühle auf ihre Identität auswirken, die sie steigern, aber auch in eine Krise führen können.

Baustein 6 rundet die bisher schon einbezogene Lyrik des 20. Jahrhunderts mit weiteren repräsentativen Gedichten und Autoren ab. In Mascha Kalékos Gedichten entsteht und endet die Liebe in der Großstadt unter den Lebensbedingungen einer Büroangestellten. Texte des Lyrikers Bertolt Brecht kontrastieren auf Luft und Wolken gerichtete Vorstellungen von der Liebe mit der harten persönlichen und gesellschaftlichen Realität.

Baustein 7 geht auf Liebesgedichte in umfangreicheren literarischen Werken – Goethes *Faust*, Schillers *Räuber*, Fontanes *Effi Briest* und Brechts *Der gute Mensch von Sezuan* – ein. Die Brunnenszene im *Faust* und ein *Carmen buranum* zeigen die Ausgrenzung junger Frauen, deren Liebesbeziehungen den gesellschaftlichen Normen nicht entsprechen. Gedichte über die Liebe schlagen einen Bogen zum Anfang des Modells.

Baustein 8 befasst sich mit dem Inhalt, dem Aufbau und der Vorgehensweise beim Interpretationsaufsatz und fasst die Teilübungen, die auf ihn vorbereiten, noch einmal zusammen. Beispielaufsätze geben einen Anhaltspunkt, wie sie aussehen könnten.

Für **Klassenarbeiten** werden in der Regel zwei Gedichte nach unterschiedlichen Gesichtspunkten ausgewählt, um sie zu interpretieren und zu vergleichen.

Über die angedeuteten drei literaturgeschichtlichen Stufen (vgl. Kap. 1.4 und Arbeitsblatt 3) sowie die im Modell enthaltenen gattungshistorischen und epochenspezifischen Ausführungen (vgl. Kap. 2.3: Minnesang; 2.4: Petrarkismus und Sonette; 3.4: Barock und Romantik; 4.1: Klassik und Romantik; 4.2: Romantik; 4.3: Romantik und beginnende Moderne; 6.1: neue Sachlichkeit/Weimarer Republik; 7.1, 7.2: Sturm und Drang) hinaus lassen sich auch Liebesgedichte in diachronen Reihen anordnen und behandeln, um literarische Epochen zu veranschaulichen und zu erarbeiten. Die folgende Übersicht von Epochen und für sie repräsentativen Gedichten bietet in Verbindung mit den allgemeinen Beschreibungen in Zusatzmaterial 6 eine Textgrundlage, das Ziel der literaturgeschichtlichen Kontextualisierung zu verfolgen. Die Schülerinnen und Schüler versuchen die Merkmale der einzelnen Epochen selbstständig und arbeitsteilig in den Gedichten zu erkennen und auf sie zu beziehen, nachdem ein Beispiel im Kurs gemeinsam betrachtet wurde. Darüber hinaus besteht die Möglichkeit, Referate in Auftrag zu geben, um Epochen vorzustellen und durch die Interpretation ausgewählter Gedichte zu veranschaulichen.

Mittelalter
Der von Kürenberg: Das Falkenlied (**Arbeitsblatt 12**, S. 68)
H. v. Morungen: Vil süeziu senftiu toeterinne (**Arbeitsblatt 13**, S. 69)

Barock
C. H. v. Hoffmannswaldau: Beschreibung vollkommener Schönheit (**Arbeitsblatt 3**, S. 38), Vergänglichkeit der Schönheit (**Arbeitsblatt 26**, S. 108)

Sturm und Drang
C. F. D. Schubart: Die Forelle (**Arbeitsblatt 23**, S. 104)
J. W. Goethe: Mailied (**Arbeitsblatt 19**, S. 98)

Klassik
J. W. Goethe: Nähe des Geliebten (**Arbeitsblatt 38**, S. 164)
Gingo Biloba (**Arbeitsblatt 52**, S. 212)
F. Hölderlin: Diotima (**Arbeitsblatt 5**, S. 42)

Romantik
Novalis: Zweite und dritte Hymne an die Nacht (**Arbeitsblatt 27**, S. 109)
J. v. Eichendorff: Das zerbrochene Ringlein (**Arbeitsblatt 6**, S. 43)
C. Brentano: Der Spinnerin Nachtlied (**Arbeitsblatt 32**, S. 136)

Biedermeierzeit
E. Mörike: An die Geliebte (**Arbeitsblatt 16**, S. 74)

Realismus
C. F. Meyer: Zwei Segel (**Arbeitsblatt 54**, S. 215)

Impressionismus/Symbolismus
H. v. Hofmannsthal: Die Beiden (**Arbeitsblatt 34**, S. 156)
R. M. Rilke: Du, Gütige (**Arbeitsblatt 41**, S. 169)
S. George: Du schlank und rein (**Arbeitsblatt 34**, S. 157)

Expressionismus
E. Lasker-Schüler: Ein Lied (**Arbeitsblatt 7**, S. 44)
Zwei Liebeslieder (**Arbeitsblatt 25**, S. 107)

Neue Sachlichkeit/Weimarer Republik
K. Tucholsky: Liebespaar am Fenster (**Arbeitsblatt 37**, S. 162)
M. Kaléko: Großstadtliebe (**Arbeitsblatt 42**, S. 183)
B. Brecht: Erinnerung an die Marie A. (**Arbeitsblatt 44**, S. 185),
Morgens und abends zu lesen/Der Abschied (**Arbeitsblatt 44**, S. 186)

Zweite Hälfte des 20. Jahrhunderts
G. Eich: Dezembermorgen (**Arbeitsblatt 20**, S. 100)
W. Schnurre: Gedenken (**Arbeitsblatt 3**, S. 38)
I. Bachmann: Eine Art Verlust (**Arbeitsblatt 8**, S. 45)
H. Domin: Winter (**Arbeitsblatt 20**, S. 99)
S. Kirsch: Die Luft riecht schon nach Schnee (**Arbeitsblatt 20**, S. 99)
H. M. Novak: Kann nicht steigen nicht fallen (**Arbeitsblatt 31**, S. 134)
U. Hahn: Mit Haut und Haar (**Arbeitsblatt 46**, S. 188)
R. Gernhardt: Doppelte Begegnung am Strand von Sperlonga (**Arbeitsblatt 36**, S. 159)

Die thematischen Bausteine des Unterrichtsmodells

Baustein 1

Einstiege und Interpretationsinstrumente

1.1 Was ist Liebe? – Bestimmungsversuche

Die im menschlichen Leben wirkungsmächtigste Empfindung der Liebe entzieht sich letztendlich trotz aller Versuche, sie sprachlich zu erfassen, rationalen Bestimmungs- und Bewertungsversuchen. Auf diese Erkenntnis zielt Erich Frieds Gedicht *Was es ist*, in dem allein die personifizierte – weil sprechende – Liebe darauf verzichtet, sich weiter zu erklären. Alle anderen Kräfte und Haltungen, die das Handeln der Menschen beeinflussen – Vernunft, Berechnung, Angst, Einsicht, Stolz, Vorsicht, Erfahrung –, schreiben der Liebe negative Einschätzungen zu, um vor ihr zu warnen und ihre Übermacht einzuschränken. Die erste Strophe, die nur halb so lang wie die beiden folgenden ist, hebt den Gegensatz zwischen Vernunft und Liebe besonders hervor. Die Verse von Walter Helmut Fritz, die in ihrer lapidaren Art denjenigen Frieds ähneln, unterscheiden sich jedoch durch eine poetische Sprache: Erscheinung und Wirkung der oder des Geliebten werden in den ersten vier elliptischen Kausalsätzen metaphorisch benannt, bevor ein weiterer im letzten Vers mit dem Hauptsatz zu Ende geführt wird. Die fünfte Strophe gibt den Grund des Liebens ohne bildliche Einkleidung an und vollzieht den Übergang vom Du zum Ich, der sich in der vierten schon leise andeutete, in der das Pronomen der zweiten Person nicht mehr unmittelbar dem einleitenden „Weil" folgt.

Es ist nicht vorgesehen, die sprachliche Form der beiden Gedichte an dieser Stelle schon zu erschließen und zu vergleichen. Vielmehr sollen die Schülerinnen und Schüler das, was sie sich unter Liebe vorstellen, in den Unterricht einbringen, indem sie auf dem **Arbeitsblatt 1**, S. 34, die Satzmuster von Fritz und Fried mit ihren eigenen Formulierungen füllen. Wenn sie diese dann der Originalversion, die dem Arbeitsblatt 1 beigefügt ist, gegenüberstellen, kommen Gespräche nicht nur über das Wesen der Liebe, sondern auch über die Möglichkeiten, diese Empfindung schriftlich und mündlich auszudrücken, in Gang.

■ *Ergänzen Sie in einem der beiden Gedichte auf dem Arbeitsblatt 1 die Satzlücken. (Aufgabe 1)*

■ *Erörtern Sie zunächst Ihre Vorschläge und vergleichen Sie diese dann mit den Originalen der Gedichte. (Aufgabe 2)*
Formulieren Sie in einem Fazit für jedes Gedicht, welche Einsichten über die Liebe es enthält. (Aufgabe 3)

1.2 Liebesempfindungen in den *Carmina Burana* von Carl Orff (Ausschnitt)

Ausschnitte aus Carl Orffs *Carmina Burana* können ebenfalls dazu anregen, sich mit den Empfindungen und Wirkungen der Liebe auseinanderzusetzen. Solostimmen, Chöre, Orchester und vor allem Schlaginstrumente erzeugen eine einfache, rhythmische, eingängige Musik (vgl. das Booklet der CD), die die Sinne anspricht und damit einen weiteren, gattungsgemäßen Zugang zur Lyrik dieses Themenbereichs eröffnet. In der ausgewählten Passage (Spur 23–25) werden schnelle Chorstücke von einem langsamen Sopransolo unterbrochen. Auch der Refrain „Oh! Oh! Oh!", den zuerst ein Bariton allein singt und den dann größer werdende Chöre mit wechselnden Solostimmen wiederholen, bremst das Tempo, um erneut zu beschleunigen. Während die schnellen, mitreißenden Teile Sehnsucht, Freude und Begeisterung zum Ausdruck bringen, die Schönheit der Geliebten preisen, das neue Liebesglück in Metaphern des Frühlings und des Feuers kleiden und im Augenblicksgenuss schwelgen, fühlt sich die Frau in der Sopranstrophe zwischen ihrem Verlangen auf der einen Seite und Furcht, Scham und dem Bewusstsein der Last auf der anderen zerrissen; rational abwägend und auch die längerfristigen Folgen bedenkend, entscheidet sie sich für die Liebe.

Die Schülerinnen und Schüler nähern sich über die Musik den schlichten Texten auf dem **Arbeitsblatt 2**, S. 36 f. und der Wechselwirkung zwischen den beiden Kunstgattungen. Es empfiehlt sich, den Ausschnitt mehrmals vorzuspielen, um nach einem ersten Eindruck das genauere Hören zu schulen.

■ *Beschreiben und erläutern Sie die Musik, die Texte sowie deren Wechselwirkung in dem Ausschnitt aus den Carmina Burana in der Komposition von Carl Orff.*

Carmina Burana (Carl Orff): III. Der Liebeshof (Ausschnitte)

Sopransolo (Nr. 24)

langsam
nachdenklich, abwägend

Zerrissenheit zwischen
Angst/Scham/Last
und Liebesverlangen

Refrain „Oh! Oh! Oh!"
(Nr. 25)

bremst/beschleunigt

zuerst Bariton allein,
dann größer werdende
Chöre mit wechselnden
Solostimmen

Chöre (Nr. 23, 25)

schnell
mitreißend, begeistert

Sehnsucht/Freude
Schönheit der Geliebten

Gesicht,
Augen, Haare,
Gestalt

steigernde
Blumen-
vergleiche

Metaphern: Frühling, Glut

Verstand
Einbeziehung länger-
fristiger Folgen

Gefühl
Augenblicksgenuss

Der Einblick in das mittelalterliche Liedgut soll wie die Gedichte von Fritz und Fried die Schülerinnen und Schüler dazu anregen, sich ihrer eigenen Vorstellungen von Liebe bewusst zu werden und sich damit auseinanderzusetzen, ohne Persönliches preiszugeben.

■ *Erörtern Sie, ob die Botschaft der mittelalterlichen Lieder auch in der Gegenwart noch ankommt.*

1.3 Handlungsorientierte Betrachtung von Liedern der Pop- und Rockmusik

Liedertexte der Pop- und Rockmusik, die die Schülerinnen und Schüler in ihrer Freizeit hören, kreisen häufig um das Thema Liebe. Deshalb liegt es nahe, diesen aktuellen, bei Jugendlichen beliebten und dadurch motivierenden Bereich teils trivialer, teils durchaus sprach- und formbewusster Lyrik in den Unterricht einzubeziehen, wenn die Klasse sich dafür ausspricht. Alle sollten einen Song mitbringen, den sie natürlich nur auf urheberrechtlich legale Weise besorgen dürfen. Und selbstverständlich müssen Texte, die Gewalt verherrlichen oder Menschen verachten, ausgeschlossen bleiben. In Zweifelsfällen suchen die Schülerinnen und Schüler das Gespräch mit dem Lehrer oder der Lehrerin, die entscheiden, ob oder wie sie die Texte einbeziehen. Wenn alle Titel gesammelt und einschließlich der Bands der Klasse bekannt sind, teilt diese sich aufgrund ähnlicher Interessen und Vorlieben in Gruppen auf, in denen sich die Mitglieder die Musikstücke vorspielen oder die Texte vorlesen, ihre Auswahl begründen und die Sprache und Vertonung ihres Titels erläutern. Die Gruppe entscheidet dann, welches Stück sie im Plenum vorstellt. Diesen Song untersuchen die Mitglieder gemeinsam noch genauer im Hinblick auf Inhalt, Sprache und Form sowie die musikalische Gestaltung. Sie tragen Informationen über die Musikgruppe zusammen und überlegen, wie sie ihre Ergebnisse – Wissen, Einsichten und Bewertungen – der Klasse präsentieren.

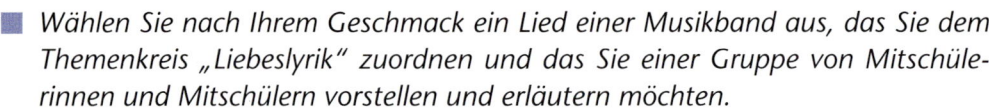

- *Wählen Sie nach Ihrem Geschmack ein Lied einer Musikband aus, das Sie dem Themenkreis „Liebeslyrik" zuordnen und das Sie einer Gruppe von Mitschülerinnen und Mitschülern vorstellen und erläutern möchten.*
  Gehen Sie dabei auf den Inhalt, die Sprache, die Form, die musikalische Gestaltung des Songs sowie die Band ein.
  Bereiten Sie für die Gruppe einen kurzen Vortrag von höchstens fünf Minuten zu Hause vor.

- *Informieren Sie die Klasse über den Titel und die Band, die Sie ausgewählt haben.*

- *Finden Sie sich je nach Interessen und Vorlieben in Gruppen zusammen.*
  Stellen Sie Ihre Songs reihum den Gruppenmitgliedern vor.

- *Entscheiden Sie sich in der Gruppe für ein Lied, dessen Inhalt, Sprache, Form und Musik Sie der Klasse vorstellen.*

- *Erarbeiten Sie auf der Grundlage dessen, was Sie bereits über das Lied wissen, eine Präsentation im Plenum. Erweitern, vertiefen, ergänzen oder korrigieren Sie gemeinsam die Erläuterungen Ihres Mitschülers oder Ihrer Mitschülerin.*

- *Präsentieren Sie Ihre Ergebnisse der Klasse.*

Wenn alle Gruppen ihre Songs vorgestellt haben, überlegt der Kurs, welche Trends, Gemeinsamkeiten, Unterschiede und Lebensenistellungen zu erkennen sind. In dieses Unterrichtsgespräch können auch wieder die Lieder, die nur in den Arbeitsgruppen besprochen wurden, einbezogen werden.

- *Erörtern Sie, welche Trends, Gemeinsamkeiten, Unterschiede und Lebenseinstellungen sich an den im Plenum vorgestellten oder in den Gruppen besprochenen Liedern feststellen lassen.*

1.4 Intuitionsgeleiteter Einstieg anhand von Beispieltexten aus unterschiedlichen Epochen

Die Schülerinnen und Schüler nähern sich der schulischen Interpretationsaufgabe als Leser von Gedichten, die in unterschiedlicher Weise auf sie wirken. Die drei ausgewählten Beispiele vertreten lyrische Grundhaltungen, wie sie sich in der Literaturgeschichte herausgebildet haben: die traditionellen Regeln und Formen verpflichtete Barocklyrik bei Hoffmannswaldau, die in der Goethezeit sich durchsetzende Auffassung vom Gedicht als Ausdruck „subjektiven Empfindens und Erlebens" sowie die seit der lyrischen Moderne um 1890 verbreitete Einstellung, Gedichte seien „konstruierte[ ]" und „reflektierte [ ] Sprachgebilde" (Korte, S. 215). Die drei Beispieltexte veranschaulichen unterschiedliche „Denk- und Empfindungsmuster, Wert- und Welthaltungen" und damit „literaturgeschichtliche[ ] Ordnungsgrößen" an „makrohistorischen Oppositionen" (Fingerhut[1], S. 160 f.), bereiten aber auch die Erweiterung auf formal-ästhetische Aspekte vor, die gerade bei der Lyrik in enger Wechselbeziehung zum Inhalt stehen und ohne die – insbesondere moderne – Gedichte oft kaum zu verstehen sind.

Das Sonett des Barockdichters Hoffmannswaldau preist die äußerliche Schönheit der attraktiven Frau in hyperbolischen Metaphern, hebt aber ebenso deren gefährliche und sogar vernichtende Wirkung in zum Teil drastischen Bildern hervor. So steht die äußere Pracht der Schönen im Gegensatz zur Zerstörungskraft ihres Innern, der das lyrische Ich ausgeliefert ist: „Ein Herz, aus welchem nichts als mein Verderben quillet". Diese Folgen verbinden sich mit der Vorstellung der Schlange, deren Gift Herz und Seele, das Lebenszentrum des Menschen, bedroht. Die „vollkommene [ ] Schönheit" bringt also zwiespältige Empfindungen hervor; sie umfasst Himmel und Hölle, das Paradies und den Verlust der Klugheit – „Witz" (v. 14) – und Freiheit. Die einzelnen Verse folgen einem monotonen Muster: An Substantive, die jeweils ein Schönheitsmerkmal benennen, schließen sich Relativsätze an, die es bildhaft steigern. Erst die letzte Strophe durchbricht dieses Prinzip. In Goethes Gedicht *Willkommen und Abschied* dagegen spiegelt sich das überschwängliche Liebesglück in vielfältigen sprachlich-rhetorischen Formen (vgl. dazu das folgende Kapitel 1.5). Die Sehnsucht nach der Geliebten und deren Erscheinung erfüllen das lyrische Subjekt ganz und gar, sodass es sich, ohne nachzudenken – „Es war getan fast eh gedacht" (v. 2) – , bei einbrechender Dunkelheit auf den Weg durch eine bedrohliche und angsteinflößende Naturszenerie macht. Der Mut dazu erwächst aus seinen überbordenden Liebesgefühlen (vv. 14–16), die auch den Abschiedsschmerz überwinden. In den ersten beiden Strophen von Schnurres Gedicht schließlich entzückt sich das lyrische Ich wie das Barockgedicht Hoffmannswaldaus an der äußeren Schönheit der Geliebten, aber es hebt eher Details, den Nasenrücken, die Brauen und die Finger in ungewöhnlichen Metaphern hervor, die in ihrer Zierlichkeit einer Frau zuzuordnen sind. Das Subjekt sucht nicht diese selbst, sondern nur ihren Schatten, sodass in Verbindung mit der Überschrift *Gedenken* anzunehmen ist, dass es sich um Beschreibungen aus der Erinnerung handelt und die Liebesbeziehung nicht mehr besteht. Insofern kennzeichnen es Distanz und Reflexion als Gedicht der Moderne.

Die Gedichte von Hoffmannswaldau und Schnurre trägt der Lehrer oder die Lehrerin vor, bei *Willkommen und Abschied* kann die Rezitation auf einer Hör-CD[2] etwas Abwechslung bringen. Außerdem stimmt die Aufnahme die Schülerinnen und Schüler auf eigene Sprechversuche im nächsten Kapitel ein. Sie beschreiben anschließend, wie die drei Texte auf sie wirken und was sie an ihnen wahrnehmen, indem sie die Fragen 1–3 auf dem **Arbeitsblatt 3**, S. 38, nacheinander beantworten.

---

[1] Karlheinz Fingerhut: Didaktik der Literaturgeschichte. In: Bogdal, Korte: Literaturdidaktik, a. a. O.
[2] Johann Wolfgang Goethe: Und doch, welch Glück, geliebt zu werden. Rezitationen von Cornelia Kühn-Leitz. Hannover: Leuenhagen & Paris. Best. Nr. 203396–215

■ Suchen Sie nacheinander Antworten auf die Fragen 1 – 3 auf dem Arbeitsblatt 3.

■ Versuchen Sie eine grobe literaturgeschichtliche Einordnung. (Aufgabe 4)

Die Beiträge notiert der Lehrer oder die Lehrerin an der Tafel. Die folgende Übersicht berücksichtigt zum Teil tatsächliche Schüleräußerungen.

Intuitiver Vergleich dreier Liebesgedichte

Hoffmannswaldau **Beschreibung voll- kommener Schönheit**	Goethe **Willkommen und Abschied**	Schnurre **Gedenken**
• katalogartig aufgereihte äußere Schönheitsmerkmale • Gefährlichkeit	• überschwängliche Gefühle • Naturschilderung • Metaphern der Liebe erleichtern das Verstehen	• schwieriger zu verstehen • Reduktion auf das Wichtigste

Verhältnis Ich/Du

• Beschreibung der Geliebten in ihrer körperlichen Schönheit ↓	• von der Geliebten ausgehende Anziehungskraft ↓	• Beschreibung des Äußeren der Geliebten in Einzelheiten/Metaphern • Ich nur im letzten Vers ↓
• Wirkung auf das lyrische Ich: Lust, Leidenschaft, Besessenheit unerfülltes Verlangen Freiheitsverlust, Schaden (Gift)	• Emotionen des Ichs • Erfüllung der Liebessehnsucht in der Begegnung	• Bewegung zu Du hin

Form

• Sonett • umarmende Reime in den Quartetten • 6-hebige Jamben	• 4 Strophen zu je 8 Versen • Kreuzreime • 4-hebige Jamben	• 3 Strophen ohne Reim und regelmäßigen Takt

Entstehungszeit

17. Jahrhundert	2. Hälfte 18. Jahrhundert	20. Jahrhundert

Über Hoffmannswaldau, Schnurre und die Entstehung des Goethe-Gedichts könnten die Schülerinnen und Schüler Informationen wie diese zusammentragen:

Christian Hoffmann von Hoffmannswaldau (1617–1679): Sohn einer Breslauer Ratsfamilie, Jurastudium an der Universität Leiden; Bildungsreise durch Europa; später als Gesandter seiner Vaterstadt mehrfach am Wiener Hof; 1677 Präsident des Breslauer Ratskollegiums. Von Martin Opitz zum Dichten angeregt, beherrscht er lyrische Formen virtuos und gefällt sich in Wortspielen und Metaphern.

Wolfdietrich Schnurre (1920–1989): geboren in Frankfurt/Main, aufgewachsen in Berlin, Schüler eines humanistischen Gymnasiums; 1939–45 Soldat; nach dem Krieg wieder in Berlin als Film- und Theaterkritiker sowie ab 1950 als freier Schriftsteller; Mitbegründer der „Gruppe 47"; Büchner-Preis 1983. Verfasser zeitkritischer Kurzgeschichten, humorvoller Fabeln und Gedichte, auch von Romanen sowie Hör- und Fernsehspielen.

J. W. Goethe (1749–1832): Während seines Jurastudiums 1770/71 in Straßburg verliebte sich Goethe in die Tochter des Sesenheimer Pfarrers, Friederike Brion. In dieser Zeit entstanden einige der schönsten Liebesgedichte des Dichters, die Sesenheimer Lieder. Zu ihnen gehören neben *Willkommen und Abschied* u. a. das *Mailied* oder *Mit einem gemalten Band*. Später schildert Goethe sein Verhältnis zu Friederike im Elften Buch seiner Autobiografie *Dichtung und Wahrheit*. Dort beschreibt er auch den nächtlichen Ritt von Straßburg nach Sesenheim.

1.5 Wechselwirkung von Inhalt, Sprache und Form

Liebesgedichte entstehen aus einem Ausdrucks- und Gestaltungsbedürfnis heraus, das Gefühle und menschliche Befindlichkeiten erzeugen, die wie keine anderen die Menschen beglücken, schmerzen, aufwühlen, verändern und beschäftigen. Solche oft hoch verdichtete, originelle Sprachgebilde entstehen als Komposition aus dem Zusammenspiel von Inhalt, Sprache und Form. Goethes Gedicht *Willkommen und Abschied* in der Fassung von 1789 eignet sich wegen seiner klaren inhaltlichen Gliederung und seiner vielfältigen rhetorischen Figuren in besonderer Weise, diese Wechselwirkung zu verfolgen und die Schülerinnen und Schüler so an den Kernbereich der Interpretationsaufgabe heranzuführen, die „*Untersuchung von Textinhalt und Textform in ihrer Wechselbeziehung mithilfe textanalytischer Mittel und Verfahren*" (Operator „interpretieren" in **Zusatzmaterial 4**, S. 234): Den vier Strophen entsprechen vier Phasen eines Ereignisses: Aufbruch, Empfindungen während des Ritts, Begegnung, Abschied. Während in den zwei ersten das lyrische Ich den Weg zu der Geliebten durch Dunkelheit und eine bedrohliche Naturszenerie allein überwindet, hat der Reiter in den beiden letzten sein Ziel erreicht. Durch den Blickkontakt ausgelöste Freude, die helle Vokale unterstreichen, liegt über dem Zusammensein der Liebenden, der Nacht dagegen sind dunkle Assonanzen sowie Adjektive und Substantive zugeordnet, die in Verbindung mit den Personifizierungen Angst verbreiten. Das Ausmaß des Liebesglücks verdeutlichen parallele, elliptische Ausrufe und die Ausstrahlung der Geliebten, deren Gesicht „Ein rosenfarbnes Frühlingswetter" (v. 21) umgibt. Dass das lyrische Subjekt eins mit sich selbst ist, seinem eigenen Verlangen folgt und von der Begegnung erfüllt ist, zeigt die Übereinstimmung von Satz- und Versstruktur.

Die Schülerinnen und Schüler entwickeln ein erstes Bewusstsein für die Form lyrischer Texte beim eigenen Sprechen, das sich auf einzelne Strophen oder anders abgegrenzte Teile beschränken kann und am besten – entsprechend der Strophenzahl – in Vierergruppen stattfindet. Damit alle Gruppen Raum für ihren Vortrag haben, die Aufmerksamkeit des Kurses finden und nicht zu viele Wiederholungen stattfinden, kann in diese Arbeitsphase auch schon Hölderlins Gedicht *Diotima* (**Arbeitsblatt 5**, S. 42) einbezogen werden, das im Anschluss an Goethes Text besprochen und zu Beginn rezitiert wird. Die Gruppen bereiten in diesem Fall jeweils vier Strophen des längeren Gedichts vor. Ihre Mitglieder teilen die Strophen oder Sprechanteile unter sich auf und einigen sich über das Arrangement ihrer Rezitation. So ist es durchaus denkbar, dass einzelne Passagen von mehreren Personen gesprochen und dadurch als wichtig herausgestellt werden. Die Vierergruppen bereiten den Vortrag an ihren Tischen vor und probieren ihn im Stehen oder Gehen aus. Dabei lernen sie, die Satzzeichen zu beachten, herausgehobene Worte, Satzteile oder ganze Sätze angemessen zu betonen und Stimmungen sensibel wiederzugeben. Die Notizen im vorhergehenden Kapitel 1.4 helfen ebenfalls, den Text akustisch zu realisieren.

■ *Finden Sie sich in Vierergruppen zusammen, um „Willkommen und Abschied"* *(Arbeitsblatt 3) oder aus Hölderlins Gedicht „Diotima" (Arbeitsblatt 5) die Strophen 1–4 bzw. 5–8 für eine Rezitation in der Klasse vorzubereiten.*

■ *Überlegen Sie sich, wie Sie den Vortrag gestalten möchten, und teilen Sie dementsprechend den Text unter sich auf. Zum Beispiel könnte jedes Mitglied ihrer Gruppe eine Strophe übernehmen. Es ist aber auch möglich, dass einzelne Passagen mehrere Personen sprechen.*

■ *Bereiten Sie das Sprechen durch Bleistiftmarkierungen im Text vor[1]:*
  ● *Satzzeichen, die sich auf den Vortrag auswirken (Ausrufezeichen, Doppelpunkte, Gedankenstriche)*
  ● *zu betonende Wörter/Satzteile oder Sätze (Punkte), Zäsuren ('), Pausen (|)*
  ● *Vortragsweise, zum Beispiel laut (↑), leise (↓), ängstlich (☹), fröhlich (☺)* *Die bereits vorhandenen Notizen zu dem Gedicht helfen Ihnen, den Text angemessen zu rezitieren.*

■ *Proben Sie den Vortrag, indem Sie im Klassenraum stehen oder auch gehen.* *Korrigieren Sie sich gegenseitig und ergänzen Sie Ihre Anmerkungen im Text.*

Nach dieser Übungsphase tragen einige Gruppen Goethes Gedicht den anderen Schülerinnen und Schülern vor, die sich mit deren Interpretation auf der Grundlage ihrer eigenen Vorstellungen und Markierungen auseinandersetzen. Weitere Rezitationen mit anschließendem Reflexionsgespräch leiten den Unterricht an einem der folgenden Tage ein.

■ *Beurteilen Sie, ob das Gedicht angemessen rezitiert wurde.* *Vergleichen Sie, falls möglich, den Vortrag mit Ihren eigenen Vorstellungen und Markierungen. Weisen Sie insbesondere auf gelungene Passagen hin.* *Welche Stellen oder Passagen wurden beim Sprechen hervorgehoben?*

Solche Sprechübungen können im weiteren Verlauf des Unterrichts wiederholt werden, indem die Gruppen zum Beispiel unterschiedliche Gedichte für den Vortrag einstudieren. An die Vortragsweisen des Gedichts *Willkommen und Abschied* anknüpfend, lenkt der Lehrer oder die Lehrerin die Aufmerksamkeit des Kurses auf die rhetorischen Figuren, Reimform und Versmaß, indem er Hinweise auf auffällige Artikulationen, Betonungen oder Stimmlagen aufgreift oder selbst gibt. Außerdem können die Schülerinnen und Schüler ihr bereits vorhandenes Wissen einbringen und schließlich besondere sprachliche Formen nach einem Anstoß des Lehrers oder der Lehrerin auch selbst entdecken. Die rhetorischen Mittel werden auf dem Arbeitsblatt 3 mit unterschiedlichen Farben oder Markierungen gekennzeichnet, benannt und nach Möglichkeit in ihrer Funktion bestimmt. Auf Seite 40 findet sich ein Lösungsvorschlag. Während der Kreuzreim in der Regel schnell erkannt ist, bereitet es oft Schwierigkeiten, das Versmaß zu bestimmen. Es empfiehlt sich, von den natürlichen Wortbetonungen – bei einfachen Substantiven, Verben, Adjektiven die erste Silbe – auszugehen, diese mit einem Akzentzeichen zu versehen (') und nach einem regelmäßigen Wechsel von betonten und unbetonten Silben zu suchen. So entstehen Takte wie in der Musik, die das Klatschen der Hände noch verdeutlichen. **Zusatzmaterial 2**, S. 232 bietet weitere metrische Übungen. Die Entsprechung von formaler und inhaltlicher Gliederung verfolgen die Schü-

---

[1] Vgl. Jürgen Baurmann, Wolfgang Menzel: Vorlesen – Vortragen. Basisartikel in *Praxis Deutsch* Nr. 199, September 2006, S. 6–13, und Claus Claussen: Tipps fürs Vorlesen. Ebd., S. 14.

lerinnen und Schüler, indem sie jeder Strophe eine Überschrift geben und die Atmosphäre in den ersten beiden von den zwei folgenden unterscheiden. Das Herz, das in jeder Strophe einen anderen Empfindungszustand symbolisiert, verbindet wiederum alle vier Formeinheiten miteinander. Wenn es gleich am Anfang den Anstoß zum Handeln noch vor dem Denken gibt, bezeichnet es einprägsam den Unterschied zwischen Aufklärung und Sturm und Drang.

- *Erkennen Sie an den Stellen oder Passagen, die beim Sprechen besonders hervorgehoben wurden, rhetorische Figuren?*

- *Welche weiteren sprachlichen Mittel finden Sie? Was bringen sie zum Ausdruck?*
  (Ergänzend weist der Lehrer oder die Lehrerin auf weitere Stellen oder Verse hin, an denen die Schülerinnen oder Schüler sprachliche Formen identifizieren können: vv. 3, 5–10 Personifizierungen; v. 21 Neologismus; vv. 15 f., 27 f. parallele elliptische Ausrufesätze; vv. 31 f. Chiasmus; vv. 1 f., 30–32 Anaphern; vv. 14, 25, 31 Gegensätze („doch"); vv. 14, 26, 30 Doppelpunkt: Hervorhebung der folgenden Sätze; vv. 1, 16, 19, 26 Herz als Gefühlszentrum und Symbol des Sturm und Drang).

- *Ermitteln Sie Reimform und Versmaß. Bestimmen Sie Letzteres, indem Sie natürlich betonte Silben mit einem Akzent (') versehen. Suchen Sie anschließend nach einer Regelmäßigkeit im Wechsel von betonten und unbetonten Silben.*

- *Finden Sie für jede Strophe eine Überschrift, die deren Inhalt kurz und prägnant erfasst.*

- *Wodurch entsteht zwischen den ersten beiden und den letzten beiden Strophen ein Kontrast?*

In Baustein 8 gibt die Tabelle auf dem **Arbeitsblatt 56**, S. 221 mögliche Eintragungen auf dem **Arbeitsblatt 3**, S. 39 f. wieder und führt sie deutend weiter, um den Interpretationsaufsatz vorzubereiten. Dieser Teil kann sich aber auch bereits hier anschließen. Nachdem die Schülerinnen und Schüler an einem ersten Beispiel Inhalt, Sprache und Form eines Gedichts sowie in Ansätzen auch deren Wechselwirkung verfolgt haben, erhalten Sie mit dem **Arbeitsblatt 4**, S. 41 allgemeine Hinweise auf Gesichtspunkte, auf die sie bei der Interpretation weiterer lyrischer Texte achten und die sie bei der folgenden Aufgabe schon erproben können. Die Übersicht versucht, soweit möglich, inhaltliche und sprachlich-formale Aspekte in Beziehung zu setzen. Sie soll den Schülerinnen und Schülern helfen, Zugänge zu den beiden Ebenen der oft außerordentlich dichten Sprachgebilde zu finden.
Die sorgfältige inhaltliche und sprachlich-formale Erschließung von *Willkommen und Abschied* bis hin zum Interpretationsaufsatz (vgl. Baustein 8) kann ein Vergleich mit Friedrich Hölderlins *Diotima*-Gedicht in der mittleren Fassung, von der nur der erste Teil zugrunde gelegt wird (**Arbeitsblatt 5**, S. 42) erweitern und abrunden. Die beiden Gedichte ähneln sich in den begeisternden Glücksgefühlen, nachdem düstere Phasen überwunden sind. Sie schreiben diese Wirkung der Ausstrahlung der Geliebten zu, die Hölderlin ausdrücklich zur Göttin erhöht, und veranschaulichen die Stimmungen durch Naturbilder sowie den Wechsel der Tageszeiten und den Hell-Dunkel-Kontrast. Auch die Strophen- und Reimform stimmt mit Ausnahme des Versmaßes – Hölderlin verwendet Trochäen anstelle von Jamben – überein. Allerdings schildert das *Diotima*-Gedicht die Situation einer Lebenswende durch die Liebe und kein Geschehen. Deshalb geht es in dem dort aufgeworfenen Gegensatz um alles, um Leben und Tod, während sich bei Goethe im Moment der Begegnung mit der Geliebten die äußeren Verhältnisse und mit ihnen die Empfindungen des Ichs drastisch verändern.

■ *Vergleichen Sie „Willkommen und Abschied" mit Friedrich Hölderlins Gedicht „Diotima" auf dem Arbeitsblatt 5.*

„Diotima" (erster Teil der mittleren Fassung) von Friedrich Hölderlin im Vergleich mit „Willkommen und Abschied"

	Gemeinsamkeiten	Unterschiede
Vers-, Reim- und Strophenform	• vierhebiges Versmaß • Strophen zu 8 Versen • Kreuzreime	• Trochäen
formale/ inhaltliche Gliederung	• gegensätzliche Stimmungen/ Situationen • Veränderungen durch die Liebe	• kein Geschehen • neues Lebensgefühl (Str. 1, 2) – Grund (Str. 3) – Rückblick in die Kindheit (Str. 4) – Gegensatz Lebenslast/ermutigende Hoffnung (Str. 5, 6) – Erfüllung (Str. 7, 8)
Befinden des lyrischen Ichs	• überschwängliches Glück nach Überwindung düsterer Phasen	• Lebenswende durch die Liebe
Wirkung der Geliebten	• Aktivierung über Entfernungen hinweg • Wahrnehmung als verklärte Gestalt • Begeisterung	• Neubelebung • Überwindung bedrückender Lebensabschnitte • Erinnerung an kindliche Ahnungen
Bildsprache	• Natur • Nacht/Morgen • Helligkeit/Dunkelheit	• Wachstum/Aufblühen • antike Götter/Himmel • Schattenreich des Todes/Leben • sanfter Wind • Schifffahrt • Passivität/Aktivität

1.6 Von Symbolen und Motiven in einem romantischen Volkslied zu semantischen Feldern im modernen Gedicht

Die besondere Dichte und Prägnanz lyrischer Sprache entsteht unter anderem dadurch, dass Wörter, Wortgruppen oder Sätze nicht nur etwas mitteilen, sondern innerhalb eines kunstvollen Textgewebes Bedeutungen annehmen, die eine Interpretation erschließen muss. Deshalb lernen die Schülerinnen und Schüler am Beispiel eines Volkslieds von Joseph von Eichendorff und eines expressionistischen Gedichts von Else Lasker-Schüler, die beide das schmerzliche Ende einer Liebesbeziehung zu bewältigen versuchen, Symbole, Motive und semantische Felder zu erkennen und zu deuten. *Das zerbrochene Ringlein* beschreibt in den ersten beiden Strophen die Ausgangssituation, die Liebe zu einer Müllerstochter, die untreu geworden ist, und in den folgenden mögliche Reaktionen, die aber nicht verwirklicht werden. Mithilfe des Modalverbs „möcht" formuliert sie das lyrische Ich als Wünsche. Der Ring als Symbol der Treue weist ebenso über sich hinaus wie das Motiv des Mühlrads, das den Ort des vergangenen Liebesglücks wie die schmerzvolle Erinnerung daran bezeichnet. Der Spielmann und der Reitersoldat verkörpern das Bedürfnis, das erfahrene Leid und die dadurch entstandene Lähmung in der Ferne und in ungewohnten Lebensformen außerhalb gesellschaftlicher Bindungen zu überwinden. Der Tätigkeitsdrang bleibt aber fiktiv und fällt in der letzten Strophe wieder in sich zusammen. Die fünf Volksliedstrophen, die jeweils aus vier Versen mit drei Hebungen und Kreuzreimen mit alternierend weiblichen und männlichen Endungen bestehen, geben dem Gedicht auch eine übersichtliche inhaltliche Struktur. Das *Lied* aus neun Strophen zu jeweils zwei Versen von Lasker-Schüler besitzt dagegen weder Endreime noch metrische Regelmäßigkeit und ebenso wenig eine der äußeren Form entsprechende inhaltliche Gliederung. Es fallen jedoch Neologismen, sperrige Wortkombinationen und ungewöhnliche Vergleiche ins Auge. Außerdem finden sich Bezeichnungen, die sich zu semantischen Feldern wie Vogel, Trauer, Körperteile oder Natur gruppieren, für die zunächst der den Schülerinnen und Schülern bekannte Begriff der Wortfelder verwendet wird. Aus ihrem Geflecht und Wechselspiel ergibt sich der Gehalt dieses modernen Gedichts.

Der Lehrer oder die Lehrerin motiviert die Klasse für die Besprechung des Eichendorff-Gedichts und lenkt zugleich deren Aufmerksamkeit auf zeichenhaft-sinnbildliche Wörter, indem er einen Ring zeigt und fragt, was er symbolisiere: die Ewigkeit, weil sie weder Anfang noch Ende hat; die Verbindung mit einer anderen Person, die Treue zu ihr oder die Zugehörigkeit zu einer Gemeinschaft; die Würde eines Amts wie zum Beispiel der Fischerring des Papstes; aber auch magische Kräfte; Verlust oder Zerbrechen des Rings bedeuten Unheil.[1]

■ *Was stellt ein Ring symbolisch dar?*

Nachdem die Schülerinnen und Schüler die ersten beiden Strophen in der Vertonung von Friedrich Glück aus dem Jahre 1814 und als a-cappella-Vortrag eines Männerchors[2] gehört sowie die Symbolik des Rings in der zweiten Strophe geklärt haben – den Text lesen sie zunächst als OH-Projektion mit –, stellen sie antizipierend Vermutungen an, wie sich der verlassene Liebhaber in der geschilderten Situation verhält.

■ *Was symbolisiert der Ring in der zweiten Strophe?*
Was erfährt man über die Personen in den ersten beiden Strophen?
Wie könnte sich der verlassene Geliebte in einer solchen Lage verhalten?

Derart auf die folgenden drei Strophen eingestimmt, die wiederum der Männerchor musikalisch präsentiert und die sie zudem auf dem Arbeitsblatt 6 verfolgen, wenden sie sich jeweils zu zweit der dort gestellten Aufgabe zu und erschließen die Motive des Mühlrads, des Spielmanns und des berittenen Soldaten.

■ *Bearbeiten Sie die Aufgabe auf dem Arbeitsblatt 6.*

---

[1] Vgl. Udo Becker: Lexikon der Symbole. Lizenzausg. für KOMET Frechen. Freiburg: Herder o.J., S. 242f., und Christoph Wetzel: Das große Lexikon der Symbole. Darmstadt: Primus Verlag 2008, S. 264.
[2] In einem kühlen Grunde. Deutsche Volkslieder. Männerchor a cappella. Rundfunkchor Wernigerode. Dirigent: Friedrich Krell. DS. Deutsche Schallplatten 1095–2. B.T. Music Berlin

Symbolik und Motive in dem Gedicht „Das zerbrochene Ringlein"

Symbol/Motiv	Bedeutung
Ring	Versprechen und Bruch der Treue
Mühlrad	Ort des vergangenen Liebesglücks, schmerzvolle Erinnerung daran
Spielmann	Bedürfnis, Leid und Lähmung zu überwinden
Reitersoldat	Sehnsucht nach der Ferne und nach ungewohnten, unsteten Lebensformen Ausbruch aus gesellschaftlichen Bindungen bloß fiktiver Tätigkeitsdrang

Nach dem Lehrer- oder Lehrerinnenvortrag des Gedichts von Lasker-Schüler auf dem **Arbeitsblatt 7**, S. 44, suchen die Schülerinnen und Schüler einen ersten Zugang, indem sie es mit dem von Eichendorff vergleichen.

■ *Bearbeiten Sie Aufgabe 1 auf dem Arbeitsblatt 7.*

„Ein Lied" von Else Lasker-Schüler im Vergleich mit dem „Zerbrochenen Ringlein"

Gemeinsamkeiten

- Ende einer Liebesbeziehung
- Verletzung, Trauer, Schmerz
- erfolglose Versuche, das Vergangene zu überwinden und neu zu beginnen
- Sehnsucht nach der Ferne und nach Ungebundenheit

Unterschiede zu Eichendorffs Gedicht

- schwer verständlich
- Neologismen („[b]untatmen", „Trauerrosen")
  sperrige Wortkombinationen („samtne Andacht", „blaue[s] Gebüsch")
  ungewöhnlicher Vergleich („Amseln wie Trauerrosen")
- Vogelmotive (↔ Ring, Mühlrad)
- keine inhaltliche Gliederung durch die äußere Form
- weder Endreime noch metrische Regelmäßigkeit

Es kann den Schülerinnen und Schülern schwerfallen, die sehr subjektiven, frei assoziierten Eindrücke, Metaphern und Wortkreationen zu erfassen, zu verstehen und zu interpretieren. Sie sehen sich Schwierigkeiten gegenüber, vor die sie moderne, insbesondere expressionistische oder hermetische Lyrik häufig stellt. Als Mittel zur Erschließung solcher Texte eignen sich semantische Felder, aus denen sich Verbindungen und Strukturen ergeben. Die Aufgaben 2 und 3 auf dem **Arbeitsblatt 7**, S. 44, leiten dazu an, dieses Verfahren zu erproben.

■ *Bestimmen Sie, wie in den Aufgaben 2 und 3 des Arbeitsblattes 7 verlangt, die Wortfelder, ihre Bedeutung und ihr Verhältnis zueinander in dem Gedicht „Ein Lied" von Else Lasker-Schüler.*

Wortfelder als Grundlagen für die Interpretation moderner Lyrik am Beispiel des Gedichts „Ein Lied" von Else Lasker-Schüler

Wortfelder	Bedeutung
Vogel: auffliegen, Zugvögel, Flügel, Amseln, Gezwitscher	Sehnsucht nach Veränderung, Freiheit, Gemeinschaft, Fröhlichkeit, Zartheit, Verletzlichkeit
Trauer: Wasser hinter den Augen, weinen, traurig, Trauerrosen	Folgen der Abweisung durch eine hartherzige Person
Natur: Winde, Luft, Trauerrosen, Gebüsch	Genuss und Verlust des Lebenselements
Körperteile: Augen, „Gesicht im Mond" „steinernes Herz"	Ausdruck der Empfindungen Mitgefühl eines Gegenübers jenseits der Menschen (vgl. Goethes Gedicht *An den Mond*) Gefühllosigkeit

Von diesen stichwortartigen Notizen ausgehend, verfassen die Schülerinnen und Schüler als Vorübung für die schriftliche Interpretation einen kurzen Text, der eines der Wortfelder und seine Bedeutung in dem Gedicht erläutert.

■ *Verfassen Sie nach Aufgabe 4 auf dem Arbeitsblatt 7 einen kurzen Text.*

Eine mögliche Version zum Wortfeld *Vogel* kann auch als Beispiel für Texte zu den anderen semantischen Feldern sowie für Inhalt und Stil ausführlicherer Interpretationen dienen.

In den inhaltlich fast identischen Strophen 2 und 9 wünscht sich das lyrische Ich vergeblich, mit den Zugvögeln wegzufliegen. Die Wiederholung intensiviert dieses Verlangen, seine gebrochenen Flügel (vv. 11 f.) hindern es jedoch daran. Der Vogel hat sich an dem steinernen Herzen einer anderen Person verletzt; die Metapher bringt also einen tiefgehenden seelischen Schmerz zum Ausdruck, der auch andere Vögel erfasst und in den Tod reißt. Das Schwarz der mit Rosen verglichenen Amseln unterstreicht die Trauer, in der sie „vom blauen Gebüsch", ihrem farbigen Lebensraum, herabfallen. Das Bunte schreibt das Subjekt auch den „Winden/In der großen Luft" zu und damit dem Element, in dem sich Vögel natürlicherweise bewegen. Sie stehen für Weite, Freiheit, Gemeinschaft und Heiterkeit und damit im Gegensatz zur Lähmung und Trauer, die das Ich empfindet. Es sehnt sich danach, an diesem Jubel (v. 16) wieder teilhaben zu können.

1.7 Interpretationshypothesen

Bei modernen Gedichten handelt es sich oft um „konstruierte[] [...] und reflektierte[] Sprachgebilde" (Korte, S. 215), die sich schnellem Verstehen verweigern und geduldiges Verweilen verlangen. Einen solchen langsamen hermeneutischen Prozess können Interpretationshypothesen unterstützen und voranbringen, wenn sie vorläufige und bruchstückhafte Erkenntnisse in Annahmen und Vermutungen zusammenführen, die in weiteren Untersuchungen überprüft, begründet oder auch wieder verworfen werden müssen. Das Gedicht *Eine Art Verlust* von Ingeborg Bachmann auf dem **Arbeitsblatt 8**, S. 45 legt nahe, von der Überschrift auszugehen und zu fragen, auf welche Arten des Verlusts der Text eingeht. Die Antworten münden in ein Unterrichtsgespräch, in dem die Schülerinnen und Schüler eine erste Orientierung finden. In Einzelarbeit entwickeln sie dann Interpretationshypothesen, die sie in kleinen Gruppen aus drei oder vier Mitgliedern überprüfen, indem sie sie begründen oder verwerfen. Die beiden überzeugendsten Thesen werden anschließend samt Begründungen der Klasse vorgestellt.

■ *Bearbeiten Sie die Aufgaben 1 – 4 auf dem Arbeitsblatt 8 nacheinander.*

Selbstverständlich sollen die folgenden Vorschläge die Entdeckungsfreude der Schülerinnen und Schüler nicht einschränken; sie sind vielmehr als Impulse für kritische Nachfragen oder Ergänzungen durch den Lehrer oder die Lehrerin gedacht.

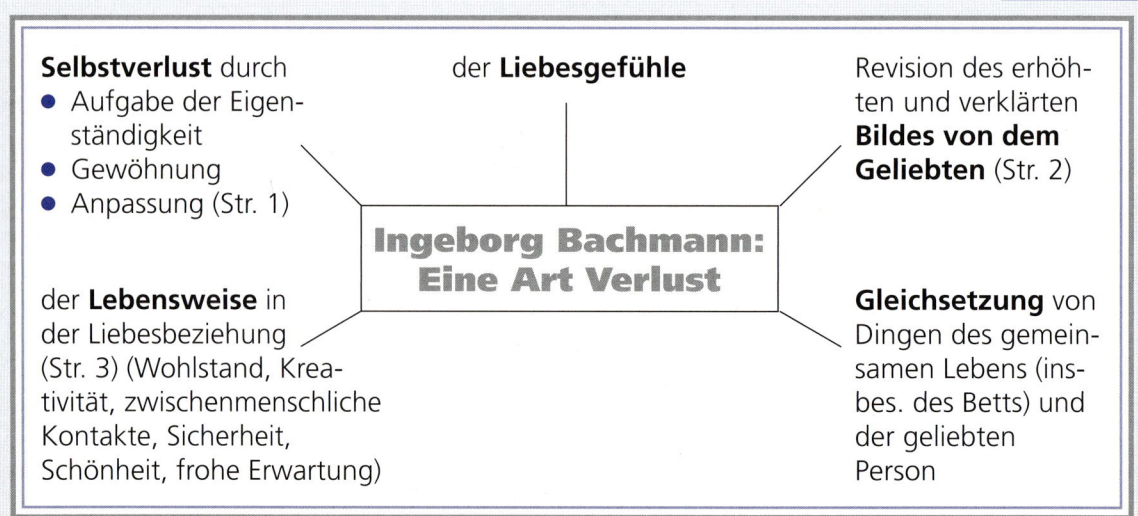

Ingeborg Bachmann: Eine Art Verlust

Selbstverlust durch
- Aufgabe der Eigenständigkeit
- Gewöhnung
- Anpassung (Str. 1)

der **Lebensweise** in der Liebesbeziehung (Str. 3) (Wohlstand, Kreativität, zwischenmenschliche Kontakte, Sicherheit, Schönheit, frohe Erwartung)

der **Liebesgefühle**

Revision des erhöhten und verklärten **Bildes von dem Geliebten** (Str. 2)

Gleichsetzung von Dingen des gemeinsamen Lebens (insbes. des Betts) und der geliebten Person

Interpretationshypothesen zu dem Gedicht „Eine Art Verlust" von Ingeborg Bachmann

Hypothesen	Begründungen
1. Die Liebesgefühle sind erloschen.	Vergangenheitsform; Vermeidung der Anrede „Du" mit Ausnahme des vorletzten Verses; Abwertung des ehemaligen Geliebten als ein „Etwas" und ein „Nichts" (vv. 14 f.)
2. Das lyrische Ich hat in der zu Ende gegangenen Liebesbeziehung sich selbst verloren.	Früher verwendete Worte und Gesten haben ihren Wert eingebüßt (v. 4 f.), stattdessen wurden Vorschriften und übliche Verhaltensweisen beachtet (vv. 6 f.).
3. Die Erhöhung und Verklärung des Geliebten stellt sich als falsch heraus. Dadurch verliert die Liebe ihr Zentrum.	Religiösen Vokabeln (Kult, fromm, Religion, Kirche), die Verhalten und Einstellung des Subjekts bezeichnen, stehen Alltagsdinge in Klammern entgegen, die die andere Person kennzeichnen und deren Desinteresse und Nachlässigkeit andeuten.
4. Die Liebe galt nicht der anderen Person, sondern dem gemeinsamen Leben, Unternehmungen, Erlebnissen und dem sexuellen Verkehr.	Vom Geliebten selbst ist nicht die Rede, nur von Dingen, Jahreszeiten, Reisen und dem Haus.
5. Mit der Liebesbeziehung gibt das Subjekt einen anregenden, beherrschenden, luxuriösen Lebensstil auf.	Haus am See mit Balkon (vv. 19, 21); Malen als Ausdruck der kreativen Inspiration; herrscherliche Gesten des Grüßens von oben herab; offener Kamin (v. 18)

Hypothesen und ihre Begründungen können wiederum – wie die semantischen Felder oder die Wechselwirkungen von Inhalt, Sprache und Form – als ein weiterer Zugang zu Gedichten sowie als Vorbereitung und Teilübung für den Interpretationsaufsatz verstanden werden, auf den der abschließende Baustein 8 nochmals eingeht.

Notizen

_____

_____

_____

_____

_____

_____

_____

„Ich liebe dich": Was ist das?

1. Versuchen Sie, in einem der beiden Gedichte die Satzlücken zu ergänzen.

2. Erörtern Sie zunächst Ihre eigenen Vorschläge und vergleichen Sie diese dann mit den Originalen der Gedichte.

3. Formulieren Sie in einem Fazit für jedes Gedicht, welche Einsichten über die Liebe es enthält.

Walter Helmut Fritz

Weil du die Tage
zu Schiffen machst,
die _____.

Weil dein Körper
5 lachen kann.

Weil dein Schweigen
_____ hat.

Weil ein Jahr
die Form _____ annimmt.

10 Weil ich durch dich verstehe,
dass es _____ gibt,

liebe ich dich.

Erich Fried
Was es ist

Es ist _____
sagt die Vernunft
Es ist _____
sagt die Liebe

5 Es ist _____
sagt die Berechnung
Es ist nichts als _____
sagt die Angst
Es ist _____
10 sagt die Einsicht
Es ist _____
sagt die Liebe

Es ist _____
sagt der Stolz
15 Es ist _____
sagt die Vorsicht
Es ist _____
sagt die Erfahrung
Es ist _____
20 sagt die Liebe

W. H. Fritz, geb. 1929 in Karlsruhe. Studium der Literaturwissenschaft, neueren Sprachen und Philosophie; einige Jahre Gymnasiallehrer, dann Universitätsdozent und Verlagslektor; freier Schriftsteller. Landschafts- und Naturgedichte machten ihn bekannt. Er verfasste aber auch Erzählungen und Essays und übersetzte aus dem Französischen.

Erich Fried (1921–88), aufgewachsen in Wien, emigrierte 1938 wegen seiner jüdischen Herkunft nach der Ermordung des Vaters nach London. 1952–68 Redakteur der BBC, dann freier Schriftsteller. Mitglied der Gruppe 47, Büchner-Preis 1987. In seiner Lyrik übt er Kritik an politischen, gesellschaftlichen und geistigen Zwängen; es gelingen ihm aber auch einfühlsame Liebesgedichte. Außerdem übersetzte er Shakespeare.

„Ich liebe dich": Was ist das?
Originalversion der Gedichte

Walter Helmut Fritz

Weil du die Tage
zu Schiffen machst,
die ihre Richtung kennen.

Weil dein Körper
5 lachen kann.

Weil dein Schweigen
Stufen hat.

Weil ein Jahr
die Form deines Gesichts annimmt.

10 Weil ich durch dich verstehe,
dass es Anwesenheit gibt,

liebe ich dich.

Aus: Walter Helmut Fritz: Aus der Nähe. Gedichte 1967–1971.
Hamburg: Hoffmann und Campe 1972. Entn. aus: Deutsche
Liebeslyrik, a.a.O., S. 327

Erich Fried
Was es ist (1983)

Es ist Unsinn
sagt die Vernunft
Es ist was es ist
sagt die Liebe

5 Es ist Unglück
sagt die Berechnung
Es ist nichts als Schmerz
sagt die Angst
Es ist aussichtslos
10 sagt die Einsicht
Es ist was es ist
sagt die Liebe

Es ist lächerlich
sagt der Stolz
15 Es ist leichtsinnig
sagt die Vorsicht
Es ist unmöglich
sagt die Erfahrung
Es ist was es ist
20 sagt die Liebe

Aus: Erich Fried: Es ist was es ist © Verlag Klaus Wagenbach,
Berlin 1983. Entn. aus: Liebesgedichte aus aller Welt, a.a.O., S. 54

Fazit:_____

_____

_____

_____

_____

Fazit:_____

_____

_____

_____

_____

Liebe in den *Carmina Burana* von Carl Orff (Ausschnitte)

1. *Beschreiben Sie die Musik. Achten Sie besonders auf Geschwindigkeit, Instrumente sowie Art und Weise des Gesangs.*

2. *Welche Empfindungen und Wirkungen der Liebe bringen die lyrischen Texte zum Ausdruck? Wie werden diese Empfindungen und Wirkungen sprachlich umgesetzt?*

3. *Erläutern Sie die Wechselwirkung zwischen Text und Musik.*

20. Veni, veni, venias (Spur 23)
Veni, veni, venias,
ne me mori facias,
hyrca, hyrce, nazaza,
trillirivos!

5 Pulchra tibi facies,
oculorum acies,
capillorum series,
a quam clara species!

Rosa rubicundior,
10 lilio candidior,
omnibus formosior,
semper in te glorior!

21. In trutina (Spur 24)
In trutina mentis dubia
fluctuant contraria
15 lascivus amor et pudicitia.
Sed eligo quod video,
collum iugo prebeo;
ad iugum tamen suave transeo.

22. Tempus est iocundum (Spur 25)
Tempus est iocundum,
20 o virgines,
modo congaudete,
vos iuvenes!

Oh, oh, oh,
totus floreo!
25 Iam amore virginali
totus ardeo,
novus, novus amor
est, quo pereo!

Mea me confortat
30 promissio,
mea me deportat
negatio.

Oh, oh, oh, etc.

[Doppelchor]
Komm, komm, komme!
Lass mich nicht sterben!
Hyrca, hyrce, nazaza,
Trillirivos!

5 Schön ist dein Angesicht,
Deiner Augen Schimmer,
Deiner Haare Flechten!
O wie herrlich die Gestalt!

Röter als Rosen
10 Weißer als Lilien!
Du Allerschönste,
Stets bist du mein Ruhm!

[Sopran]
Auf des Herzens unentschiedener
Waage schwanken widerstreitend
15 Scham und liebendes Verlangen.
Doch ich wähle, was ich sehe,
Biete meinen Hals dem Joch,
Trete unters Joch, das doch so süß.

[Chor]
Lieblich ist die Zeit,
20 O Mädchen!
Freut euch jetzt mit uns,
Ihr Burschen!

[Bariton]
Oh! Oh! Oh!
Wie ich blühe,
25 Schon von einer neuen Liebe
Ganz erglühe!
Junge, junge Liebe ist es,
Daran ich vergeh!

[Frauenchor]
Mutig macht mich
30 Mein Versprechen.
Nieder drückt mich
Mein Verweigern.

[Sopran und Knabenchor]
Oh! Oh! Oh! usw.

Tempore brumali
35 vir patiens,
animo vernali
lasciviens.

Oh, oh, oh, etc.

Mea mecum ludit
40 virginitas,
mea me detrudit
simplicitas.

Oh, oh, oh, etc.

Veni, domicella,
45 cum gaudio,
veni, veni, pulchra,
iam pereo!

Oh, oh, oh, etc.

[*Männerchor*]
Zur Winterszeit
35 Ist träg der Mann.
Im Hauch des Frühlings
Munter.

[*Bariton*]
Oh! Oh! Oh! usw.

[*Frauenchor*]
Es lockt und zieht mich hin:
40 Ich bin ein Mädchen.
Es schreckt und ängstigt mich.
Bin, ach so blöde!

[*Sopran und Knabenchor*]
Oh! Oh! oh! usw.

[*Chor*]
Komm, Geliebte!
45 Bring Freude!
Kommkomm, du Schöne!
Schon muss ich vergehn!

[*Bariton, Knabenchor und Chor*]
Oh! Oh! Oh! usw.

Carl Orff: Carmina Burana. EMI Records Ltd. 1998. Nr. 7 540542. Booklet

Die **Carmina Burana** (= Lieder aus Benediktbeuren) sind „eine Sammlung von Manuskripten in vulgärlateinischer und mittelhochdeutscher Sprache [...], die während des 13. Jahrhunderts in dem südbayerischen Kloster Benediktbeuren gesammelt worden waren." Die „rund 200 [...] Gedichte [...] und Lieder [...]" „aus verschiedenen Ländern" „entstammen dem Repertoire der Vaganten, wandernder Mönche aus jener fernen Zeit". „[S]ie feierten in ihren Liedern überwiegend die Freuden von Bett, Spiel und Gelage. Kirche und Staat gegenüber nahmen sie [...] eine satirische Position ein".
(Booklet zu Carmina Burana, a.a.O., S. 5)

Carl Orff (1895–1982), deutscher Komponist, Musiklehrer an der Günther-Schule für Gymnastik, Musik und Tanz in München; 1950–60 Professor für Komposition an der dortigen Musikhochschule. Weltweit verbreitet ist sein *Schulwerk* für den Musikunterricht mit nach ihm benannten Schlaginstrumenten.

Drei Beispiele von Liebesgedichten

1. *Welche Eindrücke rufen die Gedichte hervor?*
Welche Stimmungen und Wirkungen erzeugen sie?

2. *Wie sehr werden jeweils Gefühle angesprochen?*
In welchem Gedicht kommen Gefühle am stärksten zum Ausdruck?

3. *Wie ist das Verhältnis zwischen Liebendem und Geliebtem?*
Wie stellen die Gedichte die Geliebte jeweils dar?
Wie ist die äußere Form der Gedichte?

4. *Versuchen Sie eine grobe literaturgeschichtliche Einordnung.*

5. *Suchen Sie Informationen über Hoffmannswaldau und Schnurre sowie über die Entstehung des Goethe-Gedichts. Schreiben Sie Ihre Ergebnisse in Stichworten neben die Dichterporträts.*

Christian Hoffmann von Hoffmannswaldau
Beschreibung vollkommener Schönheit

Ein Haar, so kühnlich Trotz der Berenike[1] spricht,
Ein Mund, der Rosen führt und Perlen in sich heget,
Ein Zünglein, so ein Gift vor tausend Herzen träget,
Zwo Brüste, wo Rubin durch Alabaster bricht,

5 Ein Hals, der Schwanenschnee weit, weit zurücke sticht,
Zwei Wangen, wo die Pracht der Flora[2] sich beweget,
Ein Blick, der Blitze führt und Männer niederleget,
Zwei Arme, deren Kraft oft Leuen hingericht't,

Ein Herz, aus welchem nichts als mein Verderben quillet,
10 Ein Wort, so himmlisch ist und mich verdammen kann,
Zwei Hände, derer Grimm mich in den Bann getan

Und durch ein süßes Gift die Seele selbst umhüllet,
Ein Zierat, wie es scheint, im Paradies gemacht,
Hat mich um meinen Witz und meine Freiheit bracht.

Aus: Ulrich Maché, Volker Meid [Hrsg.]: Gedichte des Barock. Stuttgart: Reclam 1980

Wolfdietrich Schnurre
Gedenken

Die Heiterkeit
deines Nasenrückens.
Kolibriflügel
sind deine Brauen.

5 Finger, gemacht,
um Tautropfen
zu modellieren.

Wo schläft
dein Schatten?
10 Ich lege mich zu ihm.

Aus: Kassiber und neue Gedichte. München: List 1979

---

1 Berenice (270–221 v. Chr.): = Gemahlin des ägypt. Königs Ptolemaios. Sie opferte ihr prachtvolles Haar der Liebesgöttin Aphrodite, weil ihr Gatte siegreich aus dem Krieg heimkehrte.
2 Frühlingsgöttin, Pflanzenwelt

Johann Wolfgang Goethe
Willkommen und Abschied (1789)

Es schlug mein Herz, geschwind zu Pferde!

Es war getan fast eh gedacht;

Der Abend wiegte schon die Erde,

Und an den Bergen hing die Nacht:

5 Schon stand im Nebelkleid die Eiche,

Ein aufgetürmter Riese, da,

Wo Finsternis aus dem Gesträuche

Mit hundert schwarzen Augen sah.

Der Mond von einem Wolkenhügel

10 Sah kläglich aus dem Duft hervor,

Die Winde schwangen leise Flügel,

Umsausten schauerlich mein Ohr;

Die Nacht schuf tausend Ungeheuer;

Doch frisch und fröhlich war mein Mut:

15 In meinen Adern welches Feuer!

In meinem Herzen welche Glut!

Dich sah ich, und die milde Freude

Floss von dem süßen Blick auf mich;

Ganz war mein Herz an deiner Seite

20 Und jeder Atemzug für dich.

Ein rosenfarbnes Frühlingswetter

Umgab das liebliche Gesicht,

Und Zärtlichkeit für mich – ihr Götter!

Ich hofft es, ich verdient es nicht!

25 Doch ach, schon mit der Morgensonne

Verengt der Abschied mir das Herz:

In deinen Küssen welche Wonne!

In deinem Auge welcher Schmerz!

Ich ging, du standst und sahst zur Erden,

30 Und sahst mir nach mit nassem Blick:

Und doch, welch Glück, geliebt zu werden!

Und lieben, Götter, welch ein Glück!

Frühere Version: 1771

Der junge Goethe

Aus: Johann Wolfgang von Goethe: Berliner Ausgabe, Bd. 1:
Gedichte. Berlin und Weimar: Aufbau Verlag, 3. Auflage 1976

Johann Wolfgang Goethe: Willkommen und Abschied (1789)
(Lösungsvorschlag für Eintragungen zur Analyse von Inhalt, Sprache und Form)

Anapher

Es schlug mein Herz, geschwind zu Pferde!

Es war getan fast eh gedacht;

Der Abend wiegte schon die Erde,

Und an den Bergen hing die Nacht:

Schon stand im Nebelkleid die Eiche,

Ein aufgetürmter Riese, da,

Wo Finsternis aus dem Gesträuche

Mit hundert schwarzen Augen sah.

Der Mond von einem Wolkenhügel

Sah kläglich aus dem Duft hervor,

Die Winde schwangen leise Flügel,

Umsausten schauerlich mein Ohr;

Die Nacht schuf tausend Ungeheuer;

Doch frisch und fröhlich war mein Mut:

In meinen Adern welches Feuer!

In meinem Herzen welche Glut!

Dich sah ich, und die milde Freude

Floss von dem süßen Blick auf mich;

Ganz war mein Herz an deiner Seite

Und jeder Atemzug für dich.

Ein **rosenfarbnes Frühlingswetter**

Umgab das liebliche Gesicht,

Und Zärtlichkeit für mich – ihr Götter!

Ich hofft es, ich verdient es nicht!

Doch ach, schon mit der Morgensonne

Verengt der Abschied mir das Herz:

In deinen Küssen welche Wonne!

In deinem Auge welcher Schmerz!

Ich ging, du standst und sahst zur Erden,

Und sahst mir nach mit nassem Blick:

Und doch, welch Glück, geliebt zu werden!

Und lieben, Götter, welch ein Glück!

Aus: Johann Wolfgang von Goethe: Berliner Ausgabe, Bd. 1: Gedichte.
Berlin und Weimar: Aufbau Verlag, 3. Auflage 1976

Linke Randnotizen:

Aufbruch in der Dämmerung

bedrohliche Natur bei Nacht/ frohe Erwartung

Weg
Bewegung
dunkel (Vokale)
Ich

Ziel
Ruhe
hell (Vokale)
Ich/Du

Ankunft und Liebesglück

Abschieds- schmerz und Dankbarkeit

Rechte Randnotizen:

Personifizierungen der Natur

Übereinstimmung von Vers- und Satzstruktur: *Einklang von Verlangen und Handeln, Harmonie*

Parallelismus
Ellipsen
Ausrufe:
starke Empfindungen, Leidenschaft

Empfindungszentrum
Sturm und Drang

Neologismus
Hervorhebung des Gesichts

Alliterationen: Gleich- und Wohlklang

doch: Gegensätze und deren Überwindung

χiasmus
Passiv/Aktiv

Gesichtspunkte für die Interpretation von Lyrik

■ *Bei der Interpretation von Liebesgedichten können Sie Aspekte berücksichtigen, wie sie in der folgenden Tabelle enthalten sind.*
Diese helfen Ihnen, Zugänge zum Inhalt, zur Sprache und zur Form der oft außerordentlich dichten Texte zu finden und so eine schriftliche Interpretation vorzubereiten.
Versuchen Sie, Wechselwirkungen zwischen inhaltlichen und formalen Gesichtspunkten zu erkennen, indem Sie diese aufeinander beziehen.

Inhalt	Sprache und Form
Überschrift	
Gliederung	Vers-, Reim-, Strophen- und Gedichtform (oder Verzicht darauf)
Geschehen – Situation – Stimmung – Reflexion	Wortfelder, semantische Bereiche, Schlüsselwörter, ungewöhnliche Bezeichnungen
abstrakt oder konkret Entwicklung oder Statik Bewegung oder Ruhe Gegensätze oder Harmonie	Vokabular (Substantive, Verben, Adjektive) Zeitform (gegenwarts-, vergangenheits- oder zukunftsbezogen) Übereinstimmung von Satz- und Versstruktur oder Enjambements
Sehnsucht oder Erfüllung Einsamkeit/Abwesenheit oder Zusammensein selbst- oder partnerbezogen Äußerlichkeiten (z. B. einer Person) oder inneres Befinden Glück oder Schmerz Zukunftsperspektive oder Hoffnungslosigkeit Beobachtung oder Teilnahme Klarheit oder Irritation	Verhältnis Ich/Du/Wir Bilder (Vergleiche, Metaphern, Symbole) Farben Klangformen (Assonanzen, Alliterationen) Wiederholungen rhetorische Figuren Satzarten und -muster Sprachebene Abweichungen von der Sprachnorm (Neologismen)
Anspielungen (Raum, Zeit, Gesellschaft) Berücksichtigung mehrerer Deutungsebenen Hinweise auf Biografie und Epoche	

Friedrich Hölderlin: Diotima
(erster Teil der mittleren Fassung, 1796)

■ *Vergleichen Sie das Gedicht mit Goethes „Willkommen und Abschied". Gehen Sie dabei insbesondere auf die Vers-, Reim- und Strophenform, die Beziehung zwischen formaler und inhaltlicher Gliederung, das Befinden des lyrischen Ichs und die Wirkung der Geliebten sowie auf die Bildsprache ein.*

(1) Lange tot und tiefverschlossen,
Grüßt mein Herz die schöne Welt;
Seine Zweige blühn und sprossen,
Neu von Lebenskraft geschwellt;
5   Oh! ich kehre noch ins Leben,
Wie heraus in Luft und Licht
Meiner Blumen selig Streben
Aus der dürren Hülse bricht.

(2) Wie so anders ist's geworden!
10   Alles, was ich hasst und mied,
Stimmt in freundlichen Akkorden
Nun in meines Lebens Lied,
Und mit jedem Stundenschlage
Werd ich wunderbar gemahnt
15   An der Kindheit goldne Tage,
Seit ich dieses Eine fand.

(3) Diotima[1]! selig Wesen!
Herrliche, durch die mein Geist,
Von des Lebens Angst genesen,
20   Götterjugend sich verheißt!
Unser Himmel wird bestehen,
Unergründlich sich verwandt,
Hat sich, eh wir uns gesehen,
Unser Innerstes gekannt.

25 (4) Da ich noch in Kinderträumen,
Friedlich, wie der blaue Tag,
Unter meines Gartens Bäumen
Auf der warmen Erde lag,
Und in leiser Lust und Schöne
30   Meines Herzens Mai begann,
Säuselte, wie Zephirstöne[2],
Diotimas Geist mich an.

(5) Ach! und da, wie eine Sage,
Mir des Lebens Schöne schwand,
35   Da ich vor des Himmels Tage
Darbend, wie ein Blinder, stand,
Da die Last der Zeit mich beugte,
Und mein Leben, kalt und bleich,
Sehnend schon hinab sich neigte
40   In der Schatten stummes Reich;

(6) Da, da kam vom Ideale,
Wie vom Himmel, Mut und Macht,
Du erscheinst mit deinem Strahle,
Götterbild! in meiner Nacht;
45   Dich zu finden, warf ich wieder,
Warf ich den entschlafnen Kahn
Von dem toten Porte nieder
In den blauen Ozean. –

(7) Nun! ich habe dich gefunden,
50   Schöner, als ich ahndend sah
In der Liebe Feierstunden,
Hohe! Gute! bist du da;
O der armen Phantasien!
Dieses Eine bildest nur
55   Du, in ew'gen Harmonien
Frohvollendete Natur!

(8) Wie die Seligen dort oben,
Wo hinauf die Freude flieht,
Wo, des Daseins überhoben,
60   Wandellose Schöne blüht,
Wie melodisch bei des alten
Chaos Zwist Urania[3],
Steht sie, göttlich rein erhalten,
Im Ruin der Zeiten da.
[...]

Aus: Friedrich Hölderlin: Sämtliche Werke und Briefe. Hrsg. von Günter Mieth. Erster Band. München: Hanser Verlag 1970, S. 185 f.

---
[3]   Urania: = Liebesgöttin

---
[1]   Diotima: = Name aus Platons Symposium
[2]   Zephir: = milder Wind

Johann Christian Friedrich Hölderlin (1770–1843), geboren in Lauffen/Neckar, aufgewachsen in Nürtingen; 1788–93 Theologiestudium in Tübingen ohne Neigung zum Pfarrerberuf; befreundet mit den später bekannten Philosophen Schelling und Hegel; unstetes Leben als Hauslehrer; tiefe Liebesgefühle zu „Diotima" Susette Gontard, der Gattin eines Frankfurter Bankiers, um dessen Kinder er sich kümmerte; nach dem Bruch Verstörung und Geisteskrankheit. Seine anspruchsvolle Lyrik und der Briefroman *Hyperion* suchen Orientierung in der griechischen Antike.

Das zerbrochene Ringlein
von Joseph von Eichendorff

■ *Erschließen Sie neben dem Symbol des Rings die Bedeutung der Motive des Mühlrads, des Spielmanns und des berittenen Soldaten.*

Symbol (gr. symballein: = zusammenfügen): Erkennungszeichen, bildhaftes Zeichen, Sinnbild für eine Idee oder einen abstrakt-geistigen Sachverhalt

Motiv: a) Beweggrund
b) in Kunst und Literatur inhaltlich-thematisches Grundmuster von Situationen, Typen oder Raum- und Zeitverhältnissen; oft Wörter oder Bezeichnungen, deren Bedeutung angereichert ist und über das alltägliche Verständnis hinausgeht.

Lied

In einem kühlen Grunde,
Da geht ein Mühlenrad,
Mein' Liebste ist verschwunden,
Die dort gewohnet hat.

5 Sie hat mir Treu versprochen,
Gab mir ein'n Ring dabei,
Sie hat die Treu gebrochen,
Mein Ringlein sprang entzwei.

Ich möcht' als Spielmann reisen
10 Weit in die Welt hinaus,
Und singen meine Weisen
Und gehn von Haus zu Haus.

Ich möcht' als Reiter fliegen
Wohl in die blut'ge Schlacht,
15 Um stille Feuer liegen
Im Feld bei dunkler Nacht.

Hör' ich das Mühlrad gehen,
Ich weiß nicht, was ich will,
Ich möcht' am liebsten sterben,
20 Da wär's auf einmal still!

(entstanden um 1810 und enthalten in dem Roman *Ahnung und Gegenwart*)
Aus: Joseph von Eichendorff: Sämtliche Gedichte und Versepen.
Hrsg. von Hartwig Schultz. Frankfurt am Main und Leipzig:
Insel Verlag 2007, S. 68

Joseph von Eichendorff (1788–1857): entstammt einer preußisch-katholischen Landadelsfamilie auf Schloss Lubowitz bei Ratibor in Oberschlesien, wo ihn Waldlandschaft geprägt hat; Jurastudium in Halle, Heidelberg, Berlin und Wien; 1813–15 Teilnahme an den Befreiungskriegen; danach Beamter im preußischen Staatsdienst. Seine Lyrik im Volksliedton und die Novelle *Aus dem Leben eines Taugenichts* machten ihn zum bekanntesten Dichter der Romantik.

Ein Lied von Else Lasker-Schüler

1. Vergleichen Sie das Gedicht mit dem „Zerbrochenen Ringlein" von Eichendorff, indem Sie Gemeinsamkeiten und Unterschiede feststellen.
Ansatzpunkte können sein: die Wirkung auf Sie als Leser/innen; die Ausgangssituation, auf die sich das Gedicht bezieht; das Verhalten des lyrischen Ichs; die Bilder, in denen es seine Lage zum Ausdruck bringt; die Vers- und Strophenform.

2. Unterstreichen Sie alle Bezeichnungen, die zum Wortfeld „Vogel" gehören.
Unterstreichen Sie außerdem mit anderen Farben solche Bezeichnungen, die sich zu weiteren Wortfeldern fügen.

> **Wortfelder** werden bei Interpretationen auch als **semantische Felder** bezeichnet.

3. Bestimmen Sie, was die einzelnen Wortfelder zum Ausdruck bringen und in welchem Verhältnis sie zueinander stehen.

4. Formulieren Sie in einem kurzen Text, welche Bedeutung einem der Wortfelder in dem Text zukommt.

Ein Lied (1917)

Hinter meinen Augen stehen Wasser
Die muss ich alle weinen.

Immer möcht ich auffliegen,
Mit den Zugvögeln fort;

5 Buntatmen mit den Winden
In der großen Luft.

O ich bin so traurig – – –
Das Gesicht im Mond weiß es.

Drum ist viel samtne Andacht
10 Und nahender Frühmorgen um mich.

Als an deinem steinernen Herzen
Meine Flügel brachen,

Fielen die Amseln wie Trauerrosen
Hoch vom blauen Gebüsch.

15 Alles verhaltene Gezwitscher
Will wieder jubeln,

Und ich möchte auffliegen
Mit den Zugvögeln fort.

Aus: Else Lasker-Schüler: Werke und Briefe, Kritische
Ausgabe, Band 1.1, Gedichte © Jüdischer Verlag
im Suhrkamp Verlag, Frankfurt am Main 1996

Else Lasker-Schüler (1869–1945):
Tochter einer wohlhabenden jüdischen Familie in Wuppertal-Elberfeld; 1894–99 verheiratet mit dem Arzt B. Lasker, 1901–11 mit dem Schriftsteller H. Walden; in Berlin Freundschaften mit Künstlern des Expressionismus; ab 1933 Emigration in die Schweiz, nach Jerusalem und Ägypten. Sie verfasste metaphernreiche, subjektiv-assoziative Gedichte in expressionistischem Stil.

Interpretationshypothesen am Beispiel des Gedichts *Eine Art Verlust* von Ingeborg Bachmann

1. *Ermitteln Sie, welche Arten des Verlusts das Gedicht anspricht.*

2. *Entwickeln Sie daraus Interpretationshypothesen.*

> **Hypothese** (griech. hypo: = unter, darunter; thesis: = Satz, Behauptung): Annahme oder Vermutung, die durch eine genauere inhaltliche Untersuchung überprüft und begründet werden muss.
> **Beispiel:** Das lyrische Ich hat in der zu Ende gegangenen Liebesbeziehung sich selbst verloren.

3. *Begründen oder verwerfen Sie die Interpretationshypothesen in kleinen Gruppen zu drei oder vier Personen.*

4. *Notieren Sie zwei Hypothesen, die Ihnen am überzeugendsten erscheinen, samt Begründungen auf ein OHP-Folienstück und erläutern Sie diese Ergebnisse der Klasse.*

Eine Art Verlust

Gemeinsam benutzt: Jahreszeiten, Bücher und eine Musik.
Die Schlüssel, die Teeschalen, den Brotkorb, Leintücher
    und ein Bett.
Eine Aussteuer von Worten, von Gesten, mitgebracht,
5   verwendet, verbraucht.
Eine Hausordnung beachtet. Gesagt. Getan. Und immer
    die Hand gereicht.

In Winter, in ein Wiener Septett und in Sommer habe ich
    mich verliebt.
10 In Landkarten, in ein Bergnest, in einen Strand und in
    ein Bett.
Einen Kult getrieben mit Daten, Versprechen für
    unkündbar erklärt,
angehimmelt ein Etwas und fromm gewesen vor einem
15   Nichts,

(- der gefalteten Zeitung, der kalten Asche, dem Zettel
    mit einer Notiz)
furchtlos in der Religion, denn die Kirche war dieses Bett.

Aus dem Seeblick hervor ging meine unerschöpfliche
20   Malerei.
Von dem Balkon herab waren die Völker, meine Nachbarn,
    zu grüßen.
Am Kaminfeuer, in der Sicherheit, hatte mein Haar seine
    äußerste Farbe.
25 Das Klingeln an der Tür war der Alarm für meine Freude.

Nicht dich habe ich verloren,
sondern die Welt.

Aus: Ingeborg Bachmann: Werke. Bd. 1: Gedichte © 1978 Piper Verlag GmbH, München

Ingeborg Bachmann (1926–73), aufgewachsen in Kärnten; 1945–50 Philosophiestudium, Promotion mit einer Arbeit über Martin Heidegger; 1951–53 Mitarbeit beim Rundfunk; dann freie Schriftstellerin überwiegend in Rom; Mitglied und Preis der Gruppe 47. Ihre Lyrik vereinigt gedankliche Abstraktion mit kreativen Sprachbildern in meist freien Rhythmen.

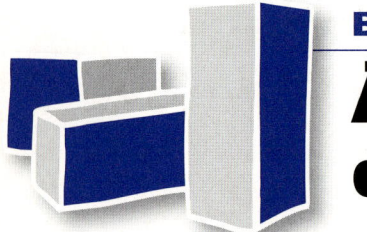

Ältere Liebeslyrik von der Antike bis zum Barock

2.1 Die Liebe als göttliche Person und als unwiderstehliche Macht in der Antike

Drei Beispiele aus den Anfängen der abendländischen Literatur geben den Schülerinnen und Schülern einen Einblick, wie Menschen in der Antike die Macht der Liebe erfahren und wie eine Frau und ein anonymer Dichter diese lyrisch darstellen. Das liebende Subjekt spiegelt seine Empfindungen in einem mythischen Geschehen oder ruft eine Göttin oder einen Gott um Unterstützung an, damit sich die Sehnsucht erfülle und der sittliche Rahmen gewahrt bleibe. Die Form der Gedichte und Verse, auf die sich Lyriker in späteren Epochen immer wieder beziehen, erweitern das Repertoire der Schülerinnen und Schüler in diesem Bereich und rücken zudem die musikalische Seite der lyrischen Sprache ins Blickfeld. Das Gedicht von Verlaine zeigt dagegen die Trauer über die zerstörte Amor-Statue und die Trostlosigkeit einer Welt ohne Liebe in der Moderne. „Werke der Weltliteratur, insbesondere der europäischen", können in die Textinterpretation einbezogen werden, „wenn beispielsweise Traditions- und Entwicklungslinien oder übernationale Zusammenhänge […] im Vergleich mit deutschsprachiger Literatur herausgearbeitet werden sollen". (Einheitliche Prüfungsanforderungen, S. 26).

Bevor sich die Schülerinnen und Schüler in kleinen Gruppen mit jeweils drei Mitgliedern zusammenfinden und sich der Interpretation von einem der vier Gedichte **auf den Arbeitsblättern 9 und 10**, S. 64 f., zuwenden, stellen sie Recherchen zu den in Aufgabe 1 genannten Begriffen eines Arbeitsblattes an. Sie sammeln und vergleichen ihre Ergebnisse in den Gruppen, interpretieren auf dieser Grundlage das ihnen zugeordnete Gedicht, tragen es vor und erläutern ihre Erkenntnisse der Klasse.

- *Sammeln Sie Informationen zu den in Aufgabe 1 des Arbeitsblattes 9 oder 10 genannten Namen oder Begriffen.*

- *Bearbeiten Sie in Dreiergruppen die Aufgaben 2 und 3 Ihres Arbeitsblattes.*

Bei ihren Recherchen könnten die Schülerinnen und Schüler folgende Informationen finden:

Sappho (um 600 v. Chr.): griech. Lyrikerin in Mytilene auf der Insel Lesbos; selbst von adliger Herkunft, versammelte und leitete sie einen Kreis von Mädchen aus vornehmen Familien, denen sie bis zu deren Hochzeit Umgangsformen, Musik und Tanz beibrachte. Ihre Liebesgedichte sind oft Hymnen an Göttinnen oder volkstümliche Hochzeitslieder für ihre Schüler/innen. Die nach ihr benannte Strophenform haben später andere verwendet.

Helena: in der griechischen Mythologie schönste und begehrteste Frau, deren Entführung durch Paris den trojanischen Krieg auslöst. Als Tochter des Zeus, der sich mit Leda in Gestalt eines Schwans vermählt, und Schwester des Zwillingspaars Kastor und Pollux sowie Klytämnestras, heiratet sie Menelaos, den König Spartas. Aphrodite verspricht Helena den trojanischen Königssohn Paris, weil er sich im Streit zwischen ihr, Hera und

Athene, wer die schönste Göttin sei, für sie entscheidet. Ihr Raub löst den Kriegszug der Griechen nach Kleinasien aus. Nach zehnjähriger Belagerung fällt Troja und Helena wird wie die anderen Troerinnen gefangen genommen, doch Menelaos verfällt erneut ihrem Charme.

Aphrodite: Die Göttin der Schönheit und Liebe ist eine Tochter des Zeus und der Titanin Dione und soll aus dem Schaum des Meeres geboren worden sein. Sie ist mit dem hinkenden Schmiedegott Hephaistos verheiratet, betrügt ihn aber mit dem Kriegsgott Ares/Mars. Ein Sohn dieser Verbindung ist Eros/Amor, der oft als verspielter Knabe abgebildet wird. Sie unterstützt Paris beim Raub der Helena und im anschließenden Krieg die Trojaner. Aphrodite ist mehrfach in einem Wagen abgebildet, den Tiere ziehen: Schwäne, Löwen, aber auch Tauben und Sperlinge, weil sich diese Vögel gerne paaren.

Sapphische Strophe: vierzeilige Strophe überwiegend in Oden aus drei sapphischen Versen mit elf Silben und einem abschließenden Adoneus. Im Deutschen haben sie Klopstock und Lenau verwendet.

Adoneus: antikes Versmaß der Form XxxXx, das Strophen mit längeren Versen, etwa die sapphische Strophe, dem Ende zuführt.

Ode (griech. Gesang): in der griechischen Antike entstandene, von Musik begleitete hohe lyrische Form, in der große Themen wie Freundschaft, Vaterland oder Liebe erhaben, weihevoll und feierlich vorgetragen werden. Sie ist in Strophen nach festen Mustern, etwa der sapphischen Strophe, gegliedert und in der Regel ohne Reim. Deutsche Odendichtung vor allem bei Opitz, Klopstock und Hölderlin.

Hymne: feierlicher Lob- und Preisgesang auf Götter und Helden, später Ausdruck religiöser oder patriotischer Gefühle, aber auch von gesteigerten Empfindungen überhaupt.

Orpheus: sagenhafter Sänger und Kitharaspieler in der griechischen Mythologie, dessen Vortrag auch Tiere und Bäume bezauberte. Als seine Gattin Eurydike an einem Schlangenbiss gestorben ist und er sie aus der Unterwelt zurückholen will, rührt er dort mit seinem Gesang alle und erreicht, dass ihm Hades, der Gott der Unterwelt, seine Frau zurückgibt. Er darf sich jedoch nicht nach ihr umsehen, bevor sie die obere Welt erreichen. Da er aus Liebessehnsucht gegen dieses Gebot verstößt, muss Eurydike für immer in der Unterwelt bleiben. Er trauert um sie und wird schließlich von wilden Anhängerinnen des Dionysos, des Gotts des Weines, zerrissen.

Orphik/orphisch: philosophisch-religiöse Geheimlehre im antiken Griechenland. Sie verlangte von den Eingeweihten, sich sittlich zu verhalten und vegetarisch zu ernähren, und versprach dafür Erlösung von Strafen in der Unterwelt und das Weiterleben der Seele in einem anderen Körper.

Paul Verlaine (1844–96): französischer Lyriker, der die moderne Dichtung stark beeinflusst hat. Sohn eines Offiziers und Verwaltungsbeamter von Beruf, der in der bürgerlichen Welt aber nicht dauerhaft Fuß fassen konnte.

Äther: wolkenlose Weite des blauen Himmels, in der griechischen Mythologie als göttliches Wesen vorgestellt.

Tartaros: in der griechischen Mythologie die Unterwelt, wo die Seelen der Verstorbenen als Schatten weiterexistieren. Dieses Reich beherrschen Hades und Persephone. Totenrichter entscheiden, wer in den elysischen Gefilden glückselig leben darf und wer seine Schuld im eigentlichen Tartaros büßen muss.

Schmetterlingssymbol: „Die wesentl.[iche] Symbol-Bedeutung des S.[chmetterling]s beruht […] auf seiner Metamorphose v.[om] Ei über die Raupe u.[nd] die der Todesstarre verhaftete Puppe zum strahlend bunten, dem Sonnenlicht zugewandten Flügelinsekt. Er ist daher schon in der Antike ein Symbol für die durch den phys.[ischen] Tod nicht zu zerstörende Seele (sein griech. Name ist ‚psyché'); in späterer Zeit wurde allerdings stärker das Gefällige, flatterhaft Schweifende des S.s u. seine Beziehung zu dem Liebesgott Eros betont. – In der christl. Symbolik ist der S. einerseits ein Auferstehungs- u.

Unsterblichkeits-Symbol, andererseits, wegen seiner kurzen Lebensdauer u. vergängl. Schönheit, auch ein Sinnbild der leeren Eitelkeit und Nichtigkeit. – […] (Becker, Lexikon der Symbole, S. 260 f.)

Hexameter: im Deutschen 6-hebiger Vers mit 1- oder 2-silbigen Binnensenkungen und weiblicher Kadenz.

Jambischer Trimeter: Vers aus 6 Jamben mit männlicher Kadenz und in der Regel ohne Reim.

In der *Ode* von Sappho auf dem **Arbeitsblatt 9**, S. 64, von der nur die erste Hälfte betrachtet wird, zählt das lyrische Ich in der Eingangsstrophe auf, was Menschen üblicherweise fasziniert, um dann Reitertruppen, Fußvolk oder Schiffen als militärischen Einheiten nach Doppelpunkt und mit adversativem „aber" die Geliebte entgegenzustellen, die alles andere überbietet. In der zweiten und dritten Strophe, die durch Enjambement miteinander verbunden sind, begründet das Subjekt seine ungewöhnliche Wertordnung mit dem Verhalten Helenas: Diese habe das eigene Kind und ihre Familie verlassen und sei aus Liebe dem gefolgt, der seine Heimatstadt Troja dadurch ins Verderben stürzte. Rhetorische Fragen verleihen dieser Überzeugung Nachdruck. Die sapphischen Strophen verdeutlichen die außerordentliche Macht der Liebe, die keine anderen Eindrücke, Bindungen oder Bedenken einschränken können, auch wenn sie Schmerzen und sogar Krieg verursacht. In der Ode wie in der folgenden Hymne gelten die Empfindungen des Ichs einer weiblichen Person, weshalb die „lesbische" Liebe auf Sappho zurückgehen soll. Allerdings hatten Frauen in der Antike nicht die Möglichkeit, Liebesgedichte an Männer zu richten.

Der *Hymnus an Aphrodite* auf dem Arbeitsblatt 9 beginnt und endet mit einer Anrufung der Göttin, das lyrische Ich von Angst und Verzweiflung zu befreien. Deren Grund ist erst im weiteren Verlauf der sieben sapphischen Strophen allmählich zu erfahren: Die Geliebte entzieht sich und es gibt kein Mittel, ihre Zuneigung zu gewinnen. In den Strophen 2–6 schildert Sappho (v. 20) ausführlich, wie ihr Aphrodite in einem ähnlichen Fall schon einmal zu Hilfe kam. Sie beschreibt den von Finken gezogenen Wagen, der die Göttin auf die Erde brachte, und gibt deren Fragen zunächst indirekt, dann wortwörtlich wieder, mit denen sie auf die gequälte Menschenseele einging. Der Rückblick endet mit der dreifachen Versicherung Aphrodites in Strophe 6, dass sich die schmerzliche Situation ins positive Gegenteil wenden wird. Auf die parallel gebauten Zusagen in den ersten drei Versen folgt der Hinweis im Adoneus, dass der Widerstand der Geliebten gebrochen werde, mag er auch noch so groß sein. Der hymnische Lobpreis der Göttin zeigt sich vor allem in den Anreden als „thronende Aphrodite,/Listenreiche Tochter des Zeus" (vv. 1 f.), „Herrin" (v. 4) oder „Selige" (v. 13), der Betonung des „Lächeln[s]/[…] auf deinem göttlichen Antlitz" (vv. 13 f.), der Beschreibung ihres „goldnen" Gefährts (vv. 8–10), das sich von „der schwarzen Erde" besonders prunkvoll abhebt, und der Darstellung als Wohltäterin der Liebenden.

Anrufung und Lobpreis des Liebesgotts, des Sohns und männlichen Pendants von Aphrodite, erstrecken sich in der *Orphischen Hymne an die Liebe* auf dem **Arbeitsblatt 10**, S. 65 über das ganze Gedicht. Zahlreiche Attribute in unterschiedlicher Form – Adjektiv-, Genitiv- und präpositionale Attribute sowie Attributsätze – breiten das Äußere, das Wesen und die Allmacht Amors aus, die er nicht nur über die Menschen, sondern die ganze Erde, den Himmel, das Meer und sogar die Unterwelt hat. Der große Umfang des zweiten Relativsatzes (vv. 4–8) und das kurze, prägnante Fazit nach dem Doppelpunkt im achten Vers verdeutlichen diese Machtfülle auch sprachlich. Erst die letzten drei Hexameter enthalten das eigentliche Anliegen: Der Gott möge den Kreis seiner Verehrer und Anhänger vor dem Bösen, „entehrende[r] Regung" und „unsittige[r] Lust" bewahren. Die Hymne besteht aus verallgemeinernden Zuschreibungen und Bitten und lässt kein individuelles Anliegen wie bei Sappho erkennen.

Die Ansammlung von Attributen in den Versen 1–5 eignet sich dazu, diese grammatische Kategorie in ihren spezifischen Ausprägungen zu wiederholen und zu üben.

■ *Unterstreichen Sie in den Versen 1 – 5 die Adjektiv-, Genitiv- und Präpositionalat-*
tribute sowie die Attributsätze mit unterschiedlichen Farben.

■ *Was bewirken die Häufung der Attribute sowie die sich in den Versen 5 – 8 an-*
schließende mehrgliedrige Apposition?

Die Überschrift von Paul Verlaines Gedicht *Amor auf der Erde*, wie sie in deutscher Übertragung auf dem **Arbeitsblatt 10**, S. 65 zu lesen ist, evoziert zwar die Vorstellung, als befinde sich der Gott unter den Menschen und nähme sich ihrer Liebesbedürfnisse an, doch die vier Strophen mit jeweils vier jambischen Trimetern, die sich ungewöhnlicherweise umarmend reimen, schlagen eine andere Richtung ein: Der erste beginnt mit dem Hinweis, dass der Nachtwind den Liebesgott herabgestoßen, also Gewalt gegen ihn gebraucht habe – denkbar wäre: um ihn vom Himmel auf die Erde zu befördern – ; die weiteren verschweigen die Folgen noch und teilen statt ihrer seinen Standort, sein Äußeres und seine Wirkung mit. Doch die zweite Strophe spricht offen vom Unglück und von der Trauer über die zerstörte Amorstatue, von der nur der Sockel übrigblieb. Die dritte Strophe geht auf die dadurch aufkommenden „[t]rübselige[n] Gedanken" und düsteren Zukunftserwartungen ein. In der vierten schließlich hellt ein „goldne[r] Purpurfalter" die bedrückende Stimmung etwas auf, indem sich der Blick eines unbestimmten Gegenübers an ihm „leichtgemut vergnügt". Der Schmetterling symbolisiert die unvergängliche Macht der Liebe, die sich über die Bruchstücke der Marmorfigur erhebt und an diese nicht gebunden ist. Gleichwohl liegt über den Strophen 2 – 4 Wehmut, die sich in den drei mit „Wie traurig (!)" (vv. 6, 9, 13) eingeleiteten, elliptisch sich verkürzenden, durch Ausrufe gesteigerten und in der Anfangsformel konvergierenden Sätzen verstärkt. Auch die Ursache, weshalb die Amor-Figur zerbrach, wird in den Eingangsversen der ersten und zweiten Strophe parallel wiederholt. Und beim Aufwirbeln des Marmorstaubs über den Trümmern (v. 6), wo am Ende der Schmetterling flattert (v. 16), verändert sich das Versmaß: eine Hebung anstelle der jambischen Senkung leitet diese Zeilen ein.

2.2 Das Hohelied Salomos: Liebesdialog und Schönheitsvergleiche

Goethe schreibt in den *Noten und Abhandlungen zu besserem Verständnis des West-östlichen Divans* vom Hohenlied „als dem Zartesten und Unnachahmlichsten, was uns von Ausdruck leidenschaftlicher, anmutiger Liebe zugekommen. […] Durch und durch wehet eine milde Luft des lieblichsten Bezirks von Kanaan; ländlich-trauliche Verhältnisse, Wein-, Garten- und Gewürzbau […]. Das Hauptthema jedoch bleibt glühende Neigung jugendlicher Herzen, die sich suchen, finden, abstoßen, anziehen, unter mancherlei höchst einfachen Zuständen"[1]. Das Hohelied „stellt *eine kunstvolle Dichtung zum Preis der Liebe* dar, deren Glück und Wonne an einem frei erdachten Liebespaar geschildert wird. Im reizvollen Wechsel der Motive (Sehnsucht, Begrüßung, Zwiesprache, Traum, Preis des bzw. der Geliebten, Beglückung) lässt uns der Dichter an den Freuden und Schmerzen teilhaben, wie sie die Erfahrung der Liebe mit sich bringt. […] Die Anordnung der Lieder ist unsystematisch, frei von der Absicht, eine innere Entwicklung oder einen dramatischen Konflikt zu schildern". (Lamparter[2], S. 65 f.) Weder Goethe noch Lamparter lassen sich also auf eine allegorische Deutung ein

---

1 Noten und Abhandlungen: Hebräer. In: Goethe. Berliner Ausgabe. Band 3. Berlin und Weimar: Aufbau Verlag 1979, S. 165 f.
2 Helmut Lamparter: Das Buch der Sehnsucht. Das Buch Ruth. Das Hohe Lied. Die Klagelieder. Band 16/II der Erläuterungen alttestamentlicher Schriften: Die Botschaft des Alten Testaments. Stuttgart: Calwer Verlag 1994

(vgl. die Erläuterungen auf dem Arbeitsblatt 11), wie sie jahrhundertelang üblich war (vgl. dazu Kap. 2.5: Geistliche Liebeslyrik), heute aber kaum noch vertreten wird. (vgl. Lamparter, S. 69).

Die Ausschnitte auf dem **Arbeitsblatt 11**, S. 66, beginnen mit einem Zwiegespräch unter Hirten (Kap. 1, vv. 7 f.), in dem eine Frau ihren Geliebten sucht, der ihr vage antwortet, wo er zu finden sei. Es folgen Verse (Kap. 1, vv. 9–16; Kap. 4, vv. 1–7), in denen Freund und Freundin jeweils die Schönheit und Attraktivität des anderen rühmen. In Vergleichen und Metaphern, die sinnliche Eindrücke des Sehens und Riechens aktivieren und auf Pflanzen und Tiere ebenso Bezug nehmen wie auf königlichen Schmuck und Zeichen der Wehrhaftigkeit, preisen sie die ganze Person oder einzelne Teile ihres Äußeren: Augen, Haar, Zähne, Lippen, Schläfen, Hals, Brüste (insbes. Kap. 4, vv. 1–5). Dieser „Schönheitskatalog" entwickelt sich zum Muster einer bestimmten Form der Liebeslyrik, die sich mit dem Namen Petrarkas verbindet und bis ins Barockzeitalter verbreitet war (vgl. das Gedicht *Beschreibung vollkommener Schönheit* von Hoffmannswaldau auf dem **Arbeitsblatt 3**, S. 38, sowie Kap. 2.4 dieses Modells). Ab Kapitel 4, Vers 8 spricht der Freund seine Geliebte als „Schwester" und „Braut" an, ruft sie, die ihn in ihren Bann gezogen hat, von den gefährlichen Höhen des libanesischen Hermon-Gebirges zu sich und veranschaulicht, was sie ihm bedeutet, durch Wohlgerüche und neben dem Wein durch Milch und Honig, die im Alten Testament auf die Fruchtbarkeit des gelobten Landes Kanaan und damit paradiesische Verhältnisse hinweisen (vgl. 2. Mose 3, v. 8). Die Vorstellung des Gartens Eden nährt auch die Beschreibung der Braut in Kapitel 4, Verse 12–16, wodurch ein Kontrast zu deren vorher benanntem Aufenthaltsort in mit wilden Tieren bevölkerten Bergen (v. 8) entsteht. Der „verschlossene Garten" (v. 12), in den die Braut ihren Freund einlädt, symbolisiert außerdem und nicht zuletzt die Jungfräulichkeit.

Die Aufgabe 1 auf dem Arbeitsblatt 11 soll die Schülerinnen und Schüler beim stillen Lesen an die Gesprächssituation, die Wechselrede zweier Liebender, heranführen und ihnen einen ersten Eindruck von dem Gedicht vermitteln. Ein eigentlich naheliegender Vortrag in verteilten Rollen vor der Klasse erscheint nicht ratsam, da die Bilder Sprecherin und Sprecher in peinliche Situationen bringen und sie anzüglichen Bemerkungen aussetzen. Die Ergebnisse werden in der linken von drei Spalten eines Tafelbildes notiert, das im weiteren Verlauf Stichworte ergänzen, die sich aus Beiträgen zu den Aufgaben 2–4 des Arbeitsblattes 11 ergeben. Sie lenken die Aufmerksamkeit der Schülerinnen und Schüler auf zahlreiche Vergleiche und Metaphern sowie den landschaftlich-kulturellen Hintergrund.

■ *Ermitteln Sie, wie in Aufgabe 1 des Arbeitsblattes 11 verlangt, die Gesprächssituation im Hohenlied.*

■ *Erschließen Sie die Bildsprache des Gedichts, indem Sie auf dem Arbeitsblatt 11 die Aufgaben 2–4 nacheinander bearbeiten.*

Gesprächssituation und Bildsprache im Hohenlied

Wechselreden	Vergleiche/Metaphern	Land/Kultur
Hirte/Hirtin (I/7 f.) Suche, vage Antwort		Hirtenleben als biblisches Grundmotiv
Freund/Freundin (I/9 – IV/7) Schönheit und Attraktivität des/der Geliebten	Sehen und Riechen: Pflanzen und Tiere Schmuck, Zeichen der Wehrhaftigkeit	Gärten, edle Nahrungsmittel als Zeichen von Reichtum
Freund/Braut (IV/8 – 16) Sehnsucht und Aufforderung zum beglückenden und erfüllten Zusammensein	gefährliche Berge/ blühende, fruchtbare Gärten paradiesische Verhältnisse des Gartens Eden	Fruchtbarkeit des gelobten Landes (wo Milch und Honig fließen, 2. Mose 3, v. 8)

Preis des/der Geliebten
- durch katalogartige Aufzählung äußerer Schönheitsmerkmale (z. B. IV/1 – 5)
- durch die Erscheinung und Ausstrahlung der ganzen Person

2.3 Minnesang

„Minnesang" bezeichnet eine an mittelalterlichen Höfen gepflegte Form der Liebeslyrik als Ausdruck ritterlicher Kultur und Ideale. Er „ist nicht im Sinne neuzeitlicher Liebeslyrik Erlebnisdichtung, sondern adlige Hofkunst, feudale Standesdichtung, wird von Mitgliedern der höfisch-ritterlichen Gesellschaft für diese Gesellschaft verfasst" und als „Einheit von Text und Melodie" von den Adligen selbst oder von Berufsdichtern vorgetragen. (Minnesang[1], S. 259, Nachwort) „Die Wörter *minne* und *minnen*, herzuleiten aus althochdeutsch *minna*, was so viel heißt wie ‚freundliches Gedenken', nehmen im Minnesang ein ganzes Spektrum von Bedeutungen an, die den Bereich der emotionalen Bindung vor allem zwischen Mann und Frau betreffen. *minne* steht für die Zuneigung, die der Sänger der Dame entgegenbringt, und für die Erwiderung, die er von ihr erwartet. Als *minne* wird auch die Verehrung bezeichnet, die der höfische Sänger – und sei es um der einen angebeteten Dame willen [...] – allen Damen widmet, indem er sie durch seinen Gesang preist und in Wert und Ansehen erhöht; dafür erwartet er Lohn. *minne* kann aber auch die mit *leit* verbundene Empfindung genannt werden, die der Sänger der Dame gegenüber hegt, wenn sie ihm Erwiderung verweigert." (Ehlert[2], S. 45). Wie die Bedeutungen des Wortes *minne* unterscheiden sich die Ausprägungen dieser mittelalterlichen Liebeslyrik: Es gibt den frühen, donauländischen, den hohen und den späten, „niederen" Minnesang. Jede Version wird durch ein Beispiel auf den **Arbeitsblättern 12–14**, S. 68–72 vorgestellt.

Das bekannte und häufig interpretierte Falkenlied des Kürenbergers vertritt in diesem Unterrichtsmodell den frühen, im Gebiet der bairisch-österreichischen Donau angesiedelten

---

[1] Minnesang. Mittelhochdeutsche Texte mit Übertragungen und Anmerkungen. Hrsg., übersetzt und mit einem Anhang versehen von Helmut Brackert. 8. Aufl. Frankfurt am Main: Fischer Taschenbuch Nr. 6485, 2004
[2] Trude Ehlert: Das ‚klassische' Minnelied. Heinrich von Morungen: Vil süeziu senftiu toeterinne. In: Helmut Tervooren [Hrsg.]: Gedichte und Interpretationen. Mittelalter. Stuttgart: Reclam 1993

Minnesang, der sich weitgehend unabhängig von französischen Vorbildern entwickelte (vgl. Brackert: Minnesang, S. 281). Das Gedicht „ist die Klage einer Frau um den Verlust ihres Geliebten. Wie der Falkner in der ständigen Angst lebt, dass sein Falke entfliegen könnte, musste auch sie, die ihren Geliebten über ein Jahr „gezähmt und gezogen" hatte und mit Reichtum – dem Gold im Gefieder und den seidenen Fesseln – an sich zu binden suchte, erleben, dass sein Freiheitsdrang stärker war. Abrupt endet das streng durchgeführte Falkenmotiv mit einem Gebet an Gott, er möge die Liebenden zusammenführen. Wer sind diese Liebenden? Ist es der abgeklärte, fromme Wunsch der Frau nach ihrem Schicksalsschlag, dass nun alle anderen Liebespaare zusammenkommen mögen? Wohl kaum. Hinter dieser allgemeinen Sentenz verbirgt sich, geprägt von strenger Selbstzucht und adeliger Gesinnung entsprechend dem Ideal des Falkners, der persönlichste Wunsch der Frau, wieder mit ihrem Geliebten zusammenzufinden." (Ausstellungskatalog Codex Manesse[1], S. 370) Den realen Hintergrund des Liedes bildet die im Mittelalter „edelste", „königliche" Jagdart mit Falken als „Lieblingssport der adeligen Gesellschaft". „Der Reiz lag gerade darin, jene wilden und kaum beherrschbaren Einzelgänger, die die Falken sind, an die Menschen zu gewöhnen und seinem Willen zu unterwerfen. […] Weiterhin verbanden sich mit dem Falken […] die Vorstellungen von Kraft, Schönheit, Adel und Freiheit, die ihn zu einem der wichtigsten und vielseitigsten Symbole der Kunst und Literatur (vor allem der deutschen) des Mittelalters werden ließen": zum Sinnbild für das Königtum, den Adel und den Ritterstand, die Minne und das Freiheitsstreben. (Walz, Falkenjagd[2], S. 350–355).

Vers- und Strophenform des Falkenlieds ähneln der Nibelungenstrophe, was sich damit erklären lässt, dass Gedicht und Epos in derselben Gegend entstanden sind.[3] Jeweils vier Langzeilen reimen sich paarweise (want/lant; dîn/sîn), im Falkenlied zum Teil unrein (jâr/hân; fliegen/riemen). Die Langzeilen setzen sich aus einem Anvers mit vier betonten Silben[4] und einem Abvers mit drei Betonungen zusammen. In der vierten Zeile gibt diesem eine vierte Betonung einen besonderen Akzent. Die Füllungen mit unbetonten Silben sind nicht festgelegt, aber oft alternieren Hebungen und Senkungen. Während die erste Strophe von dem Versuch (v. 1–3) und Fehlschlag (v. 4) berichtet, einen Falken zu zähmen, schildert die zweite die Beobachtung, wie der freie Vogel über seinem Revier kreist (v. 5–7), sowie dem Wunsch, durch Gott wieder vereint zu werden (v. 8). Die einzelnen Verse der beiden Strophen korrespondieren inhaltlich: Beziehung zwischen Ich und Falke mit Zeitangaben (vv. 1, 5); Wiedererkennung an den Fesseln als äußerem Zeichen der Zähmung (vv. 2, 6) und an dem Goldschmuck (vv. 3, 7); Trennung und Wunsch, wieder zusammenzukommen (vv. 4, 8).

---

[1] Elmar Mittler, Wilfried Werner [Hrsg.]: Codex Manesse. Katalog zur Ausstellung vom 12. Juni bis 4. September 1988 in der Universitätsbibliothek Heidelberg. Heidelberg: Braus (Heidelberger Bibliotheksschriften 30), 1988. Neben dieser Interpretation wurden auch weitere erwogen. Brackert (Minnesang, a.a.O., S. 282) fasst sie unter Bezug auf Günther Schweikle (Die mittelhochdeutsche Minnelyrik I. Die frühe Minnelyrik. Texte und Übertragungen, Einführung und Kommentar. Darmstadt 1977) so zusammen: „1. *falke* meint nichts anderes als einen Beizvogel. Oder aber der Falke ist ein Symbol 1. für einen Liebesboten, 2. für einen Ritter, 3. für einen ungetreuen Geliebten, 4. für ein junges Mädchen. –
Die Frage ist auch, wer spricht? 1. *Eine* Frau oder 2. in der ersten Strophe ein Mann, in der zweiten eine Frau (= Wechsel), oder 3. ob die letzte Zeile überhaupt zur (Wechsel)rede gehört. Fraglich bleibt auch, ob der Schmuck in Str. 1 und 2 derselbe ist oder ob der Falke in Str. 2 einen anderen, reicheren Schmuck trägt."

[2] Dorothea Walz: Falkenjagd – Falkensymbolik. In: Codex Manesse, Ausstellungskatalog, a.a.O.

[3] „Vieles spricht dafür, dass das ‚Nibelungenlied' von seiner Entstehung her mit Passau beziehungsweise mit dem Großraum der mittelalterlichen Diözese Passau in Verbindung zu bringen ist, die damals unter anderem auch Wien einschloss." (Lothar Voetz: Daz ist der Nibelunge liet. In: „Uns ist in alten Mären …". Das Nibelungenlied und seine Welt. Katalog zur Ausstellung im Badischen Landesmuseum im Karlsruher Schloss vom 13.12.2003 – 14.3.2004. Hrsg. von der Bad. Landesbibliothek Karlsruhe und dem Bad. Landesmuseum Karlsruhe. Lizenzausg. für die Wiss. Buchgesellschaft Darmstadt: Primus, 2003, S. 12. „Der Kürenberger könnte der Erfinder der Strophenform [des Nibelungenliedes] sein." (Joachim Heinzle: Von der Sage zum Epos. Ebd., S. 26)

[4] In der mittelhochdeutschen Silbenstruktur gibt es neben der weiblichen die klingende Kadenz mit Haupt- und Nebenhebung wie am Ende des Anverses.

Bevor die Schülerinnen und Schüler sich mit dem Gedicht selbst auseinandersetzen, nähern sie sich dem Falkenmotiv und dessen Bedeutung für die mittelalterliche Adelsgesellschaft anhand der im Original farbigen Miniatur aus dem Codex Manesse, die auf dem **Arbeitsblatt 12**, S. 68, zu sehen ist. Bei der Beschreibung schulen sie ihre Fähigkeit zum genauen Beobachten. Vielleicht kolorieren sie zuvor ihre Vorlage selbst nach Anweisungen des Lehrers oder der Lehrerin, die die nötigen Informationen dem folgenden Textausschnitt entnehmen können.

- *Malen Sie die Abbildung auf dem Arbeitsblatt 12 nach Hinweisen Ihres Lehrers oder Ihrer Lehrerin mit Farben aus.*

- *Beschreiben Sie die Miniatur auf dem Arbeitsblatt 12 möglichst genau (Aufgabe 1).*

„Die Miniatur zeigt den jugendlichen König [Konradin, den letzten Stauferkaiser] zu Pferd in Begleitung eines ebenfalls berittenen Gefährten auf der Falkenbeize [mit weißem Gerfalken]. [… Er] reitet auf einem graugefleckten Pferd einen grünen welligen Hügel hinan. Zwei springende Bracken [Jagdhunde] begleiten ihn. Konradin trägt auf den Locken die goldene Laubkrone als Kennzeichen seines Standes. Sein grünes Gewand, der Sattel und sein Zaumzeug sind goldverziert. Seine Hände stecken in weißen Stulpenhandschuhen. Die nach oben ausgestreckte Linke des Königs und sein ebenfalls nach links gewandter Blick zeigen, dass er den weißen Falken über seiner Hand, der mit ausgebreiteten Flügeln einem braunen Vogel folgt, gerade geworfen hat. Sein Jagdgefährte ist schlichter gekleidet, jedoch durch Haltung und Attribute als dem König ebenbürtig gekennzeichnet." (Codex Manesse[1], S. 4).

Nachdem die Schülerinnen und Schüler den historischen, gesellschaftlichen und symbolischen Hintergrund des zentralen Motivs im Falkenlied kennengelernt haben, klären sie im Unterrichtsgespräch Person, Situation und gesellschaftlichen Rang des lyrischen Ichs, bevor sie in Partnerarbeit das Gedicht genauer untersuchen und interpretieren.

- *Was können Sie im Falkenlied über das lyrische Ich und die Situation, in der es sich befindet, erschließen? (Aufgabe 2 des Arbeitsblattes 12)*

- *Bearbeiten Sie Aufgabe 3 auf dem Arbeitsblatt 12.*

---

[1] Codex Manesse: Die Miniaturen der Großen Heidelberger Liederhandschrift. Herausgegeben und erläutert von Ingo F. Walther. Frankfurt am Main: Insel Verlag 1988

Früher Minnesang: Das *Falkenlied* des Kürenbergers (um 1150/60)

Das lyrische Subjekt und sein gesellschaftlicher Rang: adlige Frau
(Falke als Sinnbild des Adels, dem die Jagd mit diesen Vögeln vorbehalten war)

Situation: Zähmungsversuch und Fehlschlag — Scheitern der Bemühungen um eine dauerhafte Liebesbeziehung

Inhalt		**Deutung**	
1. Strophe Erziehung	Entfliegen 2. Strophe Wiedererkennen des Vogels	Bindung	Freiheitsdrang Sehnsucht

Fesseln, Goldschmuck — Schönheit, Reichtum, Ansehen, Ehre

Trauer, Leid, Klage

⬇

Gebet, um wieder zusammenzukommen

Form: 2 Strophen mit jeweils 4 Langzeilen, die sich paarweise reimen, z. T. unrein

Anvers — Abvers
(Vorgänger der Nibelungenstrophe)

Das Gedicht *Vil süeziu senftiu toeterinne/Ihr süße sanfte Mörderin* auf dem Arbeitsblatt 13 repräsentiert den hohen Minnesang, als dessen wichtigste Vertreter Heinrich von Morungen, Friedrich von Hausen und Reinmar von Hagenau gelten. „In einer einzigen Strophe von außerordentlicher poetischer Dichte stellt Morungen […] eine Minnebeziehung dar, die für das konventionelle oder ‚klassische‘ Minnelied typisch ist und die Konvention doch zugleich auch überschreitet: ein Sänger verharrt geduldig im Dienst der von ihm verehrten Dame, auch wenn sie nur mit Ablehnung reagiert. Da seine kontemplative Verehrung im Diesseits durch die Willkür der Dame gefährdet ist, steigert er sein Dienstversprechen sogar bis über den Tod hinaus." Diese „Beständigkeit des sich im *beschouwen* erfüllenden Minnedienstes bindet ihn in religiöse Transzendenzvorstellungen ein und verleiht ihm gerade dadurch größeren Eigenwert auch in der Welt". „Bereits mit dem Oxymoron des ersten Verses ist die für das klassische Minnelied typische paradoxe Situation zwischen Sänger und Dame artikuliert: die Wirkung der verehrten Dame auf den Sänger wird als angenehm und zugleich schmerzlich, ja in letzter Konsequenz todbringend beschrieben. […] [E]r akzeptiert den Schmerz, der aus der Verweigerung der Dame resultiert, als integrativen Bestandteil der Beziehung, auch wenn er nicht aufgibt, ihre Zuneigung zu erhoffen und zu erflehen." (Ehlert: Das ‚klassische‘ Minnelied, S. 44, 52 f.) Das Lied, dessen Verse mit Kreuzreimen enden, ist symmetrisch angelegt: Auf die Fragen (vv. 1–6), in denen der Sänger sein Unverständnis über das Verhalten der Herrin äußert, antwortet er mit einer nachdrücklichen Feststellung und einem Bekenntnis (vv. 7–12). Er überbrückt den ins Extrem gesteigerten Gegensatz zwischen der Liebe des Mannes und der Reaktion der Frau, indem er zwischen Leib („lîp", v. 2; „lîbe", v. 10) und Seele (vv. 8, 11 f.) unterscheidet.

Walthers Gedicht *Under der linden* dagegen „ist ein Lied von Liebe, Zärtlichkeit, Erotik und Glück" (Sievert: Das ‚Mädchenlied‘[1], S. 133 f.), die Mann und Frau ohne Rangunterschiede miteinander genießen. Das *Lindenlied* dreht sich vor allem um die körperlich-sinnliche Seite

---

[1] Heike Sievert: Das ‚Mädchenlied‘. Walther von der Vogelweide: Under der linden. In: Tervooren [Hrsg.]: Gedichte und Interpretationen. Mittelalter. A.a.O.

der Liebe, an der sich Ich und Du freuen und die beide mit dauerhaften Glücksgefühlen erfüllt. Dieser Liebesgenuss sei mit dem Begriff der *niederen* Minne bezeichnet und demjenigen der hohen Minne entgegengesetzt – jenen in seiner Komplexität didaktisch reduzierend und von Walthers eigener Definition abweichend: „Nideriu minne heizet diu sô swachet/daz der lîp nâch kranker liebe ringet: diu minne tuot unlobelîche wê." /„Niedere Minne nennt man, die so erniedrigt, /dass die Sinne nur noch nach feiler Lust drängen. /Diese Minne trägt auf unrühmliche Weise Schmerz ein." (Brackert: Minnesang, S. 154 f.) In dem Gedicht „erinnert sich [eine Frau] an die Begegnung mit ihrem Geliebten. Vor ihren Augen werden Bilder und Szenen dieses Treffens lebendig, die sich nach und nach ineinanderfügen. Vor den Zuhörern entsteht eine Frühlingslandschaft mit einer Linde, der Heide, Blumen, Gras, Wald, einem Tal. Wie nebenbei wird in diese Umgebung das Liebeslager, das *eigentliche Thema des Textes, eingelassen:dâ unser zweier bette was.* In der Erinnerung werden die Konturen dieser Landschaft und des Liebesortes klar und ganz gegenwärtig" (Sievert: Das ‚Mädchenlied', S. 130 f.). Sie kennzeichnen einen locus amoenus. „Das *tandaradei* fügt möglicherweise als nachempfundener Nachtigallengesang dem visuellen Eindruck noch den akustischen hinzu und haucht dem Bild Leben ein. Aus diesen ganz wenigen Versen erfährt man erstaunlich viel: dass es in der nahen Vergangenheit ein ungestörtes Beisammensein zweier Liebender in der freien Natur gegeben hat, an das sich die Frau nun zurückerinnert. Die Art, wie in den Gedanken diese Landschaft wiederersteht, wie sie in die Gegenwart hereingeholt wird, strahlt Geborgenheit und Friedlichkeit aus. […] Die Vergangenheit wird durch die intensive Erinnerung wieder Gegenwart und bestimmt auch die Zukunft. In dieser Glückseligkeit der Frau scheinen alle drei Zeitebenen kunstvoll miteinander zu verschmelzen." (Sievert: Das ‚Mädchenlied, S. 131). Die Geliebte will das Geheimnis des Beieinanderliegens wahren und schildert es doch paradoxerweise beredt und lebendig. Was niemand erfahren soll (vv. 31 – 33), deutet sie in der ersten Strophe schon an: „Walther konnte sicher sein, dass sein Publikum ihn verstehen werde: Mit gebrochenen Blumen symbolisierten die Poeten schon damals den Verlust der Jungfräulichkeit, die *Defloration*" (Reich-Ranicki: Das Glück der Liebe[1], S. 41 f.). In einer rhetorischen Frage (v. 16) und zwei Ausrufen (vv. 14, 29) kommt die innere Erregung noch einmal auf, die das intime Geschehen begleitete. Metaphern und Symbole – das Blumenlager, Rosen, der rote Mund, die Nachtigall – verweisen indirekt darauf, sodass dessen Schilderung weder peinlich noch „frivol oder verschämt" wirkt, „sondern lächelnd-liebevoll, selbstsicher und schelmisch-naiv" (Sievert: Das ‚Mädchenlied', S. 134). Die Verse der vier Strophen sind durch umarmende Reime nach dem Schema abc abc ded kunstvoll miteinander verwoben, welches das wiederholte lautmalerische „tandaradei" besonders hervorhebt. Vor allem dadurch entsteht die Leichtigkeit des Gedichts.

Die Schülerinnen und Schüler vergleichen die beiden Gedichte in Partnerarbeit. Anschließend tauschen sie ihre Ergebnisse aus und ergänzen oder korrigieren dabei ihre Notizen. Den gesellschaftlichen Hintergrund des hohen Minnesangs erschließen sie dann im Unterrichtsgespräch.

■ *Vergleichen Sie Inhalt und Form der beiden Gedichte auf dem Arbeitsblatt 13 (Aufgabe 1).*

■ *Erläutern Sie am Beispiel des Gedichts Heinrichs von Morungen den gesellschaftlichen Hintergrund des hohen Minnesangs (Aufgabe 2 des Arbeitsblattes 13).*

---

[1] Marcel Reich-Ranicki: Das Glück der Liebe. In: M. R.-R. (Hrsg.): 1000 Deutsche Gedichte und ihre Interpretationen. Erster Band: Von Walther von der Vogelweide bis Matthias Claudius. 2. Aufl. Frankfurt am Main und Leipzig: Insel Verlag 1995

Hohe und „niedere" Minne

Heinrich von Morungen
Vil süeziu senftiu toeterinne/
Ihr süße sanfte Mörderin
als Beispiel der hohen Minne

- einseitige, nicht erwiderte Liebe
- Zurückweisung als tödliche Verletzung
- trotzdem Weiterwirken der Anziehungskraft und Zuneigung
- ideelle Ausrichtung des ganzen Menschen („sêle") auf die geliebte Frau
- Herrschafts- und Dienstverhältnis, in dem sich der Mann der Frau („frouwe": = Herrin) unterordnet
- Erweiterung dieses Verhältnisses über den Tod hinaus

Reflexion des Mannes über
die Abweisung und ihre Folgen

- Symmetrie (Fragen, vv. 1–6/Feststellung, Bekenntnis, vv. 7–12)
- Gegensätze (toeterinne/minne, lîp/sêle)
- Hyperbeln (Liebesleid als Tod)
- Oxymoron (süeziu senftiu toeterinne)
- Kreuzreime

Walther von der Vogelweide
Under der linden
als Beispiel der „niederen" Minne

- erfüllte, wechselseitige Liebe
- Freude über das Erlebte
- Dauerhaftigkeit der Glücksempfindungen
- lustvoller Genuss sinnlich-körperlicher Liebe
- Gleichrangigkeit und Geborgenheit
- locus amoenus (: = reizend-lieblicher Ort: Naturszenerie, Blumenlager, Nachtigall)
- Geheimnis

Erinnerung und Glückseligkeit
der Frau

- Ineinanderfließen mehrerer Zeitebenen (Vergangenheit, Gegenwart, Zukunft)
- Einwürfe als Ausdruck emotionaler Aufwühlung (rhet. Frage, v. 16; Ausrufe, v. 14, 29)
- andeutendes Sprechen in Metaphern und Symbolen (Rosen, Nachtigall, roter Mund: = Liebe; gebrochene Blumen: = Defloration)
- Paradoxon (verschwiegene Beredsamkeit)
- Gewebe aus umarmenden Reimen mit Hervorhebung des „tandaradei"

2.4 Petrarkismus und Sonette

Francesco Petrarca begründet mit seinen 317 Sonetten des *Canzoniere/Buch der Lieder*, welche die Liebe zu „Laura", einer vermutlich realen, aber poetisch idealisierten Frau thematisieren, eine Tradition der Liebeslyrik, die bis ins 18. Jahrhundert Dichter in ganz Europa beeinflusste, aber auch Widerspruch herausforderte. Dabei werden in der Form des Sonetts rhetorische Muster, charakteristische Motive und standardisierte Themen nachgeahmt und variiert, um die eigene Kunstfertigkeit zu demonstrieren. In der Regel drehen sich die Gedichte um die überwältigende Schönheit einer Frau, die für das lyrische Subjekt aber wie im hohen Minnesang unerreichbar bleibt und ihm deshalb qualvolle Schmerzen zufügt (vgl. zum Petrarkismus das **Arbeitsblatt 14**, S. 71). Um die Schönheit der Geliebten zu verdeutlichen und ins Unermessliche zu steigern, reihen die petrarkistischen Dicher wie im Hohenlied Salomos (vgl. Kap. 2.2, S. 49–51) zahlreiche Metaphern und Vergleiche aneinander (vgl. das Gedicht *Beschreibung* *vollkommener Schönheit* von Christian Hoffmann von Hoffmannswaldau auf dem **Arbeitsblatt 3**, S. 38 und die Erläuterungen dazu in **Kap. 1.4**, S. 23f.). Der virtuose, zuweilen auch originelle Gebrauch bekannter Sprach- und Formmuster steht dabei im Vordergrund und damit im Gegensatz zu der vom subjektiven Gefühl des Individuums erfüllten Lyrik seit der Goethezeit. Petrarcas Sonett *Wo nahm der Liebesgott das Gold so fein* soll das Stil- und Formprinzip seiner Lyrik veranschaulichen. Das Ich, das jeweils in den Schlussversen der Terzette den Verlust seiner Lebenskraft und extreme Gefühlsschwankungen beklagt, schildert zur Begründung die außergewöhnliche Schönheit der Frau, die sie Amor verdankt. Der liebende Mann bringt sein ungläubiges Staunen darüber in Fragen zum Ausdruck, die sich im ersten Quartett auf die äußere Erscheinung beziehen, sich im zweiten auf die „Sittsamkeit" und des „Geistes milde Hoheit" in seiner himmlischen Reinheit erweitern und sich in den Terzetten schließlich auf Stimme und Blick richten. Metaphern aus unterschiedlichen Bereichen – Blumen: „Rosen", „Blüten-Schnee"; Schmuck: „Perlen-Reihn"; Adel: „milde Hoheit", Religion: „himmlisch rein"; Kosmos: „Sphären", „Sonne" – steigern die Merkmale weiblicher Schönheit hyperbolisch, sodass die Frau unnahbar wirkt. Dennoch löst ihr Augenstrahl gegensätzliche, in Oxymora formelhaft erfasste Empfindungen aus.

Das Augen-Sonne-Motiv, das in der Schlussstrophe dieses Gedichts den Höhepunkt des Schönheitskatalogs bildet und in der petrarkistischen Liebeslyrik weit verbreitet ist, dehnt der deutsche Barockdichter Martin Opitz in seinem *Sonett von der Liebsten Augen* auf ein ganzes Gedicht aus. Die erste Strophe stellt die Sonne als Voraussetzung der Schöpfung dar, die zweite dagegen in metaphorischer Übertragung auf die Augen der Frau als Ursache ununterbrochenen Leidens, das sich sogar noch steigert, wenn sie nachts nicht glänzen. Der Liebende empfindet seine Qualen in einer Hyperbel als permanenten Wechsel zwischen Sterben und Belebung, der sich „Mehr als zehntausendmal, eh' kaum hingeht ein Tag", ereignet. Er verglüht lieber in der Nähe der Geliebten, als ohne sie in völliger Nacht zu leben. Er hält also wie in Morungens Beispiel des hohen Minnesangs (vgl. **Arbeitsblatt 13**, S. 69) an seiner Liebe fest, obwohl er dadurch – bildhaft gesprochen – umkommt. Er erniedrigt sich selbst als „arm betrübtes Tier" und vergrößert so noch die Distanz zu den Augensonnen der Frau. Zahlreiche Gegensätze durchziehen das Sonett in petrarkistischer Manier: die Sonne als erhaltende und zerstörende Kraft, Tag und Nacht, Helligkeit und Dunkelheit, Tod und Leben, Nähe und Ferne. Ein weiteres Beispiel für die petrarkistische Lyrik und die Wirkungsmacht der Augen und Blicke findet sich in Kap. 5.2 auf dem **Arbeitsblatt 35**, S. 159.

Die Schülerinnen und Schüler bestimmen zunächst die äußere Form der beiden Gedichte, um das Sonett kennenzulernen oder zu wiederholen. Im Anschluss daran versuchen sie herauszufinden, in welchem inhaltlichen Verhältnis Quartette und Terzette stehen. Dieser Frage können sie sich nach der Interpretation in Gruppen noch einmal zuwenden.

- *Ermitteln Sie die Strophen- und Reimform der beiden Gedichte (Aufgabe 1 auf dem Arbeitsblatt 14).*

- *Welches Verhältnis besteht zwischen den Inhalten der Quartette und der Terzette?*

Die Gedichtform des Sonetts

Strophen	Endreim		inhaltliches Verhältnis	
2 Quartette	abab acac	abba abba	Schönheitsvergleiche	Wirkung der Sonne Metapher, Kontrast
2 Terzette	dde eff	cdd cee	Steigerung Wirkung auf das Ich	Steigerung Entscheidung

Der Interpretationsauftrag auf dem **Arbeitsblatt 14**, S. 71 unterstützt die Gruppenarbeit durch einige nähere, aber nicht zu spezifische Hinweise, welche Gesichtspunkte untersucht werden sollen. Da mehrere Gruppen dasselbe Gedicht bearbeiten, können unterschiedliche Beobachtungen, Sichtweisen und Standpunkte ein reges Gespräch in Gang bringen, das zur Klärung beiträgt und das Verständnis der Sonette vertieft. Ein Frageimpuls leitet dann zum Vergleich der beiden Gedichte über.

  ■ *Bearbeiten Sie die Aufgaben 2 und 3 auf dem Arbeitsblatt 14.*

Die strukturierten Interpretationsergebnisse könnten beispielsweise so aussehen:

Francesco Petrarca:
Wo nahm der Liebesgott das Gold so fein

	Inhalt/Sprache/Form	Merkmale des Petrarkismus
	Amor ↓	
	außerordentliche Schönheit der Frau ↓	Schönheitskatalog *(Haare, Körper, Mund, Stirn, Stimme, Augen)*
	ungläubiges Staunen des liebenden Mannes: Fragen nach dem Entstehen der Schönheit ↓	formaler Schematismus
1. Quartett	äußere Erscheinung	Metaphern *(Blumen, Schmuck,*
2. Quartett	Erweiterung auf Tugend und Geist	*Adel, Religion, Kosmos):*
Terzette	Stimme, Blick	Steigerung/Hyperbeln
	Wirkung auf das Ich:	
	• Verlust der Lebenskraft	
	• Zerrissenheit der Gefühle	Oxymora

Bewunderung und Schmerz
Unnahbarkeit der Frau

Martin Opitz: Sonett von der Liebsten Augen

Inhalt/Sprache/Form		Merkmale des Petrarkismus
1. Quartett: These	**2. Quartett: Antithese, Übertragung**	Gegensätze (*1./2. Strophe, Sonne/Tier, Tag/Nacht, hell/dunkel, Tod/Leben, nah/fern*)
eine Sonne ◄— Metapher —► als Voraussetzung der Schöpfung	zwei Augen der Geliebten als Ursache ununterbrochenen Leidens	Selbsterniedrigung des Mannes (*„arm betrübtes Tier"*)
1. Terzett:	Wirkung – permanenter Wechsel Leben-Sterben	Hyperbolik (*zehntausendmaliges Sterben jeden Tag*)
2. Terzett:	Ausweglosigkeit Entscheidung – Festhalten an der Liebe	rhetorische Fragen
		Ertragen der Liebes- und Todesschmerzen

unermessliche Distanz zwischen Mann und Frau
Unerreichbarkeit der Geliebten

■ *Vergleichen Sie die beiden Gedichte (Aufgabe 4 auf dem Arbeitsblatt 14).*

Die Schülerinnen und Schüler könnten auf die gemeinsame Ausgangssituation verweisen, die qualvolle Liebe eines Mannes zu einer faszinierenden Frau, die aber unerreichbar bleibt. Die unbeschreibliche Schönheit und deren Wirkung treiben ihn zu Vergleichen in kosmischen Dimensionen, die aber auch die Distanz und das Ausmaß des Leids vergrößern. Während das lyrische Ich in Petrarkas Gedicht so viel Schönheit nicht begreifen kann, sie in zahlreichen Metaphern zu erfassen sucht und die drastischen Folgen erst spät anspricht, stehen diese im Mittelpunkt des Sonetts von Opitz. In ihm schildert der Liebende seine Leiden extensiv, um am Schluss zu betonen, auf die Nähe der Schönen nicht verzichten zu können. Die Antithetik ist das leitende Formprinzip dieses Gedichts.

Shakespeares 130. Sonett (**Arbeitsblatt 15**, S. 73) in der englischen Form – **drei** Quartette mit jeweils eigenem Kreuzreim und einem abschließendem Reimpaar mit Pointe, Schlussfolgerung oder Fazit – wendet sich gegen die übertriebene, unechte Verherrlichung einer Frau, zeiht die petrarkistische Poesie der Lüge und stellt ihr den Reichtum der Liebesempfindungen zu einer realen Person entgegen, deren Unvollkommenheit die drei Quartette ausbreiten. Der Dichter greift zwar auf die tradierten Schönheitsmerkmale und Vergleiche zurück – Auge/Sonnenstrahl, Lippen/rote Korallen, Busen/Schnee, Haar/schwarze Locken, Gesicht/weiß-rote Rosen, Mund/Wohlgeruch, Reden/Musik, Gang/Göttin –, doch nur, um sie zu negieren. Den Unterschied zwischen Ideal und Wirklichkeit verdeutlichen Komparative, Verneinungen oder direkte Gegensätze.

Die Schülerinnen und Schüler wiederholen den Katalog der petrarkistischen Schönheitsmerkmale, indem sie diese auf dem Arbeitsblatt 15 unterstreichen, und lernen mit dem Gedicht eine Gegenposition zu einer formelhaften und schematisierten Liebeslyrik kennen, in der die tatsächlichen Empfindungen zu ersticken drohen. Die Ergebnisse werden im Unterrichtsgespräch verglichen, gesammelt, erörtert und ergänzt und auf dem unteren Teil des Arbeitsblattes 15 festgehalten.

■ *Bearbeiten Sie die Aufgaben auf dem Arbeitsblatt 15.*

■ *Vergleichen Sie, was Sie unterstrichen haben, sowie Ihre Erkenntnisse zu Shakespeares Umgang mit den petrarkistischen Mustern und der Sonettform sowie der Botschaft des Gedichts.*
Notieren Sie die Ergebnisse auf dem unteren Teil des Arbeitsblattes 15.

Die Eintragungen könnten folgendermaßen aussehen:

Ein anti-petrarkistisches Shakespeare-Sonett

Umgang mit den petrarkistischen Mustern und der Sonettform	Botschaft des Gedichts
• Verwendung der Schönheitsmerkmale und -vergleiche • aber Negation • verherrlichende Vergleiche als Lügen • Wert der wahren, realen Liebe anstelle der bloß übertrieben beschriebenen • Unterscheidung zwischen falschem Ideal und Wirklichkeit durch Verneinungen, Komparative und Gegensätze • **drei** Quartette mit jeweils eigenem Kreuzreim und einem abschließenden Paarreim mit Pointe, Schlussfolgerung oder Fazit	• Kritik an der petrarkistischen Liebeslyrik • Ablehnung unaufrichtiger Liebesbekundungen

---

Drei weitere Sonette auf dem **Arbeitsblatt 16**, S. 74 f., sollen den Schülerinnen und Schülern zeigen, wie Liebeslyriker des 19. und 20. Jahrhunderts auf diese Gedichtform zurückgreifen und wie individuell sie ihr Thema innerhalb eines festgelegten äußeren Rahmens behandeln. Der Schwerpunkt liegt dabei auf dem Inhalt, insbesondere auf den Empfindungen des/der Liebenden und den Wirkungen, die die/der Geliebte auf das lyrische Ich ausübt.

Eduard Mörikes Sonett *An die Geliebte* liegt eine Situation zugrunde, in der das Subjekt religiös andächtig in die beglückende Betrachtung der Geliebten versunken ist. Leise Zweifel, ob „Mein kühnster Wunsch, mein einzger, sich erfüllt" (v. 8), werden dadurch zerstreut, dass sich neue Erkenntnis- und Erfahrungsräume öffnen, Wahrnehmung und Glück sich in kosmische Weiten ausdehnen, die „Quellen des Geschicks" (v. 11) und die Sterne (v. 13 f.) musikalisch zu erfassen sind und sich aus der Seelen- eine Sphärenharmonie ausbreitet. Die Ruhe in den Quartetten geht in den Terzetten in Bewegung über und der äußere Eindruck im Konditionalsatz der ersten beiden Verse löst die inneren Vorgänge aus, denen sich das Gedicht in den folgenden Versen zuwendet.

Bertolt Brecht schildert in dem Sonett *Entdeckung an einer jungen Frau* ein Geschehen, nämlich die Veränderung, die im Mann bei der Trennung „zwischen Tür und Angel" (vv. 2, 11) nach einer gemeinsam verbrachten Nacht, die aber nur der sexuellen Befriedigung dienen sollte, vor sich geht – vgl. dazu die Interpretation von Joseph Anton Kruse auf dem **Arbeitsblatt 17**, S. 76. Liebesgefühle überfallen ihn und halten ihn fest, obwohl er weiß, dass sie nicht von Dauer sind. Eine graue Haarsträhne der Frau (v. 3) ist Zeichen ihrer Individualität, ruft das Bewusstsein der Vergänglichkeit wach und weckt den Wunsch, die beschränkte Zeit gemeinsam zu nutzen. Der Mann als der Aktive und Dominante weiß gleichwohl, „dass es nicht gut ist, unter den Bedingungen der menschlichen Existenz allein zu sein". So entstehen „Zärtlichkeit und anhängliche Fürsorge" (Kruse, S. 76, Z. 43, 56 – 58).

Marie Luise Kaschnitz schließlich reflektiert in dem Sonett *Maß der Liebe* über die Notwendigkeit und die Wirkung dieses elementaren Gefühls. Das Ich empfindet den Geliebten als lebensnotwendig (1. Quartett), schenkt ihm aber mit gleicher Intensität seine Liebe (2. Quartett). Dieses Ineinander von Bedürftigkeit und großzügiger Zuneigung veranschaulichen zahlreiche Vergleiche; sie deuten aber ebenso an, dass es sich um nichts Selbstverständliches handelt. Dennoch gibt sich in der Liebe auch eine göttliche Macht zu erkennen und sie bietet Gewähr für die Möglichkeit einer humanen Welt.

Alle drei Sonette sind – wie viele Liebesgedichte – subjektbezogen und ich-zentriert, während das Befinden und die Gefühle des geliebten Gegenübers keine große Rolle spielen. Die Gedichte von Mörike und Kaschnitz verbinden mit der Liebe Bereiche des Transzendenten, während sie bei Brecht – gerade umgekehrt – aus dem Bewusstsein der Endlichkeit entsteht und durch diese auch begrenzt bleibt.

Die Schülerinnen und Schüler untersuchen und vergleichen die drei Sonette in Partnerarbeit nach den Angaben auf dem **Arbeitsblatt 16**, S. 74 f. Dabei unterstützen sie die Gesichtspunkte für die inhaltliche Interpretation von Lyrik auf dem **Arbeitsblatt 4**, S. 41 sowie bei dem Brecht-Gedicht dessen Interpretation durch Joseph Anton Kruse auf dem **Arbeitsblatt 17**, S. 76.

> ◼ *Untersuchen und vergleichen Sie die Inhalte der drei Sonette auf dem Arbeitsblatt 16.*

Liebesgedichte des 19. und 20. Jahrhunderts in Sonettform

Eduard Mörike **An die Geliebte**	Bertolt Brecht **Entdeckung an einer jungen Frau**	Marie Luise Kaschnitz **Maß der Liebe**
• **Situation:** beglückende Betrachtung der Geliebten	• **Geschehen:** Veränderung des Mannes bei der Trennung nach einer gemeinsamen Nacht zur sexuellen Befriedigung	• **Reflexion** über die Notwendigkeit und Wirkung der Liebe
• Versenkung in religiöser Andacht	• Entstehen von Liebesgefühlen, die aber nicht von Dauer sind	• Ineinander von Bedürftigkeit (1. Quartett) und großzügiger Zuneigung (2. Quartett) in Vergleichen
• Eröffnung neuer Erkenntnis- und Erfahrungsräume	• graue Haarsträhne als Zeichen der Individualität und der Vergänglichkeit	• keine Selbstverständlichkeit
• Ausdehnung der Wahrnehmung und des Glücks in kosmische Weiten: Melodien des Geschicks, „Lichtgesang" der Sterne	• Wunsch, die beschränkte Zeit gemeinsam zu nutzen	• Erfahrung des Göttlichen
• Seelen- und Sphärenharmonie		• Humanisierung der Welt
• Ruhe in den Quartetten, Bewegung in den Terzetten		
• äußerer Eindruck im einleitenden Konditionalsatz („Wenn"), innere Vorgänge in den Folgesätzen („Dann … / Und …")		

Vergänglichkeit als Entstehungsgrund und Begrenzung

Erlebnis der Transzendenz

Gemeinsamkeit: Subjektbezogenheit und Ich-Zentrierung
Befinden und Gefühle der/des Geliebten eher nachrangig

2.5 Geistliche Liebeslyrik

Der Jesuit Friedrich Spee verwandelt die Liebeslyrik in geistlich-religiöse Botschaften, indem er zum Beispiel „Liebgesänge" der Seelenbraut für ihren Herrn Jesus verfasst, der nach petrarkistischen Mustern beschrieben und verherrlicht sowie mit Amor verglichen wird. Auch die Tradition des Hohenliedes und des mittelalterlichen Minnesangs wirken in diesen Gedichten weiter. Das Ziel des Dichters bestand jedoch nicht nur in der Verbreitung und emotionalen Verstärkung von Glaubensinhalten nach Luthers Vorbild, sondern am Anfang der neueren Literatur wie bei Opitz auch in der Poetisierung der deutschen Sprache, wie Untertitel und vorangestellte „Merkpünktlein" ausdrücklich betonen: Spee will mit seinen Liedern zeigen, „dass auch in der teutschen Sprach man gut poetisch dichten und reden könne" (2. Merkpünktlein, vgl. das **Arbeitsblatt 18**, S. 78), und empfiehlt sein Büchlein neben „[a]llen geistlichen, gottliebenden Seelen […] sonderlich der poetischen Kunst gelehrten Liebhabern zur Erquickung" (Untertitel). Er erweist sich so als „Pionier[ ] der neuen Dichtung in deutscher Sprache", dessen Lieder sich durch metrische Sicherheit und Variation, „inhaltliche Dichte, Sprachbildlichkeit und tieferen Gehalt, kurzum, durch künstlerische Qualität" auszeichnen (Nachwort[1], S. 342).

In der eigenhändigen Titelzeichnung des Dichters zur Straßburger Handschrift auf dem Arbeitsblatt 18 „[sitzt] [z]u Füßen der an einen Baum genagelten Cupido-Jesus-Gestalt […] die Seelenbraut, den Liebespfeil im Herzen. Meditative Versenkung spricht aus ihrer ganzen Haltung: Der fünfstrahlige Springbrunnen neben ihr ist Symbol für die Heilswirkung der Wunden Christi. Auf den Brunnen hat sich die Nachtigall gesetzt: die ganze Kraft ihres Gesangs entspringt aus dem Leiden und Tod Jesu". (Nachwort, S. 343) Auch in dem *Liebgesang der Gespons JESU* verwunden Liebespfeile aus dessen Augen die Braut (vv. 11–16). Dieses Attribut sowie die Flügel rücken Jesus in die Nähe Cupido-Amors, als den ihn die Frau zweimal ausdrücklich anspricht (vv. 21,56). Sie vergießt Ströme von Tränen, sucht Linderung ihrer Liebesschmerzen und sehnt sich doch nach der Vereinigung mit dem Bräutigam, die sich in der 6. Strophe – durch Interjektionen und elliptische Ausrufe hervorgehoben – tatsächlich ereignet. Diese überwältigenden Gefühle sowie die unio mystica bildet die Titelzeichnung nicht ab, während das Gedicht auf den Kreuzigungsbaum verzichtet. Die petrarkistischen Schönheitsmerkmale der Geliebten werden auf Jesus übertragen, dessen Wangen, Stirn, Mund, Augen, Arme und Hände hyperbolisch übersteigerte Metaphern bewundernd verherrlichen. Auch die Menge der Tränen, die Zahl der „[f]ast tausend" (v. 12) Augenpfeile der Liebe, deren Feuerbrand und die Schnelligkeit der Flügel (vv. 25 f.) sprengen jedes Maß, um dessen Einhaltung die liebende Seele bittet. Das Gedicht erschöpft sich jedoch nicht in der Schilderung der Schönheit, Sehnsucht und Schmerzen, sondern diese münden in überschwängliche Glücksgefühle, in die Oxymora die tödliche Verwundung umkehren. Spee verwendet nicht das nach Konstruktion und Konzentration verlangende Sonett, sondern eine volkstümlichere Strophenform mit acht kreuzweise gereimten Versen, die abwechselnd aus vier und drei Jamben mit männlichen und weiblichen Kadenzen bestehen.

Nachdem die Schülerinnen und Schüler Titelzeichnung und Gedicht im Unterrichtsgespräch verglichen haben, erarbeiten sie einzeln Parallelen und Unterschiede zur petrarkistischen Liebeslyrik, um deren Einflüsse auf die Lieder Spees, aber auch um dessen poetische Eigenständigkeit und religiöses Anliegen zu erkennen.

■ *Ermitteln Sie, wie sich Gedicht und Titelzeichnung aufeinander beziehen (Aufgabe 1 auf dem Arbeitsblatt 18).*

■ *Bearbeiten Sie Aufgabe 2 auf dem Arbeitsblatt 18.*

---

[1] Nachwort zur Friedrich Spee: Trutz-Nachtigall. Kritische Ausgabe nach der Trierer Handschrift. Hrsg. von Theo G. M. van Oorschot. Stuttgart: Reclam 1985

■ Erläutern Sie Inhalt und Zielrichtung des Untertitels sowie der „Merkpünktlein"
(Aufgabe 3 auf dem Arbeitsblatt 18).

Friedrich Spee: Ein Liebgesang der Gespons JESU

Titelzeichnung
- Kreuzigungsbaum
- Brunnen mit Nachtigall
- Allee

Gemeinsamkeiten
- Verwundung der Braut durch die Liebespfeile Jesu
- Jesus als geflügelter Cupido-Amor
- andächtige Versenkung in die Liebe zu Jesus

Gedicht
- Tränenströme
- überwältigende Gefühle
- mystische Vereinigung

Einflüsse der petrarkistischen Liebeslyrik
- Schönheitsmerkmale (Wangen, Stirn, Mund, Augen, Arme, Hände)
- Hyperbeln (Metaphern, Zahl der Pfeile, Menge der Tränen, Feuerbrand der Liebe, Schnelligkeit der Flügel)
- Sehnsucht, Schmerzen, tödliche Verwundung

Unterschiede
- Jesus als Adressat des Liebgesangs
- geistlich-religiöse Botschaften
- Erfüllung, Glück in der unio mystica (Interjektionen, elliptische Ausrufe in den vv. 48–53, Oxymora in den vv. 58–61)
- volkstümliche Strophenform (8 Verse im Kreuzreim, abwechselnd 4 und 3 Jamben, männliche/weibliche Kadenzen)

Inhalt und Absicht des Untertitels sowie der „Merkpünktlein"
- Eignung der deutschen Sprache für die Poesie
- Lobpreis Gottes und Glaubensverkündigung in literarisch anerkannten Gedichten

Notizen

_____

_____

_____

_____

_____

_____

_____

_____

_____

Sappho: Helena und Aphrodite

1. *Suchen Sie Informationen zu Sappho, Helena, Aphrodite, sapphische Strophe, Adoneus, Ode, Hymne.*

2. *Vergleichen Sie Ihre Rechercheergebnisse in kleinen Gruppen und erschließen sie auf dieser Grundlage Inhalt, Form und Sprache von einem der beiden Gedichte.*

3. *Tragen Sie das von Ihnen bearbeitete Gedicht vor und präsentieren Sie Ihre Interpretation der Klasse.*

Ode

Einen Trupp von Reitern, ein Fußvolktreffen
Oder Schiffe halten sie für das Schönste
Auf der dunklen Welt: aber ich wohl die, in
    Die ich verliebt bin.

5 Siehst du's ein, und ist es nicht selbstverständlich?
Hing sie, als sie die Schönsten ansah, diese
Helena, nicht ihr Herz an den als einen
    Liebsten, um den die

Ganze Pracht von Troja verging? Vergaß sie
10 Nicht ihr Kind und ihre Verwandten nur um
Seinetwillen? Aber sie fiel ihm zu und
    Bebte vor Liebe.
[...]

Übersetzung von Alexander Lernet-Holenia. In: Die klassischen Gedichte der Weltliteratur. Hrg. und eingeleitet von Kurt Eigl. Salzburg/Stuttgart: Verlag Das Bergland-Buch 1966, S. 132

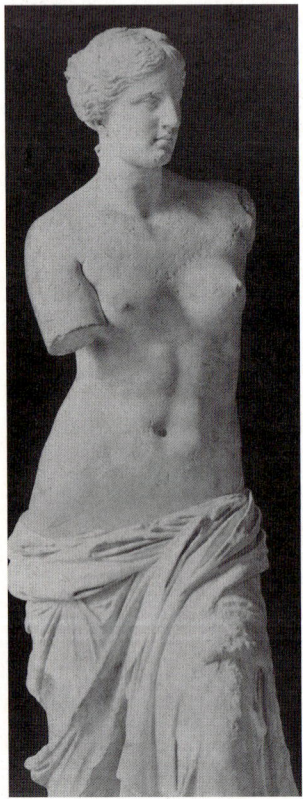
Venus von Milo

Hymnus an Aphrodite

Bunt im Schimmer thronende Aphrodite,
Listenreiche Tochter des Zeus, dich bitt ich:
Nicht mit Ängsten, nicht mit Verzweiflung beuge,
    Herrin, den Mut mir!

5 Sondern hierher komm, wie du wohl schon einmal,
Meinen Ruf im Ohre, von weiter Ferne
Mich erhörtest und aus des Vaters Hause
    Kamest im goldnen

Angeschirrten Wagen; dich zogen schöne
10 Schnelle Finken über der schwarzen Erde
Mitten durch den Äther, vom Himmel nieder,
    Schwirrenden Fluges.

Gleich auch warst du, Selige, hier; ein Lächeln
Lag auf deinem göttlichen Antlitz, fragend
15 Sprachst du, was ich wieder zu dulden habe,
    Wieder denn rufe,

Was ich mir im rasenden Herzen sehnlich
Wünsche: „Wen soll Peitho in deine Liebe
Wieder führen, sag es mir doch, wer durfte,
20   Sappho, dich kränken?

Flieht sie auch, so wird sie dich bald verfolgen,
Nimmt sie keine Gaben, die wird sie geben,
Liebt sie nicht, so wird sie dich bald schon lieben,
    Wie sie sich wehre!"

25 Komm zu mir auch jetzt; von der Qual der Sorgen
Mach mich los, und, was zu vollenden alles
Drängt mein Herz, das wolle vollenden; eile
    Selbst mir zu Hilfe!

Aus: Griechische Lyrik in deutschen Übertragungen. Übersetzung von Hans Rupé
© Patmos Verlag GmbH & Co. KG/Artemis & Winkler Verlag, Düsseldorf

Amor

1. *Suchen Sie Informationen zu Orpheus/orphisch/Orphik, Verlaine, Äther, Tartaros, Schmetter-lingssymbol, Hexameter, jambischer Trimeter, Hymne.*

2. *Vergleichen Sie Ihre Rechercheergebnisse in kleinen Gruppen und erschließen Sie auf dieser Grundlage Inhalt, Form und Sprache von einem der beiden Gedichte.*

3. *Tragen Sie das von Ihnen bearbeitete Gedicht vor und präsentieren Sie Ihre Interpretation der Klasse.*

Orphische Hymne an die Liebe

Gott der Liebe, du großer, keuscher, lieblicher, süßer
Gott mit dem Bogen und Pfeil, geflügelt, feurigen Laufes,
schnellen Anfalls, der mit Göttern und Menschen sein Spiel hat,
wohlgerüsteter, doppelgestaltiger, der du den Schlüssel
5 trägst zu allem, zum himmlischen Äther, dem Meer und der Erde
und wo sterblichen Menschen die allgebärende Mutter
Leben und Geist gibt, und was in den Weiten des Tartaros wohnt
und im salzigen Meer: von allem bist du der König –
komm, ich rufe dich, Seliger, komm zu deinen Geweihten,
10 die dich reinen Sinnes verehren, und treibe das Böse,
treib entehrende Regung und jede unsittige Lust aus!

Eros und Psyche
(Kapitolinischer Kuss), Rom

Übersetzung von Johann Gottfried Herder. In: Die klassischen Gedichte der Weltliteratur. Hrg. und eingeleitet von Kurt Eigl. Salzburg/Stuttgart: Verlag Das Bergland-Buch 1966, S. 167

Paul Verlaine
Amor auf der Erde

Der Nachtwind neulich stieß den Liebesgott herab,
Der in des Parks geheimnisvollstem Winkel stand,
Arglistig lächelnd seinen Bogen angespannt,
Und dessen Anblick uns so sehr zu denken gab.

5 Der Nachtwind stürzte ihn herab! Der Marmorstaub
Wirbelt im Morgenwind empor. Wie traurig ist,
Wo sich mit Mühe nur des Künstlers Namen liest,
Der Sockel anzuschaun im schattendunklen Laub.

Wie traurig, diesen Sockel so verwaist zu schaun!
10 Trübselige Gedanken stelln sich ein und gehn
Mir durch den Sinn und lassen mir ein Bild erstehn
Der Zukunft: einsam, unentrinnbar und voll Graun.

Wie traurig! Dich sogar scheint irgend zu bekümmern
Dies Bild, wenn auch dein Blick sich leichtgemut
15   vergnügt
Am goldnen Purpurfalter, der im Flug sich wiegt
Über den weit in der Allee verstreuten Trümmern.

Aus: Gedichte. Fêtes galantes, La Bonne Chanson, Romances sans paroles. Frz./Dt. Übersetzt und herausgegeben von Wilhelm Berger. © Philipp Reclam jun. GmbH & Co., Stuttgart 1988

François Pascal Gerard (1770 – 1837): Psyche und Eros

Liebesdialog und Schönheitsvergleiche im Hohenlied Salomos

1. *Stellen Sie fest, wer jeweils spricht und wie sich die Äußerungen aufeinander beziehen.*

2. *Mit welchen Bildern vergleichen sich die Liebenden? Aus welchen Bereichen stammen die Bilder? Was vergleichen die Sprecher jeweils in welcher Absicht?*

3. *Welche Sinne werden angesprochen?*

4. *Welche Rückschlüsse auf das Land und die Kultur erlauben die Vergleiche?*

Aus Kapitel 1:

[7]Sage mir an, du, den meine Seele liebt, wo du weidest, wo du ruhst am Mittag, damit ich nicht herumlaufen muss bei den Herden deiner Gesellen.

[8]Weißt du es nicht, du Schönste unter den Frauen, so geh hinaus auf die Spuren der Schafe und weide deine Zicklein bei den Zelten der Hirten.

[9]Ich vergleiche dich, meine Freundin, einer Stute an den Wagen des Pharao. [10]Deine Wangen sind lieblich mit den Kettchen und dein Hals mit den Perlenschnüren. [11]Wir wollen dir goldene Kettchen machen mit kleinen silbernen Kugeln.

[12]Als der König sich herwandte, gab meine Narde[1] ihren Duft. [13]Mein Freund ist mir ein Büschel Myrrhen[2], das zwischen meinen Brüsten hängt. [14]Mein Freund ist mir eine Traube von Zyperblumen[3] in den Weingärten von En-Gedi[4].

[15]Siehe, meine Freundin, du bist schön; schön bist du, deine Augen sind wie Taubenaugen.

[16]Siehe, mein Freund, du bist schön und lieblich. Unser Lager ist grün. [17]Die Balken unserer Häuser sind Zedern[5], unsere Täfelung Zypressen[6].

Kapitel 4:

Siehe, meine Freundin, du bist schön! Siehe, schön bist du! Deine Augen sind wie Taubenaugen hinter deinem Schleier. Dein Haar ist wie eine Herde Ziegen, die herabsteigen vom Gebirge Gilead[7]. [2]Deine Zähne sind wie eine Herde geschorener Schafe, die aus der Schwemme kommen; alle haben sie Zwillinge, und keines unter ihnen ist unfruchtbar. [3]Deine Lippen sind wie eine scharlachfarbene Schnur, und dein Mund ist lieblich. Deine Schläfen sind hinter deinem Schleier wie eine Scheibe vom Granatapfel[8]. [4]Dein Hals ist wie der Turm Davids, mit Brustwehr gebaut, an der tausend Schilde hangen, lauter Schilde der Starken. [5]Deine beiden Brüste sind wie junge Zwillinge von Gazellen, die unter den Lilien weiden. [6]Bis

der Tag kühl wird und die Schatten schwinden, will ich zum Myrrhenberge gehen und zum Weihrauchhügel. [7]Du bis wunderbar schön, meine Freundin, und kein Makel ist an dir.

[8]Komm mit mir, meine Braut, vom Libanon, komm mit mir vom Libanon, steig herab von der Höhe des Amana[9], von der Höhe des Senir[9] und Hermon[9], von den Wohnungen der Löwen, von den Bergen der Leoparden!

[9]Du hast mir das Herz genommen, meine Schwester, liebe Braut, du hast mir das Herz genommen mit einem einzigen Blick deiner Augen, mit einer einzigen Kette an deinem Hals. [10]Wie schön ist deine Liebe, meine Schwester, liebe Braut! Deine Liebe ist lieblicher als Wein, und der Geruch deiner Salben übertrifft alle Gewürze. [11]Von deinen Lippen, meine Braut, träufelt Honigseim. Honig und Milch sind unter deiner Zunge, und der Duft deiner Kleider ist wie der Duft des Libanon.

[12]Meine Schwester, liebe Braut, du bist ein verschlossener Garten, eine verschlossene Quelle, ein versiegelter Born[10]. [13]Du bist gewachsen wie ein Lustgarten von Granatäpfeln mit edlen Früchten, Zyperblumen

1 Narde: kostbares, wohlriechendes Öl aus der Wurzel der indischen Nardenpflanze
2 Myrrhe: Duftharz eines immergrünen Baumes, aus dem Parfum, Gewürz und ein betäubender Zusatz zum Wein hergestellt wurde.
3 Zyperblume: wohlriechende, traubenförmige Blüte, die auch zum Färben benutzt wurde
4 En-Gedi: Oase am Westufer des Toten Meers mit bekannten Wasserfällen
5 Zeder: bis 40 Meter hoher Kiefernbaum, Wappensymbol des Libanon
6 Zypresse: immergrüner, meist hoher Baum
7 Gilead: biblische Landschaft östlich des Jordan
8 Granatapfel: Strauch oder Baum mit korallenroten Blüten und apfelähnlicher Frucht
9 Amana, Senir, Hermon: Bergkette des Antilibanon mit dem Hermon als höchstem Gipfel
10 Born: Brunnen

mit Narden, ¹⁴Narde und Safran¹, Kalmus² und Zimt, mit allerlei Weihrauchsträuchern, Myrrhe und Aloe³, mit allen feinen Gewürzen. ¹⁵Ein Gartenbrunnen bist du, ein Born lebendigen Wassers, das vom Libanon fließt.

¹⁶Steh auf, Nordwind, und komm, Südwind, und wehe durch meinen Garten, dass der Duft seiner Gewürze ströme! Mein Freund komme in seinen Garten und esse von seinen edlen Früchten.

Aus: Lutherbibel, revidierter Text 1984, durchgesehene Ausgabe in neuer Rechtschreibung, © 1999 Deutsche Bibelgesellschaft, Stuttgart

---

¹ Safran: Gewürzpflanze
² Kalmus: Aronstabgewächs am Rand von Gewässern
³ Aloe: bis zu 15 Meter hohe Lilienpflanze in trockenen Gebieten

Das **Hohelied Salomos** ist eine Sammlung von Liebesliedern im Alten Testament, in der ein Mann und eine Frau in Wechselrede gegenseitig ihre Schönheit preisen und sich nacheinander sehnen. Der israelische König Salomo hat die Gedichte nicht verfasst, sondern diese wurden ihm später zugeschrieben, weil er viele Frauen hatte. Entsprechend wird der Name der Fürstentochter „Sulamith" als weibliches Gegenstück und damit ebenfalls als Fiktion angesehen. Die freimütig-erotischen Schilderungen führten in der Kirchengeschichte zu allegorischen Deutungen als Liebesverhältnis zwischen Jahwe und dem Volk Israel einerseits sowie Christus und seiner Kirche oder der menschlichen Seele andererseits. Heute hat sich jedoch die Auffassung durchgesetzt, dass das Hohelied die weltliche Liebe beschreibt, die ihren Ursprung in Gottes Schöpfung hat (vgl. 1. Mose 1, v. 27; 2, vv. 18–25).

Marc Chagall:
Das hohe Lied der Liebe

Das Falkenlied

1. *Beschreiben Sie möglichst genau, was auf der Abbildung zu sehen ist.*

2. *Bestimmen Sie Person, Situation und gesellschaftlichen Rang des lyrischen Ichs.*

3. *Erschließen und interpretieren Sie die Bilder des Falken sowie weitere inhaltliche und formale Aspekte, insbesondere Vers- und Strophenform.*

Der von Kürenberg

,Ich zôch mir einen valken   mêre danne ein jâr.
dô ich in gezamete,   als ich in wolte hân,
und ich im sîn gevidere   mit golde wol bewant,
er huop sich ûf vil hôhe   und fluoc in ándèriu lant.

5 Sît sach ich den valken   schône fliegen,
er vuorte an sînem vuoze   sîdîne riemen,
und was im sîn gevidere   alrôt guldîn.
got sende sî zesamene,   die gelíeb wéllen gerne sîn!'

„Ich zog mir einen Falken länger als ein Jahr.
Als ich ihn gezähmt hatte, wie ich ihn haben wollte,
und ich ihm sein Gefieder mit goldenen Bändern umwunden hatte,
hob er sich hoch in die Lüfte und flog in andere Länder.

5 Später sah ich den Falken im schönen Schwunge fliegen.
Er trug an seinem Fuß seidene Fesseln,
und sein Gefieder war ganz rotgolden.
Gott führe die zusammen, die einander herzlich lieben wollen!"

Aus: Minnesang. Mittelhochdeutsche Texte mit Übertragungen und Anmerkungen.
Hrsg., übersetzt und mit einem Anhang versehen von Helmut Brackert.
© Fischer Taschenbuch Verlag GmbH, Frankfurt am Main 1983

Konradin von Hohenstaufen mit Begleiter auf Falkenjagd. Miniatur aus der Manessischen bzw. Großen Heidelberger Liederhandschrift, einer einzigartigen Sammlung von Minneliedern und Bildern, die Anfang des 14. Jahrhunderts entstanden ist.

Hohe und „niedere" Minne

1. *Vergleichen Sie Inhalt und Form der beiden Gedichte, die unterschiedliche Arten des Minnesangs vertreten.*

2. *Leiten Sie aus der Information zum hohen Minnesang eine Erklärung ab, weshalb sich das lyrische Subjekt im Gedicht Heinrich von Morungens vergeblich um die Frau bemüht.*

Der **hohe Minnesang** verbindet das Werben um eine Frau mit dem schmerzvollen Verzicht auf sie: „[D]ie besungene Frau, meist […] eine hochgestellte Dame und in der Regel […] die Herrin des Hofes, ist und bleibt für den Sänger die Unerreichbare, Vollkommene, mit allen nur möglichen Vorzügen Versehene, aus der Distanz Verehrte, die dem Minnedienst des Mannes jedoch weder größere Beachtung noch Lohn zuteil werden lässt; der Mann wirbt um sie und versucht, durch Beweise seiner Beständigkeit und Aufrichtigkeit die Huld der Herrin zu erlangen; da sie ihm jedoch nicht geschenkt wird, […] bescheidet er sich mit der zumeist klagereichen, sehnsuchtsvollen Anbetung der hoch über ihn erhobenen *frouwe*; die Minne bleibt jedoch ein Wert, der Minnesang und Minnedienst ein Weg, auf dem der ritterliche Mann zu individueller und gesellschaftlicher Vollkommenheit zu gelangen vermag." (Brackert, Minnesang, a.a.O., S. 259f.) Walter von der Vogelweide charakterisiert die hohe Minne in einem seiner Gedichte so: „hôhiu minne heizet diu da machet/daz der muot nâch hôher wirde ûf swinget" („Hohe Minne nennt man, die bewirkt,/dass der Sinn sich emporschwingt zu den höchsten Werten") (Ebd., S. 154f.).

Heinrich von Morungen

Vil süeziu senftiu toeterinne,
war umbe welt ir toeten mir den lîp,
und ich íuch sô herzeclîchen minne,
zwâre, frouwe, vür elliu wîp?
5 waenent ir, ob ir mich toetet,
daz ich iuch iemer mêr beschouwe?
nein, iuwer minne hât mich des ernoetet,
daz iuwer sêle ist mîner sêle frouwe.
sol mir hie niht guot geschehen
10 von iuwerm werden lîbe,
sô muoz mîn sêle iu des verjehen,
dazs iuwerre sêle dienet dort als einem reinen wîbe.

Ihr süße sanfte Mörderin,
weshalb wollt ihr mir mein Leben nehmen,
wo ich euch doch so von Herzen liebe,
fürwahr, o Herrin, vor allen andern Frauen?
5 Glaubt ihr, dass, wenn ihr mich tötet,
ich euch niemals mehr anschauen werde?
Nein, die Liebe zu euch hat mich mit ihrer Gewalt
         dazu gebracht,
dass eure Seele die Herrin meiner Seele ist.
Soll mir hier auf Erden nichts Gutes widerfahren
10 von euch edler Herrin,
so muss meine Seele euch das bekennen,
dass sie eurer Seele dort im Himmel dienen wird als
         einer reinen Frau.

Aus: Minnesang. Mittelhochdeutsche Texte mit Übertragungen und Anmerkungen. Hrsg., übersetzt und mit einem Anhang versehen von Helmut Brackert.
© Fischer Taschenbuch Verlag GmbH, Frankfurt am Main 1983

Heinrich von Morungen (um 1200 – ca. 1220): vermutlich Ministerialer in staufischen Diensten. Als solcher gehörte er zur Oberschicht unfreier Dienstleute, die als Vögte, Burggrafen oder Landrichter eingesetzt waren, dafür ein „Dienstlehen" erhielten und nach ritterlichen Idealen lebten. Er ist ein wichtiger Vertreter des hohen Minnesangs.

Walther von der Vogelweide

,Under der linden
an der heide,
dâ unser zweier bette was,
dâ mugent ir vinden
5 schône beide
gebrochen bluomen unde gras.
vor dem walde in einem tal,
tandaradei,
schône sanc diu nahtegal.

10 Ich kam gegangen
zuo der ouwe,
dô was mîn friedel komen ê.
dâ wart ich enpfangen,
hêre frouwe!
15 daz ich bin sælic iemer mê.
kust er mich? wol tûsentstunt.
tandaradei,
seht wie rôt mir ist der munt!

Dô het er gemachet
20 alsô rîche
von bluomen eine bettestat.
des wirt noch gelachet
innecliche,
kumt iemen an daz selbe pfat.
25 bî den rôsen er wol mac,
tandaradei,
merken wâ mirz houbet lac.

Daz er bî mir læge,
wessez iemen
30 (nu enwelle got!), sô schamt ich mich.
wes er mit mir pflæge,
niemer niemen
bevinde daz, wan er und ich
und ein kleinez vogellîn,
35 tandaradei,
daz mac wol getriuwe sîn.'

"Unter der Linde
auf der Heide,
wo unser beider Lager war,
da könnt ihr noch
5 Blumen und Gras,
schön gebrochen, finden.
Vor dem Wald in einem Tal,
tandaradei,
schön sang die Nachtigall.

10 Ich kam gegangen
zu der Aue.
Da war mein Liebster schon vorher gekommen
Da wurde ich empfangen,
bei der Jungfrau Maria,
15 dass ich auf immer glücklich sein werde.
Küsste er mich? Wohl tausendmal,
tandaradei,
seht wie rot mein Mund ist.

Da hatte er
20 so prächtig
von Blumen ein Lager bereitet.
Darüber wird noch lächeln
voller Einverständnis,
wer des Weges daherkommt.
25 An den Rosen kann er genau,
tandaradei,
erkennen, wo mir der Kopf lag.

Dass er bei mir gelegen hat,
wenn es jemand wüsste,
30 (das verhüte Gott!), so schämte ich mich.
Was er mit mir tat,
niemand jemals
möge das erfahren als er und ich
und ein kleines Vögelein,
35 tandaradei,
das wird wohl verschwiegen sein."

Aus: Minnesang. Mittelhochdeutsche Texte mit Übertragungen und Anmerkungen. Hrsg., übersetzt und mit einem Anhang versehen von Helmut Brackert. © Fischer Taschenbuch Verlag GmbH, Frankfurt am Main 1983

Walter von der Vogelweide (um 1170–1230): Er stammt wahrscheinlich aus Niederösterreich, lebte am Wiener Hof, den er aber wegen Streitigkeiten mit dem Dichter Reinmar von Hagenau, der das Prinzip der hohen Minne konsequent und mustergültig umsetzte, verlassen musste. Als Berufsdichter wirkte er dann an anderen Höfen, bis er gegen Ende seines Lebens ein Lehen zugesprochen bekam. Walter ist der bedeutendste mittelalterliche Lyriker, dessen Liebeslieder eine gleichrangige, erfüllende Liebe besingen. Daneben nimmt er in politischen Gedichten zu Machtkämpfen Stellung.

Petrarkistische Liebeslyrik

1. *Bestimmen Sie die Strophen- und Reimform der beiden Gedichte.*

2. *Interpretieren Sie eines der beiden Gedichte. Untersuchen Sie insbesondere die Wechselbeziehung zwischen Inhalt, Sprache und Form sowie die Rolle des lyrischen Ichs.*
   Überprüfen Sie außerdem, welche Merkmale des Petrarkismus auf das Gedicht zutreffen.

3. *Stellen Sie Ihre Ergebnisse stichwortartig und übersichtlich in einem Strukturbild dar, das Sie der Klasse präsentieren.*

4. *Vergleichen Sie die beiden Gedichte: Was verbindet, was unterscheidet sie?*

Petrarkismus: = Stilrichtung der europ. Liebeslyrik vom 14. bis zum 17./18. Jh., die (indirekt) auf die Dichtung F. Petrarcas zurückgeht, indem sie aus ihr charakterist. Motive, Form- und Stilelemente entlehnt. [z. B. den Katalog weiblicher Schönheitsmerkmale des Haars, der Hände, der Stimme, der Augen usw.]. Dabei entwickelte sich bald eine feste Schematik, die durch stereotype Formulierungen, Antithetik und Hyperbolik, Metaphorik usw., durch ähnl. Themen und Motive wie der hohe Minnesang (Sehnsucht u. Liebesschmerz des sich im Dienst um die verzaubernde, unnahbare, tyrann. Frau verzehrenden Mannes) geprägt ist und auf eine formal-ästhet. Virtuosität abzielte, in der äußerer Wohllaut oft mehr galt als gedankl. Tiefe. (Günter und Irmgard Schweikle [Hrsg.]: Metzler-Literatur-Lexikon. Begriffe und Definitionen. 2., überarb. Aufl., Stuttgart: Metzler, 1990, S. 348)

Francesco Petrarca

Wo nahm der Liebesgott das Gold so fein,
Um dieses holde Flechten-Paar zu weben?
Wo brach er diese Rosen? Wo im Hain
Den Blüten-Schnee, und gab ihm Puls und Leben?

5 Wo fand er dieses Mundes Perlen-Reihn,
In denen Sittsamkeit die Worte zügelt?
Wie formt er diese Stirn, wo himmlisch rein
Sich ihres Geistes milde Hoheit spiegelt?

Aus welchen Sphären hat er sie geliehen,
10 Der zaubervollen Stimme Melodien,
Bei welcher längst mir Kraft und Leben schmolzen?

Von welcher Sonne senkt er in die stolzen
Geliebten Augen diesen schönen Strahl,
Der Glut und Frost mir gibt, und Wonn und Qual?

Übersetzung: August Wilhelm Schlegel
Entn. aus: Die klassischen Gedichte der Weltliteratur, a. a. O., S. 428

Francesco Petrarca
(1304 – 74), Sohn eines Florentiner Notars, zog nach dessen Verbannung mit der Familie in die Provence, wo er die erste Hälfte seines Lebens verbrachte; ab 1352 lebte er wieder in Italien; als Geistlicher in Diensten kirchlicher und weltlicher Herren; 1341 in Rom zum Dichter gekrönt. Er gilt als einer der Begründer des Humanismus. Die Liebesgedichte des wichtigsten Lyriker Italiens verherrlichen in „Laura" das weibliche Schönheitsideal, kultivieren aber ebenso den Schmerz der unerfüllten Sehnsucht nach ihr.

Martin Opitz
Sonett von der Liebsten Augen

Dies wunderliche Werk, das Gott hat aufgericht,
Die Erde, Luft und See, des Himmels hohe Thronen,
    Das alles, was man kann, und auch nicht kann bewohnen,
    Hätt es kein, oder auch zwo, Sonnen, stünd es nicht.

5 Ich arm betrübtes Tier muss zweier Sonnen Licht
Vertragen, die mir arg für meine Liebe lohnen,
    Ja die bei Tag und Nacht auch meiner nicht verschonen,
    Doch ärger ist die Pein, wann mir der Glanz gebricht,

Was Wunder ist es dann, dass ihr mich sehet sterben
10 Mehr als zehntausendmal, eh' kaum hingeht ein Tag?
    Und immer wiederum belebt zur neuen Plag?

    Ist sie mir allzu nah, muss ich durch sie verderben:
Ist sie denn ganz hinweg, so hab ich lauter Nacht,
Doch wähl' ich mir den Tod, den mir die Hitze macht.

Aus: Deutsche Liebeslyrik, a. a. O. S. 60 f./Teutsche Poemata. Abdr. d. Ausg. von 1624.
Hrsg. v. Georg Witkowski. Halle a.d.S: Niemeyer, 1902. Der Gegenwartssprache angepasst: G. F.

Martin Opitz (1597–1639), aufgewachsen in Schlesien, nach dem Studium in Frankfurt/Oder und Heidelberg Lehrer, politischer Berater und Diplomat; 1625 vom Kaiser in Wien zum Dichter gekrönt. Neben Gedichten, Romanen, Trauerspielen und Opernlibretti verfasste er in dem *Buch von der deutschen Poeterey* einen Leitfaden für die Dichtkunst in deutscher Sprache.

Ein anti-petrarkistisches Shakespeare-Sonett

1. *Unterstreichen Sie mit verschiedenen Farben die Merkmale und Vergleiche weiblicher Schönheit, die in der petrarkistischen Liebeslyrik die Attraktivität und Vollkommenheit der Frau zum Ausdruck bringen.*

2. *Bestimmen Sie, wie Shakespeare mit den petrarkistischen Mustern und der Sonettform umgeht. Leiten Sie daraus die Botschaft des Sonetts ab.*

William Shakespeare
130. Sonett

My mistress' eyes are nothing like the sun;
Coral is far more red than her lips' red;
If snow be white, why then her breasts are dun;
If hairs be wires, black wires grow on her head.
5 I have seen roses damask'd, red and white,
But no such roses see I in her cheeks;
And in some perfumes is there more delight
Than in the breath that from my mistress reeks.
I love to hear her speak, yet well I know
10 That music hath a far more pleasing sound;
I grant I never saw a goddess go –
My mistress when she walks treads on the ground.
    And yet, by heaven, I think my love as rare
    As any she belied with false compare.

In ihrem aug ist nichts von sonnenstrahl ·
Korall ist röter als ihr lippenpaar ·
Wenn schnee weiss ist so ist ihr busen fahl ·
Sind locken draht · ist schwarzer draht ihr haar.
5 Ich schaute rosen zwiefarb · weiss und rot ·
Doch solche rosen trägt nicht ihr gesicht –
Und ich fand duft der mehr an reizen bot
Als jener hauch der aus dem mund ihr bricht.
Ihr reden hör ich gern · doch muss gestehn:
10 Musik hat einen angenehmern klang.
Ich sah noch niemals eine göttin gehn:
SIE schreitet auf dem grund bei ihrem gang. .
    Und doch ist meine liebe mir so reich
    Als jede die man fälscht mit lug-vergleich.

George

William Shakespeare: The Sonnets/Die Sonette. Englisch und in ausgewählten deutschen Versübersetzungen. Mit Anmerkungen und einem Nachwort hrsg. von Raimund Borgmeier. Bibliogr. ergänzte Ausg. Stuttgart: Reclam 2003, S. 132f.

Umgang mit den petrarkistischen Mustern und der Sonettform:

Die Botschaft des Gedichts:

William Shakespeare (1564–1616), geboren in Stratford-upon-Avon als Sohn eines angesehenen Handschuhmachers; 1582 Heirat mit der acht Jahre älteren Anne Hathaway; Schauspieler, Dramendichter, Regisseur, Teilhaber einer bekannten Theatergruppe und zweier Theater, des Globe und des Blackfriars; zu Wohlstand gekommen, verbrachte er die letzten Jahre in seiner Heimatstadt. Mit seinen Tragödien, darunter *Hamlet* und *Romeo und Julia,* und Komödien hat er die Literaturgeschichte wie kein anderer Dichter beeinflusst. Daneben verfasste er über 150 Sonette in Auseinandersetzung mit Petrarkas Lyrik.

Liebesgedichte des 19. und 20. Jahrhunderts in Sonettform

■ *Untersuchen und vergleichen Sie, in welcher Weise die drei Gedichte auf das Thema der Liebe eingehen. Konzentrieren Sie sich auf die inhaltliche Seite, insbesondere die Empfindungen des/der Liebenden und die Wirkung, die von der/dem Geliebten ausgeht.*
*Ziehen Sie dabei die Gesichtspunkte für die inhaltliche Interpretation von Lyrik auf dem **Arbeitsblatt 4**, S. 41, in Betracht.*

■ *Lassen Sie sich bei Brechts Gedicht „Entdeckung an einer jungen Frau" von der Interpretation „Liebe zwischen Tür und Angel" von Joseph Anton Kruse auf dem **Arbeitsblatt 17**, S. 76, zu weiterführenden, eigenständigen, vielleicht auch entgegengesetzten Überlegungen anregen.*

Eduard Mörike
An die Geliebte (1830)

Wenn ich, von deinem Anschaun tief gestillt,
Mich stumm an deinem heilgen Wert vergnüge,
Dann hör ich recht die leisen Atemzüge
Des Engels, welcher sich in dir verhüllt.

5 Und ein erstaunt, ein fragend Lächeln quillt
Auf meinem Mund, ob mich kein Traum betrüge,
Dass nun in dir, zu ewiger Genüge,
Mein kühnster Wunsch, mein einzger, sich erfüllt?

Von Tiefe dann zu Tiefen stürzt mein Sinn,
10 Ich höre aus der Gottheit nächtger Ferne
Die Quellen des Geschicks melodisch rauschen.

Betäubt kehr ich den Blick nach oben hin,
Zum Himmel auf – da lächeln alle Sterne;
Ich kniee, ihrem Lichtgesang zu lauschen.

Aus: Eduard Mörike: Sämtliche Werke in zwei Bänden. Bd. 1. Sonderausg.
f. d. Wiss. Buchges. Darmstadt, München: Winkler-Verlag, 1967, S. 771.

Eduard Mörike
(1804–1875), Sohn eines Ludwigsburger Amtsarztes. Nach dem Besuch des Ev.-Theologischen Seminars in Urach studierte er in Tübingen Theologie, wo er im Stift einige literarisch interessierte Freunde gewann und sich in die wohnsitzlose Servierin Maria Meyer verliebte. Die Verlobung mit einer anderen Frau löste er nach vier Jahren wieder. Den Beruf des Pfarrers übte er nur widerwillig aus und wurde schon 1843 pensioniert. 1851–66 unterrichtete Mörike einige Stunden Literatur an einem Stuttgarter Mädchenstift. 1851 Heirat mit Margarethe von Speeth, 1873 Trennung. Als Erzähler von Novellen (Mozart auf der Reise nach Prag) und Märchen (Das Stuttgarter Hutzelmännlein mit der Geschichte von der schönen Lau) sowie als Lyriker, der das Repertoire früherer Epochen mit leichter Hand weiterentwickelt, verbindet der Dichter die späte Romantik mit dem frühen Realismus.

Bertolt Brecht
Entdeckung an einer jungen Frau (1925)

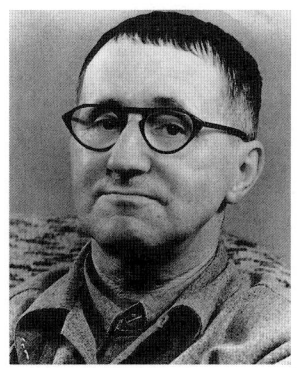

Bertolt Brecht

Des Morgens nüchterner Abschied, eine Frau
Kühl zwischen Tür und Angel, kühl besehn
Da sah ich: eine Strähn in ihrem Haar war grau
Ich konnt mich nicht entschließen mehr zu gehn

5 Stumm nahm ich ihre Brust, und als sie fragte
Warum ich, Nachtgast, nach Verlauf der Nacht
Nicht gehen wolle, denn so war's gedacht
Sah ich sie unumwunden an und sagte

Ist's nur noch eine Nacht, will ich noch bleiben
10 Doch nütze deine Zeit, das ist das Schlimme
Daß du so zwischen Tür und Angel stehst

Und laß uns die Gespräche rascher treiben
Denn wir vergaßen ganz, daß du vergehst
Und es verschlug Begierde mir die Stimme

Aus: Bertolt Brecht: Große kommentierte Berliner und Frankfurter Ausgabe,
Band 13, Gedicht 3 © Suhrkamp Verlag Frankfurt am Main 1993

Marie Luise Kaschnitz
Maß der Liebe

Marie Luise Kaschnitz
(1901–1974); in Karls-
ruhe geboren, wuchs
die Tochter des Offiziers
von Holzing-Berstett in
Potsdam und Berlin auf;
nach dem Lyzeum
Buchhändlerin; 1925
Heirat mit dem Archäo-
logen Guido Freiherr
von Kaschnitz-Wein-
berg; gemeinsame Rei-
sen und Aufenthalt in Rom; nach dem Tod ihres
Mannes lebte sie in Frankfurt/Main. Lyrikerin und
Erzählerin zwischen Tradition und Moderne.

Wie du mir nötig bist? Wie Trank und Speise
Dem Hungernden, dem Frierenden das Kleid,
Wie Schlaf dem Müden, Glanz der Meeresreise
Dem Eingeschlossnen, der nach Freiheit schreit.

5 So lieb ich dich. Wie dieser Erde Gaben.
Salz, Brot und Wein und Licht und Windeswehen,
Die, ob wir sie auch bitter nötig haben,
Sich doch nicht allezeit von selbst verstehen.

Und tiefer noch. Denn auch die ungewissen
10 Und fernen Mächte, die man Gott genannt,
Sie drangen mir zu Herzen mit den Küssen,

Den Worten deines Mundes und die Blüte
Irdischer Liebe nahm ich mir zum Pfand
Für eine Welt des Geistes und der Güte.

Aus: Marie Luise Kaschnitz: Überallnie. Ausgewählte Gedichte 1928–1965.
© 1965 Claassen Verlag in der Ullstein Buchverlag GmbH, Berlin

Joseph Anton Kruse: Liebe zwischen Tür und Angel. Zu Brechts Sonett *Entdeckung an einer jungen Frau*

■ *Lesen Sie die Interpretation aus der „Frankfurter Anthologie" und setzen Sie sich mit ihr wohlwollend, aber auch kritisch auseinander.*

Joseph Anton Kruse
Liebe zwischen Tür und Angel

Natürlich sind wir in der Liebe Egoisten. Und oft genug haben wir erfahren, dass die sogenannte selbstlose Liebe sich irgendwann rächt. Natürlich ist es wunderbar, wenn sexuelle Erfüllung und erotisch-
5 existenzielle Anziehung übereinstimmen. Jedoch müssen wir uns oft genug eingestehen, dass Liebesbeziehungen und die sexuellen Kontakte nicht unbedingt identisch sind. In Liebesgedichten aber erwarten wir geordnete Verhältnisse und eine gesittete
10 Reihenfolge, sind demgemäß von diesen Brecht-Zeilen irritiert und merken dann erst, dass sie endlich einmal die Wahrheit erzählen, jedenfalls mehr reale Fäden unserer Begierden und ihrer tieferen Bedeutung bloßlegen, als es konventionell schmachtende,
15 keusche, petrarkistische Verse vermögen. In ihnen wurde viel zu häufig so getan als ob. Das war Brechts Sache gerade nicht.

An einer landläufig als brachial beschriebenen Erotik kann uns dies Gedicht in der Tat einige Zweifel leh-
20 ren. Aus üblicher Alltagssexualität *zwischen Tür und Angel* erwächst so etwas wie Interesse, wie zarte Liebe, die freilich nicht sehr haltbar sein muss. Aber die Verse des Sonetts sind die scheue Anerkennung jener stets von Sehnsucht grundierten Vereinigungs- und
25 Glücksgefühle, die den Liebesakt begleiten oder ihm folgen können, wenn er mehr ist als bloße Selbstbefriedigung. Das Gedicht beschreibt Liebe, aber eine solche als Folge des Beischlafs für eine Nacht, von dem ursprünglich keine tiefere Einsicht oder Ver-
30 pflichtung auszugehen hatte. Nicht die sachlich und rational getroffene Übereinkunft, miteinander Liebe zu machen, hat eine Annäherung gebracht, sondern der Abschied nach nicht gerade unzufriedener Bettgenossenschaft. Das Interesse des Liebhabers wird
35 durch die morgendliche *Entdeckung* an seiner jungen Gefährtin erst endgültig, wenn auch für einen überschaubaren Zeitraum, wachgerufen. Ihre graue Haar-

strähne hebt die aufgelesene Person aus der Gleichmacherei der Nacht heraus. Ihre Jugend war gut fürs Bett, das erste Anzeichen für ihr Altern hingegen 40 drückt den Kern der Liebesbegegnung aus: die Zeit vergeht, und wir sind vergänglich. Allein diese Erfahrung weckt Zärtlichkeit und anhängliche Fürsorge. Doch die Rückkehr zur Frau einer einzigen Nacht für eine weitere Nacht und den Tag dazwischen enthält 45 eine herrische Drohung, spiegelt die barocke Geste *carpe diem*, wie sie auch in anderen Liebesgedichten auftaucht: Wir haben den Augenblick zu *nützen*, da Schönheit und Jugend der Frau vergehen. Die Attribute ihrer Weiblichkeit, ihr Haar, ihre Brust, ihre Re- 50 de tragen den Stachel des Todes in sich. Der Mann, sterblich wie sie, nimmt sie sich als die Schwächere, der Zeit Unterworfene, um sich der eigenen Stärke, der ewigen Potenz zu vergewissern. Er nimmt sie aber als seine notwendige Ergänzung: Hand passt zur 55 Brust, Frage zur Antwort, und weiß, dass es nicht gut ist, unter den Bedingungen der menschlichen Existenz allein zu sein.

Diese Bedingung zu akzeptieren, das Gegenüber wahrzunehmen, bedeutet die Entstehung von Liebe, be- 60 deutet, die eigene Begierde und Lust mit der Geliebten zu teilen, solche Emotionen nicht zwischen Tür und Angel in einem nüchternen Abschied verkommen zu lassen, sondern zu wiederholen als Protest gegen die Vergänglichkeit und gleichzeitig als deren respekt- 65 volle Anerkennung. Brecht schließt somit den Kreis seines Sonetts, das so *nüchtern* beginnt, sinnlich, ja hemmungslos: aus der sexuellen Vereinzelung entsteht die erotische Vereinigung, die aus dem Geiste erwächst, aber gerade deshalb die Körper miteinander 70 verschmilzt zu einem Gespräch ohne Worte.

Aus: Marcel Reich-Ranicki [Hrsg.]: 1000 deutsche Gedichte und ihre Interpretationen. Band 7. Frankfurt am Main und Leipzig: Insel Verlag 1995, S. 248–250

Friedrich Spee: Ein Liebgesang der Gespons[1] JESU

1. *Ermitteln Sie, wie sich Gedicht und Zeichnung aufeinander beziehen.*

2. *Untersuchen Sie, wie die petrarkistische Liebeslyrik das Gedicht beeinflusst und worin es sich von ihr unterscheidet.*

3. *Erläutern Sie Inhalt und Absicht der Ausschnitte aus den „Merkpünktlein für den Leser". Beziehen Sie dabei auch den Untertitel mit ein.*

1.
Die reine Stirn der Morgenröt
    War nie so fast[2] gezieret,
Der Frühling nach dem Winter öd
    War nie so schön muntieret[3],
5 Die weiche Brust der Schwanen weiß
    War nie so wohl gebleichet,
Die gülden Pfeil der Sonnen heiß
    Nie so mit Glanz bereichet[4]:

2.
Als JESU Wangen, Stirn und Mund
10   Mit Gnad seind[5] übergossen;
Lieb hat aus seinen Äuglein rund
    Fast tausend Pfeil verschossen,
Hat mir mein Herz verwundet sehr,
    O weh der süßen Peine!
15 Für[6] Lieb ich kaum kann rasten mehr
    Ohn Unterlass ich weine.

3.
Wie Perlen klar aus Orient
    Mir Zähr[7] von Augen schießen:
Wie Rosenwässer wohlgebrennt
20   Mir Tränen überfließen.
O keusche Lieb, Cupido[8] rein,
    Allda dein Hitz erkühle,
Da tunk dein heiße Flüttig[9] ein,
    Dass dich so stark nit fühle.

4.
25 Zu scharf ist mir dein heißer Brand,
    Zu schnell seind deine Flügel:
Drum nur aus Tränen mit Verstand
    Dir flechte Zaum und Zügel.
Komm nit zu streng[10]:
30 Mich nit verseng:
    Nit brenn mich gar zu Kohlen.
Dich weisen lass,
Halt Ziel und Maß,
    Dich brauch[11] der linden Strolen[12].

5.
35 O Arm und Hände JESU weiß,
    Ihr Schwesterlein der Schwanen,
Umfasset mich nit lind noch leis;
    Darf euch der Griff ermahnen.
Stark heftet mich an seine Brust,
40   Und satt mich lasset weinen:
Ich ihn erweich, ist mir bewusst,
    Und wär das Herz von Steinen.

6.
O JESU mein, du schöner Held
    Lang warten macht verdrießen:
45 Groß Lieb mir nach dem Leben stellt,
    Wann soll ich dein genießen?
O süße Brust!
O Freud und Lust!
    Hast endlich mich gezogen:
50 O mildes Herz!
    All Pein und Schmerz
    Ist nun in Wind geflogen.

7.
Allhie nun will ich rasten lind,
    Auf JESU Brust gebunden.
55 Allhie mich mag Cupido blind
    Bis gar zu Tod verwunden.
Am Herzen JESU sterben hin
    Ist nur in Lusten leben,
Ist nur verlieren mit Gewinn,
60   Ist tot im Leben schweben.

Kritische Ausgabe nach der Trierer Handschrift. Hrsg. von Theo G. M. van Oorschot. Stuttgart: Reclam, 1985, S. 14–16. Sprachliche Anpassung: G. F.

1   Gespons: Braut, Bräutigam
2   fast: sehr
3   muntieren: (aus)rüsten
4   bereichen: bereichern
5   seind: sind
6   für: vor
7   Zähr: Träne
8   Cupido: Amor
9   Flüttig: Fittich
10   streng: scharf, schnell
11   sich brauchen: sich bedienen
12   Strolen: Strahlen

Eigenhändige Titelzeichnung Spees zur Straßburger Handschrift. Trutz Nachtigall, a. a. O., S. 344
Text der Abbildung:

> Trutz-Nachtigall.
> oder
> geistliches poetisch Lustwäldlein
> als noch nie zuvor in teutscher
> Sprach auf recht poetisch gesehen ist.
> Allen geistlichen, gottliebenden
> Seelen, und sonderlich der poetischen
> Kunst Liebhaberen zur Erquickung.
> Durch einen Priester der
> Societet JESU. Anno 1634.

Den **Titel** *Trutz-Nachtigall* begründet Spee so:

„1. Trutz-Nachtigall wird das Büchlein genannt, weil es trutz allen Nachtigallen süß und lieblich singet, und zwar auf recht poetisch. […]
2. Dann dass auch in der teutschen Sprach man gut poetisch dichten und reden könne. […]
3. Und […] dass auch Gott in teutscher Sprach seine Sänger und Poeten hätte, die sein Lob und Namen eben also künstlich und poetisch als andere in anderen Sprachen singen und verkünden könnten."

Merkpünktlein 1–3 für den Leser der Trutz-Nachtigall, a. a. O., S. 5.
Sprachliche Anpassung: G. F.

Friedrich Spee von Langenfeld (1591–1635), Sohn eines Amtmanns und Burgvogts in Kaiserswert; nach Gymnasium und ersten Studien Mitglied des Jesuitenordens; Gymnasiallehrer und Professor für Philosophie und Theologie in Speyer, Worms, Mainz, Köln, Paderborn, Trier; dort stirbt er an der Pest, mit der er sich bei der Pflege kranker Soldaten angesteckt hat. Neben der Sammlung „Trutz-Nachtigall" mit geistlichen Liedern verfasste er anonym eine Schrift gegen das Verfahren bei Hexenprozessen mit dem Titel *Cautio criminalis (Gewissensbuch)*.

Baustein 3

Liebe im Spiegel
von Natur und Zeit

3.1 Jahreszeiten

Frühling und Winter sowie die Monate Mai und Dezember finden in der Liebeslyrik besonders große Resonanz. Der Zustand der Natur spiegelt die Gefühle von Liebenden, ihr Aufleben im Glück oder auch ihre Enttäuschung und Erstarrung. Die Dichter halten sich aber nicht immer an die naheliegenden Entsprechungen zwischen Naturvorgängen und menschlichen Empfindungen, sie setzen sich manchmal auch ironisierend über sie hinweg oder von ihnen ab.

Bevor sich die Schülerinnen und Schüler mit Beispielen von Liebesgedichten beschäftigen, deren Gehalt Frühling und Winter wesentlich bestimmen, äußern sie Assoziationen, wie sie die beiden Jahreszeiten mit dem Begriff der Liebe in Verbindung bringen. Möglicherweise erinnern sie sich noch an die Ausschnitte aus Orffs *Carmina burana* (Kap. 1.2 auf S. 21), ebenfalls Verse, in denen sich Liebes- und Frühlingsgefühle überlagern, und lassen sich dadurch zu weiteren Vorstellungen anregen.

■ *Welche Vorstellungen rufen Frühling und Winter in Verbindung mit dem Begriff der Liebe bei Ihnen hervor?*

Die Schülerinnen und Schüler schreiben ihre Assoziationen in Stichworten an die Tafel; sie werden nicht kommentiert, aber nach semantischen Affinitäten geordnet und könnten sich so darstellen:

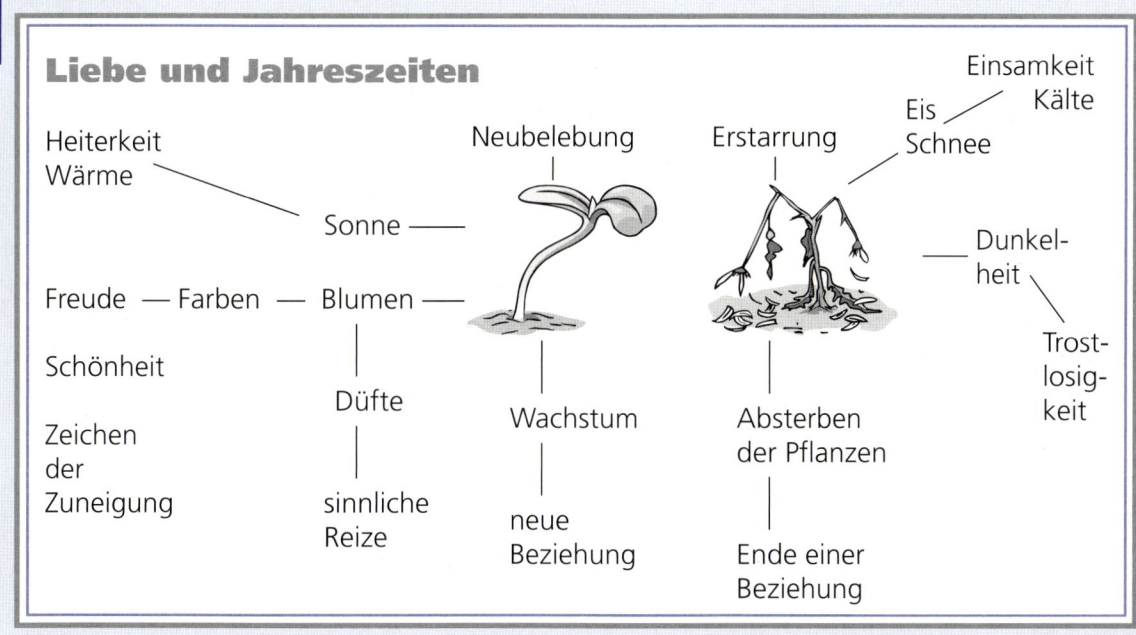

Während die drei Frühlingsliebesgedichte auf dem **Arbeitsblatt 19**, S. 98 im Kursverband mit schüleraktiven Phasen, aber vom Lehrer oder von der Lehrerin gesteuert vorgetragen, betrach-

79

tet und verglichen werden, übernehmen Interpretation und Präsentation der Winterliebesgedichte einzelne Gruppen in eigenständiger Verantwortung. Zunächst jedoch studieren Gruppen die Rezitation der Gedichte von Goethe, Heine und Brecht ein, wie es die Aufgabe 1 auf dem Arbeitsblatt 19 vorsieht und in **Kapitel 1.5** auf S. 25 f. bereits praktiziert wurde. Sinnvollerweise teilen sich zwei, drei, vier oder fünf Mitglieder die Strophen unter sich auf.

■ *Studieren Sie die Gedichte auf dem Arbeitsblatt 19 für eine Rezitation ein (Aufgabe 1).*

■ *Bearbeiten Sie Aufgabe 2 auf dem Arbeitsblatt 19.*

In Goethes Gedicht *Mailied*, das wie *Willkommen und Abschied* zu den Sesenheimer Liedern gehört (vgl. Kap. 1.4 auf S. 23 f.) und 1775 unter dem Titel *Maifest* erschien, kommt die enthusiastische Freude über die Natur und die Geliebte zum Ausdruck, die sich in zahlreichen Ausrufen, Ellipsen und Interjektionen niederschlägt. Frühling und Liebe bringen diese Begeisterung und Glücksgefühle hervor, durchdringen und verstärken sich. Anfangs liegt der Schwerpunkt auf den jahreszeitlichen Erscheinungen in der Natur, er verlagert sich aber zunehmend auf die Liebe allgemein und dann auf die Person des geliebten Mädchens. Die Schönheit der Liebe und die Intensität der gegenseitigen Zuneigung verdeutlichen Vergleiche mit Morgenwolken und -blumen sowie der Lerche (vv. 15 f., 25–28); Parallelismen, auch als Permutation der Worte im Satz, steigern das Ausmaß der Empfindungen, die die Liebenden füreinander hegen (vv. 22, 24, 29, 36). Die Fülle des Glücks zeigt sich zudem in dem anaphorischen „Wie" (vv. 1, 3 f., 22–24, 29, 36), dem manchmal in Gedanken ein „sehr" hinzuzufügen ist. Liebe und Flur werden personifiziert (vv. 4, 17), jene segnet diese als Göttin und als Wohltäterin der Welt. Helligkeit, Wärme und Blüten breiten sich über der morgendlichen Szenerie aus, in der sich die heiteren und belebenden Empfindungen des Ichs spiegeln. Der Neologismus „Blütendampfe", der die Göttin der Liebe umgibt (v. 19), verdichtet diese Atmosphäre. Wie sich die Natur im Wachstum des Frühlings erneuert und verjüngt, so schenkt die Geliebte dem Dichter „Jugend" (v. 31) und Inspiration „[z]u neuen Liedern/Und Tänzen" (vv. 33 f.). Dieser für Goethe charakteristische Zusammenhang von Liebe und Kreativität kommt in einem Satz zur Sprache, der sich über drei Strophen erstreckt, der damit eine Länge erreicht, die ihn hervorhebt, und der außerdem noch mit der vorausgehenden Strophe 6 verwoben ist. Der abschließende Wunsch wendet sich wieder ganz dem Mädchen zu. Die überschwänglichen Frühlings- und Liebesgefühle gibt der Dichter in neun kurzen, prägnanten und eingängigen Strophen zu je vier Zeilen mit zwei Hebungen wieder, von denen jeweils zwei semantisch und syntaktisch zusammengehören, während der Kreuzreim der Verse 2 und 4 diese Paare untereinander verbindet.

Obwohl Heines Gedicht *Im wunderschönen Monat Mai*, dem ersten des *Lyrischen Intermezzos* nach dem Prolog, eine ähnliche Situation zugrunde liegt wie bei Goethe, erzeugt es eine ganz andere Stimmung: Den Beginn des Liebesgefühls und die Mitteilung an die Geliebte – wahrscheinlich in der üblichen Formel des „Ich liebe dich" – erlebt das Ich nicht leidenschaftlich, sondern es nimmt, was geschieht, distanziert wahr und berichtet darüber. Frühling und Liebe verbinden sich in stereotypen Sprach- und Bildmustern, die dem, was vorgeht, nicht gerecht werden. So wirkt das ganze Gedicht ironisch, vor allem durch die lyrische Banalität des Liebesgeständnisses, mit dem es ausklingt. In den beiden Strophen aus vier Zeilen mit dreihebigem Jambus – die erste endet allerdings mit einer zusätzlichen Betonung – reimen sich wie im *Mailied* jeweils der zweite und vierte Vers, aber auf dasselbe Wort (sprangen/-gangen/sangen/-langen). Die erste Strophe unterrichtet über das Aufkommen der Liebe, die zweite über das Geständnis gegenüber der betroffenen Frau. Beide Ereignisse finden im „Monat Mai" statt, der als „wunderschön" und durch aufspringende Knospen und singende Vögel ziemlich unpoetisch gekennzeichnet ist. Seinen literarischen Wert erhält das Gedicht wie oft bei Heine durch die virtuose Form, die ein spöttisches Spannungsverhältnis zu den abgegriffenen Sprachmustern aufbaut: Die Sätze in den beiden Strophen beginnen identisch mit einer adverbialen Bestimmung der Zeit, setzen sich im zweiten Vers parallel mit einem Temporalsatz fort und verlieren schließlich ihre strukturelle Gemeinsamkeit. Sie divergieren aber nicht nur formal, sondern schlagen auch inhaltlich unterschiedliche Richtungen – passives Erleben und aktives Handeln – ein. Das Wachstum der Natur wie der Liebe ereignet sich gleichsam in der formalen Gestaltung des Gedichts, dessen Strophen im ersten Vers ihre Wurzel haben.

Bertolt Brecht schildert in dem Gedicht *Das Frühjahr kommt* Naturvorgänge und Liebe noch viel distanzierter als Heine. Er stellt nüchtern-sachlich fest, was geschieht, beschreibt es verallgemeinernd und als wiederkehrend im Präsens und spricht über die Liebenden unpersönlich in der dritten Person. Veränderungen in der Natur und Äußerungen der Liebe scheinen einzelnen Strophen zugewiesen: Nach dem lapidaren, emotionslosen Eingangssatz „Das Frühjahr kommt" befasst sich die erste Strophe mit den Liebenden, während die zweite und dritte beschreiben und beurteilen, was im Frühling in der Natur zu beobachten ist. Durch die Einschätzungen des Wachstums als „[m]aßlos", der Fruchtbarkeit als unaufhörlich und des Gebärens als unvorsichtig, in denen sich ein lyrisches Ich indirekt zu erkennen gibt, erweist sich die Natur als zwangsläufiger Prozess, dem auch die Liebe der Menschen als „Spiel der Geschlechter" (Z. 2) unterworfen ist. Die Erneuerung dieses Spiels wie der Landschaft im Frühling bewirkt keine persönliche Veränderung, sondern es wiederholt sich Altbekanntes nach unabänderlichen Gesetzen. Maß, bewusstes Unterbrechen und Vorsicht als menschliche Tugenden sind der Natur wie der Liebe fremd. In den freien, reimlosen Rhythmen stimmen Vers- und Satzstruktur in der ersten Strophe überein, in der zweiten und dritten überwiegen dagegen die Enjambements, sie überwuchern sozusagen Ordnung und Form. Ein Vergleich der drei Gedichte findet sich auf S. 82.

Während in den Frühlingsgedichten die Liebesgefühle auflodern, scheint der Winter ihr Ersterben oder nicht erfüllte Hoffnungen abzubilden. Da es sich bei den Beispieltexten für die kalte Jahreszeit auf dem **Arbeitsblatt 20**, S. 99–101 um nach 1945 entstandene Lyrik handelt, liegt der Schluss nahe, dass die Dichter in den vergangenen Jahrzehnten eher den Schmerz als das Glück, eher die Erstarrung als die Erfüllung und eher die Trennung als das Zusammenfinden und gemeinsame Erleben ausdrücken oder überhaupt das Zurückdrängen der Empfindungen beklagen. Gleichwohl zeigen einige dieser Gedichte, die die Schülerinnen und Schüler in Gruppen bearbeiten, dass sich auch in winterlichen Umgebungen intensive Liebesgefühle darstellen lassen.

◼ *Interpretieren Sie eines der Gedichte auf dem Arbeitsblatt 20 und stellen Sie Ihre Ergebnisse der Klasse vor.*

In Hilde Domins Gedicht *Winter* stehen die Bäume, die wie tot wirken, sich wahrscheinlich im Nebel den Blicken entziehen und doch schon die Kraft künftigen Lebens und Blühens in sich bergen, als Zeichen dafür, dass das Ich geliebt wird, obwohl das Gegenüber es nicht sagt. Die Analogien zwischen Bäumen und Menschen beginnen mit dem Versteckspielen (v. 3), setzen sich mit dem folgenden Vergleich (v. 4) fort und laufen auf die beiden Objektsätze in der zweiten Strophe als Höhe- und Schlusspunkt zu, in denen die traurige Realität der Beziehungslosigkeit und des Rückzugs durch den festen Glauben an Belebung, Schönheit und Liebe überwunden wird. Die inhaltlich gegensätzlichen Strophen verzichten auf Reime und ein gleichmäßiges Metrum der Verse, die sich – mit Ausnahme des Enjambements im ersten Zeilenpaar – der Satzstruktur anpassen.

Das Gedicht *Die Luft riecht schon nach Schnee* von Sarah Kirsch „spricht von der Liebe und ihrer Beziehung zur Zeit. […] Die Liebe wird nicht bleiben, wie sie ist, ihre Dauer ist begrenzt" (Ursula Heukenkamp in: H. Gnüg, a. a. O., S. 79). Die Frau erwartet den Geliebten mit der

Der Frühling in Liebesgedichten

	J. W. Goethe **Mailied**	H. Heine **Im wunderschönen Monat Mai**	B. Brecht **Das Frühjahr kommt**
Stim-mung	• enthusiastische Freude über Natur und Geliebte	• distanziertes Wahrnehmen und Berichten	• nüchtern-sachliche Feststellungen und Wertungen • verallgemeinernde Beschreibung eines wiederkehrenden Geschehens • unpersönlich
Bezug Frühling/ Liebe	• zwei Ursprünge der Glücksgefühle: gegenseitige Durchdringung und Verstärkung • Verlagerung vom Frühling über die Liebe auf das Mädchen • Vergleiche	• stereotype Sprach- und Bildmuster • vom jahreszeitlichen Rahmen zum Entstehen und Gestehen der Liebe	• äußerliche Trennung: 1. Strophe: Liebe 2./3. Strophe: Natur • Liebe als zwangsläufiger Prozess wie die Natur
Wechsel-wirkung Inhalt/ Sprache/ Form	• Ausrufe, Ellipsen, Interjektionen: Ausdruck der Begeisterung • Parallelismen, Permutationen (vv. 22, 24, 29, 36): Stärke der Empfindungen füreinander • Anaphern „wie [sehr]: Ausmaß des Glücks • Personifizierung der Liebe als Göttin und der Flur (vv. 4, 17): Lebendigkeit, Heiterkeit, Verklärung • Helligkeit, Wärme, Blüten der morgendlichen Szenerie: fröhliches Empfinden des Ichs • Neologismus „Blütendampfe" (v. 19): Verdichtung der Atmosphäre • Verjüngung und Inspiration des Dichters durch die Liebe (Str. 7–9) • 9 kurze, eingängige Strophen zu je 4 Zeilen • Verspaare als semantisch-syntaktische Struktur • Verklammerung durch Kreuzreim der Zeilen 2 und 4	• ironisches Spannungsverhältnis zwischen abgegriffenen Formulierungen und virtuoser Form • Versstruktur = Satzstruktur • 2 Strophen = 2 Sätze: identischer Beginn parallele Fortsetzung Verlust der strukturellen Gemeinsamkeit ⬇ poetisches Wachstum aus einer Wurzel, unterschiedliche Verhaltensweisen: passiv, aktiv • vierzeilige Strophe aus dreihebigen Jamben (bei einer zusätzlichen Betonung auf „Mai" im ersten Vers) • strophenübergreifender Kreuzreim der Verse 2 und 4	• abwertende Einschätzung von Naturvorgängen, durch die sich indirekt ein lyrisches Ich zu erkennen gibt • Natur als zwangsläufiger Prozess, dem auch die Liebe als „Spiel der Geschlechter" (v. 2) unterworfen ist • Erneuerung dieses Spiels wie der Landschaft nicht als persönliche Veränderung, • sondern als Wiederholung von Altbekanntem nach unabänderlichen Gesetzen • keine menschlichen Tugenden in Liebe und Natur • freie, reimlose Rhythmen • Übereinstimmung von Vers- und Satzstruktur in Strophe 1 • Enjambements in Strophen 2, 3: • Überwucherung von Ordnung und Form

Ankunft des personifizierten Winters, dem er als „Schneeweißer" (v. 6) gleicht. Sie freut sich auf die Begegnung und genießt sie, ist sich aber auch der Flüchtigkeit ihres Glückes bewusst. Dies deutet sich schon mit dem seufzenden „ach" in Vers 2 und den Eisblumen an, die der Winter als jahreszeitlichen, aber schnell vergänglichen Liebesgruß „ans Fenster [streut]" (v. 5). Auf das Vorübergehende verweisen außerdem „[d]er Schlitten" „mit dem Windhundgespann", „der nicht mehr hält", das Glühen der Kohlen im Herd und später des Schnees „[a]uf den Aschekübeln im Hof" (vv. 5, 9f.) und schließlich das geflüsterte „Darling" der Amsel, das den Frühling ankündigt. Das Vorwärtsdrängende, Unaufhaltsame der Zeit zeigt sich formal in den durchgehenden Enjambements. Inhaltlich setzt es sich ab dem kurzen Vers 7 endgültig durch. Die einleitende Synästhesie kündigt das bevorstehende Zusammensein der Liebenden im Winter an, der nicht nur Kälte, Schnee und Eisblumen bringt, sondern auch Wärme und Nähe. Wenn der Schnee in den Versen 8–10 „[m]itten ins Herz [fällt]" und nur noch „[a]uf den Aschekübeln [glüht]", bezeichnet er jedoch das Gegenteil des Anfangs, nämlich das Ende der herbeigesehnten Liebesbegegnung.

Die Gruppenergebnisse zu diesen beiden Gedichten könnten sich folgendermaßen darstellen.

Der Winter in Liebesgedichten von Hilde Domin und Sarah Kirsch

	Hilde Domin **Winter**	Sarah Kirsch **Die Luft riecht schon nach Schnee**
äußere Situation	• Beobachtungen und Empfindungen in einer Winterlandschaft	• Erwartung des personifizierten Winters und des Geliebten durch eine Frau
Verfassung des lyrischen Ichs	• Glaube an Gegenliebe trotz fehlender Resonanz	• Vorfreude auf die Liebesbegegnung, aber auch Bewusstsein der begrenzten Dauer
Einfluss der Jahreszeit	• Spiegelung des eigenen Empfindens in den Bäumen der Winterlandschaft • inneres Leben trotz äußerlicher Erstarrung	• vorübergehende Zeit glücklichen Zusammenseins • einerseits Kälte, Schnee, Eisblumen, • andererseits Wärme und Nähe
Aussagekraft der Bilder	• Analogie zwischen Bäumen und Menschen • traurige Realität („schwarze Früchte", „kahle[ ] Äste", „dunkle Zweige") • Überwindung durch den Glauben an das Grünen, Blühen und Lieben	• Vergänglichkeit des Glücks („ach"; Eisblumen; Windhundschlitten, „der nicht mehr hält"; Glühen der Kohlen und später des Schnees im Aschekübel; geflüstertes „Darling" der Amsel • Ankündigung des bevorstehenden Zusammenseins der Liebenden durch eine Synästhesie (Riechen des Schnees)
Gliederung und Form	• zwei inhaltlich gegensätzliche Strophen • Verzicht auf Reime und gleichmäßiges Metrum • Anpassung der Vers- an die Satzstruktur • Ausnahme: Enjambement in den Eingangsversen	• durchgehende Enjambements: Vorwärtsdrängen, Unaufhaltsamkeit, Vergänglichkeit der Zeit • Zweiteilung: sehnsuchtsvolle Erwartung (vv. 1–6)/Begrenzung (vv. 7–10), markiert durch den Kurzvers 7

In dem Gedicht *Dezembermorgen* schildert Günter Eich eine Situation, die zwischen Vergangenheit und Gegenwart, Traum und Realität, Imagination und Handeln, Offenbarem und Verborgenem angesiedelt ist und damit die Eigenart des Poetischen zum Ausdruck bringt. Ein inspirierender Wahrnehmungsimpuls, in dem Rauch, Licht und Eisblumen zusammenfließen, weckt Erinnerungen und Sehnsüchte nach einem geliebten Menschen, aber der Wunsch nach dessen Nähe erfüllt sich nicht; er ist nur als Name und in der Vorstellung seines „Angesichts" (v. 12) präsent, die sich in der winterlichen Szenerie „beglänzter" zeigen. Das Gedicht beginnt mit einer elliptischen Impression, die die Empfindungen der Liebe hervorruft. Von den vier kreuzweise gereimten Strophen sind die erste und dritte inhaltlich eng aufeinander bezogen, während die zweite eine weitergehende Reflexion über das momentane Erleben und Empfinden hinaus enthält. In der Schlussstrophe schließlich fällt der in eine Frage gekleidete Ansatz zum Handeln sofort wieder in sich zusammen.

Heinz Czechowskis Gedicht *So kam dieser Winter, der Frost* berichtet, wie der Versuch, eine Liebesbeziehung aufzubauen oder zu erhalten, scheitert, weil keine echten Gefühle aufkommen. An ihre Stelle treten Konventionen und Rituale, „die Sprachen der Liebe" (v. 5), die im Schweigen enden, oder von Radio und Plattenspieler künstlich erzeugte sentimentalische Klänge, die ebenfalls aufhören. In dieser Leere entsteht allmählich die Einsicht, dass beide Personen nichts füreinander empfinden, sondern sich bloß auf ein Spiel nach festgesetzten Regeln eingelassen haben (vgl. Heukenkamp: Eine alte Geschichte[1], S. 50–52). Nicht einmal bei der Trennung sind Emotionen beteiligt, nur den vertanen Einsatz verzeihen sie sich. Winter, Frost und Schnee weisen zum einen auf die Zeit des Zusammenseins hin und verdeutlichen zum andern als Metaphern diese Gefühllosigkeit. Wenn am Ende des Winters die Zeit für Reue fehlt, kann das ein Hinweis darauf sein, dass schon wieder Neues lockt und ablenkt. Der „durchgehende[ ] Gebrauch des Pronomens ‚wir'" steht in paradoxem Kontrast dazu, dass „von Trennung und Entfremdung die Rede ist". „Das Zusammensein, das die Trennung bedeutet, ist eine weitere Paradoxie des Gedichts" (Heukenkamp: Eine alte Geschichte, S. 49). Nach der Einleitungszeile werden zwei Phasen von Näherungsversuchen und ihres Misslingens in zwei umfangreicheren Strophen mitgeteilt, bevor die letzte den ersten Teil des Anfangssatzes wiederholt (vv. 1, 15) und die Belanglosigkeit der Beziehung durch die Art und Weise des Auseinandergehens unterstreicht. Enjambements (vv. 1–3, 9f., 12f.) und in zwei Zeilen allein gestellte Worte (vv. 8, 11) heben einzelne Substantive und das Adjektiv „[s]entimentalisch" besonders hervor.

Karl Krolow beschreibt in dem *Gedicht für J. S.* die auch im Moment des Abschieds und der Trennung uneingeschränkt weiterbestehende Liebe eines Mannes zu einer Frau, obwohl er weiß, dass sie für einen andern bestimmt ist (vv. 10, 17). Dennoch stellt er sich in den Strophen 2 und 3 vor, dass sie mit ihm ginge, aber sie bleibt auf dem Bahnsteig zurück. Offen bleibt, ob er Zärtlichkeit, „Verlangen nach Glück" und Zuneigung, die die Stimme dämpft (vv. 6f.) der Geliebten oder sich selbst zuschreibt. Er blickt vom Fenster des Fernzug-Abteils aus auf ihre Gestalt und ihr Gesicht, die er vor wenigen Augenblicken noch umarmt, geküsst und gerochen hat und die nun bei der Ausfahrt des Zuges „auf Fluten grauen Windes" treiben (v. 13). Mitternachtsstunde (v. 1), Kälte (v. 2), „winterliche[ ] Frostluft" (v. 8) und Schneefall (v. 15) verstärken den Trennungsschmerz und die Zerrissenheit zwischen Fühlen und Wissen, Wunsch und Realität, während ihr Bild, die Helligkeit ihres Mantels und das Leuchten ihres Gesichts den Kontrapunkt dazu bilden. Die Metapher des „schwarze[n] und weiße[n] Schachbretts der Schneenacht" „über deinem Gesicht" hebt diesen Gegensatz zusätzlich hervor. Während die zweite und dritte Strophe durch die identischen Anfänge eng miteinander verbunden sind, beschreibt die erste das Äußere der Geliebten, das sich in der letzten bei der Abfahrt des Zuges entfernt. Sie ist um einen fünften Vers gegenüber den anderen erweitert. Die Zeilen variieren in ihrem Umfang und verzichten auf Reime. Im mitt-

---

[1] Ursula Heukenkamp: Eine alte Geschichte. Zu Heinz Czechowskis *So kam dieser Winter, der Frost*. In: Hiltrud Gnüg [Hrsg.]: Liebesgedichte der Gegenwart, a. a. O.

leren Vers der letzten Strophe setzt die Sch-Alliteration neben dem bildlichen noch einen besonderen Lautakzent.

Der Winter in Liebesgedichten von Günter Eich, Heinz Czechowski und Karl Krolow

	Günter Eich **Dezembermorgen**	Heinz Czechowski **So kam dieser Winter, der Frost**	Karl Krolow **Gedicht für J. S.**
äußere Situation	• Erwachen von Erinnerungen und Sehnsüchten an einen geliebten Menschen	• Scheitern des Versuchs, eine Liebesbeziehung aufzubauen oder zu erhalten	• Trennung und Abschied auf dem Bahnsteig in der Mitternachtsstunde im Winter
Verfassung des lyrischen Ichs	• Wunsch nach Nähe und Enttäuschung	• keine echten Gefühle füreinander • stattdessen Konventionen, Rituale, Spiel („Sprachen der Liebe", Radio, Platten)	• Zerrissenheit zwischen Fühlen und Wissen, Wunsch und Realität
Einfluss der Jahreszeit	• Szenerie des Wintermorgens als inspirierender Impuls zur Vorstellung des Namens und des Angesichts der Geliebten	• Zeit des Zusammenseins • Winter, Frost und Schnee als Metaphern der fehlenden Gefühle	• Verstärkung des Trennungsschmerzes und der Zerrissenheit • Kontrast zur Erscheinung der Geliebten
Aussagekraft der Bilder	• Rauch, Eisblumen, Traum als Metaphern des Flüchtigen zwischen Fantasie und Realität • Vergleich des Wortes auf der Zunge mit dem Zustand zwischen Offenbarem und Verborgenem	• Bedecken der „Narben der Erde" durch den Schnee: vorübergehendes Verhüllen der wahren Verhältnisse in der misslingenden Beziehung	• Gegensatz zwischen Nacht und Helligkeit, Schwarz und Weiß • Verdichtung in dem „schwarze[n] und weiße[n] Schachbrett der Schneenacht"
Gliederung und Form	• elliptische Impression am Anfang • vier kreuzweise gereimte Strophen zu jeweils vier Zeilen • inhaltliche Affinität zwischen den Strophen 1 und 3 • weitergehende Reflexion in der zweiten • Schlussstrophe: Frage als Ansatz zum Handeln, der aber sofort wieder abbricht	• Paradoxa: Pronomen „wir" ↔ Entfremdung, Trennung; Zusammensein, das Trennung bedeutet • Rahmung durch Wiederholung des Anfangssatzes zu Beginn der letzten Strophe • zwei Phasen von Näherungsversuchen und ihres Misslingens • Hervorhebung einzelner Substantive und des Adjektivs „[s]entimentalisch durch Enjambements und Alleinstellung in Versen	• enge Verbindung der 2. und 3. Strophe durch identische Anfänge • Beschreibung des Äußeren der Geliebten in der ersten, • Entfernung von ihr durch die Abfahrt des Zuges in der letzten • Verzicht auf Reime • Variieren der Zeilenumfänge • Lautakzent durch Sch-Alliteration im mittleren Vers der letzten Strophe

Baustein 3: Liebe im Spiegel von Natur und Zeit

Nach der Auseinandersetzung mit sperrigen modernen Gedichten wenden sich die Schülerinnen und Schüler noch einem traditionellen, inhaltlich und formal klar strukturierten Beispiel aus dem 19. Jahrhundert zu, das jede Jahreszeit als die der Liebe günstigste vorstellt. Die ersten vier der fünf Strophen aus acht Zeilen des *Liebeskalenders* von Robert Prutz auf dem **Arbeitsblatt 21,** S. 102 sind gleichartig aufgebaut: Auf die Eingangsfrage, wann zum Lieben die beste Zeit sei, antworten die folgenden Zeilen in zwei Teilen: die Verse 2–4 verherrlichen jeweils eine Jahreszeit klischeehaft und weitere drei Zeilen schildern das glückliche Zusammensein der Liebenden. Der elliptische Ausruf, der mit der Interjektion „O" als Ausdruck der Begeisterung beginnt, preist die Seligkeit des „Lieben[s] und Küssen[s]" und schließt alle Strophen ab. Die fünfte Strophe zieht, wie das einleitende Adverb „So" ankündigt, das Fazit der vier vorausgehenden, indem sie die bisherigen Einzelantworten vereint und durch eine Klimax sowie einen Superlativ (v. 34) verstärkt, dazu auffordert, jederzeit für die Liebe – die „himmlischen Gäste" überhöhen sie religiös – offen zu sein und sie zu genießen, und vor dem Versäumen der Gelegenheit warnt.

Die Schülerinnen und Schüler sollen zunächst den inhaltlich-formalen Kontrast zu den Winter-Liebesgedichten nutzen, um den *Liebeskalender* literaturgeschichtlich grob einzuordnen: Er wurde im 19. Jahrhundert verfasst und wirkt in seiner durchsichtigen Struktur epigonenhaft. Gleichwohl durchbricht er standardisierte Zuordnungen von Liebe und Jahreszeiten. Anschließend erarbeiten die Schülerinnen und Schüler den inhaltlichen und formal-sprachlichen Aufbau des Gedichts im Unterrichtsgespräch.

 ■ *Interpretieren Sie den „Liebeskalender" von Robert Prutz anhand der Aufgaben auf dem Arbeitsblatt 21.*

Robert Prutz: Liebeskalender

Strophen 1–4:	**Vorstellung jeder Jahreszeit als beste für die Liebe**	
v. 1:	„Wann ist zum Lieben die beste Zeit?"	Ausgangsfrage
vv. 2–4:	„Wenn der Frühling/Sommer/Herbst/Winter …": **verherrlichende, klischeehafte Charakterisierung der einzelnen Jahreszeiten**	Kreuzreime viele Daktylen
vv. 5–7:	**glückliches Zusammensein der Liebenden**	Ellipse, Ausruf,
v. 8:	„O seliges Lieben und Küssen!"	Interjektion
Strophe 5:	**übergreifendes Fazit** („So")	
vv. 1/2:	Zusammenführen und Verstärken der bisherigen Antworten	Klimax, Superlativ
vv. 3/4:	Aufforderung, jederzeit für die Liebe offen zu sein	religiöse Überhöhung („himmli-
vv. 5/6:	Warnung vor Versäumnis	sche[ ] Gäste")
v. 7:	Aufforderung zum Genuss	Becher-Metapher
v. 8:	Wiederholung des Schlussverses	

3.2 Liebe und Gewalt

Goethes *Heidenröslein* und Schubarts *Forelle* verbindet, dass der Knabe der Blume und der Angler dem Fisch nicht nur Gewalt zufügt, sondern ihrem Leben ein Ende setzt, dass der

86

gewaltsam-tödliche Zugriff in Naturbilder verlagert wird, in denen Röslein und Forelle Schönheit, Lebendigkeit und Anziehungskraft der jungen Frauen verkörpern, und vor allem, dass sie in Vertonungen als Volks- oder Kunstlied den Schülerinnen und Schülern einen gattungsgemäßen Zugang ermöglichen[1]. Der Literaturwissenschaftler Peter von Matt entlarvt das *Heidenröslein* in einer Interpretation der *Frankfurter Anthologie* (auf dem **Arbeitsblatt 22**, S. 103 als zweifelhaft-zwielichtiges, schauerlich-barbarisches, unheimliches Gedicht. Bevor sich der Kurs jedoch mit dessen Einschätzung beschäftigt, erschließt er die Verse eigenständig in Partnerarbeit und verständigt sich über die Ergebnisse. Die drei Strophen des Volkslieds mit jeweils sieben Versen aus drei- und vierhebigen Trochäen sowie dem Reimschema abaabcb, das die Farbe Rot im vorletzten Vers hervorhebt, klingen in einem zweizeiligen Refrain aus und umgrenzen drei Akte einer Handlung, die sich dramatisch zuspitzt: In der ersten entdeckt der Knabe das Röslein und freut sich darüber, in der zweiten findet ein Dialog statt, in dem Gewalt und Widerstand angekündigt werden, und in der dritten setzt der Junge seine Absicht trotz Gegenwehr, die erfolglos bleibt, tatsächlich um. Die häufigen Wiederholungen des Wortes „Röslein" und ganzer Verse (2, 7) erleichtern zwar das Memorieren, die Diminutive verniedlichen aber auch die herzlose Gewalttat.

■ *Bearbeiten Sie nacheinander die beiden Aufgaben auf dem Arbeitsblatt 22. Verständigen Sie sich in der Klasse über Ihre Ergebnisse zur ersten Aufgabe, bevor Sie die zweite in Angriff nehmen.*

■ *Vergleichen Sie Ihre Interpretation des Gedichts mit derjenigen des Literaturwissenschaftlers Peter von Matt. Erörtern Sie unterschiedliche Ergebnisse und Positionen.*

J. W. Goethe: Heidenröslein

Inhalt	**Sprache und Form**
1. Str. Entdeckung des Rösleins und Freude darüber	Volkslied: Strophen mit 7 Versen in 3- und 4-hebigen Trochäen
2. Str. Dialog: gewalttätige Absicht und Widerstand	Reimschema abaabcb Verse 6/7 als Refrain
3. Str. Gewaltanwendung und erfolgloser Widerstand	Wiederholung von Versen (2, 7) und Wörtern (Röslein) Diminutive

Einschätzung des Literaturwissenschaftlers Peter von Matt:

zweifelhaft-zwielichtiges, schauerlich-barbarisches, unheimliches Gedicht
Begründungen: Entstehung (überliefert oder von Goethe verfasst)
Thema (Liebe ↔ Gewalt)
Schönheit und Schändung als Selbstverständlichkeit
Steigerung unmenschlichen Verhaltens
Verniedlichung des Leids durch Diminutive

---

[1] Zum Beispiel gibt es eine Aufnahme des *Heidenrösleins* nach der bekannten Melodie von Heinrich Werner mit den Comedian Harmonists (Music Digital Nr. 13 817. Frechen (Delta Music) 2004 (Nr. 2). In der Vertonung von Franz Schubert singen es unter anderen Fritz Wunderlich (Ich liebe dich. Fritz Wunderlich singt die schönsten romantischen Lieder. Deutsche Grammophon Favorit Nr. 427 017–2. Hamburg [Polydor International] 1966, Nr. 8) und Anne Sofie von Otter (Schubert-Lieder. Deutsche Grammophon Nr. 453 481–2. Hamburg 1997, Nr. 6)

Bei Schubarts Gedicht *Die Forelle* bietet es sich an, von Franz Schuberts Vertonung der drei ersten Strophen auszugehen[1], die dessen inhaltlich-formale Struktur musikalisch umsetzt: Der Gesang der ersten beiden Strophen folgt einer hellen, heiteren Melodie in Dur, die die Munterkeit des Fisches in seinem Element wiedergibt. Das Wasser plätschert und sprudelt frisch in wiederkehrenden Tonfolgen auf. In der dritten Strophe ändern sich Melodie und Begleitung durch den Wechsel nach Moll jedoch dramatisch: Sie werden tiefer, dunkler – wie das Wasser – und bedrohlicher, der Tonraum engt sich ein, der Wechsel zwischen Höhen und Tiefen verliert sich, ein spannungsgeladenes Stakkato kündigt die Katastrophe an, das fröhliche Sprudeln ist erst am Schluss wieder zu hören. Dieser Umschlag zeigt sich im Text des Gedichts in den Worten „Doch plötzlich", mit denen die dritte Strophe beginnt, in den Enjambements der Verse 17–19 und in der Auflösung der klaren syntaktischen Gliederung in den ersten beiden Strophen, in denen jeweils ein Satz vier Verse umfasst: „Vers 4 drängt hier [in Strophe 3] ungeduldig in die nächste Halbstrophe hinüber" (Jäger[2], S. 376).

Neben dem gewaltsam-tödlichen Eingriff in eine harmonisch-heitere, friedlich-schöne Natur ist Goethes und Schubarts Gedicht die übersichtliche Gliederung in drei Strophen gemeinsam, in denen jeweils ein Akt eines sich in seiner Dramatik steigernden Geschehens erzählt wird. Wie beim *Heidenröslein* handelt es sich auch bei der *Forelle* um ein Volkslied mit dreihebigen Jambenzeilen, Kreuzreimen im Wechsel von weiblichen und männlichen Kadenzen, Diminutiven sowie bekanntem, leicht verständlichem Vokabular. Die Gedichte unterscheiden sich allerdings dadurch, dass ein lyrisches Ich die Forelle und den kaltblütig-hinterhältigen Fischer beobachtet, der ihr nachstellt, und in Gedanken (v. 14) und „mit regem Blute" (v. 23) an ihrem Schicksal Anteil nimmt und mir ihr empfindet. Vor allem aber fügt Schubart der lyrischen Erzählung wie in einer Fabel eine Lehre hinzu, die junge Mädchen vor Verführern warnt und ihnen kluge Vorsicht empfiehlt. Jäger freilich zieht eine biografische Deutungsmöglichkeit der vierten Strophe in Betracht, nämlich als „Produkt von Selbstzensur und Mittel persönlicher und politischer Vorsicht" (S. 383): Schubart „erinnert sich [in den ersten drei Strophen] erregt seiner eigenen Gefangennahme" (S. 382). Auf diese Interpretation kommen die Schülerinnen und Schüler mithilfe der Informationen auf dem **Arbeitsblatt 23**, S. 104 selbst (Aufgabe 3). Sie erkennen dabei, dass unterschiedliche Deutungsansätze poetischer Texte nebeneinander bestehen können, und damit die Offenheit, Vielschichtigkeit und Rezeptionsweise von Literatur. Die Wahrnehmungen und Einsichten beim Hören von Schuberts Vertonung werden im Unterrichtsgespräch gesammelt, die Aufgaben 2 und 3 des Arbeitsblattes 23 nehmen die Paare in Angriff, die sich schon beim *Heidenröslein* zusammengefunden haben.

■ *Welche Zusammenhänge zwischen Schubarts Gedicht „Die Forelle" und der Vertonung durch Franz Schubert haben Sie wahrgenommen und erkannt? (Aufgabe 1 des Arbeitsblattes 23)*

■ *Bearbeiten Sie die Aufgaben 2 und 3 des Arbeitsblattes 23 mit dem Partner oder der Partnerin, mit dem/der Sie schon das „Heidenröslein" untersucht haben.*

---

[1] Gesungen etwa von Fritz Wunderlich (Ich liebe dich. A. a. O., Nr. 24) oder von Grace Bumbry (Franz Schubert: Am Brunnen vor dem Tore. Deutsche Grammophon eloquence. Polydor International GmbH, Hamburg. Nr. 459 382–2, Nr. 10)

[2] Hans Wolf Jäger: Von Ruten. Über Schubarts Gedicht *Die Forelle*. In: Karl Richter [Hrsg.]: Gedichte und Interpretationen. Bd. 2: Aufklärung und Sturm und Drang. Stuttgart: Reclam 1983

C. F. D. Schubart: Die Forelle

	Vertonung durch Franz Schubert	**Gedicht**
1./2. Str.	• helle, heitere Melodie in Dur: Munterkeit der Forelle in ihrem Element • Aufsprudeln des frischen Wassers in wiederkehrenden Tonfolgen	• Beobachten des schnell und unbeschwert sich bewegenden Fisches • Hoffnung auf Entkommen vor der Gefahr • klare syntaktische Struktur: jeweils ein Satz in vier Versen
3. Str.	dramatische Veränderung: • tiefere, dunklere bedrohliche Melodie und Begleitung • Einengung des Tonraums • vorübergehendes Aufhören des fröhlichen Plätscherns	• Umschlag durch „Doch plötzlich" • hinterhältige Überrumpelung • Enjambements • Hinüberdrängen des 4. Verses in die zweite Halbstrophe

Vergleich mit dem *Heidenröslein*

Gemeinsamkeiten	**Unterschiede**
• gewaltsam-tödlicher Eingriff in eine harmonisch-heitere, friedlich-schöne Natur • übersichtliche Gliederung in drei Strophen: Erzählung eines dramatisch sich zuspitzenden Geschehens • Volkslied: dreihebige Verse, Reime mit wechselnden weiblichen und männlichen Kadenzen, Diminutive, bekanntes und leicht verständliches Vokabular	• lyrisches Ich als mitempfindender Beobachter • moralische Lehre: Warnung junger Mädchen vor Verführern, Appell an die Klugheit • biografische Interpretation: Schlussstrophe als Verschleierung der wahren Absicht, der Schilderung der eigenen Verhaftung des Dichters durch eine Falle

3.3 Tageszeiten

Dem mittelalterlichen Tagelied weist die Gattung einen festen Zeitpunkt zu: den Anbruch des Morgens. Es „[lebt] aus der Spannung zum Hohen Minnesang [...]; denn hier, in der epischen Situation der morgendlichen Trennung zweier Liebender nach der Liebesnacht, wird die sinnliche Erfüllung zum Thema, die dem traditionellen Hohen Sang notwendigerweise fehlen muss. In dieser Konstellation spielt der Wächter eine zentrale Rolle als der, der den Liebenden einlässt und darüber wacht, dass er am Morgen geweckt wird und sich aus der für ihn gefährlichen Situation herausbegibt. Wolfram hat diese Figuration mit großer Kunst entfaltet, wobei die Frau und der Wächter zumeist die dominanten Kontrahenten sind, der Liebende dagegen zurücktritt. Die Frau spricht die Gefühle, die sie bei der Trennung empfindet, mit spürbarem emotionalem Attachement, ja zuweilen mit aggressiver Ungerechtigkeit gegenüber dem Wächter aus" (Brackert, S. 315).
Die auf dem **Arbeitsblatt 24**, S. 105f., angegebenen gattungstypischen Handlungselemente des Tagelieds lassen sich in Wolframs Beispiel leicht wiedererkennen: Tagesanbruch (vv. 1–5),

Weckruf (vv. 6–10), gesteigerte Gefahr (vv. 21 f., 41–45), Klage (vv. 11–16), letzte Hingabe (vv. 46–48) und Abschied (vv. 49 f.). Der Wächter, der in den Strophen 1 und 3 spricht, schildert das Morgengrauen als gefährlichen Raubvogel (vv. 1–6) und fordert seiner Pflicht gemäß mit zunehmendem Drängen, aber auch mit Anteilnahme zum Abschied auf (vv. 6–10, 21–26). Die Frau dagegen beklagt in den Strophen 2 und 4 das Verlangen des Wächters (vv. 11–16), appelliert an ihn, seine Mahnungen zum Aufbruch zu unterlassen (v. 17, 31–33), und wirft ihm sogar vor, verfrüht zu warnen (vv. 34–40). Sie bezeichnet es als „Gebot der Treue", ihr den Geliebten zu lassen (vv. 17–20), doch der Wächter entgegnet, dass diese ritterliche Tugend das Gegenteil von ihm verlange (vv. 27 f.). Die Spannung zwischen Wächter und Frau steigert sich in dem Dialog, bevor die Abschlussstrophe den dramatischen Höhepunkt der Liebe und der Trennung erzählt. Dass die Liebesbegegnung gegen gesellschaftliche Normen verstößt, zeigt sich an der heimlichen Zusammenkunft in der Nacht, am verborgenen Lieben bei Tag, damit der Geliebte „Ansehen", „Leben" und „edle Vollkommenheit" behält (vv. 9 f., 24–26), an der Angst vor der Entdeckung (vv. 44 f.) und der Notwendigkeit eines Wächters als Vertrautem.

„Die Strophenform weist den für den deutschen Minnesang charakteristischen stolligen Bau auf; auf zwei dreizeilige Stollen (Reimschema *abc/abc*: Aufgesang) folgt ein vierzeiliger Abgesang (Reimschema *dede*). Die inhaltliche und syntaktische Gliederung der einzelnen Strophen korrespondiert mit dieser Bauform" (Kühnel[1], S. 150).

Die Schülerinnen und Schüler erschließen das Tagelied in Einzelarbeit, indem sie nacheinander die auf dem Arbeitsblatt 24 gestellten Aufgaben bearbeiten. Die Ergebnisse werden anschließend verglichen und ergänzt.

■ *Bearbeiten Sie die Aufgaben auf dem Arbeitsblatt 24 nacheinander.*

Wolfram von Eschenbach: Ein Tagelied

1./3. Str. Wächter
ermöglicht Liebesbegegnung (v. 7, 29 f.)
sorgt für die rechtzeitige Trennung am Morgen

2./4. Str. liebende Dame
möchte das Zusammensein verlängern

5. Str. Erzählung
des dramatischen Höhepunkts der Liebe und der Trennung

- Morgengrauen als gefährlicher Raubvogel (vv. 1–6)
- pflichtgemäße, aber Anteil nehmende Aufforderung zum Abschied (vv. 6–10)

- Klage über das Verlangen des Wächters (vv. 11–16)
- Appell, die Mahnung zum Aufbruch zu unterlassen (vv. 17, 31–33)

vv. 27 f. **Gebot der Treue** vv. 17–20

- Drängen zur sofortigen Trennung (vv. 21 f.)
- Vorwurf, verfrüht zu warnen (vv. 34–40)

Liebesbegegnung als Verstoß gegen gesellschaftliche Normen
- heimliche Zusammenkunft in der Nacht
- verborgene Liebe am Tag, damit der Geliebte „Ansehen", „Leben" und „edle Vollkommenheit" behält (vv. 9 f., 24–26)
- Angst vor Entdeckung (vv. 44 f.)
- Notwendigkeit eines Wächters als Vertrautem

---

[1] Jürgen Kühnel: Das Tagelied. Wolfram von Eschenbach: Sîne klâwen. In: Helmut Tervooren [Hrsg.]: Gedichte und Interpretationen: Mittelalter. Stuttgart: Reclam 1993

In Else Lasker-Schülers Liedern findet das im ersten vorgestellte und herbeigesehnte, im zweiten beglückende Liebesgeschehen wie in Wolframs Tagelied in der Nacht statt, die das Zusammensein ebenfalls verbirgt, aber ohne erkennbaren äußeren Zwang. Wenn die Schülerinnen und Schüler, wie in Aufgabe 1 des **Arbeitsblattes 25**, S. 107, verlangt, Stimmung und Kernaussage in einer Überschrift benennen sollen, könnten sie zum Beispiel einerseits „Sehnsucht", „Ungeduldige Erwartung" oder „Verlangen nach Liebesruhe" vorschlagen, andererseits „Liebesglück, -nacht, -genuss, -schöpfung" oder „Goldene Zeit". In der Nacht als dem Zeitraum, in dem die Liebenden zusammenkommen, fühlt sich das lyrische Ich im einen Fall jedoch auch einsam (v. 2) und fremd (v. 3) und es steht unter dem Eindruck eines schweren Traums, der „mit sich und mir" ringt, während im andern Fall das Liebespaar sich als neu geschaffen (vv. 1 f.) und die Natur verändert wahrnimmt (vv. 4 f.); das unentwegte Küssen endet erst mit dem anbrechenden Morgen. Im ersten Liebeslied gibt sich die zweite Strophe mit dem gereimten Verspaar (Quellen/Immortellen) unschwer als Achse zu erkennen. Die aufblühenden Blumen, von frischem Wasser umgeben, verbinden sich mit den Augen des Geliebten als Immortellen, einer Strohblumenart, die das Unsterbliche im Namen trägt (vgl. die Kap. 3.4 und 5.2). Die Zeilen bilden den Ruhepunkt des Gedichts, den zwei Strophen mit dem einleitenden Sehnsuchtsruf „Komm zu mir in der Nacht" einrahmen. Das lyrische Ich beschreibt zunächst seine unangenehm-paradoxe Situation – müde vom Wachen, gleichwohl von einem Traum bedrängt, vom Singen eines fremden Vogels irritiert –, aus der es sich mit dem Geliebten befreien will: „wir schlafen engverschlungen" (v. 1). Dieses Wollen (v. 10) malt die letzte Strophe wiederum in einer Naturszenerie – mit Tieren anstelle Blumen – aus, während die dritte das Verlangen in eine kosmische Sphäre hebt. Das anfängliche Missempfinden des Ichs spiegelt sich in den Endreimen der überwiegend jambischen Verse: In der ersten Strophe bleibt das Schema abaa durch das isolierte „einsam" unvollständig, während die Reimfolge ded/de die letzten Strophen miteinander verknüpft. Im zweiten Liebeslied stellt die mittlere von fünf Strophen insofern eine Achse dar, als das plurale „wir" in eine Ich-Du-Beziehung mit dem lyrischen Subjekt als aktivem Teil umschlägt. Wiederum erscheint die Liebe als himmlisches Geschehen (vv. 2, 8 f.), das die Realität verändert (vv. 4 f.) und das edles Gold (vv. 1, 8) zusätzlich auszeichnet. Begeistert-staunende Ausrufe, durch eine Interjektion eingeleitet (v. 3) oder elliptisch ausgestoßen (vv. 8–10), bringen das ganze Ausmaß des Liebesglücks zum Ausdruck, das im harmonisch-entspannten Schlummer und im Vergleich der Schultern mit Faltern ausklingt.

Die Aufgaben auf dem Arbeitsblatt 25 werden in unterschiedlichen Sozialformen bearbeitet:

- *Finden Sie aussagekräftige Überschriften für die beiden Liebeslieder auf dem Arbeitsblatt 25 (Aufgabe 1).*

- *Welche Bedeutung kommt der Nacht zu? (Aufgabe 2)*

- *Bestimmen Sie die „Achse" der beiden Gedichte (Aufgabe 3).*

- *Untersuchen Sie eines der beiden Gedichte (Aufgabe 4).*

Else Lasker-Schüler: zwei Liebeslieder

1		Nacht		2
vorgestellt, ◄		verborgenes ──────►		beglückendes Erleben
herbeigesehnt,		Zusammensein		verändertes Wahrneh-
um Einsamkeit, Fremd-				men
heit,				Vorstellung einer neuen
aufreibenden Traum zu				Schöpfung
überwinden				unentwegtes Küssen
				bis zum anbrechenden
				Morgen
● Lockruf „Komm zu mir in der Nacht"		Farbsymbolik „golden"		● Liebe als himmlische Schöpfung
● unangenehm-para- doxe Situation: Müdigkeit/Wachen/ Traum Singen eines fremden Vogels	unvollständi- ges Reim- schema abaa	„Ausrufe" Interjektion		● Veränderung der Realität (vv. 4 f.)

Ruhepunkt des Gedichts aufblühende Blumen/fri- sches Wasser/Augen des Geliebten als Zeichen der Unsterblichkeit	Paar- reim	**Achse**	Ich-Du-Beziehung lyrisches Subjekt als aktiver Teil

● Verlangen nach Nähe als kosmisches Ge- schehen	ergänzte Reimfolge	„Gold"		● nächtlich-grandioses Schauspiel
● Vorstellung der Liebes- begegnung	Tiervergleich	Ellipse Falterver- gleich		● harmonisch-entspann- ter Ausgleich im mor- gendlichen Schlummer

Weitere Gedichte, in denen die Tageszeiten eine erhebliche Rolle spielen, sind Goethes *Willkommen und Abschied* (vgl. **Arbeitsblatt 3**, S. 39), die *Hymnen an die Nacht* von Novalis (vgl. **Arbeitsblatt 27**, S. 109), Eichs *Dezembermorgen* und Krolows *Gedicht für J. S.* auf dem **Arbeitsblatt 20**, S. 100 f.

3.4 Dauer und Vergänglichkeit

Barockgedichte thematisieren mit der Vergänglichkeit, dem Tod und der Eitelkeit als Nichtigkeit alles Diesseitigen, insbesondere auch der Schönheit, epochentypische Erfahrungen und Denkmuster und leiten daraus gegensätzliche Schlussfolgerungen ab: die religiöse Perspektive als Hinwendung zum Ewigen, etwa in dem Sonett *Es ist alles eitel* von Andreas Gryphius, oder Lebensgenuss nach dem Motto *Carpe diem*. Dieser zweiten Maxime folgt das Gedicht *Ach Liebste, lass und eilen* von Martin Opitz auf dem **Arbeitsblatt 26** (S. 108), wegen seiner „zwingenden Argumentation" und „vollkommen klare[n] und harmonische[n] Komposition" ein „Meisterstück rhetorischer Dichtkunst" (Segebrecht[1], S. 146f.). Die 24 Verse aus zwei- und dreihebigen Jamben mit Kreuzreimen und dem Wechsel von weiblichen und männlichen Kadenzen passen sich elegant der Satzstruktur an und „gliedern sich deutlich in drei Gruppen zu je acht Zeilen" (ebd., S. 146): „Auf die Anrede, die Aufforderung und ihre thesenhafte Begründung durch Hinweise auf die günstige Gelegenheit [vgl. Anm. 1 auf dem Arbeitsblatt 26] einerseits und die unentrinnbare Vergänglichkeit andererseits folgt (9–16) eine Beispielkette, eine Exempla-Reihung, die das zunächst Thesenhafte konkretisiert und es so der ‚Liebsten' vor Augen führt. Dabei nimmt sich Opitz mit unerbittlicher Genauigkeit die einzelnen Schönheiten vor allem des Gesichts der Geliebten vor – ‚Der Wangen Ziehr', ‚Das Haar', ‚Der Augen Fewer', ‚Das Mündlein von Corallen' (9–11, 13) –, um sodann, Zug um Zug, ihren künftigen Verfall warnend (und wenig galant) vorwegzunehmen." (Ebd., S. 142f.) Das letzte Drittel, in das sich das Ich wie im ersten wieder einbezieht und das mit dem Appell zum Liebesgenuss auch inhaltlich an den Beginn anknüpft, endet mit einer „kunstvoll verrätselte[n] und zusammenfassenden Schlusspointe": „Liebe ist […] auf Gemeinsamkeit und Gegenseitigkeit angewiesen: Die Liebenden geben einander, was sie an Jugend und Schönheit zu vergeben haben. Was sie geben und aneinander verlieren, erhalten sie zugleich voneinander zurück." (Ebd., S. 145f.) In dem Gedicht von Opitz „[gehören] [d]as Carpe diem und das Memento mori […] aufs engste zusammen und rechtfertigen sich gegenseitig. Das Liebeslied wird zur Todesmahnung, das Vanitas-Gedicht begründet die Bereitschaft zum Genuss des Lebens" (ebd., S. 142).

Hoffmannswaldaus Sonett beginnt mit einem drastischen Bild des personifizierten Todes, das dem Bild *Der Tod und das Mädchen* von Hans Baldung Grien auf dem **Arbeitsblatt 26**, S. 108 entspricht, und betont die Nichtigkeit der Schönheit durch steigernde Wiederholung im ersten Terzett ausdrücklich. Wie das Opitz'sche reiht auch das Hoffmannswaldau'sche Gedicht die petrarkistischen Schönheitsmerkmale aneinander, um sie dann ins Gegenteil zu wenden – allerdings in ungeordnet-beliebiger Folge und nicht auf das Gesicht konzentriert. Es setzt der Vergänglichkeit den dauerhaften Bestand des Herzens entgegen, das „die Natur aus Diamant gemacht" (v. 14). „Das kann, beim Wort genommen, heißen: Sei unbesorgt, im Grunde wird dir nichts geschehen, dein Wesen bleibt gewahrt. Es kann im gleichen Geist auch die Mahnung ausgesprochen sein: Setze deine Hoffnung statt auf die ‚Schalen', die am Ende vergraben werden, auf den ‚Kern', der allein bestehen kann." (Wagenknecht[2], S. 338). Der Diamant erscheint in diesem Sinne als wertvoll und unzerstörbar, er steht aber auch für äußerste Härte. Im Kontext weiterer Gedichte dieses Poeten und der verwandten Metaphorik des Steins wird dieses Schlussbild deshalb als ironisch-scherzhaftes Spiel verstanden, bei dem jedoch offen bleiben muss, ob es die Schülerinnen und Schüler nachvollziehen können: Unter dem Vorwand, „die Schönheit angesichts ihrer Vergänglichkeit auf die Tugend zu verpflichten, redet auch dieses Gedicht […] vielmehr der ‚erotischen Passio' das Wort. Nur darum soll sich die Schöne der Hinfälligkeit ihrer Reize vergewissern, um daraus die Lehre zu ziehen, dass ihr nichts als der Genuss der Jugend bleibt. Lass statt des Knochenmanns, so lautet die sinnreich verkleidete Botschaft, lieber mich um deine Brüste streichen" (ebd., S. 343). In dem Gedicht verbirgt sich allerdings das Ich hinter seiner „Anrede" (vgl. ebd. S. 335), die dadurch verallgemeinert und auf eine persönliche Note verzichtet.

Die Besprechung der beiden Barockgedichte ergänzt Kap. 2.4 und rundet dieses ab. Sie beginnt mit einer kurzen Gliederung des Opitz-Gedichts (Aufgabe 1 auf dem Arbeitsblatt 26), an die sich der Vortrag der drei Abschnitte in verteilten Rollen anschließt. Zum Einstieg

[1] Wulf Segebrecht: Rede über die rechte Zeit zu lieben. Zu Opitz' Gedicht *Ach Liebste/lass vns eilen*. In: Volker Meid [Hrsg.]: Gedichte und Interpretationen. Band 1: Renaissance und Barock. Stuttgart: Reclam 1982
[2] Christian Wagenknecht: Memento mori und Carpe diem. Zu Hoffmannswaldaus Sonett Vergänglichkeit der Schönheit. In: Volker Meid [Hrsg.]: Gedichte und Interpretationen: Band 1: Renaissance und Barock. A.a.O.

in das Sonett von Hoffmannswaldau eignet sich das Bild von Hans Baldung Grien (Aufgabe 2). In der dritten Aufgabe schließlich befassen sich die Schülerinnen und Schüler mit dem Kernthema der beiden Gedichte, der Vergänglichkeit und den Folgerungen daraus.

- *Gliedern Sie das Gedicht von Martin Opitz in Abschnitte (Aufgabe 1 auf dem Arbeitsblatt 26). Tragen Sie die Abschnitt in verteilten Rollen vor.*

- *Bearbeiten Sie die Aufgaben 2 und 3 des Arbeitsblattes 26.*

Zwei Barockgedichte über die Vergänglichkeit der Schönheit

Martin Opitz **Ach Liebste, lass uns eilen**		Hoffmannswaldau **Vergänglichkeit der Schönheit**
Konzentration auf das Gesicht	***Umkehrung*** *des petrarkistischen Schönheitspreises einzelner Körperteile der Frau:* ***Memento mori***	Verstärkung durch das Eingangsbild des personifizierten Todes ungeordnete Folge der Merkmale

Schlussfolgerung

Aufruf zum Liebesgenuss (Carpe diem)
Ergreifen der Gelegenheit
Überreden der Geliebten
Gemeinsamkeit und Gegenseitigkeit
als Basis der Liebe

Nichtigkeit/Eitelkeit der Schönheit
dauerhafter Bestand des Herzens
(des unvergänglichen Wesens)
wertvoll   unzerstörbar

äußerste   Härte
indirekter, ironisch-scherzhafter,
spielerischer Aufruf zum Liebesgenuss

Eine völlig andere Konstellation zwischen Liebe und Tod, Dauer und Vergänglichkeit bietet sich in den *Hymnen an die Nacht* von Novalis, „eine[m] der komplexesten Texte in [der] deutsche[n] Literaturgeschichte" (Kommentar[1], S. 67). Die lyrische Prosa feiert im Gegensatz zu Aufklärung und Klassik die Nacht als Zeitraum der Erkenntnis, der Liebe, der Erneuerung, der Öffnung zur Ewigkeit und der Begegnung mit dem Göttlichen und prägt so wesentlich das Bild der Romantik als literarische Epoche. „**Die zweite Hymne** [Hervorhebung G. F.] kontrastiert die nächtliche Dunkelheit, die ‚zeitlos und raumlos' ist, mit dem Licht, dem eine bestimmte Zeit zugemessen wird. Angesichts der Nachtbegeisterung in der ersten Hymne findet sich in der zweiten die Klage darüber, dass der Tag und das Tageslicht überhaupt wiederkehren müssen" (Fetzer: Romantische Lyrik[2], S. 320). „Die darüber empfundene

---

[1] Novalis: Werke, Tagebücher und Briefe Friedrich von Hardenbergs. Hrsg. von Hans Joachim Mähl und Richard Samuel. Band 3: Kommentar von Hans Jürgen Balmes. Lizenzausg. f. d. Wiss. Buchges. München, Wien: Hanser 1999

[2] John Fetzer: Die romantische Lyrik. In: Helmut Schanze [Hrsg.]: Romantik-Handbuch. Stuttgart: Kröner 1994, S. 311–335

Enttäuschung [...] lässt nach einem ‚heiligen' Schlaf fragen (Z. 7), der im Gegensatz zu seinem alltäglichen *Schatten* (Z. 10), dem Schlaf der uneingeweihten *Thoren* (Z. 9), *den Schlüssel ... Zu den Wohnungen der Seligen* besitzt. Der ‚heilige' Schlaf ist jener rauschartige Zustand höherer Wachheit, in dem die wahre Nacht als der ‚Unendlichen Geheimnisse Schweigender Bote' (Z. 19) erkannt werden kann." (Kommentar, S. 69). In der „von der Forschung als ‚Urhymne' anerkannte[n] **dritten Hymne** (Fetzer, Romantische Lyrik, S. 320; Hervorhebung G. F.) ‚mit ihrem auffälligen Wechsel zum Präteritum" (Kommentar, S. 69) „[erlebt das Ich] ‚am dürren Hügel', dem Grab der gestorbenen Geliebten, und an der Schwelle zwischen Diesseits und Jenseits als Ort poetischer Einweihung in das Geheimnis der Welt [...] eine Vision. Durch das Zu-Staub-Werden im Grab und die Verklärung des geliebten Angesichts lernt es den ‚ewigen, unwandelbaren Glauben an den Himmel der Nacht und sein Licht, die Geliebte' (Z. 45 f.) kennen" (Fetzer: Romantische Lyrik, S. 320). „Von hier an datiert das Erlebnis der *Nachtbegeisterung* (Z. 34) als einer zweiten Geburt, der Initiation zu einem *neuen Leben*" (Z. 43) (Kommentar, S. 69).

Die Schülerinnen und Schüler merken beim Bearbeiten der Aufgabe 1 auf dem **Arbeitsblatt 27**, S. 109, in Einzelarbeit, dass in der zweiten Hymne dem Tag das Licht, die Erde, die zeitliche Begrenzung durch Morgen und Abend, die unaufhörliche Wiederkehr, Geschäftigkeit und sogar Gewalt zugeordnet sind, der Nacht mit dem „[h]eilige[n] Schlaf" als rauschhaftem Zustand dagegen die Dunkelheit, der Himmel, Dauer und Ewigkeit, Unendlichkeit, Liebe, Glück und Geheimnis. Sie eröffnet den ihr Geweihten Zugänge zum Mysterium des Göttlichen und erweitert deren Bewusstsein jenseits des Verstandes. In seinem Verlangen nach der Nacht wendet sich das Ich in der zweiten Person Singular an den Schlaf als personifiziertes Gegenüber, während es über den immer wieder neu anbrechenden Tag seinen Unmut äußert, den rhetorische Fragen intensivieren. Im Unterrichtsgespräch zu der Aufgabe 2 erkennen die Schülerinnen und Schüler, dass das Subjekt seinen Schmerz über den Tod der Geliebten und das Elend seiner Hoffnungslosigkeit, Einsamkeit, Angst, Kraftlosigkeit, Hilflosigkeit und Ausweglosigkeit durch eine Vision am Grab der Verstorbenen überwindet. Es taucht in die Nacht einer geheimnisvollen, überirdischen Welt des Vergangenen und Göttlichen ein und begegnet der verklärten Geliebten. Wie die Nacht führt ihr Tod den Liebenden in neue Sphären des Menschseins ein. Im Gefühl eines neuen Lebens verwandeln sich die Tränen der Trauer in solche des Glücks.

■ *Bearbeiten Sie Aufgabe 1 auf dem Arbeitsblatt 27.*

■ *Beschreiben Sie die Verfassung des Subjekts und dessen Erlebnis in der dritten Hymne (Aufgabe 2). Wie stellt sich das Verhältnis zwischen Liebe und Tod dar?*

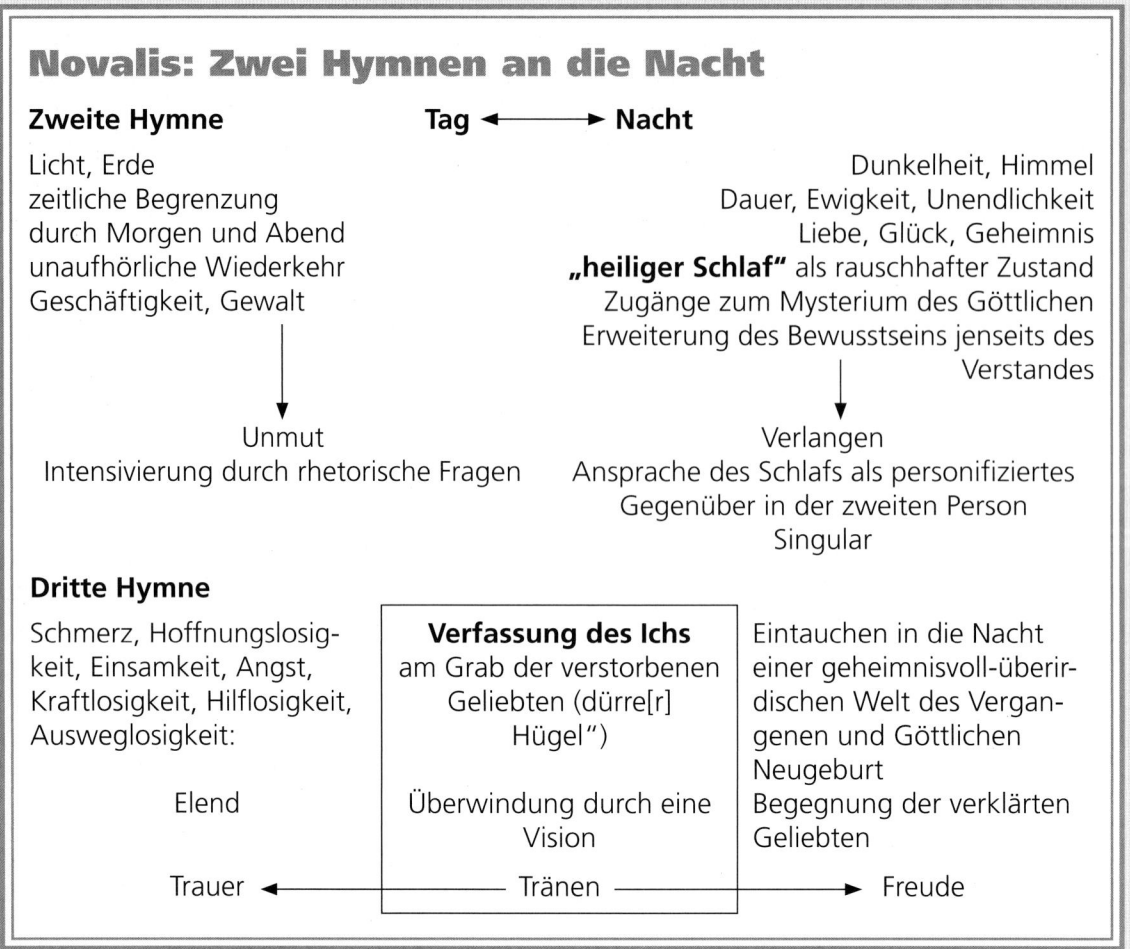

Novalis: Zwei Hymnen an die Nacht

Zweite Hymne   Tag ←——→ Nacht

Licht, Erde	Dunkelheit, Himmel
zeitliche Begrenzung	Dauer, Ewigkeit, Unendlichkeit
durch Morgen und Abend	Liebe, Glück, Geheimnis
unaufhörliche Wiederkehr	**„heiliger Schlaf"** als rauschhafter Zustand
Geschäftigkeit, Gewalt	Zugänge zum Mysterium des Göttlichen
	Erweiterung des Bewusstseins jenseits des Verstandes

Unmut	Verlangen
Intensivierung durch rhetorische Fragen	Ansprache des Schlafs als personifiziertes Gegenüber in der zweiten Person Singular

Dritte Hymne

Schmerz, Hoffnungslosig-keit, Einsamkeit, Angst, Kraftlosigkeit, Hilflosigkeit, Ausweglosigkeit:	**Verfassung des Ichs** am Grab der verstorbenen Geliebten (dürre[r] Hügel")	Eintauchen in die Nacht einer geheimnisvoll-überir-dischen Welt des Vergan-genen und Göttlichen Neugeburt
Elend	Überwindung durch eine Vision	Begegnung der verklärten Geliebten

Trauer ←——— Tränen ———→ Freude

Die beiden modernen Gedichte auf dem **Arbeitsblatt 28**, S. 110, setzen sich mit Dauer und Vergänglichkeit in ganz unterschiedlicher Weise auseinander. Stadlers Ich reflektiert und beklagt in dem inhaltlich, bildlich und formal klar strukturierten Gedicht seine existenzielle Not der dahinschießenden Zeit im Kontrast zum ewigen Bild des Gegenübers, das sogar die Auferstehung der „toten Dinge" bewirkt. Das ihm zugeordnete Bild des Spiegels sowie das aus der ersten Strophe wieder aufgegriffene des Baches legen nahe, dass dieses Dasein auch auf das Ich zurückstrahlt. In der ersten der drei Strophen aus fünf- (vv. 6–9, 11), sechs- (1–5, 10) und siebenhebigen Jamben sowie Kreuzreimen mit durchgehend männlichen Vers-schlüssen stellt sich das Subjekt als ein im Feuer Verbrennender und Verdurstender sowie von der Vergänglichkeit Gezeichneter vor. Das schnelle Vergehen der Zeit und die damit verbundenen seelischen Qualen veranschaulicht es durch den Vergleich mit einem reißenden Bach in einer tief eingeschnittenen Schlucht. Die zweite Strophe beschreibt dagegen das Du als Spiegel, in dem die wichtigen Lebenszusammenhänge zu erkennen sind. Dessen „Rund", über das „[d]ie großen Bäche [...] gehn" (vv. 5f.), steht ebenso im Gegensatz zu den „enge[n] Mulden" der vorausgehenden Strophe wie sein „quellend goldne[r] Grund" (v. 7) zu dem „dunkle[n] Wasser" (v. 3). Die dritte Strophe wiederholt und verstärkt den Kontrast: Einerseits führt sie die Extreme, zwischen denen das Ich hin- und hergerissen ist und die verwirren und verstören, als Untergang eines Sterns, der in die Tiefe stürzt, eine kosmische Katastrophe, vor Augen. Andererseits schützt „deiner Tage Bild" (v. 11) in der Höhe und Ferne das Du vor Vergänglichkeit. Der Gegensatz zwischen Nacht und Tag un-terstreicht die Zweiteilung.

Eine ganz andere Szenerie liegt Meckels Gedicht zugrunde: In die Gleichförmigkeit des Morgenrituals, das aufgezählte Substantive andeuten, bricht die Furcht vor dessen mögli-cherweise schnellem Ende ein. Merkwürdigerweise entsteht sie durch unbeschwerte, fröh-

liche Äußerungen, helles Lachen und sorglose Stimmen, die allerdings „selten" sind (v. 3).
Gründe für Veränderungen des Gewohnten gäbe es nicht oder sie spielten keine Rolle, so
die Auffassung des Ichs; dennoch seien sie zwangsläufig: Es stellt sich vor, wie sie im Alltäglichen begännen: „mit einem Blick in die Zeitung/der Erwähnung eines Namens" (vv. 6 f.),
um dann die Perspektive schlagartig zu erweitern: „dem plötzlichen Anblick der Zukunft"
(v. 8).
Die Schülerinnen und Schüler vergleichen die beiden modernen Gedichte in Partnerarbeit:

■ *Vergleichen Sie die beiden Gedichte auf dem Arbeitsblatt 28, wie es die dort*
gestellte Aufgabe verlangt.

Zwei moderne Gedichte über Dauer und Vergänglichkeit

Ernst Stadler: Anrede

1. Strophe: Ich	↔	2. Strophe: Du
● Reflexion und Klage über die existenzielle Not der dahinschießenden Zeit	„aber"	● Auferstehung
● Vergleich mit einem reißenden Bach in einer tief eingeschnittenen Schlucht		● Bild des Spiegels, in dem wichtige Lebenszusammenhänge zu erkennen sind
„enge Mulden"		„große[ ] Bäche" „über dessen Rund"
„dunkles Wasser"		„quellend goldne[r] Grund"
● im Feuer Verbrennender und Verdurstender		
● von der Vergänglichkeit Gezeichneter		

3. Strophe: Wiederholung und Verstärkung des Kontrasts

● zwischen Extremen hin- und hergerissen	↔ „Doch"	
● verwirrt und verstört		● Schutz vor Vergänglichkeit
● Untergang eines Sterns als kosmische Katastrophe		
„Abgrund"		Höhe
Nacht		Tag

Christoph Meckel: Alles wie immer

Ich	Du
Gleichförmigkeit des Morgenrituals (Aufzählung von Substantiven)	seltene unbeschwerte, fröhliche Äußerungen (helles Lachen, sorglose Stimme)

Furcht vor dem möglichen schnellen Ende des Gewohnten
● nicht zu begründen, aber zwangsläufig
● mit Alltäglichem beginnend (Blick in die Zeitung, Nennung eines Namens)
● aber dann die Perspektive schlagartig auf die Zukunft erweiternd

Der Frühling in Liebesgedichten

1. Studieren Sie die Strophen 1 – 5 oder 6 – 9 von Goethes „Mailied" oder das Gedicht von Heinrich Heine oder Bertolt Brecht für einen Vortrag in der Klasse ein. Bilden Sie dazu Zweier-, Dreier-, Vierer- oder Fünfergruppen, je nach der Anzahl der Strophen, und teilen Sie diese für die Rezitation unter sich auf.

2. Untersuchen Sie die drei Gedichte daraufhin, welche Stimmungslage in ihnen zum Ausdruck kommt, wie sie Frühling und Liebe aufeinander beziehen und wie Inhalt, Sprache und Form zusammenwirken. Berücksichtigen Sie, dass die Strophen oft auch eine inhaltliche Gliederung nahelegen.

Johann Wolfgang Goethe
Mailied (1771)

Wie herrlich leuchtet
Mir die Natur!
Wie glänzt die Sonne!
Wie lacht die Flur!

5 Es dringen Blüten
Aus jedem Zweig
Und tausend Stimmen
Aus dem Gesträuch.

Und Freud und Wonne
10 Aus jeder Brust.
O Erd, o Sonne!
O Glück, o Lust!

O Lieb, o Liebe!
So golden schön,
15 Wie Morgenwolken
Auf jenen Höhn!

Du segnest herrlich
Das frische Feld,
Im Blütendampfe
20 Die volle Welt.

O Mädchen, Mädchen,
Wie lieb ich dich!
Wie blickt dein Auge!
Wie liebst du mich!

25 So liebt die Lerche
Gesang und Luft,
Und Morgenblumen
Den Himmelsduft,

Wie ich dich liebe
30 Mit warmem Blut,
Die du mir Jugend
Und Freud und Mut

Zu neuen Liedern
Und Tänzen gibst.
35 Sei ewig glücklich,
Wie du mich liebst!

Aus: Johann Wolfgang von Goethe. Berliner Ausgabe, Bd. 1: Gedichte. Berlin und Weimar: Aufbau Verlag, 3. Auflage 1976, S. 51 f.

Bertolt Brecht (1931)

1
Das Frühjahr kommt.
Das Spiel der Geschlechter erneuert sich
Die Liebenden finden sich zusammen.
Schon die sacht umfassende Hand des Geliebten
5 Macht die Brust des Mädchens erschauern.
Ihr flüchtiger Blick verführt ihn.

2
In neuem Lichte
Erscheint die Landschaft den Liebenden im
　　　　　　　　　　　　　Frühjahr.
In großer Höhe werden die ersten
10 Schwärme der Vögel gesichtet.
Die Luft ist schon warm.
Die Tage werden lang und die
Wiesen bleiben lang hell.

3
Maßlos ist das Wachstum der Bäume und Gräser
15 Im Frühjahr.
Ohne Unterlaß fruchtbar
Ist der Wald, sind die Wiesen, die Felder.
Und es gebiert die Erde das Neue
Ohne Vorsicht.

Aus: Bertolt Brecht: Große kommentierte Berliner und Frankfurter Ausgabe, Band 14, Gedichte 4 © Suhrkamp Verlag Frankfurt am Main 1993

Heinrich Heine

Im wunderschönen Monat Mai,
Als alle Knospen sprangen,
Da ist in meinem Herzen
Die Liebe aufgegangen.

5 Im wunderschönen Monat Mai,
Als alle Vögel sangen,
Da hab ich ihr gestanden
Mein Sehnen und Verlangen.

Aus: Buch der Lieder. Lyrisches Intermezzo, Nr. 1.
In: Heinrich Heine: Ich weiß nicht, was soll es bedeuten. Gedichte. Stuttgart, München: Deutscher Bücherbund 1986, S. 72

Der Winter in Liebesgedichten

1. *Untersuchen Sie eines der fünf Winter-Liebesgedichte. Berücksichtigen Sie insbesondere die äußere Situation, die Verfassung des lyrischen Ichs, den Einfluss der Jahreszeit, die Bilder und ihre Aussagekraft sowie Gliederung und Form.*

2. *Fassen Sie Ihre Ergebnisse stichwortartig in einem Strukturbild zusammen und erläutern Sie dieses Ihren Mitschülerinnen und Mitschülern. Beginnen Sie die Präsentation mit einem Vortrag des Gedichts.*

Hilde Domin
Winter

Die Vögel, schwarze Früchte
in den kahlen Ästen.
Die Bäume spielen Verstecken mit mir,
ich gehe wie unter Leuten
5 die ihre Gedanken verbergen
und bitte die dunklen Zweige
um ihre Namen.

Ich glaube, daß sie blühen werden
– innen ist grün –
10 daß du mich liebst
und es verschweigst.

Aus: Hilde Domin: Gesammelte Gedichte.
© Fischer Verlag GmbH, Frankfurt am Main 1987
(Aus lizenzrechtlichen Gründen nicht in reformierter
Schreibung)

Sarah Kirsch
Die Luft riecht schon nach Schnee

Die Luft riecht schon nach Schnee, mein Geliebter
Trägt langes Haar, ach der Winter, der Winter der uns
Eng zusammenwirft steht vor der Tür, kommt
Mit dem Windhundgespann. Eisblumen
5 Streut er ans Fenster, die Kohlen glühen im Herd, und
Du Schönster Schneeweißer legst mir deinen Kopf in den
    Schoß

Ich sage, das ist
Der Schlitten der nicht mehr hält, Schnee fällt uns
10 Mitten ins Herz, er glüht
Auf den Aschekübeln im Hof Darling flüstert die Amsel

Aus: Sarah Kirsch: Sämtliche Gedichte. © 2005, Deutsche Verlagsanstalt, München, in der
Verlagsgruppe Random House GmbH

Hilde Domin (1909/12 – 2006), Tochter eines jüdischen Rechtsanwalts; Studium und Promotion in Staatswissenschaft; 1932 Emigration nach Italien, Großbritannien und in die Dominikanische Republik; seit 1936 mit dem Archäologen und Kunsthistoriker Erwin Walter Palm verheiratet; 1954 nach Deutschland zurückgekehrt, lebte sie ab 1960 in Heidelberg. Der klare, bildkräftige Stil ihrer Lyrik findet die Aufmerksamkeit einer breiten Leserschaft.

Sarah Kirsch (geb. 1935), aufgewachsen in der ehemaligen DDR, Studium der Forstwirtschaft, Biologie und Literatur; 1977 Ausreise in die Bundesrepublik als Reaktion auf die Ausbürgerung Wolf Biermanns; 1960 – 68 verheiratet mit dem Lyriker Rainer Kirsch. In ihren Gedichten verbindet sie oft die Themen Natur und Liebe.

Günter Eich
Dezembermorgen

Rauch, quellend über die Dächer,
vom Gegenlichte gesäumt.
Ich hab in die Eisblumenfächer
deinen Namen geträumt.

5 Diesen Dezembermorgen
weiß ich schon einmal gelebt,
offenbar und verborgen,
wie ein Wort auf der Zunge schwebt.

Wachsen mir in die Fenster
10 Farne, golden von Licht,
zeigt sich im Schnee beglänzter
Name und Angesicht.

Muss ich dich jetzt nicht rufen,
weil ich dich nahe gespürt?
15 Über die Treppenstufen
hat sich kein Schritt gerührt.

Aus: Günter Eich: Die Maulwürfe, aus: Gesammelte
Werke in 4 Bänden, Band 1 © Suhrkamp Verlag
Frankfurt am Main 1991

Heinz Czechowski
So kam dieser Winter, der Frost

So kam dieser Winter, der Frost

Saß in den Scheiben, der Schnee
Deckte die Narben der Erde.
Wir rauchten und tranken,
5 Sprachen die Sprachen der Liebe,
Hatten uns schließlich und endlich
Nichts mehr zu sagen.

Die Stille
Setzte sich fest und wir hatten
10 Zeit, nacheinander Sehnsucht zu haben:
Sentimentalisch
Klangs aus dem Radio: die Platten
Kreisten schon lange im Leeren bis wir bemerkten,
Dass das Spiel aus war.

15 So kam dieser Winter. Er ging.
Nicht einmal Zeit ließ er uns, zu bereuen.
Was wir vertaten, verziehen wir uns.

Aus: Heinz Czechowski: Schafe und Sterne. Gedichte. Halle: Mitteldeutscher
Verlag, 1974, S. 93. Entn. aus: Liebesgedichte der Gegenwart, a. a. O., S. 48

Günter Eich
(1907–72), aufgewachsen in Brandenburg, Studium der Volkswirtschaft und Sinologie in Berlin und Paris; seit 1932 freier Schriftsteller; 1939–45 Soldat und Gefangenschaft; 1953 Heirat mit der Lyrikerin Ilse Aichinger; Gründungsmitglied der Gruppe 47. Seine Gedichte befassen sich einerseits mit der Magie der Natur, andererseits mit dem ärmlichen Dasein der Kriegsheimkehrer (*Inventar* als Beispiel der *Kahlschlagliteratur*). Eich gab außerdem dem modernen literarischen Hörspiel entscheidende Impulse.

Heinz Czechowski
(geb. 1935), aufgewachsen in Dresden, Vermessungsgehilfe und techn. Zeichner; 1958–61 Studium am Institut für Literatur *Johannes R. Becher* in Leipzig; Lektor und Dramaturg; seit 1973 freier Schriftsteller.

Karl Krolow
Gedicht für J. S.

Auf dem Dezember-Bahnsteig in der ersten Stunde nach Mitternacht
Dein Bild in die Kälte geschnitten,
Mit hellem Mantel, den Schal übers Haar getan,
Und einem im Abschied leuchtenden Gesicht!

5 Ich erfinde dich noch einmal im Augenblick der Trennung,
Dunkel vor Zärtlichkeit und dem Verlangen nach Glück,
Mit einer von Zuneigung leisen Stimme
In der winterlichen Frostluft.

Ich erfinde dich noch einmal: geschaffen nun,
10 Um mit mir zu gehen, einem anderen:
Mann im hochgeschlagenen Mantelkragen,
Der das Fenster im Fernzug-Abteil herunterlässt und winkt.

Du bleibst zurück, auf Fluten grauen Windes treibend,
Zurück mit Umarmung und Kuss und dem Geruch deiner Haut.
15 Das schwarze und weiße Schachbrett der Schneenacht
Liegt über deinem Gesicht; und ich weiß,
Dass nichts an dir für mich bestimmt ist.

Aus: Karl Krolow: Gesammelte Gedichte in 3 Bänden, Band 1 © Suhrkamp Verlag Frankfurt am Main 1985

Karl Krolow
(1915–1999), Sohn eines Verwaltungs-
beamten; Studium der Germanistik,
Romanistik, Philosophie und Kunstgeschichte in Göttingen und Breslau; seit
1942 freier Schriftsteller, von 1956 an in
Darmstadt; dort ab 1972 Präsident der
Deutschen Akademie für Sprache und
Dichtung. Als sprach- und formbewusster
Lyriker hat er die literarische Entwicklung
dieser Gattung nach 1950 wesentlich
geprägt.

Liebe in unterschiedlichen Jahreszeiten

AB 2

1. Entscheiden und begründen Sie, ob das Gedicht im 18./19. oder im 20. Jahrhundert entstanden ist. Orientieren Sie sich an den bisher besprochenen Beispielen.

2. Erschließen Sie die inhaltliche Struktur und die sprachliche Form.

Robert Prutz
Liebeskalender

Wann ist zum Lieben die beste Zeit?
Wenn der Frühling sich schwingt in den Lüften,
Wenn der Kuckuck ruft so weit, so weit,
Wenn die Bäume blühen und düften;
5 Du aber am Arme der lieblichsten Frau,
Du wandelst mit Neigen und Grüßen
Und windest zum Kranze die Blumen der Au –
O seliges Lieben und Küssen!

Wann ist zum Lieben die beste Zeit?
10 Wenn der Sommer lächelt, der holde,
Es stehen die Fluren in festlichem Kleid,
Die Ähren prangen im Golde.
Da sitzt die Geliebte im blühenden Feld,
Du ruhest ihr kosend zu Füßen,
15 Und über euch dämmert das wogende Zelt –
O seliges Lieben und Küssen!

Wann ist zum Lieben die beste Zeit?
Wenn der Herbst sich neiget zu Ende,
Wenn die Buche sich färbt und das Rebhuhn schreit,
20 Es färbt sich der Wein am Gelände.
Die Kleine, die Feine, die hat sich versteckt,
Sie wirft dich mit Trauben und Nüssen,
Du aber, du hast sie im Fluge entdeckt –
O seliges Lieben und Küssen!

25 Wann ist zum Lieben die beste Zeit?
Wenn der Winter knirscht auf dem Eise;
Die Wälder begraben, die Wege verschneit,
O süße Beschwerden der Reise!
Nun sitzt du im Stübchen so traulich und warm,
30 Es labt dich die Liebste mit Küssen,
Sie hält dich, sie wiegt dich im schwellenden Arm –
O seliges Lieben und Küssen!

So ist zum Lieben jedwede Zeit
Die echte, die rechte, die beste,
35 So halte, o Herz, dich immer bereit,
Zu empfangen die himmlischen Gäste!
Und hast du die flüchtige Stunde verträumt,
Mit Tränen wirst du es büßen,
So leere den Becher, solang er dir schäumt –
40 O seliges Lieben und Küssen.

Aus: Buch der Liebe. Leipzig: Keil 1869. Zit. nach: Deutsche Liebeslyrik, a. a. O., S. 214f.

Robert Prutz (1816–72), Sohn eines Kaufmanns, 1834–38 Studium der Philosophie, Philologie und Geschichte in Berlin, Breslau und Halle; Redakteur, Dramaturg, Professor für Literaturgeschichte, freier Schriftsteller. Er engagiert sich politisch und sozial, wird wegen Majestätsbeleidigung angeklagt, aber begnadigt.

BS 3

Johann Wolfgang Goethe: Heidenröslein (1771)

1. *Erschließen Sie die inhaltlichen und formal-sprachlichen Grundzüge des Gedichts, nachdem Sie es als Lied gehört haben und bevor Sie die Interpretation lesen.*

2. *Lesen Sie die Interpretation Peter von Matts aus der „Frankfurter Anthologie": Wie schätzt er das Gedicht ein und wie begründet er sein Urteil?*

Sah ein Knab ein Röslein stehn,
Röslein auf der Heiden,
War so jung und morgenschön,
Lief er schnell, es nah zu sehn,
5 Sah's mit vielen Freuden.
Röslein, Röslein, Röslein rot,
Röslein auf der Heiden.

Knabe sprach: „Ich breche dich,
Röslein auf der Heiden!"
10 Röslein sprach: „Ich steche dich,
Dass du ewig denkst an mich,
Und ich will's nicht leiden."
Röslein, Röslein, Röslein rot,
Röslein auf der Heiden.

15 Und der wilde Knabe brach
's Röslein auf der Heiden;
Röslein wehrte sich und stach,
Half ihm doch kein Weh und Ach,
Musst es eben leiden.
20 Röslein, Röslein, Röslein rot,
Röslein auf der Heiden.

Aus: Johann Wolfgang Goethe: Berliner Ausgabe, Bd. 1: Gedichte.
Berlin und Weimar: Aufbau Verlag, 3. Auflage 1976, S. 16

Peter von Matt
Diese unheimlichen Diminutive

Was ist das für ein zweifelhaftes und zwielichtiges Gedicht! Mögen es die Sängerknaben und Domspatzen, die gemischten und ungemischten Chöre noch so glockenrein in alle Säle flöten, ein zweifel-
5 haftes und zwielichtiges Gedicht ist es gleichwohl. Schon mit der Vaterschaft steht es nicht zum Besten. Ganz sicher ist nur, dass Goethe es 1789 in seine „Schriften" aufnahm. Ob er es fast zwanzig Jahre früher im Elsass gefunden oder bearbeitet oder geschaf-
10 fen hat, ist unklar.
Zweideutiger noch ist der Inhalt. Man zählt es zu den Liebesgedichten. Aber von Liebe ist darin nie die Rede. Das Wort kommt nicht vor. Es scheint für die zwei jungen Leute gar nicht zu existieren. Was erlebt und
15 erlitten wird, ist Gewalt – und nicht einmal ein Mit-

leid hinterher. „Musst es eben leiden", lautet der böse Schluss, über den dann die vielen Diminutive gestreut werden, als sollte man's nicht merken. Ein Zynismus ist das, so hart wie Mephistos Satz über Gretchen: „Sie ist die erste nicht." 20
Man soll nicht sagen, das sei eben volksliedhaft. Der einzige Text, der als Anregung infrage kommt, weil er den Refrain wörtlich schon enthält, verbindet gerade mit dieser Zeile kraftvoll und eindeutig das Wort, das die Strophen Goethes sich verbieten: 25

> Liebstu mich, so lieb ich dich,
> Röslein auf der Heyden.

Das stammt aus dem 16. Jahrhundert, und schön benennt es die Gleichheit der Liebenden in ihrer Liebe: Keins ist dem andern untertan; keines zwingt, 30 und keines wird gezwungen.
Von solcher erotischer Kultur weiß das „Heideröslein" nichts. Es ist ein schauerlich barbarischer Gesang. Schönheit und Schändung sind darin gepaart, so selbstverständlich, als handelte es sich um ein Welt- 35 gesetz. Das steht außerhalb aller Humanität, mag es sich noch so sehr als ein Stück Natur erklären. Humanität, Menschlichkeit in dem enormen Sinn, den dieser Dichter diesem Wort anderswo gegeben hat, ist also mit der Natur allein nicht schon gewonnen. 40
Warum aber spricht man seit zweihundert Jahren mit Rührung und Entzücken von dem Gedicht? Warum lässt man so etwas die kleinen Mädchen singen? Weil man auf die ersten zwei Strophen hereinfällt. Die eine redet von lauter Freude, die andere von Schmerz 45 und Widerstand, da muss doch in der dritten die Synthesis stecken und aller Gegensatz sich aufheben in Erfüllung. So eingefleischt ist uns dieser Dreischritt, dass wir ihn unterstellen, wo er doch gerade fehlt, aufs deutlichste fehlt, wo Versöhnung eben 50 nicht geschieht, sondern der Gegensatz sich splitternd und zerstörend verschärft.
Wäre das nicht ganz einfach an den Reimwörtern abzulesen? Die dritte Strophe kennt keine andern als die der zweiten: leiden, brechen, stechen. Nur Weh 55 und Ach kommt noch dazu.

Aus: Johann Wolfgang von Goethe: Herrlich wie am ersten Tag. 125 Gedichte und ihre Interpretationen. Hg. von Marcel Reich-Ranicki © Insel Verlag, Frankfurt am Main und Leipzig 2009

Christian Friedrich Daniel Schubart: Die Forelle

1. Hören Sie die Vertonung des Gedichts durch Franz Schubert und achten Sie dabei darauf, wie der Komponist den Text in Musik umsetzt.

2. Vergleichen Sie Schubarts „Forelle" mit Goethes „Heidenröslein".

*3. Lesen Sie die Informationen über Schubarts Leben und Verhaftung.
Welche biografische Interpretation liegt nahe, wenn die vierte Strophe fehlt?*

In einem Bächlein helle,
Da schoss in froher Eil
Die launige Forelle
Vorüber wie ein Pfeil.
5 Ich stand an dem Gestade
Und sah in süßer Ruh
Des muntern Fisches Bade
Im klaren Bächlein zu.

Ein Fischer mit der Rute
10 Wohl an dem Ufer stand
Und sah's mit kaltem Blute,
Wie sich das Fischlein wand.
So lang dem Wasser Helle,
So dacht ich, nicht gebricht,
15 So fängt er die Forelle
Mit seiner Angel nicht.

Doch plötzlich ward dem Diebe
Die Zeit zu lang. Er macht
Das Bächlein tückisch trübe,
20 Und eh ich es gedacht,
So zuckte seine Rute,
Das Fischlein zappelt dran,
Und ich mit regem Blute
Sah die Betrogne an.

25 Die ihr am goldnen Quelle
Der sichern Jugend weilt,
Denkt doch an die Forelle;
Seht ihr Gefahr, so eilt!
Meist fehlt ihr nur aus Mangel
30 Der Klugheit. Mädchen, seht
Verführer mit der Angel!
Sonst blutet ihr zu spät.

Aus: Der große Conrady. Das Buch deutscher Gedichte
von den Anfängen bis zur Gegenwart. Erweiterte
Neuausgabe. Ausgewählt und hrsg. von Karl Otto
Conrady. Düsseldorf: Patmos Verlag Artemis & Winkler,
2008, S. 261

Vertonung: Franz Schubert (1797–1828). Deutsch-
Werkverzeichnis Nr. 550

Christian Friedrich Daniel Schubart (1739–91), Sohn eines Pfarrers; nach abgebrochenem Theologiestudium Organist und Hofkapellmeister in Ludwigsburg; wegen ausschweifender Lebensweise und kritischer Veröffentlichungen vom württembergischen Herzog Carl Eugen zunächst des Landes verwiesen und später zehn Jahre auf dem Hohenasperg inhaftiert; danach wieder als gebrochener Mann zum Theater- und Musikdirektor am Stuttgarter Hof eingesetzt. Als Lyriker zwischen Empfindsamkeit und Sturm und Drang von Schiller geschätzt, der ihn im Gefängnis besuchte.
Um Schubart zu verhaften, lockte ihn Carl Eugen am 23. Januar 1777 in eine Falle: Er „glaubte sich zu lang schon von den kritischen Pfeilen aus Schubarts *Deutscher Chronik* verletzt und wollte dem aufsässigen Herausgeber ein für allemal das polemische Handwerk legen. Doch war der in der Freien Reichsstadt Ulm nicht zu fangen. So lockte ihn der Herzog auf württembergisches Gebiet, nach Blaubeuren, und der betrogene Schubart merkte die Tücke erst, als er bereits gefasst und auf dem Transport zu seinem Kerker auf dem Hohenasperg war, wo er zehn Jahre in Haft blieb.
Hier entstand – vor allem in den achtziger Jahren, als der Gefangene sich etwas freier bewegen durfte – eine Vielzahl geistlicher und weltlicher Gedichte, darunter, wohl um die Jahreswende 1782/83 verfasst, *Die Forelle*".

Hans Wolf Jäger: Von Ruten. Über Schubarts Gedicht *Die Forelle*. In: Karl Richter [Hrsg.]: Gedichte und Interpretationen. Bd. 2: Aufklärung und Sturm und Drang. Stuttgart: Reclam 1983, S. 374

Ein Tagelied Wolfram von Eschenbachs

1. *Bestimmen Sie, wer spricht, welche Rolle die beiden Sprechenden spielen und worin sich die letzte Strophe von den vorausgehenden unterscheidet.*

2. *Markieren und benennen Sie im Text die gattungstypischen Handlungselemente des Tagelieds, wie sie auf diesem Arbeitsblatt angegeben sind.*

3. *Untersuchen Sie, wie der Wächter und die Frau ihre Absichten verfolgen.*

4. *Welche Gründe finden Sie im Text, dass die Liebenden gegen gesellschaftliche Normen verstoßen?*

1 ‚Sîne klâwen
   durch die wolken sint geslagen,
   er stîget ûf mit grôzer kraft,
   ich sich in grâwen
5 tegelîch, als er wil tagen,
   den tac, der im geselleschaft
   erwenden wil, dem werden man,
   den ich mit sorgen în verliez.
   ich bringe in hinnen, ob ich kan.
10 sîn vil mánigiu tugent mich daz leisten hiez.'

   »Seine Klauen
   durch die Wolken sind geschlagen,
   er steigt auf mit großer Kraft,
   ich sehe ihn grauen,
5 taghaft, so wie er jetzt tagen wird,
   den Tag, der ihm, dem edlen Mann,
   den ich in der Nacht eingelassen habe,
   das Zusammensein mit der Geliebten nehmen
                                          will.
   Ich bringe ihn wieder fort, wenn ich es kann.
10 Seine edle Vollkommenheit gebot mir, dies zu
                                          tun.

2 »Wächter, du singst,
   was mir viele Freuden nimmt
   und meine Klage vermehrt.
   Du bringst Kunde,
15 die mir zu meinem Schmerz überhaupt nicht
                                       gefallen kann,
   immer morgens bei Tagesanbruch.
   Die solltest du mir ganz und gar verschweigen!
   Das empfehle ich dir als Gebot der Treue.
   Dafür belohne ich dich, so wie ich kann,
20 dann bleibt mein Geliebter hier bei mir.«

3 »Er muss fort,
   sogleich und ohne sich zu säumen.
   Nun gewähre ihm Abschied, liebliche Frau.
   Lass ihn hernach
25 dich im Verborgenen so lieben,
   dass er Ansehen und Leben behält.
   Er stellte sich meiner Treue so anheim,
   dass ich ihn auch wieder sicher von dannen
                                          bringen sollte.
   Es ist nun Tag. Nacht war es, als
30 unter Umarmungen dein Kuss mir ihn weg-
                                          nahm.«

4 »Was immer du magst,
   Wächter, das singe und lass den hier,
   der Liebe gab und Liebe empfing.
   Von deinem Ruf
35 sind er und ich immer schon erschreckt worden,
   wenn noch nirgends der Morgenstern aufgegan-
                                          gen war
   über ihm, der hierher zu mir gekommen war,
   noch irgendwo das Licht des Tages leuchtete.
   Dann hast du ihn oft schon mir genommen
40 aus meinen nackten Armen, aber aus dem
                                          Herzen nicht.«

5 Von den Strahlen,
   die der Tag durch die Fenster warf
   und als der Wächter seine Warnung sang,
   da fuhr schreckliche Angst in sie
45 um den, der da noch bei ihr war.
   Ihre zarten Brüste drängte sie an seine Brust.
   Der Ritter spürte noch einmal seine Kraft.
   Daran wollte ihn der Sang des Wächters hindern.
   Abschied, nah und immer näher,
50 gab ihnen unter Küssen und mit andrem Tun
                                          der Liebe Lohn.

Minnesang. Mittelhochdeutsche Texte mit Übertragungen und Anmerkungen. Hrsg., übersetzt und mit einem Anhang versehen von Helmut Brackert. © Fischer Taschenbuch Verlag GmbH, Frankfurt am Main 1983

Wolfram von Eschenbach (um 1170–1220): Vom Dichter des *Parzival*, eines höfischen Epos um König Artus und den Gral, ist kaum etwas bekannt. Er soll Ministerialer im Fränkischen gewesen sein. Seine Tagelieder gelten als Muster der Gattung.

Das **mittelalterliche Tagelied** schildert die Trennung zweier Liebender – eines Ritters und einer Dame – nach einer Liebesnacht. Gattungstypische Handlungselemente sind der Tagesanbruch, der Weckruf des Wächters, gesteigerte Gefahr, Klage über die bevorstehende Trennung, letzte Hingabe der Liebenden und Abschied (nach Jürgen Kühnel: Das Tagelied. Wolfram von Eschenbach: Sîne klâwen. In: Helmut Tervooren [Hrsg.]: Gedichte und Interpretationen: Mittelalter. Stuttgart: Reclam 1993, S. 149).

Zwei Liebeslieder von Else Lasker-Schüler

1. *Finden Sie für jedes der beiden Gedichte eine Überschrift, die dessen Stimmung oder Kernaussage wiedergibt. Begründen Sie Ihren Vorschlag mit Zitaten.*

2. *Stellen Sie fest, welche Bedeutung der Nacht in den „Liebesliedern" zukommt.*

3. *In beiden Gedichten bildet ein Verspaar die „Achse", die inhaltlich und/oder formal zu erkennen ist und an der die Lieder eine neue Wendung nehmen.*
Bestimmen Sie dieses Verspaar und begründen Sie Ihre Entscheidung.

4. *Untersuchen Sie eines der beiden Gedichte, indem Sie von dessen Achse ausgehen, auf seine Aussage im Einzelnen, die inhaltliche Struktur sowie Sprache und Form.*

Ein Liebeslied (1)

Komm zu mir in der Nacht – wir schlafen engverschlungen.
Müde bin ich sehr, vom Wachen einsam.
Ein fremder Vogel hat in dunkler Frühe schon gesungen,
Als noch mein Traum mit sich und mir gerungen.

5 Es öffnen Blumen sich vor allen Quellen
Und färben sich mit deiner Augen Immortellen …

Komm zu mir in der Nacht auf Siebensternenschuhen
Und Liebe eingehüllt spät in mein Zelt.
Es steigen Monde aus verstaubten Himmelstruhen.

10 Wir wollen wie zwei seltene Tiere liebesruhen
Im hohen Rohre hinter dieser Welt.

Else Lasker-Schüler

Ein Liebeslied (2)

Aus goldenem Odem
Erschufen uns Himmel.
O, wie wir uns lieben …

Vögel werden Knospen an den Ästen,
5 Und Rosen flattern auf.

Immer suche ich nach deinen Lippen
Hinter tausend Küssen.

Eine Nacht aus Gold,
Sterne aus Nacht …
10 Niemand sieht uns.

Kommt das Licht mit dem Grün,
Schlummern wir;
Nur unsere Schultern spielen noch wie Falter.

Beide Gedichte aus: Else Lasker-Schüler: Werke und Briefe, Kritische Ausgabe, Band 1.1, Gedichte © Jüdischer Verlag im Suhrkamp Verlag Frankfurt am Main 1996

Die Vergänglichkeit der Schönheit in zwei Barockgedichten

1. Gliedern Sie das Gedicht von Martin Opitz in Abschnitte.

2. Welche Verbindung besteht zwischen dem Gedicht von Hoffmannswaldau und dem Gemälde von Hans Baldung Grien?

3. Ermitteln Sie, wie die beiden Dichter die Vergänglichkeit der Schönheit darstellen und welche Schlussfolgerung sie aus dieser Erkenntnis ableiten.

Martin Opitz

Ach Liebste, lass uns eilen,
   Wir haben Zeit:
Es schadet das Verweilen
   Uns beiderseit.
5 Der edlen Schönheit Gaben
   Fliehn Fuß für Fuß:
Dass alles, was wir haben,
   Verschwinden muss.
Der Wangen Zier verbleichet,
10   Das Haar wird greis[2],
Der Augen Feuer weichet,
   Die Brunst[3] wird Eis.
Das Mündlein von Korallen
   Wird ungestalt,
15 Die Händ als Schnee verfallen,
   Und du wirst alt.
Drum lass uns jetzt genießen
   Der Jugend Frucht,
Eh als wir folgen müssen
20   Der Jahre Flucht.
Wo du dich selber liebest,
   So liebe mich,
Gib mir, dass, wann du gibest,
   Verlier auch ich.

Martin Opitz: Gesammelte Werke. Krit. Ausg. Hrsg. von
George Schulz-Behrend. Bd. 2,2. Stuttgart: Hiersemann,
1979, S. 666f. Zit. nach: Gedichte und Interpretationen.
Band 1: Renaissance und Barock. Hrsg. von Volker Meid.
Stuttgart: Reclam 1982, S. 136. Anpassung von Recht-
schreibung und Zeichensetzung: G. F.

---

1   Wir haben Zeit: geeigneten Zeitpunkt,
    Augenblick, Gelegenheit
2   greis: grau, sehr alt
3   Brunst: geschlechtliche Erregung

Christian Hoffmann von Hoffmannswaldau
Vergänglichkeit der Schönheit

Es wird der bleiche Tod mit seiner kalten Hand
Dir endlich[4] mit der Zeit um deine Brüste streichen,
Der liebliche Korall der Lippen wird verbleichen,
Der Schultern warmer Schnee wird werden kalter Sand;

5 Der Augen süßer Blitz[5], die Kräfte deiner Hand,
Für welchen solches fällt, die werden zeitlich[6] weichen.
Das Haar, das itzund kann des Goldes Glanz erreichen,
Tilgt endlich Tag und Jahr als ein gemeines[7] Band.

Der wohlgesetzte Fuß, die lieblichen Gebärden,
10 Die werden teils zu Staub, teils nichts und nichtig werden,
Denn[8] opfert keiner mehr der Gottheit deiner Pracht.

Dies und noch mehr als dies muss endlich untergehen.
Dein Herze kann allein zu aller Zeit bestehen,
Dieweil es die Natur aus Diamant gemacht.

Aus: Der große Conrady. Das Buch deutscher Gedichte. Erweiterte Neuausgabe.
Düsseldorf: Artemis & Winkler 2008, S. 198

---

4   endlich: auch: am Ende
5   Blitz: auch: Blick
6   zeitlich: auch: mit der Zeit
7   gemein: allgemein, gewöhnlich
8   denn: auch: dann

Hans Baldung Grien:
Der Tod und das Mädchen, 1517

Novalis: Zweite und dritte Hymne an die Nacht

1. *Unterstreichen Sie mit unterschiedlichen Farben, welche Eigenschaften die zweite Hymne dem Tag und der Nacht bzw. dem „heiligen Schlaf" (Z. 7) zuschreibt. Welche Einstellung spricht deshalb aus dem Prosagedicht?*

2. *Beschreiben Sie die Verfassung des Subjekts und dessen Erlebnis in der dritten Hymne. Sie gilt als „Urhymne" und spielt auf ein Erlebnis von Novalis am Grab seiner verstorbenen Geliebten Sophie von Kühn an: „Abends ging ich zu Sophien. Dort war ich unbeschreiblich freudig – aufblitzende Enthusiasmus Momente – Das Grab blies ich wie Staub, vor mir hin – Jahrhunderte waren wie Momente – ihre Nähe war fühlbar – ich glaubte sie solle immer vortreten" (Journaleintrag vom 13. Mai 1797. In: Novalis: Schriften, Bd. 1, S. 463). Die Begräbnisstätte bezeichnet in dem Gedicht der „dürre[ ] Hügel", an dem „ich einsam stand" (Z. 21 f.). Untersuchen Sie, wie sich das Verhältnis zwischen Liebe und Tod darstellt.*

2.

Muss immer der Morgen wiederkommen? Endet nie des Irdischen Gewalt? Unselige Geschäftigkeit verzehrt den himmlischen Anflug der Nacht. Wird nie der Liebe geheimes Opfer ewig brennen? Zugemessen
5 ward dem Lichte seine Zeit; aber zeitlos und raumlos ist der Nacht Herrschaft. – Ewig ist die Dauer des Schlafs. Heiliger Schlaf – beglücke zu selten nicht der Nacht Geweihte in diesem irdischen Tagewerk. Nur die Toren verkennen dich und wissen von keinem
10 Schlafe, als den Schatten, den du in jener Dämmerung der wahrhaften Nacht mitleidig auf uns wirfst. Sie fühlen dich nicht in der goldnen Flut der Trauben – in des Mandelbaums Wunderöl, und dem braunen Safte des Mohns. Sie wissen nicht, dass du es bist[,]
15 der des zarten Mädchens Busen umschwebt und zum Himmel den Schoß macht – ahnden nicht, dass aus alten Geschichten du himmelöffnend entgegentrittst und den Schlüssel trägst zu den Wohnungen der Seligen, unendlicher Geheimnisse schweigender Bote.

3.

20 Einst, da ich bittre Tränen vergoss, da in Schmerz aufgelöst meine Hoffnung zerrann, und ich einsam stand am dürren Hügel, der in engen, dunkeln Raum die Gestalt meines Lebens barg – einsam, wie noch kein Einsamer war, von unsäglicher Angst getrieben
25 – kraftlos, nur ein Gedanken des Elends noch. – Wie ich da nach Hilfe umherschaute, vorwärts nicht konnte und rückwärts nicht, und am fliehenden, verlöschten Leben mit unendlicher Sehnsucht hing: – da kam aus blauen Fernen – von den Höhen meiner alten
30 Seligkeit ein Dämmerungsschauer – und mit einem Male riss das Band der Geburt – des Lichtes Fessel. Hin floh die irdische Herrlichkeit und meine Trauer mit ihr – zusammen floss die Wehmut in eine neue, unergründliche Welt – du Nachtbegeisterung, Schlum-

mer des Himmels kamst über mich – die Gegend hob 35
sich sacht empor; über der Gegend schwebte mein entbundner, neugeborner Geist. Zur Staubwolke wurde der Hügel – durch die Wolke sah ich die verklärten Züge der Geliebten. In Ihren Augen ruhte die Ewigkeit – ich fasste ihre Hände, und die Tränen wurden ein 40
funkelndes, unzerreißliches Band. Jahrtausende zogen abwärts in die Ferne, wie Ungewitter. An Ihrem Halse weint ich dem neuen Leben entzückende Tränen. – Es war der erste, einzige Traum – und erst seitdem fühl ich ewigen, unwandelbaren Glauben an den 45
Himmel der Nacht und sein Licht, die Geliebte.

Aus: Novalis: Schriften. Bd. 1. Hrsg. v. R. Samuel. München, Wien: Hanser Verlag 1999, S. 153, 155f. (Rechtschreibung und Zeichensetzung behutsam modernisiert: G. F.)

Georg Philipp Friedrich Freiherr von Hardenberg (1772–1801), als Dichter unter dem Namen Novalis bekannt, Sohn einer pietistischen Familie auf einem sächsischen Gut; Jura- und Philosophie-Studien in Jena, Leipzig und Wittenberg, später an der Bergakademie Freiberg; Tätigkeit in der Salinenverwaltung; 15.3.1795 Verlobung mit der 13-jährigen Sophie von Kühn, die am 19.3.1797 an Schwindsucht stirbt – wie er selbst. Dezember 1798 Verlobung mit Julie von Charpentier, der Tochter eines Berghauptmanns. Mit seiner Lyrik, seinem Roman *Heinrich von Ofterdingen*, den aphoristischen *Blütenstaub*-Fragmenten und dem Essay *Die Christenheit oder Europa* ist er der bedeutendste Vertreter der frühen, Jenaer Romantik um A. W. und F. Schlegel sowie L. Tieck.

Dauer und Vergänglichkeit in zwei Gedichten des 20. Jahrhunderts

■ Vergleichen Sie, wie die beiden Gedichte auf Dauer und Vergänglichkeit eingehen. Berücksichtigen Sie dabei auch sprachliche und formale Gestaltungsmittel.

Ernst Stadler
Anrede

Ich bin nur Flamme, Durst und Schrei und Brand.
Durch meiner Seele enge Mulden schießt die Zeit
Wie dunkles Wasser, heftig, rasch und unerkannt.
Auf meinem Leibe brennt das Mal: Vergänglichkeit.

5 Du aber bist der Spiegel, über dessen Rund
Die großen Bäche alles Lebens gehn,
Und hinter dessen quellend goldnem Grund
Die toten Dinge schimmernd auferstehn.

Mein Bestes glüht und lischt – ein irrer Stern,
10 Der in den Abgrund blauer Sommernächte fällt –
Doch deiner Tage Bild ist hoch und fern,
Ewiges Zeichen, schützend um dein Schicksal hergestellt.

Aus: Ernst Stadler: Dichtungen. 2 Bde. Hrsg. von Karl Ludwig Schneider. Bd. 1. Hamburg: Ellermann o. J. [1954]

Ernst Stadler (1883–1914): als Sohn eines hohen Beamten in Colmar/ Elsass geboren und in Straßburg aufgewachsen; Studium der Germanistik, Romanistik und vergleichenden Sprachwissenschaft in Straßburg, München und Oxford; 1910–14 Professor für Literaturwissenschaft in Basel; als Reserveleutnant in Zandvoorde bei Ypern gefallen. Nach Anfängen unter dem Einfluss Nietzsches, Georges und Hofmannsthals entwickelt sich Stadler mit seinem Gedichtband *Der Aufbruch* zu einem wichtigen Vertreter des frühen Expressionismus.

Christoph Meckel

Alles wie immer: das Frühstück, der Blick in die Bäume
    der Terminkalender, der Wintertag, die Gespräche
aber dein Lachen hell, deine Stimme sorglos wie selten
    so dass ich fürchte: das könnte schnell vorbei sein
5 grundlos, nicht abwendbar
          mit einem Blick in die Zeitung
der Erwähnung eines Namens
          dem plötzlichen Anblick der Zukunft

Aus: Christoph Meckel: Säure. Gedichte. Düsseldorf: Claassen, 1979

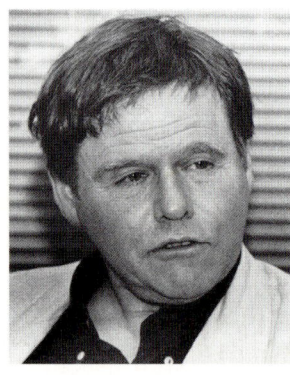

Christoph Meckel (geb. 1935), als Sohn des Schriftstellers Eberhard M. in Berlin geboren, aufgewachsen in Freiburg/Breisgau; nach dem Abbruch des Gymnasiums 1954–56 Grafikstudium in Freiburg und München; Reisen durch Europa, Afrika und Amerika; lebt als freier Schriftsteller und Zeichner in Berlin und Südfrankreich. Mitglied der Deutschen Akademie für Sprache und Dichtung in Darmstadt, bis 1997 auch des PEN-Zentrums der Bundesrepublik Deutschland. Neben Lyrik veröffentlichte Meckel auch Prosatexte und Essays.

Liebeslyrik in Volks- und Kunstliedern

4.1 Zwei Königskinder

Über das Volkslied von den zwei Königskindern in unterschiedlichen Versionen nähern sich die Schülerinnen und Schüler dem Motiv eines durch Wasser getrennten Liebespaars, das beim Versuch, zueinander zu kommen, ins Unglück stürzt. Die beiden Balladen *Getrennte Liebe* von Achim von Arnim und *Hero und Leander* von Friedrich Schiller, die dieses inhaltliche Grundmuster unterschiedlich entfalten, bieten Gelegenheit, einige Epochenmerkmale der Klassik und der Romantik textnah zu erarbeiten. Die Klasse hört zunächst das Volkslied in der kürzeren Form und überlieferten Melodie[1], um dann diese Version mit derjenigen in *Des Knaben Wunderhorn* zu vergleichen (**Arbeitsblatt 29**, S. 128). Während die ersten drei Strophen der Wunderhorn-Fassung weitgehend dem gesungenen Text entsprechen, unterscheiden sich die letzten etwas stärker: In der kürzeren Version spricht der Fischer, der den ertrunkenen „Königssohn" findet, die „liebliche Jungfrau" an, in der Wunderhorn-Version agiert er dagegen wortlos, grob und roh: „Er griff ihn bei den Haaren,/Und schleift ihn an das Land." Das Mädchen verabschiedet sich hier für immer von seinen Eltern, ohne dass sein Tod wie in der anderen Fassung ausdrücklich erwähnt wird. Ein gravierender Unterschied entsteht durch acht neue Strophen, in denen Tochter und Mutter einen in Struktur und Wortlaut formelhaft sich wiederholenden Dialog führen. Das Unglück ihres Geliebten ahnend, möchte sie an das Ufer der See gehen und täuscht Kopfschmerzen vor; den Vorschlag der Mutter, dass Schwester oder Bruder sie begleiten, hält sie nicht für sinnvoll, und so macht sie sich auf den Weg, nachdem jene sich schlafen legte. Sie bittet den Fischer, den „Toten", ein „verdientes rot Gold" zu suchen.

Die offensichtlichen Unterschiede, die den Schülerinnen und Schülern zeigen, wie sich Volkslieder verändern, werden im Unterrichtsgespräch gesammelt.

■ *Wodurch unterscheiden sich die beiden Fassungen des bekannten Volkslieds von den Königskindern auf dem Arbeitsblatt 29?*

Zwei Königskinder: Unterschiede der Wunderhorn-Version gegenüber der gesungenen Fassung

- acht neue Strophen:
  - Dialog zwischen Tochter und Mutter
  - Gang des Mädchens an die See
  - Aufforderung an den Fischer, den toten Geliebten zu suchen
- wortloses und grobes Aus-dem-Wasser-Ziehen des Toten durch den Fischer
- endgültiger Abschied von den Eltern/kein Hinweis auf den Tod des Mädchens

---

[1] Des Knaben Wunderhorn. Alte deutsche Lieder. Rundfunk-Jugendchor Wernigerode. Deutsche Schallplatten Nr. 1090–2. Berlin: B.T.M. Musikproduktion 2004. Nr. 9

Die Balladen betten das Kernmotiv in ganz verschiedene Szenerien ein: In *Getrennte Liebe* verhindert ein Wasserfall, in *Hero und Leander* die Meeresenge zwischen Europa und Asien, dass die Liebenden zusammenkommen. Arnim schränkt den Raum des Geschehens auf den Ort eines Naturschauspiels „[d]iesseit und jenseit am Wasserfall" ein, Schiller dehnt ihn auf zwei Kontinente aus. Der antike Sagenstoff wendet sich nicht nur geografisch dem Süden und dem Mittelmeer zu, sondern mit ihm lebt auch die Mythologie des Altertums auf, insbesondere in Gottheiten und Liebesgeschichten (vgl. die Anmerkungen auf dem **Arbeitsblatt 30**, S. 130–133). Arnims Gedicht bleibt dagegen dem Nordisch-Deutschen nicht nur landschaftlich, sondern auch religiös verhaftet: Die Kinder besuchen Klosterschulen (vv. 40, 42) und der Knabe möchte Mönch werden (v. 46), sind also vom Katholizismus geprägt. Sie gehören dem bürgerlichen Stand an, während Hero und Leander in „altergrauen/ Schlösser[n]" (vv. 1 f.) wohnen und damit adliger Herkunft sind. Sie erleben bis zu dem Unglück im Herbststurm die Freuden der Liebe, die den Protagonisten in der anderen Ballade verwehrt bleiben. Allerdings finden sie als Kinder und im Tod sowie virtuell zusammen: „Motive der Vereinigung und Verbindung treten in dem Gedicht mindestens ebenso deutlich hervor wie der trennende Wasserfall. Das Eis ermöglicht die frühe Begegnung der Kinder (7 f.), ihr gemeinsamer Gesang lässt die Liebe entstehen (1–4), der Regenbogen bildet ein wunderbares visuelles Band (19–22), die Schwalben fliegen hinüber und herüber (25–30), und immer wieder sind es Schall und Gesang, die eine Brücke schaffen. Der Untergang der beiden – wenn es überhaupt ein solcher ist – vollzieht sich auch nicht in der Trennung wie bei Hero und Leander und dem Königskind, sondern ist zugleich Vereinigung (55–58)" (Schulz[1], S. 286 f.).

Die in Partnerarbeit gesammelten Ergebnisse zur ersten Aufgabe auf dem Arbeitsblatt 30 werden auf der Tafel notiert, wenn sie als Merkmale der jeweiligen Epoche gelten können. Wenn die Klasse über die notwendigen Vorkenntnisse verfügt, kann sie auch gleich die zweite Aufgabe in Angriff nehmen.

■ *Bearbeiten Sie Aufgabe 1 oder 2 auf dem Arbeitsblatt 30.*

Durch einige Impulse und unterstützende Informationen des Lehrers oder der Lehrerin können anhand des Schlusses von Arnims Ballade noch einige weiter- und tiefergehende Aspekte erschlossen und auf der Tafel ergänzt werden: Nachdem die Liebenden sich im Wasserfall gesucht und die Strudel sie fortgerissen haben, sehen und hören ihre Eltern zwei Schwäne, die „im Sternenschein ringen" und „[i]hr letztes schönstes Lied" singen (vv. 63, 67 f.). „Zwar deutet der Schwanengesang [der letzte Gesang, auch Auftritt, Rede, Werk vor dem Tod] auf den Tod der beiden Liebenden hin, aber zugleich wird im Kontext des Gedichtes klar, dass die Liebenden in den Schoß der Natur zurückkehren, dass sie eingehen in jenen Bereich, der nach den Vorstellungen der Romantik einzig Erlösung verspricht und die gesamte Schöpfung umgreift" (Schulz, S. 287). Diesen Gedanken setzt die Schlusszeile fort und rundet ihn ab, indem die Tränen des Leids und der Trauer das Wachstum der Pflanzen anregen (vgl. dasselbe Motiv in Heines Gedicht auf S. 135). Noch einen Schritt weiter geht die Deutung, die den Tod des Liebespaares als Traum versteht: „Im Wasser suchen und finden die beiden einander, was in der Sprache des Traumes etwa heißen könnte: Sie tauchen ein in einen tieferen, gemeinsamen Bereich unbewusster archaischer Seelenschichten und werden dabei zugleich selbst wieder Natur. So verstanden zeigt das Gedicht innerseelische Vorgänge, nicht äußere Konflikte." (Schulz, S. 289).

■ *Was passiert mit dem Liebespaar am Ende von Arnims „Gedicht"?*
Was beobachten und hören die Eltern?

---

[1] Hartwig Schultz: Getrennt und vereint: Arnims Königskinder. In: Wulf Segebrecht [Hrsg.]: Gedichte und Interpretationen. Band 3: Klassik und Romantik. Stuttgart: Reclam 1984

Wie ist die Verwandlung in Schwäne und deren Gesang zu verstehen?
Welche Parallele besteht zwischen dieser Verwandlung und dem Inhalt der Schlusszeile?

■ *Wie ließe sich der Tod der Liebenden als Traum deuten?*

Das „Königskinder"-Motiv in zwei Balladen

Friedrich Schiller **Hero und Leander**	**gemeinsames Motiv**	Achim von Arnim **Getrennte Liebe**
• Meerenge der Dardanellen im Mittelmeer zwischen Europa und Asien	durch Wasser getrenntes Liebespaar, das zueinanderzukommen versucht und dabei oder als Folge stirbt	• Wasserfall
• Weite des Meers zwischen Kontinenten		• beschränkter Raum eines Naturschauspiels
• Stoff einer antiken Sage		• altdeutsches Volkslied als Vorlage
• Süden, Griechenland		• Norden, Deutschland
• Mythologie des Altertums (Götter, Liebesgeschichten)		
• Genuss des Liebesglücks		

• Katholizismus (Klosterschule, Mönch)
• Zusammensein als Kinder, im Tod und virtuell über Natur (Regenbogen, Vogelflug) und Gesang
• Vereinigung mit der Natur und der gesamten Schöpfung (Schwanengesang, Wachstum aus Tränen)
• Traumdeutung des Todes: Eintauchen in den unbewussten Bereich gemeinsamer Seelenschichten

Klassik   **Romantik**

4.2 Vogel- und Nachtigallenmotiv

Die Schülerinnen und Schüler, die sich in den Gedichten *Ein Lied* von Else Lasker-Schüler (**Arbeitsblatt 7**, S. 44) und *Getrennte Liebe* von Achim von Arnim (**Arbeitsblatt 30**, S. 129, Strophen 5 und 6) schon mit dem Vogelmotiv befassen konnten, wenden sich nun diesem Thema zu, indem sie den Gesang eines einfachen Volkslieds hören (Deutsche Volkslieder, Nr. 21), kurz auf den Inhalt der einzelnen Strophen eingehen, es mit Heines Gedicht vergleichen, das daraus zitiert, und außerdem den vogelkundlichen Bildraum in Helga M. Novaks Versen *kann nicht steigen nicht fallen* erschließen. Das Volkslied und Heines Gedicht auf dem **Arbeitsblatt 31**, S. 134 verbindet die im Konjunktiv II geäußerte Vorstellung, als Vogel die Trennung von der Geliebten überwinden und bei ihr sein zu können. Die erste Strophe des Volkslieds verneint diese Möglichkeit in pleonastischer Weise nochmals ausdrücklich, die beiden folgenden gehen dann auf Auswege ein, um sich der oder dem Geliebten dennoch nahe zu fühlen: Begegnungen und Gespräche im Schlaf sowie Verbundenheit der Herzen. Bei Heine steht die Anfangsstrophe des Volkslieds im Zeichen übertriebener Rührseligkeit und ironischer Distanzierung. Gleichwohl differenziert er dessen Ausgangssituation anschließend durch symbolträchtige Vogelarten: Die Schwalbe ist „als regelmäßig wiederkehrender Zugvogel vielfach Sinnbild des Frühlings [... ,] des Lichts u[nd] der Fruchtbarkeit. Ihr Nisten am Haus gilt als glückbringend". Die Nachtigall wird „wegen ihres süßen u[nd] zugleich klagenden Gesanges [als] Symbol der Liebe […], aber auch der Sehnsucht u. des Schmerzes" betrachtet (Lexikon der Symbole, S. 202, 264). Der Gimpel oder Dompfaff strahlt dagegen keine derartige Symbolkraft aus. Wenn sich das lyrische Ich in der letzten Strophe vorstellt, als ein solcher Vogel Zuwendung und Heilung bei der Geliebten zu finden, entfernt sich der Dichter von den traditionellen Sinnbildern, denen er vorher noch gefolgt war. Er betont diese Ablösung, indem er auf die poetisch ungewöhnliche Vogelart dreimal verweist. Andererseits bezieht er sich mit der Nacht und dem Herzen wieder auf seine Vorlage.

Wegen der leichten Zugänglichkeit der beiden Gedichte tragen die Schülerinnen und Schüler ihre Beobachtungen und Erkenntnisse im Unterrichtsgespräch zusammen.

■ *Erläutern Sie kurz den inhaltlichen Kern der drei Strophen des Volkslieds und vergleichen Sie es mit Heines Gedicht (Aufgaben 1 und 2 auf dem Arbeitsblatt 31).*

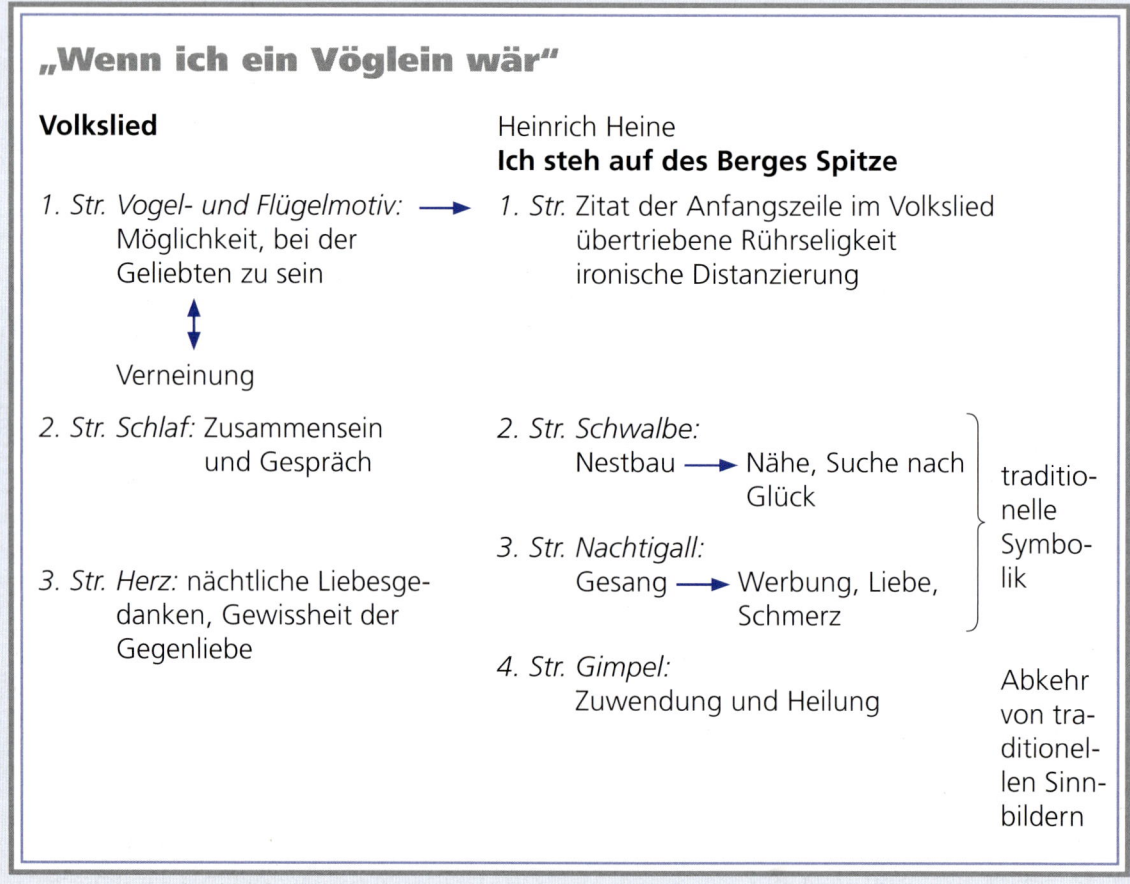

In Helga M. Novaks Gedicht *kann nicht steigen nicht fallen* schildert das lyrische Ich in Bildern der Vogelwelt, wie es Passivität und Melancholie überwindet, indem es handelt und neues Selbstbewusstsein gewinnt. In der ersten Strophe erkennt und beschreibt es seine durch Liebesschmerz verursachte Lage dadurch, dass es die Fähigkeit zu fliegen – beschwingt und glücklich zu leben – verloren hat. Die verwundert wahrgenommene Möglichkeit (vv. 1 f.) erweist sich schnell als Realität, in der das Brüten sich sowohl auf die Fortpflanzung von Vögeln als auch auf das Grübeln über geeignete Liebeserklärungen bezieht. In der zweiten Strophe findet das „flügellahm[e]" Subjekt Trost und neuen Lebensmut beim Beobachten anderer flugunfähiger Vögel, die sich auf der Erde munter und selbstsicher bewegen. So gesellt es sich in der dritten Strophe zu ihnen, indem es die Rolle eines Wasserhuhns spielt und sich auf die Suche nach dem Geliebten macht, von dem es glaubt, dass er sich mit seinen „vielen schwarzen Haaren" (v. 15) im Schilf verfangen hat. Dieses Merkmal kann ein Hinweis auf seine Attraktivität sein – trotzdem will das Ich dessen dringendem Bedürfnis nach Befreiung nicht nachkommen. Es hat sich selbst von der zwanghaften Fixierung auf den Geliebten gelöst. Das Gedicht verzichtet auf Satzzeichen, Vers und Endreime, die Strophen verdeutlichen aber die inhaltliche Struktur: Durch die gegenüber der ersten und dritten verminderte Verszahl in der zweiten erhält diese eine besondere Stellung: Sie verändert das Subjekt, weil es sich von der Selbstbezogenheit freimacht, seine Aufmerksamkeit auf die Umgebung richtet und dort eine Lösung für sich entdeckt. Der in der mittleren Strophe stattfindende Objektivierungsprozess zeigt sich im Verzicht auf die erste und zweite Person. Die erste dominiert dagegen das „ich", in der dritten steht das Verhältnis zwischen „ich" und „du" im Vordergrund.

Das bildkräftige, klar strukturierte, gleichwohl interpretationsoffene Gedicht eignet sich für eine Partnerarbeit, um es zu erschließen.

■ *Bearbeiten Sie Aufgabe 3 auf dem Arbeitsblatt 31.*

Das Vogelmotiv in Helga M. Novaks Gedicht *kann nicht steigen nicht fallen*

	1. Str.	
Verlust der Fähigkeit zu fliegen Fortpflanzung der Vögel	**Erkennen und Beschreiben der Lage** (ich) ◄——— Brüten ———►	Liebesschmerz Passivität, Melancholie Grübeln über geeignete Liebeserklärungen
	2. Str.	
Wahrnehmung anderer flugunfähiger Vögel	**Objektivierungsprozess** (kein persönlicher Bezug, eine Zeile weniger)	Trost neuer Lebensmut
	3. Str.	
Rollenspiel als Wasserhuhn	**Lösung** (ich/du)	Entdeckung von Handlungsmöglichkeiten, neues Selbstbewusstsein

Die in dem Gedicht stattfindende Veränderung legt es nahe, die Interpretationsergebnisse in einer produktionsorientierten Schreibaufgabe weiterzuführen. Die Schülerinnen und Schüler versetzen sich in das lyrische Ich und verfassen aus dessen Perspektive einen Rollenmonolog oder einen Brief an das geliebte Du. Dadurch vollziehen sie die Entwicklung des Subjekts jenseits der Vogelmetaphorik und damit näher an ihrer eigenen Lebenswelt noch einmal nach.

■ *Verfassen Sie auf der Grundlage des Gedichts einen Rollenmonolog des lyrischen Ichs oder einen Brief, den es an den Geliebten schreibt.*

Das Nachtigallen-Motiv geht auf den antiken Philomela-Mythos zurück (vgl. Ovid, Metamorphosen, 6. Buch). In dessen römischer Version verwandelt Zeus die Tochter des athenischen Königs Pandion von Athen in eine Nachtigall, um sie vor der Verfolgung ihres Gatten Tereus zu retten. Ihr Lied wurde als Klagegesang aufgefasst, später, in Mittelalter und

Neuzeit, als Sehnsuchtsruf der Liebe. Als Beispiele für das Motiv der Nachtigall und ihres Gesanges, das die Schülerinnen und Schüler unter anderem aus der dritten Strophe in Heines Gedicht *Ich steh auf des Berges Spitze* kennen (**Arbeitsblatt 31**, S. 134) und auf das auch der Titel von Friedrich Spees geistlicher Lyrik anspielt (vgl. das **Arbeitsblatt 18**, S. 77 f.), hören sie das bekannte *Ständchen* von Ludwig Rellstab und *Aus meinen Tränen sprießen* von Heinrich Heine (**Arbeitsblatt 32**, S. 135) in Liedkompositionen von Franz Schubert und Robert Schumann (Ständchen: Ich liebe dich, Nr. 4. Aus meinen Tränen sprießen: Ebd., Nr. 12, oder Lieder nach Gedichten von Heinrich Heine, Nr. 2). Beim Vergleich dieser musikalischen Fassungen mit dem Volkslied *Wenn ich ein Vöglein wär* entdecken sie die Unterschiede zwischen dieser einfachen Gesangsform und dem Kunstlied. Volkslieder werden gern von Chören in einstimmigen oder einfachen mehrstimmigen Sätzen ohne oder mit beliebiger Begleitung gesungen. Die Melodien sind eingängig, die Töne leicht zu verbinden und deshalb Laiensänger nicht überfordert. Beim Kunstlied handelt es sich dagegen um einen Sologesang mit vorgeschriebener Begleitung – in den Beispielen durch das Klavier –, den nur ausgebildete Stimmen bewältigen. Er kann schwierige Sprünge und extreme Tonlagen enthalten und verlangt rhythmische Anpassungsfähigkeit und prägnante Einsätze. Auf Nachfrage zu beantworten oder durch Informationen des Lehrers oder der Lehrerin zu ergänzen wäre, dass Texte und Melodien von Volksliedern variieren können, weil sie von unbestimmter Herkunft sind und mündlich überliefert wurden. Im Unterschied dazu haben Kunstlieder namentlich bekannte Dichter und Komponisten verfasst.

■ *Vergleichen Sie die musikalischen Fassungen des „Ständchens" von Ludwig Rellstab und des Heine-Gedichts „Aus meinen Tränen sprießen" mit den Volksliedern „Wenn ich ein Vöglein wär" und „In einem kühlen Grunde" (Aufgabe 1 auf dem Arbeitsblatt 32).*

Volks- und Kunstlieder

Wenn ich ein Vöglein wär	L. Rellstab: **Ständchen** H. Heine: **Aus meinen Tränen sprießen**
● Chorgesang	● Sologesang
● eingängige Melodien, deren Töne leicht zu verbinden sind	● schwierige Sprünge und extreme Tonlagen
● einstimmige oder einfache mehrstimmige Sätze	● rhythmische Anpassungsfähigkeit, prägnante Einsätze
● ohne oder mit beliebiger Begleitung	● vorgeschriebene Begleitung (Klavier)
● Laiensänger	● ausgebildete Stimmen
● Texte und Melodien können variieren	● Texte und Melodien sind festgelegt
● unbestimmte Herkunft	● Dichter und Komponisten namentlich bekannt (Franz Schubert, Robert Schumann)
● mündliche Überlieferung	
↓	↓
Volkslied	**Kunstlied**

An das Unterrichtsgespräch zur Unterscheidung von Volks- und Kunstliedern schließt sich ein weiteres über Heines kurzes Gedicht *Aus meinen Tränen sprießen* an, in dem die äußere Situation und Verfassung des Ichs, die Bedeutung des Nachtigallen-Motivs sowie weitere auffällige inhaltliche, sprachliche und formale Elemente betrachtet werden (Aufgabe 2 auf dem **Arbeitsblatt 32**, S. 135). Es bereitet die Interpretation von Rellstabs *Ständchen* und Brentanos *Der Spinnerin Nachtlied* in Einzelarbeit unter denselben Gesichtspunkten vor, wobei sich die Schülerinnen und Schüler für das eine oder das andere Gedicht entscheiden können.

Heines Gedicht entsteht aus der schmerzvollen Ungewissheit über die Haltung der Geliebten, unter der das Subjekt leidet. Es wünscht sich und stellt sich vor, dass sie ihm gewogen wäre. Der Gesang der Nachtigallen verkündet Liebeskummer und -glück und transformiert so wie die aus Tränen aufkeimenden Blumen – vgl. die Parallele zum Schlussvers von Arnims Ballade *Getrennte Liebe* (**Arbeitsblatt 30**, S. 130) – die eigenen Gefühle in den Bereich der Natur. Die Nominalphrasen in der jeweils letzten Zeile der beiden Strophen heben diese romantische Einheit von Empfindungen und Naturvorgängen hervor. Die zwei Strophen erzeugen einen Gegensatz zwischen Trauer und Zuversicht, Gegenwart und Zukunft, Passivität und Aktivität, Ichbezogenheit und Hinwendung zum Du. Sie bestehen aus einem dreihebigen Versmaß mit ein- oder zweisilbigen Füllungen.

In Rellstabs *Ständchen* wirbt das männliche Ich mit seinem Gesang bei Nacht um die Geliebte, vielleicht in der Nähe ihres Fensters stehend. Es verspürt starkes Verlangen nach ihr und fleht um ihre Gunst – dieses Verb legt die Stimmung des Gedichts in der Eingangszeile fest und gibt in der dritten, der mittleren Strophe zweimal das Ziel des Sangs der Nachtigallen vor. Sie unterstützen den Sänger als Bittsteller und verständnisvolle Helfer; Ständchen und Vogelstimmen, Kunst und Natur verbinden sich in demselben Anliegen; insofern sind die Nachtigallenstrophen der Kern des Gedichts, dem die Schilderung einer nächtlichen Naturszenerie mit einem „stillen Hain", schlanken Baumwipfeln, die „[f]lüsternd […] rauschen" (v. 5), und Mondlicht vorausgeht. Das dringende Liebesbegehren unterstreichen zahlreiche imperativische Appelle, zum Teil als Ausrufe verstärkt (vv. 4, 8, 17 f., 20). Die regelmäßig gebauten Strophen im Volksliedton setzen sich aus Versen mit abwechselnd vier- und dreihebigen Trochäen zusammen. In den Kreuzreimen alternieren weibliche und männliche Endungen.

In *Der Spinnerin Nachtlied* von Clemens Brentano erinnert sich eine Frau bei ihrer nächtlichen Arbeit an ein lange zurückliegendes glückliches Liebesverhältnis. Sie fühlt sich einsam und sehnt sich danach, mit Gottes Hilfe – nach dem Tod? – wieder mit dem Geliebten zusammen zu sein. Der Gesang der Nachtigall symbolisiert zum einen das vergangene Liebesglück, zum andern drückt er den gegenwärtigen Schmerz über das Getrenntsein aus. Wie bei Rellstab überlagern und vermischen sich auch bei Brentano das menschliche Singen und das des Vogels. Die ersten beiden Strophen kontrastieren Vergangenheit und Gegenwart, die sich in den folgenden zunehmend ineinander verflechten und auch die Zukunftsperspektive einbeziehen. Die Verse aus dreihebigen Jamben wiederholen sich in Variationen, sodass sie den Eindruck erwecken, als spänne das Gedicht den Faden der Erinnerung oder des Schicksals. Dieser innere Zusammenhang verstärkt sich dadurch, dass sich die Wörter des umarmenden Reimschemas mit weiblichen und männlichen Kadenzen, wie es die ersten beiden Strophen vorgeben, in den folgenden fortsetzen. „[D]ie Mischung von Einfachheit und Raffinement, von Klang und Echo, Bewegung und Statik, Monotonie und Variation in diesem Gedicht" erklärt sich daraus, „dass im Lied die verlorene Einheit im Vorgriff auf eine gedachte und ersehnte Zukunft beschworen werden kann" (Frühwald[1], S. 273). Was Frühwald (S. 270) unter Bezug auf Brentanos Gedicht feststellt, veranschaulichen auch die beiden anderen Beispiele auf dem Arbeitsblatt 32: „Die artistische Konstruktion eines scheinbar naiven Volkstones war in Lyrik und Prosa eine der großen Leistungen der deutschen Romantik; durch *Des Knaben Wunderhorn* hat sich dieser Ton als der des romantischen Liedes etabliert und", so führt er den Gedanken weiter, „sich dann im lyrischen Werk Eichendorffs, Heines und Mörikes hundertfältig gebrochen."

---

[1] Wolfgang Frühwald: Die artistische Konstruktion des Volkstones. Zu Clemens Brentanos *Der Spinnerin Nachtlied*. In: Wulf Segebrecht [Hrsg.]: Gedichte und Interpretationen. Band 3: Klassik und Romantik. Stuttgart: Reclam 1984

■ *Untersuchen Sie Heines Gedicht im Hinblick auf die in Aufgabe 2 auf dem Arbeitsblatt 32 genannten Gesichtspunkte.*

■ *Bearbeiten Sie Aufgabe 3 auf dem Arbeitsblatt 32.*

Das Nachtigallenmotiv: drei romantische Gedichte

	Heine **Aus meinen Tränen sprießen**	Rellstab **Ständchen**	Brentano **Der Spinnerin Nachtlied**
äußere Situation	schmerzvolle Ungewissheit über die Haltung der Geliebten	nächtlicher Werbegesang um die Geliebte	Erinnerung einer Frau bei der nächtlichen Arbeit an ein lange zurückliegendes glückliches Liebesverhältnis
Verfassung des Ichs	• Leiden • Wunsch und Vorstellung, dass ihm die Geliebte gewogen wäre	• starkes Verlangen nach der Geliebten • Flehen (vv. 1, 10, 12) um ihre Gunst	• Einsamkeit • Sehnsucht nach Erneuerung des Zusammenseins mit dem Geliebten durch Gottes Hilfe (nach dem Tod?)
Nachtigallenmotiv	• Verkündigung von Liebeskummer und -glück • Transformation von Gefühlen in die Natur (wie auch die Blumen) • Hervorhebung durch Nominalphrasen in der letzten Zeile beider Strophen	• Unterstützung des Sängers als Bittsteller und verständnisvolle Helfer • Verbindung des menschlichen Gesangs mit dem der Nachtigallen, von Kunst und Natur in demselben Anliegen	• Symbol vergangenen Liebesglücks • Ausdruck gegenwärtigen Schmerzes über das Getrenntsein • Vermischung menschlichen Singens mit dem des Vogels
weitere Elemente	• Gegensätze zwischen 1./2. Strophe: Trauer/Zuversicht, Gegenwart/Zukunft, Passivität/Aktivität, Ich/Hinwendung zum Du • dreihebiges Versmaß mit ein- oder zweisilbigen Füllungen	• nächtliche Naturszenerie (1./2. Strophe) • imperativische Appelle, zum Teil durch Ausrufe verstärkt (vv. 4, 8, 17 f., 20) • regelmäßig gebaute Strophen im Volksliedton • Verse mit abwechselnd vier- und dreihebigen Trochäen • Kreuzreime, Wechsel zwischen weiblichen und männlichen Kadenzen	• Kontrast Vergangenheit/Gegenwart in den ersten beiden Strophen • zunehmende Verflechtung der Zeiten, Einbeziehung der Zukunftsperspektive in den weiteren Strophen • variierende Wiederholungen der Zeilen • Verse aus dreihebigen Jamben • umarmende Reime mit weiblichen und männlichen Endungen • Wiederholung der Reimwörter aus den ersten beiden Strophen

4.3 Heinrich Heine: Buch der Lieder

Die sechs Gedichte in der Form des Volkslieds auf dem **Arbeitsblatt 33**, S. 137 f. stammen aus den populären Zyklen *Lyrisches Intermezzo* und *Die Heimkehr*. Der Titel *Intermezzo* erklärt sich dadurch, dass der Zyklus zunächst in einem Tragödien-Buch als Zwischenspiel fungierte, „‚Heimkehr‘ ist als Rückkehr an Orte, die, wie Hamburg und Göttingen, für den Dichter Freude bedeuten, zu verstehen, also *nicht* als Rückkehr in eine heimatliche Geborgenheit" (Heine-Handbuch[1], S. 56 f.). Zahlreiche Vertonungen von Gedichten dieser Zyklen trugen zu deren Bekanntheit bei (vgl. Heine-Handbuch, S. 77), sodass es naheliegt, die musikalische Umsetzung in den Unterricht einzubeziehen. Die Auswahl der Gedichte auf dem Arbeitsblatt 33 richtete sich deshalb auch danach, die Vertonungen aller Lieder auf einer CD zur Verfügung zu haben[2].

Das Volkslied beeinflusste Heines Lyrik inhaltlich und formal: „Neben zahlreichen motivlichen Entlehnungen war […] die Volksliedstrophe mit ihrer variablen Metrik formal prägend für das *Buch der Lieder*." (Heine-Handbuch, S. 58). So bestehen die Gedichte auf dem Arbeitsblatt 33 in der Regel aus Versen mit drei Hebungen und ein- bis zweisilbigen Senkungen; die Strophen enthalten meist einen einzigen Kreuzreim. „Die ganze theoretische Faszination durch diese Gattung kommt dann in der *Romantischen Schule* zum Ausdruck, die Arnims. und Brentanos repräsentative Liedersammlung *Des Knaben Wunderhorn* vor französischem Publikum ausführlich rühmt" (Ebd.): „Dieses Buch kann ich nicht genug rühmen; es enthält die holdseligsten Blüten des deutschen Geistes, und wer das deutsche Volk von einer liebenswürdigen Seite kennenlernen will, der lese diese Volkslieder." (Romantische Schule[3], 3. Buch, S. 166) „Wesentlich erscheint nun jedoch, dass Bewunderung und gebrochene Einstellung zusammengehen. Heine sieht das Volkslied historisch und weiß, dass am Ende der großen, traditionsreichen ‚Kunstperiode‘ bzw. bei Beginn der Moderne kein unreflektierter Rückgriff auf diese Gattung mehr möglich ist." (Heine-Handbuch, S. 58). In der *Romantischen Schule* (S. 167) wendet er sich gegen deren Imitation: „Die Kunstpoeten wollen diese Naturerzeugnisse nachahmen, in derselben Weise, wie man künstliche Mineralwasser verfertigt. Aber wenn sie auch, durch chemischen Prozess, die Bestandteile ermittelt, so entgeht ihnen doch die Hauptsache, die unzersetzbare sympathetische Naturkraft." Heine dagegen bezeichnet seine Originalität im Brief an Moser vom 19. Dezember 1825 selbst als „lyrisch maliziöse Manier" (vgl. Heine-Handbuch, S. 57, 69); an anderer Stelle charakterisiert er seine Lieder als „maliziös-sentimentalisch" (Kindlers Neues Literaturlexikon, Bd. 7, S. 559). Im 44. Gedicht des Heimkehr-Zyklus entlarvt er auch seine Liebeslieder als Rollenlyrik und Fiktion (vgl. Heine-Handbuch, S. 65, 70):

Nun ist es Zeit, dass ich mit Verstand
Mich aller Torheit entled’ge;
Ich hab so lang als ein Komödiant
Mit dir gespielt Komödie.

Die prächt’gen Kulissen, sie waren bemalt
Im hochromantischen Stile,
Mein Rittermantel hat goldig gestrahlt,
Ich fühlte die feinsten Gefühle.

Und nun ich mich gar säuberlich
Des tollen Tands entled’ge,
Noch immer elend fühl ich mich,
Als spielt ich noch immer Komödie.

Ach Gott! im Scherz und unbewusst
Sprach ich was ich gefühlet;
Ich hab mit dem Tod in der eigenen Brust
Den sterbenden Fechter gespielet.

Gedichte, S. 132 f.

---

[1] Gerhard Höhn: Heine-Handbuch. Zeit, Person, Werk. Zweite, aktualisierte und erweiterte Auflage. Stuttgart: Metzler 1997

[2] Schubert · Schumann · Mendelssohn Bartholdy. Lieder nach Gedichten von Heinrich Heine. Christoph Prégardien (Tenor), Andreas Staier (Fortepiano). Bertelsmann Music Group Company in Coproduktion mit dem WDR 1994. deutsche harmonia mundi Nr. 05472 77319 2

[3] Heinrich Heine: Die romantische Schule. In: H. H.: Im traurigen Monat November war’s. Gedichte und Schriften. Stuttgart, München: Dt. Bücherbund 1986

Wie die künstliche Nachahmung der von ihm geschätzten Volkslieder lehnt Heine auch die ideologisch-politische Zielrichtung der Romantik ab: „Als man aber entdeckte, dass eine Propaganda von Pfaffen und Junkern, die sich gegen die religiöse und politische Freiheit Europas verschworen, die Hand im Spiele hatte, dass es eigentlich der Jesuitismus war, welcher, mit den süßen Tönen der Romantik, die deutsche Jugend so verderblich zu verlocken wusste, wie einst der fabelhafte Rattenfänger die Kinder von Hameln: da entstand großer Unmut und auflodernder Zorn unter den Freunden der Geistesfreiheit und des Protestantismus in Deutschland" (Romantische Schule, 1. Buch, S. 94f.).

Neben den Volksliedern sind die „Goethesche[ ] Lieder- und Balladendichtung sowie seine Liebeslyrik" von „überragende[r] Bedeutung für Heines *Buch der Lieder*" (Heine-Handbuch, S. 59). „Der *West-östliche Divan* von 1819, der nicht nur kompositorisch das *Buch der Lieder* beeinflusst hat, erscheint dem jüngeren Dichterkollegen wie ein Wunder der deutschen Sprache" (ebd.). „Als Modell für das *Intermezzo* und die *Heimkehr* gilt die Liebeslyrik des maßgeblichen *Buch Suleika*". (Ebd., S. 61) Schließlich verweist die jüngere Forschung auf das „petrarkistische Modell der Liebesdichtung" (vgl. S. 56–60 und 71–73 in Kap. 2.4), zu dem „Heines Vorstellung unerfüllter, zwischen entgegengesetzten Zuständen schwankender („oxymorischer") und auch formelhafter Liebe in engster Beziehung" stehe (ebd., S. 57, 59). „Rund 140 von 237 Gedichten […] handeln von ‚unglücklicher', ‚unerwiderter' oder ‚hoffnungsloser' Liebe. In drei Fünfteln der Gedichte erlebt und erleidet der Sprecher den frustrierenden, unlösbaren Konflikt zwischen erotischem Verlangen und bitterem Verzicht, zwischen ununterdrückbarem Bedürfnis nach sinnlichem Genuss und fortwährendem Schmerz über die aussichtslose Verwirklichung. Dem grab- und todessüchtigen Liebhaber, der ständig zwischen imaginärem Glück und echter Verzweiflung hin- und hergerissen wird, vermischen sich aber schließlich Liebesschmerz und Schmerzliebe auf so subtile Weise, dass der Schmerz als Verstärker der Lust fungiert" (Ebd., S. 60).

Die Schülerinnen und Schüler hören zunächst alle Gedichte auf dem Arbeitsblatt 33 in Vertonungen von Robert Schumann, Felix Mendelssohn Bartholdy und Franz Schubert, um verschiedene Facetten von Heines Liebeslyrik kennenzulernen, deren Affinität zur Musik durch Vertonungen in Kunstliedern zu erleben und die Gruppenarbeit vorzubereiten. Anschließend entscheiden sie sich für eines der Gedichte, das sie mit den anderen Gruppenmitgliedern näher untersuchen. Die Ergebnisse werden auf eine OHP-Folie strukturiert zusammengefasst und der Klasse erläutert. Da die Gruppen auch auf das Verhältnis zwischen Text und Musik eingehen sollen, widmen sie sich der Vertonung ihres Gedichts nacheinander, indem sie diese am besten in einem weiteren Raum – mehrmals – hören und sich Notizen machen. Die ‚maliziöse' Strategie zur Desillusionierung, Distanzierung und Neutralisierung […], sodass die reichlich[en] […] Dichtertränen belächelt fließen, und die nur allzu bereitwillig fließenden Lesertränen im Auge stecken bleiben (müssten)" (Heine-Handbuch, S. 70), ist für die Schülerinnen und Schüler in den meisten Texten vermutlich nur schwer zu erkennen. Nur das Gedicht *Der Herbstwind rüttelt die Bäume* legt sie offen und die sachlich-distanzierten Verse *Ein Jüngling liebt ein Mädchen* wirken in Beziehung auf die weiteren Texte als Ironisierung. Deshalb lenkt der Lehrer oder die Lehrerin nach der Präsentation der Gruppen, indem er oder sie eventuell vorhandene Hinweise aufgreift, die Aufmerksamkeit der Klasse in diese Richtung, um ihr in einem Unterrichtsgespräch einen Einblick in Heines poetische Strategie zu ermöglichen. Weitere Betrachtungen zur Anordnung der Gedichte in den einzelnen Zyklen oder zu Beziehungen zu Goethes *Suleika*-Buch im *Divan* erlaubt der weite thematische Rahmen dieses Modells nicht.

■ *Hören Sie Vertonungen von Gedichten aus dem „Buch der Lieder" von Heinrich Heine. Entscheiden Sie sich anschließend für ein Gedicht, das Sie in einer Gruppe interpretieren möchten (Aufgabe 1 auf dem Arbeitsblatt 33).*

■ *Bearbeiten Sie die Aufgaben 2 und 3 auf dem Arbeitsblatt 33.*

Das erste Gedicht *Und wüssten's die Blumen, die kleinen* schildert die Situation eines von Liebesschmerz gepeinigten lyrischen Ichs, das sich „tief verwundet", krank und traurig fühlt und Mitleid, Trost, Heilung und Aufheiterung sucht. Im ungeheuren Ausmaß seines Leids stellt es sich im Konjunktiv II vor, wie Natur und Kosmos sich davon rühren lassen und sich ihm zuwenden. Erst die vierte Strophe nennt den Grund der Schmerzen: die Zurückweisung durch die Geliebte. Die dadurch entstandene schwere seelische Verletzung hebt das am Anfang des letzten Verses wiederholte „zerrissen" hervor. Die Schlussstrophe konfrontiert die vorher entworfene Fantasiewelt mit der bitteren Realität und gibt der Frau die Schuld für das Leid des Subjekts. Der Dichter bedient sich mit den Blumen, den Nachtigallen und den Sternen, die er personifiziert und durch Diminutive verniedlicht, traditioneller romantischer Bilder. In der letzten der vier Volksliedstrophen mit konventionellen Reimwörtern – zweimal Herz/Schmerz – ändern sich wie oft bei Heine Gehalt, Zielrichtung und Ton des Gedichts: Die Perspektive wechselt vom Liebenden zur Geliebten, vom Irrealen zur Wirklichkeit, vom Schmerz zu dessen Ursache. Die Vertonung von Robert Schumann bringt diese Zweiteilung ebenfalls zum Ausdruck: Die melancholisch-klagende Melodie in hoher Stimmlage, sanft-schmelzend gebundene Töne und die perlende Klavierbegleitung schlagen in der vierten Strophe beim Wort „zerrissen" in laute, dramatische, tiefere Klänge mit harten Klavieranschlägen und abschließenden wuchtigen Akkorden voller Empörung um. Der Riss zeigt sich musikalisch in einer kurzen Pause am Ende des vorletzten Verses.

Heinrich Heine: Und wüssten's die Blumen, die kleinen

Situation: Verwundung, Trauer, Krankheit, Leiden aus Liebesschmerz

Strophen 1–3	Vertonung	Inhalt und Aussage	Sprache und Form
	• melancholisch-klagende Melodie • hohe Stimmlage • sanft-schmelzend gebundene Töne • perlende Klavierbegleitung	• Leiden des Subjekts in gewaltigem Ausmaß • Suche nach Mitleid, Trost, Heilung und Aufheiterung • Vorstellung der Teilnahme und Zuwendung durch Natur und Kosmos • Verschweigen des Grundes	• Konjunktiv II als Irrealis • traditionelle romantische Bilder (Blumen, Nachtigallen, Sterne) • Personifizierungen • Diminutive • Volksliedstrophen mit 3 Hebungen und ein- oder zweisilbigen Senkungen • Kreuzreime mit abwechselnd weiblicher/männlicher Kadenz • konventionelle Reimwörter (zweimal Herz/Schmerz) • Hervorhebung der seelischen Verletzung durch Wiederholung des zerrissenen Herzens • Perspektivwechsel vom Liebenden zur Geliebten
Strophe 4	• laute, dramatische, tiefere Klänge • harte Klavieranschläge • Riss als Pause am Ende des vorletzten Verses • wuchtige Akkorde zum Abschluss als Ausdruck von Empörung	• Konfrontation der Fantasie mit der Realität • Ursache des Schmerzes: Zurückweisung durch die Geliebte als psychische Gewalttat • Schuldzuweisung	

Das nächste, sehr populäre Gedicht *Ein Jüngling liebt ein Mädchen* beschreibt in den beiden ersten Strophen mit wenigen Worten ein recht kompliziertes Beziehungsgeflecht von außen in der dritten Person. Die erste Strophe teilt mit, wie Liebe zweimal unerwidert bleibt, die zweite geht auf die Reaktion und die Folgen für die Enttäuschten ein. Aus den fünf Beteiligten bilden sich zwei Paare – ein glückliches und eines „aus Ärger" (v. 5) eines zurückgewiesenen Mädchens. Nur der Jüngling, mit dem das Gedicht beginnt, bleibt allein und „ist übel dran" (v. 8). Die dritte Strophe deutet die Konstellation als ein ewig wiederkehrendes Geschehen und nimmt Anteil am Schicksal und Schmerz des Jünglings. Er erlebt das Liebesleid individuell und als einmalig. Die heiter-beschwingte, karussell-artige Musik verlangsamt sich gegen Ende der zweiten Strophe und ändert ihren Charakter in der letzten, in der sie den Schmerz des zerbrechenden Herzens in einer gleichbleibenden Tonhöhe darstellt. Anschließend werden die Drehbewegungen der Klavierbegleitung wieder schneller.

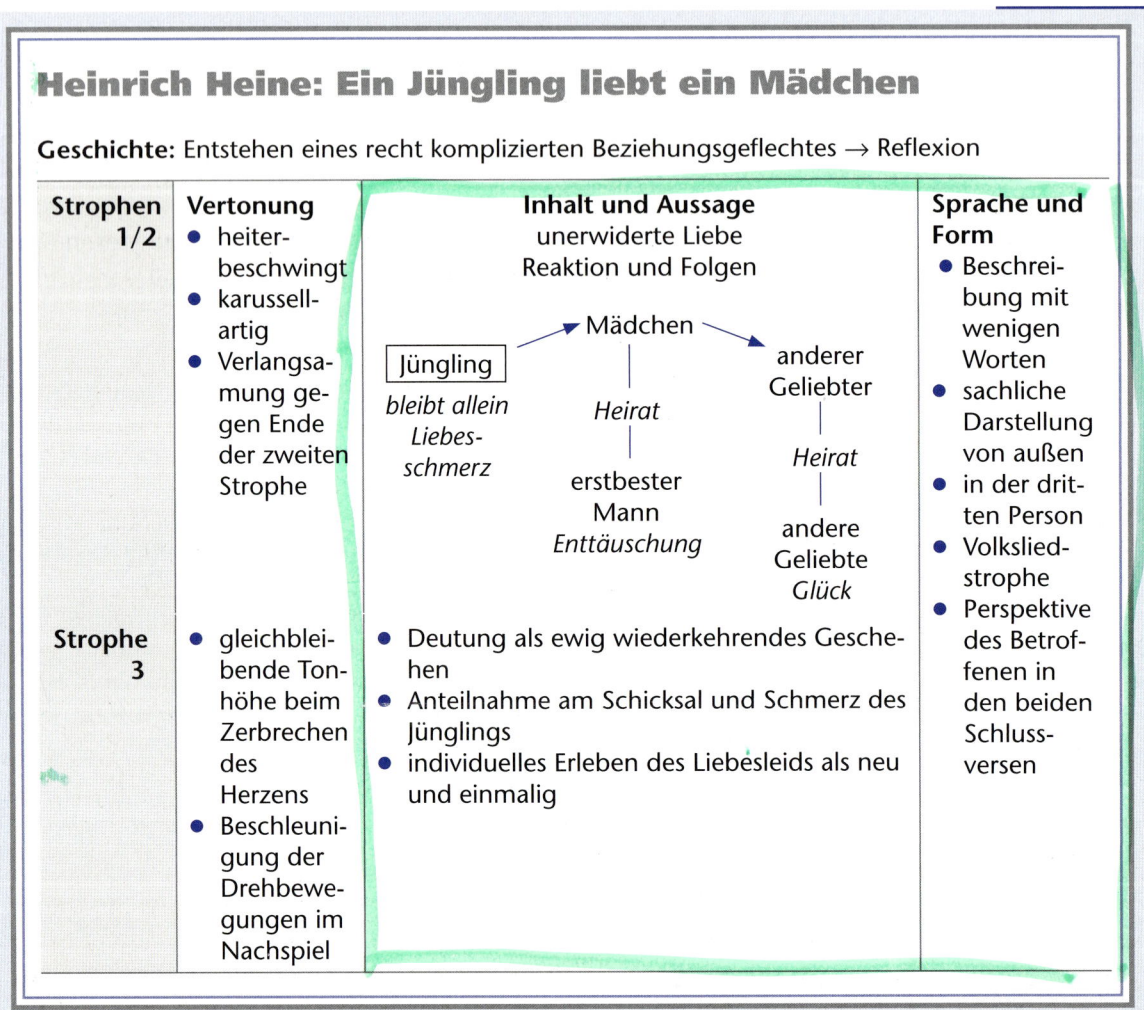

Heinrich Heine: Ein Jüngling liebt ein Mädchen

Geschichte: Entstehen eines recht komplizierten Beziehungsgeflechtes → Reflexion

Strophen 1/2	Vertonung	Inhalt und Aussage unerwiderte Liebe Reaktion und Folgen	Sprache und Form
	• heiter-beschwingt • karussell-artig • Verlangsamung gegen Ende der zweiten Strophe	Jüngling → Mädchen → anderer Geliebter *bleibt allein Liebes-schmerz* *Heirat* erstbester Mann *Enttäuschung* *Heirat* andere Geliebte *Glück*	• Beschreibung mit wenigen Worten • sachliche Darstellung von außen • in der dritten Person • Volksliedstrophe • Perspektive des Betroffenen in den beiden Schlussversen
Strophe 3	• gleichbleibende Tonhöhe beim Zerbrechen des Herzens • Beschleunigung der Drehbewegungen im Nachspiel	• Deutung als ewig wiederkehrendes Geschehen • Anteilnahme am Schicksal und Schmerz des Jünglings • individuelles Erleben des Liebesleids als neu und einmalig	

Der Herbstwind rüttelt die Bäume schildert ebenfalls ein Geschehen, nämlich die Träumereien eines Reiters in einer windigen, regnerischen und kalten Herbstnacht. Es spielt sich auf zwei Ebenen ab und die Zeitform des Präsens bewirkt ein unmittelbares Miterleben. Die erste Strophe skizziert die unangenehme äußere Szenerie, in der Gedanken von der Ankunft bei der Geliebten das lyrische Ich mit sich reißen. In den Strophen 2–4 entstehen in seiner Fantasie Bilder von der häuslichen Umgebung der Frau, wohl einer mittelalterlichen Burg, und der Umarmung mit ihr. In der fünften Strophe stößt der „Eichenbaum" den Reiter mit einer rhetorischen Frage jedoch wieder in die Realität zurück, indem er ihn und seinen Traum als „töricht" bezeichnet. Die Standfestigkeit der Eiche steht im Gegensatz zu dem Gedankenflug, der das Ich in der zweiten Strophe „leicht und luftig" aus der Wirklichkeit heraus-trägt. Die für Heines Liebeslyrik typische Desillusionierung romantischer Vorstellungen zeigt sich in diesem Gedicht besonders deutlich. Deshalb kann das Unterrichtsgespräch nach den Präsentationen daran anknüpfen. In der Vertonung von Felix Mendelssohn Bartholdy weht der Herbstwind als schnelle, sich wiederholende Klangfigur, während angenehme Erwartungen, Gedanken und Empfindungen in der Fantasie sich in aufsteigenden und höheren Tonlagen sowie langsamen Tempi äußern. Die Entfernung von der Realität kommt auch in Wiederholungen der abschließenden Verse in den Strophen 2–4 zum Ausdruck – sie häufen sich beim Gedanken an die Geliebte. Die Eiche dagegen spricht ihren Tadel nur einmal aus und verzichtet auf schmückendes Beiwerk.

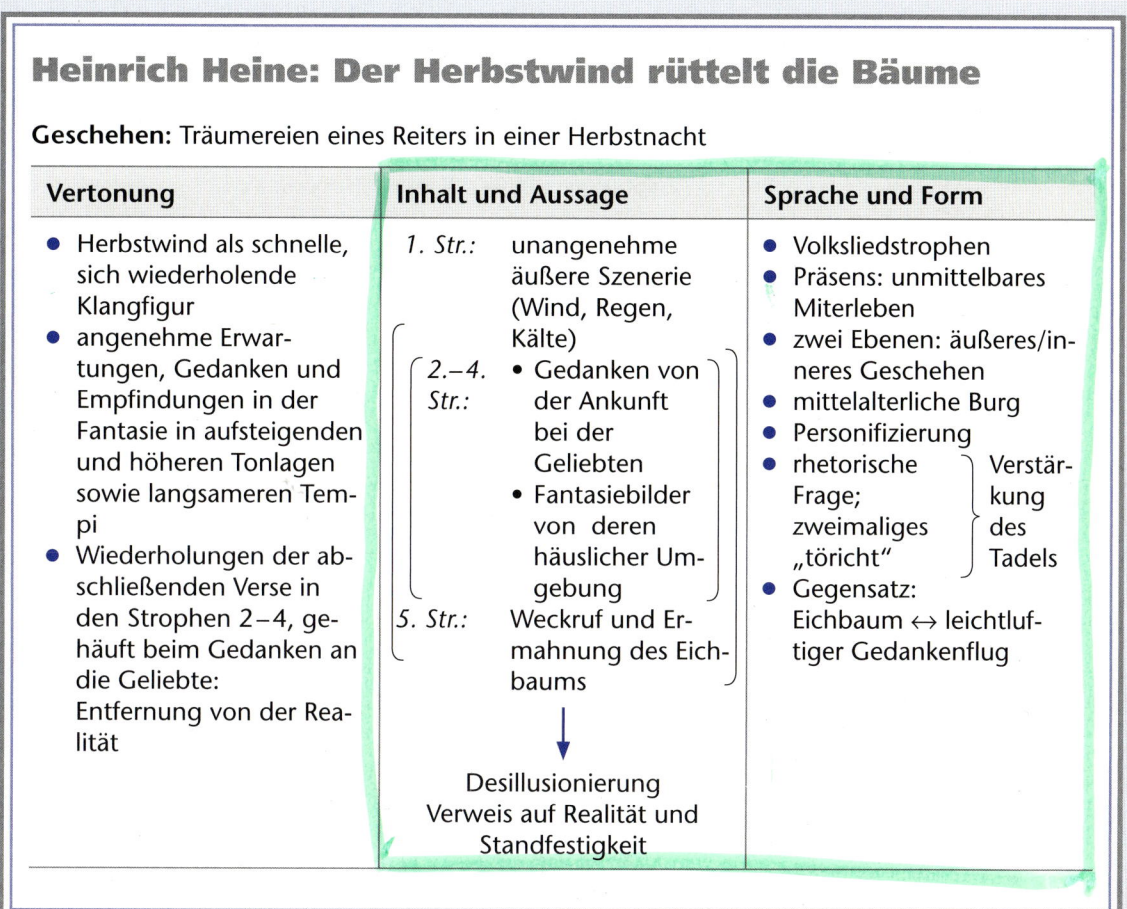

Heinrich Heine: Der Herbstwind rüttelt die Bäume

Geschehen: Träumereien eines Reiters in einer Herbstnacht

Vertonung	Inhalt und Aussage	Sprache und Form
• Herbstwind als schnelle, sich wiederholende Klangfigur • angenehme Erwartungen, Gedanken und Empfindungen in der Fantasie in aufsteigenden und höheren Tonlagen sowie langsameren Tempi • Wiederholungen der abschließenden Verse in den Strophen 2–4, gehäuft beim Gedanken an die Geliebte: Entfernung von der Realität	*1. Str.:* unangenehme äußere Szenerie (Wind, Regen, Kälte) *2.–4. Str.:* • Gedanken von der Ankunft bei der Geliebten • Fantasiebilder von deren häuslicher Umgebung *5. Str.:* Weckruf und Ermahnung des Eichbaums ↓ Desillusionierung Verweis auf Realität und Standfestigkeit	• Volksliedstrophen • Präsens: unmittelbares Miterleben • zwei Ebenen: äußeres/inneres Geschehen • mittelalterliche Burg • Personifizierung • rhetorische Frage; zweimaliges „töricht" } Verstärkung des Tadels • Gegensatz: Eichbaum ↔ leichtluftiger Gedankenflug

In dem Gedicht *Ich stand in dunkeln Träumen* befindet sich das lyrische Ich in einer Situation, in der es heftige Schmerzen über den Verlust der Geliebten empfindet, über den es nicht hinwegkommt und der es lähmt. In der ersten Strophe betrachtet es versunken und schwermütig ein „Bildnis" des „geliebte[n] Antlitz[es]" (vv. 2f.), das sich in seiner Fantasie belebt. Die zweite Strophe beschreibt dessen lächelnde Lippen und glänzende Augen, die ein Vergleich als Wehmutstränen deutet. In der dritten Strophe zeigt sich die Wirkung des dunkelgeheimnisvollen Vorgangs auf das Subjekt: Es weint tatsächlich, weil es der Schmerz überwältigt, es den Verlust nicht begreifen kann und die Frau es immer noch in ihren Bann zieht. Die Interjektion „ach" und das Ausrufezeichen verleihen seinen Gefühlen besonderen Nachdruck. Über das Bildnis der Geliebten, die Belebung ihres Gesichts in der dritten Person und schließlich das Du der Schlusszeile vergegenwärtigt es sich das ehemalige Liebesglück und seinen Verlust. Das mystisch-romantische Ereignis des sich belebenden Porträts verselbständigt sich in der Mittelstrophe, in der das Ich nicht mehr in Erscheinung tritt; in der Schlussstrophe sieht es sich dagegen wieder mit der Wirklichkeit der Trennung konfrontiert. Dieser Struktur folgt auch die Vertonung von Franz Schubert: Während sich Melodie und einfache, zurückhaltende Klavierbegleitung in der ersten und dritten Strophe gleichen, weicht die mittlere von diesem Muster ab. Sie klingt noch trauriger, weil in ihr die Belebung des dritten und vierten Verses durch einen bewegteren, helleren, innigeren und nachdrücklicheren

Gesang fehlt. Die lähmende Schwermut spiegelt sich in dem langsamen Tempo, das schon die isolierten Akkorde am Anfang vorgeben. Moll-Tonart, Dissonanzen und düstere Akkorde verstärken diese Stimmung.

Heinrich Heine: Ich stand in dunkeln Träumen

Situation: lähmender Schmerz über den Verlust der Geliebten

Vertonung	Inhalt und Aussage	Sprache und Form
• langsames Tempo	*1. Str.:* • schwermütig-versunkene Betrachtung eines Porträts der Geliebten	• Volksliedstrophe
• einfache, zurückhaltende Klavierbegleitung	• Belebung des Bilds in der Fantasie des Ichs	
• Moll, Dissonanzen, düstere Akkorde	*2. Str.:* Beschreibung der lächelnden Lippen und glänzenden Augen	• dunkel-geheimnisvoller, unwirklicher Vorgang (vv. 1,4)
• isolierte Akkorde am Anfang: lähmende Schwermut		• Vergleich: Deutung der feuchten Augen als Ausdruck von Trauer und Schmerz
• im 3./4. Vers der 1./3. Strophe Belebung durch bewegteren, helleren, innigeren, nachdrücklicheren Gesang	*3. Str.:* Rückwirkung auf das Ich: Tränen als äußeres Zeichen tiefer, schmerzlicher Gefühle	• Gegensatz Lächeln/ Schmerz
• Abweichung der 2. Strophe von diesem Muster	↓ Unbegreiflichkeit des Verlusts weiterwirkender Bann	• Verstärkung durch Interjektion „ach" und Ausrufezeichen

Das Gedicht *Du schönes Fischermädchen* entwirft eine Situation, in der das lyrische Subjekt zu der jungen Frau spricht und um sie wirbt. Der Mann bittet sie in der ersten Hälfte in Imperativen, zu ihm zu kommen und mit ihm zärtlich zu sein. In den Versen 7 f. versucht er ihre Befürchtungen, die auf Bedenken, Vorbehalte und Fremdheit schließen lassen, auszuräumen, indem er auf die Unbekümmertheit gegenüber den Gefahren ihres Berufes verweist. Seiner Dominanz entspricht die Verkleinerung ihres „Köpfchen[s]" (v. 5). Ihr Verhalten auf „dem wilden Meer" veranlasst ihn in der Schlussstrophe, „Sturm und Ebb' und Flut" sowie die „schöne Perle/In seiner Tiefe" (vv. 10–12) mit seinem Herzen zu vergleichen, das der Anfang der zweiten Strophe als zentrales Motiv ankündigt. Das Meer veranschaulicht seine Gefühlswelten, die zum einen aufwühlend, aufbrausend und wechselhaft, zum andern zurückhaltend und gemäßigt, aber auch stark und stabil sein können. Die „schöne Perle" deutet an, dass sie etwas Wertvolles, Reines, Humanes oder Tugendhaftes verbergen. In den ersten beiden Strophen steht das Du des Fischermädchens im Mittelpunkt, in der dritten dagegen das Herz des Ichs in seinen unterschiedlichen Gefühlslagen. Die Vertonung von Franz Schubert strahlt in Melodie und Begleitung eine fröhlich-zuversichtliche Stimmung aus. Das Klavier ahmt die Gleichmäßigkeit des Meeres und seiner Wellen nach, seine Klänge streben wie der Gesang aber auch in die Höhe, auffallend am Ende des zweiten und zehnten Verses. Im sechsten divergieren Melodie und Begleitung jedoch wegen der Furcht des Mädchens, die ihm das Ich auszureden versucht. Die zweiten Strophenhälften wiederholen sich jeweils, die Schlussverse ein weiteres Mal.

Heinrich Heine: Du schönes Fischermädchen

Situation: Werberede an ein Fischermädchen

Vertonung	Inhalt und Aussage	Sprache und Form
• fröhlich-zuversichtliche Melodie und Begleitung • Nachahmung der Gleichmäßigkeit des Meeres und seiner Wellen durch das Klavier • aufstrebende Tonfolgen (vv. 2, 10) • Divergieren von Gesang und Begleitung in v. 6: Furcht/Beschwichtigung • Wiederholungen – zweite Strophenhälften einmal – Schlussverse zweimal	*Str. 1/2:* • Bitte des Ichs an das Mädchen, zu ihm zu kommen und mit ihm zärtlich zu sein • Ausräumung von Befürchtungen *Str. 3:* Vergleich des Herzens mit dem Meer Gefühlswelten: aufwühlend, aufbrausend, wechselhaft, zurückhaltend, gemäßigt, stark und stabil Wertvolles, Reines, Humanes, Tugendhaftes	• Volksliedstrophe • Imperative • Diminutiv (v. 5): *Dominanz des männlichen Ichs* • Argument: Sorglosigkeit gegenüber den Gefahren ihres Berufs • Du des Mädchens Herz des Ichs } im Mittelpunkt Sturm Ebbe Flut } Meeresbilder Perle auf dem Grund

Das letzte Gedicht in dieser Reihe von Liedern des jüngeren Heine geht von der Situation eines abendlichen Zusammenseins am Meeresstrand aus, bei dem sich der Liebende mit tödlicher Sehnsucht infiziert. Die erste Strophe fängt die friedliche Abendstimmung an der Grenze zwischen Wasser und Land und zwischen Tag und Nacht ein, die das einsame Liebespaar fasziniert und schweigend erlebt. Die Anapher „Wir saßen" in den Versen 3 f. überträgt die bezaubernde Wirkung, die von dem Naturschauspiel ausgeht, auch in die sprachliche Form. In der zweiten Strophe nimmt diese Szenerie jedoch bedrohliche Züge an: „Das stille Meerbild der ersten Strophe gerät in beängstigende bedrohliche Bewegung." (Kruse[1], S. 47). Die Tränen der Frau, die der Mann in der folgenden Strophe aus Mitleid oder als Trost wegtrinkt, scheinen damit etwas zu tun zu haben. Er kniet als Zeichen der Hingabe oder der Unterwerfung nieder und muss schließlich in der vierten Strophe die schmerzlichen Folgen erkennen: Er hat sich mit der Liebessehnsucht eine tödliche Seelenkrankheit zugezogen und blickt verbittert und verzweifelt auf das Vergangene zurück: „[D]em ersten Anschein nach" findet ein „idealische[s], romantische[s] Liebespaar" zusammen. „Sie weint in liebevoller Ergriffenheit; er kostet anbetend ihr Tränenpfand und ist anschließend krank vor Liebe. Leib und Seele des Liebhabers trauern dem Mysterium der Begegnung am Meeresstrande nach." (Ebd.) Aber die steigenden Nebel, die nahende Flut, die „weiße[ ] Hand" der Geliebten und ihr Tränengift verleihen ihr die Konturen eines magischen Wasserwesens. „[D]ie hingebungsvolle Geliebte fungiert selbst hier noch als Zauberin oder ‚weiße' Nixe. Dem Gleichklang folgen Ruhelosigkeit und Zerstörung. Die Stunde am nächtlichen Meer ist Undine vorbehalten, der liebenden Wasserfee auf der Suche nach einer menschlichen Seele. Der Geliebte hat sich an sie verloren und wird das Leben opfern müssen." (Ebd.) Das geheimnisvoll-irrationale Ereignis hat in der Realität eine vernichtende Wirkung. Die Vertonung von Franz Schubert beginnt mit einzelnen Akkorden, wie sie auch am Schluss echoähnlich verklingen. Die langsame, melodische und gefühlvolle Melodie und Begleitung in der ersten und dritten Strophe

---

[1] Joseph Anton Kruse: Nordseeliebe. In: 1000 Deutsche Gedichte und ihre Interpretationen. 4. Band. A.a.O., S. 46–48

stehen im Kontrast zu dem unruhig-beunruhigenden, wellenartigen Klavierspiel sowie dem lebendig-bewegten, sich dramatisch zuspitzenden Gesang in der ersten Hälfte der anderen Strophen, der sich aber wieder verlangsamt und beruhigt.

Heinrich Heine: Das Meer erglänzte weit hinaus

Situation und Geschehen: abendliches Zusammensein am Meeresstrand, bei dem sich der Liebende mit tödlicher Sehnsucht infiziert

Vertonung	Inhalt und Aussage		Sprache und Form
• Einzelakkorde zu Beginn und am Schluss, wo sie echoähnlich verklingen • *1./3. Str.:* langsame, melodische, gefühlvolle Melodie und Begleitung *Gegensatz* ↕ • *2./4. Str.:* – unruhig-beunruhigendes, wellenartiges Klavierspiel — 1. Hälfte – lebendig-bewegter, sich dramatisch zuspitzender Gesang – Verlangsamung und Beruhigung — 2. Hälfte	*1. Str.:*	• friedliche Abendstimmung an der Grenze Wasser/Land, Tag/Nacht • einsames, schweigendes Liebespaar im Banne des Naturschauspiels	• Volksliedstrophen, Kreuzreime • Anapher „Wir saßen" (vv. 3 f.): *bezaubernd-faszinierende Wirkung in der sprachlichen Form* • Kontrast Ruhe/Bewegung • „weiße[ ] Hand" der Geliebten, vergifteter Tränentrank ↓ Nixe auf der Suche nach einer menschlichen Seele • Präteritum/Präsens (vv. 13 f.)
	2. Str.:	• bedrohliche Naturvorgänge (Nebel, Flut, irritierte Möve) • in Zusammenhang damit [?]: Tränen der Frau	
	3. Str.:	Reaktion des Mannes • Niederknien: *Hingabe, Unterwerfung* • Wegtrinken der Tränen: *Mitleid, Trost*	
	4. Str.:	• Folgen: Liebessehnsucht als tödliche Seelenkrankheit • verbitterter, verzweifelter Rückblick auf das Vergangene	

Damit die Schülerinnen und Schüler auf den petrarkistischen Gegensatz zwischen Liebesverlangen und Entbehrung, die Brüche im Volksliedton und das Maliziöse in Heines Lyrik aufmerksam werden, suchen sie im Anschluss an die Präsentationen nach Gemeinsamkeiten der interpretierten Gedichte. Es fließen Tränen aus Rührung und seelischem Schmerz (vgl. das Gedicht *Ein Lied* von Else Lasker-Schüler in **Kap. 1.6**, S. 30 f. und auf dem **Arbeitsblatt 7**, S. 44), Herzen zerbrechen oder werden zerrissen, Vorwürfe an die Frau als Urheberin des Leids werden laut, unstillbar-selbstzerstörerische Sehnsucht und der Verlust der Geliebten wühlen das lyrische Ich auf. Es gerät in den Sog romantischer Gefühle und Fantasien, aus denen es in den Schlussstrophen meist wieder in die Realität zurückgeworfen wird. So ergibt sich eine Distanzierung von den durch die Einbildungskraft entstandenen Vorstellungen, die sich am deutlichsten am Ende des Gedichts *Der Herbstwind rüttelt die Bäume* zeigt. Ein Vortrag des Gedichts *Nun ist es Zeit, dass ich mit Verstand* (vgl. S. 119) durch den Lehrer oder die Lehrerin könnte die Schülerinnen und Schüler zusätzlich dabei unterstützen, die „maliziös-sentimentalisch[e]" Art von Heines Lyrik zu erkennen.

■ *Welche Gemeinsamkeiten finden Sie beim Vergleich der interpretierten Gedichte? Welche Gefühle überwiegen in ihnen? Wie enden die Gedichte? In welchem Verhältnis stehen die Schlussstrophen zu den vorhergehenden?*

■ *Heines Lieder wurden als „maliziös-sentimentalisch" charakterisiert und der Dichter selbst spricht von seiner „lyrisch maliziöse[n] Manier" (maliziös: = arglistig, hämisch, boshaft; sentimentalisch: = empfindsam). Suchen Sie Hinweise für eine solche Einschätzung.*
Inwieweit enthält das Gedicht „Nun ist es Zeit, dass ich mit Verstand" eine Erklärung?

Notizen

_____

_____

_____

_____

_____

_____

_____

_____

_____

_____

_____

_____

_____

_____

_____

_____

_____

_____

_____

_____

Zwei Versionen des Volkslieds über die Königskinder

*1. Hören Sie die Version des Volkslieds nach der über-
lieferten Melodie.*

*2. Lesen Sie die zweite Version, wie sie in die Volks-
liedsammlung „Des Knaben Wunderhorn" aufgenommen wurde, und stellen Sie die wesentlichen
Unterschiede fest.*

Es waren zwei Königskinder,
die hatten einander so lieb;
Sie konnten zusammen nicht kommen,
das Wasser war viel zu tief.

5 „Ach Liebster, kannst du nicht schwimmen,
so schwimme doch her zu mir!
Drei Kerzen will ich dir anzünden,
und die sollen leuchten dir!"

Das hört eine falsche Nonne,
10 die tat, als ob sie schlief.
Sie tät die Kerzen auslöschen,
der Jüngling ertrank so tief.

Ein Fischer wohl fischte lange,
bis er den Toten fand.
15 „Nun sieh da, du liebliche Jungfrau,
hast hier deinen Königssohn!"

Sie nahm ihn in ihre Arme
und küsst seinen bleichen Mund.
Es musste das Herze ihr brechen,
20 sie sank in den Tod zur Stund.

In: Booklet zu der CD „Des Knaben Wunderhorn.
Alte deutsche Lieder". Rundfunk-Jugendchor
Werningerode. Deutsche Schallplatten Nr. 1090–2.
Berlin: B.T.M. Musikproduktion, 2004. Nr. 9.

Edelkönigs-Kinder[1]

Es waren zwei Edelkönigs-Kinder,
Die beiden die hatten sich lieb,
Beisammen konnten sie dir nit kommen,
Das Wasser war viel zu tief.

5 Ach Liebchen könntest du schwimmen,
So schwimme doch her zu mir,
Drei Kerzlein wollt ich dir anstecken,
Die sollten auch leuchten dir.

Da saß ein loses Nönnechen,
10 Das tat, als wenn es schlief,
Es tat die Kerzlein ausblasen,
Der Jüngling vertrank so tief.

Ach Mutter, herzliebste Mutter,
Wie tut mir mein Häuptchen so weh,
15 Könnt ich ein kleine Weile
Spazieren gehn längst der See.

---
[1] adlige Königskinder

Ach Tochter, herzliebste Tochter,
Allein sollst du da nit gehn,
Weck auf deine jüngste Schwester,
20 Und lass sie mit dir gehn.

Ach Mutter, herzliebste Mutter,
Mein Schwester ist noch ein Kind,
Sie pflückt ja all die Blumen,
Die in dem grünen Wald sind.

25 Ach Mutter, herzliebste Mutter,
Wie tut mir mein Häuptchen so weh,
Könnt ich eine kleine Weile
Spazieren gehn längst der See.

Ach Tochter, herzliebste Tochter,
30 Alleine sollst du da nit gehn,
Weck auf deinen jüngste Bruder,
Und lass ihn mit dir gehn.

Ach Mutter, herzliebste Mutter,
Mein Bruder ist noch ein Kind,
35 Er fängt ja alle die Hasen,
Die in dem grünen Wald sind.

Die Mutter und die ging schlafen,
Die Tochter ging ihren Gang,
Sie ging so lange spazieren,
40 Bis sie ein Fischer fand.

Den Fischer sah sie fischen,
Fisch mir ein verdientes rot Gold,
Fisch mir doch einen Toten,
Er ist ein Edelkönigs-Kind.

45 Der Fischer fischte so lange,
Bis er den Toten fand,
Er griff ihn bei den Haaren,
Und schleift ihn an das Land.

Sie nahm ihn in ihre Arme,
50 Und küsst ihm seinen Mund:
Adie mein Vater und Mutter,
Wir sehn uns nimmermehr.

Des Knaben Wunderhorn. Alte deutsche Lieder.
Kritische Ausgabe. Hrsg. u. kommentiert von Heinz Rölleke.
Band 2. Stuttgart: Reclam 1987, S. 239 f.
Anpassung von Rechtschreibung und Zeichensetzung: G.F.

> Das Lied von den beiden Königskindern stammt aus
> dem 15./16. Jahrhundert und wurde Clemens Bren-
> tano von Johann Heinrich Schlosser, einem Freund
> der Familie, mitgeteilt. Mit seinem Freund Achim
> von Arnim veröffentlichte er 1806–08 alte deut-
> sche Lieder in drei Bänden unter dem Titel *Des Kna-
> ben Wunderhorn*. Die Sammlung nach dem Vorbild
> von Herders *Stimmen der Völker in Liedern* ist das
> wichtigste Werk der Heidelberger Romantik. Viele
> der überlieferten Texte haben die Herausgeber be-
> arbeitet.

Zwei Balladen: *Getrennte Liebe* von Achim von Arnim und *Hero und Leander* von Friedrich Schiller

1. Lesen Sie die beiden Balladen und ermitteln Sie die wichtigsten Gemeinsamkeiten sowie die Unterschiede des Ambiente (äußere Szenerie, Atmosphäre, Lebensbedingungen, Anspielungen).

2. Zeigen Sie, dass Armins Gedicht der Romantik und Schillers Text der Klassik zuzuordnen ist.

> Die **Ballade** ist ein Gedicht, das ein meist geheimnisvoll-tragisches Geschehen in dramatischer Weise erzählt.

Achim von Arnim
Getrennte Liebe (1809/10)

Zwei schöne, liebe Kinder,
Die hatten sich so lieb,
Dass eines dem andern im Winter
Mit Singen die Zeit vertrieb,
5 Diesseit und jenseit am Wasserfall
Höret ihr immer den Doppelschall.

Der Winter bauet Brücken,
Sie beide hat vereint,
Und jedes mit frohem Entzücken
10 Die Brücke nun ewig meint;
Diesseit und jenseit am Wasserfall
Wohnten die Ältern getrennt im Tal.

Der Frühling ist gekommen,
Das Eis will nun aufgehn,
15 Da werden sie beide beklommen,
Die laulichen Winde wehn;
Diesseit und jenseit am Wasserfall
Stürzen die Bäche mit wildem Schall.

Was hilft der helle Bogen,
20 Womit der Fall entzückt,
Von ihnen so liebreich erzogen,
Zum erstenmal bunt geschmückt;
Diesseit und jenseit am Wasserfall
Höret sie klagen getrennt im Tal.

25 Die Vögel über fliegen,
Die Kinder traurig stehn,
Und müssen sich einsam begnügen
Einander von fern zu sehn;
Diesseit und jenseit am Wasserfall
30 Kreuzen die Schwalben mit lautem Schall.

Sie möchten zusammen mit Singen,
So wie der Vögel Brut,
Den himmlischen Frühling verbringen,
Das Scheiden so wehe tut;
35 Diesseit und jenseit am Wasserfall
Sehn sie sich endlich zum letztenmal.

Karl Ludwig Friedrich Joachim (Achim) von Arnim (1781–1831), aus altem brandenburgischem Adel stammend und in Berlin von der Großmutter erzogen; ab 1798 Studium naturwissenschaftlicher Fächer; ab 1801 lebenslange Freundschaft mit Clemens Brentano; Reisen durch Süddeutschland, auf dem Rhein bis Düsseldorf und durch europäische Länder; 1805–08 mit Unterbrechungen in Heidelberg; 1808–12 in Berlin, 1811 Heirat mit Bettina Brentano, der Schwester von Clemens; 1813 Hauptmann in den Befreiungskriegen; ab 1814 Landwirt und Schriftsteller auf seinem Gut Wiepersdorf bei Dahme. Arnim ist wie Eichendorff ein wichtiger Repräsentant der Hochromantik. In dieser Epoche wollten die Dichter unterschiedliche Gattungen integrieren. So ist auch die Ballade *Getrennte Liebe* Teil des Romans *Armut, Reichtum, Schuld und Buße der Gräfin Dolores*.

Der Knabe kriegt zur Freude
Ein Röckchen wie ein Mann,
Das Mädchen ein Kleidchen von Seide,
40 Nun gehet die Schule an;
Diesseit und jenseit am Wasserfall
Gehn sie zum Kloster bei Glockenschall.

Sie sahn sich lang' nicht wieder,
Sie kannten sich nicht mehr,
45 Das Mädchen mit vollem Mieder,
Der Knabe ein Mönch schon wär;
Diesseit und jenseit am Wasserfall
Kamen und riefen sie sich im Tal.

Das Mädchen ruft so helle,
50 Der Knabe singt so tief;
Verstehn sich endlich doch schnelle,
Als alles im Hause schlief;
Diesseit und jenseit am Wasserfall
Springen im Mondschein die Fische all.

55 Froh in der nächt'gen Frische,
Sie kühlen sich im Fluss,
Sie können nicht schwimmen wie Fische,
Und suchen sich doch zum Kuss;
Diesseit und jenseit am Wasserfall
60 Reißen die Strudel sie fort mit Schall.

Die Ältern hören singen
Und schaun aus hohem Haus,
Zwei Schwäne im Sternenschein ringen
Zum Dampfe des Falls hinaus;
65 Diesseit und jenseit am Wasserfall
Hören sie Echo mit lautem Schall.

Die Schwäne herrlich sangen
Ihr letztes schönstes Lied,
Und leuchtende Wölkchen hangen,
70 Manch Engelein niedersieht;
Diesseit und jenseit am Wasserfall
Schwebet wie Blüte ein süßer Schall.

Der Mond sieht aus dem Bette
Des glatten Falls empor,
75 Die Nacht mir der Blumenkette
Erhebet zu sich dies Chor;
Diesseit und jenseit am Wasserfall
Grünt es von Tränen nun überall.

Aus: Achim von Arnim: Sämtliche Werke. Bd. 22: Gedichte.
Erster Band. Weimar: Kühn 1856. Entn. aus: Liebesgedichte
aus aller Welt, S. 388–391 [Orthografie behutsam modernisiert]

Friedrich Schiller
Hero und Leander (1801)

Seht ihr dort die altergrauen
Schlösser sich entgegen schauen,
Leuchtend in der Sonne Gold,
Wo der Hellespont[1] die Wellen
5 Brausend durch der Dardanellen
Hohe Felsenpforte rollt?
Hört ihr jene Brandung stürmen,
Die sich an den Felsen bricht?
Asien riss sie von Europen,
10 Doch die Liebe schreckt sie nicht.

Heros und Leanders Herzen
Rührte mit dem Pfeil der Schmerzen
Amors heilge Göttermacht.
Hero, schön wie Hebe[2] blühend,
15 Er, durch die Gebirge ziehend
Rüstig, im Geräusch der Jagd.
Doch der Väter feindlich Zürnen
Trennte das verbundne Paar,
Und die süße Frucht der Liebe
20 Hing am Abgrund der Gefahr.

Dort auf Sestos' Felsenturme,
Den mit ewgem Wogensturme
Schäumend schlägt der Hellespont,
Saß die Jungfrau, einsam grauend,
25 Nach Abdydos' Küste schauend,
Wo der Heißgeliebte wohnt.
Ach, zu dem entfernten Strande
Baut sich keiner Brücke Steg,
Und kein Fahrzeug stößt vom Ufer,
30 Doch die Liebe fand den Weg.

Aus den Labyrinthes Pfaden
Leitet sie mit sicherm Faden,[3]
Auch den Blöden[4] macht sie klug,
Beugt ins Joch die wilden Tiere[5],
35 Spannt die feuersprühnden Stiere
An den diamantnen Pflug.[6]
Selbst der Styx[7], der neunfach fließet,
Schließt die wagende nicht aus,
Mächtig raubt sie das Geliebte
40 Aus des Pluto finsterm Haus.[8]

1 Meerenge der Dardanellen
2 Tochter des Zeus und der Hera; Göttin der jugendlichen Schönheit
3 Ariadne, Tochter des Königs Minos auf Kreta, half ihrem Geliebten Theseus, mit einem Garnknäuel den Weg aus dem Labyrinth zu finden.
4 den Schüchternen, Zaghaften
5 Der mythische thessalische König Admetos spannte, um seine Gattin Alkestis zu gewinnen, einen Löwen und einen wilden Eber an einen Wagen.
6 Auf der Suche nach dem Goldenen Vlies musste Jason, der Führer der Argonauten, in Kolchis mit einem von Hephaistos geschmiedeten Pflug und einem Gespann von erzfüßigen, feuerschnaubenden Stieren, einem Geschenk des Hephaistos an den kolchischen König Aietes, einen Acker pflügen. Medeia, die Jason zur Frau gewann, gab ihm ein Zaubermittel, das ihn vor den Stieren beschützte. Der Pflug wird als diamanten bezeichnet, weil das Wort im Griechischen auch Stahl bedeutet.
7 Fluss der Unterwelt
8 Anspielung auf den Orpheus-Mythos (vgl. S. 47); Pluto ist der Gott der Unterwelt.

Auch durch des Gewässers Fluten
Mit der Sehnsucht feurgen Gluten
Stachelt sie Leanders Mut.
Wenn des Tages heller Schimmer
45 Bleichet, stürzt der kühne Schwimmer
In des Pontus[1] finstre Flut,
Teilt mit starkem Arm die Woge,
Strebend nach dem teuren Strand,
Wo auf hohem Söller[2] leuchtend
50 Winkt der Fackel heller Brand.

Und in weichen Liebesarmen
Darf der Glückliche erwarmen
Von der schwer bestandnen Fahrt,
Und den Götterlohn empfangen,
55 Den in seligem Umfangen
Ihm die Liebe aufgespart,
Bis den Säumenden Aurora[3]
Aus der Wonne Träumen weckt,
Und ins kalte Bett des Meeres
60 Aus dem Schoß der Liebe schreckt.

Und so flohen dreißig Sonnen
Schnell, im Raub verstohlner Wonnen,
Dem beglückten Paar dahin,
Wie der Brautnacht süße Freuden,
65 Die die Götter selbst beneiden,
Ewig jung und ewig grün.
Der hat nie das Glück gekostet,
Der die Frucht des Himmels nicht
Raubend an des Höllenflusses
70 Schauervollem Rande bricht.

Hesper[4] und Aurora zogen
Wechselnd auf am Himmelsbogen,
Doch die Glücklichen, sie sahn
Nicht den Schmuck der Blätter fallen,
75 Nicht aus Nords beeisten Hallen
Den ergrimmten Winter nahn.
Freudig sahen sie des Tages
Immer kürzern, kürzern Kreis,
Für das längre Glück der Nächte
80 Dankten sie betört dem Zeus.

Und es gleichte schon die Waage
An dem Himmel Nächt und Tage,
Und die holde Jungfrau stand
Harrend auf dem Felsenschlosse,
85 Sah hinab die Sonnenrosse
Fliehen an des Himmels Rand.
Und das Meer lag still und eben,
Einem reinen Spiegel gleich,
Keines Windes leises Weben
90 regte das kristallne Reich.

Lustige Delphinenscharen
Scherzten in dem silberklaren
Reinen Element umher,
Und in schwärzlicht grauen Zügen
95 Aus dem Meergrund aufgestiegen
Kam der Tethys buntes Heer.[5]
Sie, die einzigen, bezeugten
Den verstohlnen Liebesbund,
Aber ihnen schloß auf ewig
100 Hekate[6] den stummen Mund.

Und sie freute sich des schönen
Meeres, und mit Schmeicheltönen
Sprach sie zu dem Element:
„Schöner Gott[7]! du solltest trügen?
105 Nein, den Frevler straf ich Lügen,
Der dich falsch und treulos nennt.
Falsch ist das Geschlecht der Menschen,
Grausam ist des Vaters Herz,
Aber du bist mild und gütig,
110 Und dich rührt der Liebe Schmerz.

In den öden Felsenmauern
Müßt ich freudlos einsam trauern
Und verblühn in ewgem Harm,
Doch du trägst auf deinem Rücken
115 Ohne Nachen, ohne Brücken,
Mir den Freund in meinen Arm.
Grauenvoll ist deine Tiefe,
Furchtbar deiner Wogen Flut,
Aber dich erfleht die Liebe,
120 Dich bezwingt der Heldenmut.

---

[1] Hellespont
[2] offene Plattform im obersten Stock eines Gebäudes
[3] Göttin der Morgenröte
[4] Abendstern
[5] Fische als Geschöpfe der Meergötting Tethys, der Gattin des Okeanos
[6] Mondgöttin, hier: Herrscherin über das Meer
[7] Meeresgott Poseidon

Denn auch dich, den Gott der Wogen,
rührte Eros' mächtger Bogen,
Als des goldnen Widders Flug
Helle, mit dem Bruder fliehend,
125 Schön in Jugendfülle blühend,
Über deine Tiefe trug.[1]
Schnell von ihrem Reiz besieget
Griffst du aus dem finstern Schlund,
Zogst sie von des Widders Rücken
130 Nieder in den Meeresgrund.

Eine Göttin mit dem Gotte,
In der tiefen Wassergrotte
Lebt sie jetzt unsterblich fort,
Hilfreich der verfolgten Liebe
135 Zähmt sie deine wilden Triebe,
Führt den Schiffer in den Port.
Schöne Helle! Holde Göttin!
Selige, dich fleh ich an:
Bring auch heute den Geliebten
140 Mir auf der gewohnten Bahn."

Und schon dunkelten die Fluten,
Und sie ließ der Fackel Gluten
Von dem hohen Söller wehn,
Leitend in den öden Reichen
145 Sollte das vertraute Zeichen
Der geliebte Wandrer sehn.
Und es saust und dröhnt von ferne,
Finster kräuselt sich das Meer,
Und es löscht das Licht der Sterne,
150 Und es naht gewitterschwer.

Auf des Pontus weite Fläche
Legt sich Nacht, und Wetterbäche
Stürzen aus der Wolken Schoß,
Blitze zucken in den Lüften,
155 Und aus ihren Felsengrüften
Werden alle Stürme los,
Wühlen ungeheure Schlünde
In den weiten Wasserschlund,
Gähnend wie ein Höllenrachen
160 Öffnet sich des Meeres Grund.

„Wehe! Weh mir!" ruft die Arme
Jammernd, „Großer Zeus, erbarme!
Ach! Was wagt' ich zu erflehn!
Wenn die Götter mich erhören,
165 Wenn er sich den falschen Meeren
Preisgab in des Sturmes Wehn!
Alle meergewohnten Vögel
Ziehen heim in eilger Flucht,
Alle sturmerprobten Schiffe
170 Bergen sich in sichrer Bucht.

Ach gewiss, der Unverzagte
Unternahm das oft Gewagte,
Denn ihn trieb ein mächtger Gott.
Er gelobte mirs beim Scheiden
175 Mit der Liebe heilgen Eiden,
Ihn entbindet nur der Tod.
Ach! In diesem Augenblicke
Ringt er mit des Sturmes Wut,
Und hinab in ihre Schlünde
180 Reißt ihn die empörte Flut.

Falscher Pontus, deine Stille
War nur des Verrates Hülle,
Einem Spiegel warst du gleich,
Tückisch ruhten deine Wogen,
185 Bis du ihn heraus betrogen
In dein falsches Lügenreich.
Jetzt in deines Stromes Mitte,
Da die Rückkehr sich verschloss,
Lässest du auf den Verratnen
190 Alle deine Schrecken los."

Und es wächst des Sturmes Toben,
Hoch zu Bergen aufgehoben
Schwillt das Meer, die Brandung bricht
Schäumend sich am Fuß der Klippen,
195 Selbst das Schiff mit Eichenrippen
Nahte unzerschmettert nicht.
Und im Wind erlischt die Fackel
Die des Pfades Leuchte war,
Schrecken bietet das Gewässer,
200 Schrecken auch die Landung dar.

---

[1] Die Geschwister Phrixos und Helle flohen vor ihrer Stiefmutter Ino auf einem Widder mit goldenem Fell. Während des Fluges stürzte Helle ins Meer (den nach ihr benannten Hellespontos), während Phrixos nach Kolchis gelangte. Von einer Liebe des Meergottes Poseidon (Neptun) zu Helle ist in den antiken Sagen nichts überliefert. Einen Hinweis hat Schiller wahrscheinlich bei Hederich [einem mythologischen Lexikon] gefunden: „Ob nun gleich Helle also in der See umkam, so soll doch Neptun mit ihr auch so noch den Almopen gezeugt haben."

Und sie fleht zur Aphrodite,
Dass sie dem Orkan gebiete,
Sänftige der Wellen Zorn,
Und gelobt, den strengen Winden
205 Reiche Opfer anzuzünden,
Einen Stier mit goldnem Horn.
Alle Göttinnen der Tiefe,
Alle Götter in der Höh
Fleht sie, lindernd Öl zu gießen
210 In die sturmbewegte See.

„Höre meinen Ruf erschallen,
Steig aus deinen grünen Hallen,
Selige Leukothea[1]!
Die der Schiffer in dem öden
215 Wellenreich, in Sturmesnöten
Rettend oft erscheinen sah.
Reich ihm deinen heilgen Schleier,
Der, geheimnisvoll gewebt,
Die ihn tragen, unverletzlich
220 Aus dem Grab der Fluten hebt."

Und die wilden Winde schweigen,
Hell an Himmels Rande steigen
Eos' Pferde[2] in die Höh.
Friedlich in dem alten Bette
225 Fließt das Meer in Spiegelsglätte,
Heiter lächeln Luft und See.
Sanfter brechen sich die Wellen
An des Ufers Felsenwand,
Und sie schwemmen, ruhig spielend,
230 Einen Leichnam an den Strand.

Ja, er ists, der, auch entseelet,
Seinem heilgen Schwur nicht fehlet!
Schnellen Blicks erkennt sie ihn,
Keine Klage lässt sie schallen,
235 Keine Träne sieht man fallen,
Kalt, verzweifelnd starrt sie hin.
Trostlos in die öde Tiefe
Blickt sie, in des Äthers Licht,
Und ein edles Feuer rötet
240 Das erbleichte Angesicht.

„Ich erkenn euch, ernste Mächte,
Strenge treibt ihr eure Rechte,
Furchtbar, unerbittlich ein.
Früh schon ist mein Lauf beschlossen,
245 Doch das Glück hab ich genossen,
Und das schönste Los war mein.
Lebend hab ich deinem Tempel
Mich geweiht als Priesterin,
Dir ein freudig Opfer sterb ich,
250 Venus, große Königin!"

Und mit fliegendem Gewande
Schwingt sie von des Turmes Rande
In die Meerflut sich hinab.
Hoch in seinen Flutenreichen
255 Wälzt der Gott die heilgen Leichen,
Und er selber ist ihr Grab.
Und mit seinem Raub zufrieden
Zieht er freudig fort und gießt
Aus der unerschöpften Urne
260 Seinen Strom, der ewig fließt.

Aus: Friedrich Schiller: Sämtliche Werke. Erster Band: Gedichte. Dramen I. 8., durchges. Aufl. München: Hanser Verlag, S. 360–368. Die Anmerkungen folgen weitgehend denen der Berliner Ausgabe: Schiller. Sämtliche Werke in zehn Bänden. Hrsg. von Hans-Günther Thalheim u. a. Bd. 1: Gedichte. Berlin und Weimar: Aufbau Verlag, 1980, S. 839 f.

---

[1] Ino, die Tochter des Kadmos, wurde der mythologischen Überlieferung nach in eine Meernymphe verwandelt; durch ihren Schleier bewahrte sie den schiffbrüchigen Odysseus vor dem Ertrinken.
[2] Lampos und Phaëton, die Rosse der Eos (lat. Aurora), der Göttin der Morgenröte

Die Ballade entstand 1801, als Schiller in Weimar lebte und mit Goethe befreundet war; sie ist also der Zeit der Klassik zuzuordnen. Das Werk des jungen Schiller mit den *Räubern* und *Kabale und Liebe* zählt dagegen zum Sturm und Drang. Der Dichter prangert darin die Missstände im Absolutismus und die Zwänge seiner eigenen Erziehung in der Karlsschule des württembergischen Herzogs Carl Eugen an. Die Klassik strebte dagegen nach einem harmonischen Ausgleich von Gegensätzen und setzte auf die Bildungskraft der Antike. Der Sagenstoff um Hero und Leander geht auf antike Quellen zurück.

BS 4

133

Spiele mit dem Vogelmotiv

1. Hören Sie das Volkslied „Wenn ich ein Vöglein wär":
Worauf gehen die einzelnen Strophen ein?

2. Vergleichen Sie das Volkslied mit Heines Gedicht.
In welcher Weise bezieht es sich auf die Vorlage und wie verändert es sie?

3. Erschließen Sie das Vogelmotiv und seine Bedeutung in dem Gedicht „kann nicht steigen nicht
fallen" von Helga M. Novak. Berücksichtigen Sie die strophische Gliederung.

Wenn ich ein Vöglein wär,
Und auch zwei Flüglein hätt,
Flög ich zu dir;
Weils aber nicht kann sein,
5 Bleib ich allhier.

Bin ich gleich weit von dir,
Bin ich doch im Schlaf bei dir,
Und red mit dir;
Wenn ich erwachen tu,
10 Bin ich allein.

Es vergeht keine Stund in der Nacht,
Da mein Herze nicht erwacht,
Und an dich gedenkt,
Dass du mir viel tausendmal
15 Dein Herze geschenkt.

Enthalten in den Volksliedsammlungen „Stimmen der Völker in
Liedern" von Johann Gottfried Herder und „Des Knaben Wunderhorn" von Achim von Arnim und Clemens Brentano (Krit. Ausg.
hrsg. von Heinz Rölleke, Bd. 1. Stuttgart: Reclam 1987, S. 204 f.)
Anpassung von Rechtschreibung und Zeichensetzung: G. F.

Heinrich Heine

Ich steh auf des Berges Spitze,
Und werde sentimental.
»Wenn ich ein Vöglein wäre!«
Seufz ich vieltausendmal.

5 Wenn ich eine Schwalbe wäre,
So flög ich zur dir, mein Kind,
Und baute mir mein Nestchen
Wo deine Fenster sind.

Wenn ich eine Nachtigall wäre,
10 So flög ich zu dir, mein Kind,
Und sänge dir nachts meine Lieder
Herab von der grünen Lind'.

Wenn ich ein Gimpel wäre,
So flög ich gleich an dein Herz;
15 Du bist ja hold den Gimpeln,
Und heilest Gimpelschmerz.

Aus: Heinrich Heine: Buch der Lieder. Lyrisches Intermezzo Nr. 53.
In: Gedichte, a. a. O., S. 97

Helga M. Novak
kann nicht steigen nicht fallen

sieht so aus als hätte
ich das Fliegen verlernt
kann nicht steigen nicht fallen
flügellahm
5 sitze ich da und brüte
Liebeserklärungen aus

dabei gibt es eine Menge Vögel
die sich nie von der Erde lösen
und springen und stolzieren
10 mit gewölbten Federn
durch das wehende Gras

ich bin für heute ein Wasserhuhn
und suche dich im Schilf
wo du mit Sicherheit
15 an deinen vielen schwarzen Haaren
dich verheddert hast
denk bloß nicht ich mache dich los

Aus: Helga M. Novak: Solange noch Liebesbriefe eintreffen. Gesammelte
Gedichte. Hrg. von Rita Jorek, mit einem Nachwort von Eva Demski. © Schöffling
& Co. Verlagsbuchhandlung GmbH, Frankfurt am Main 1997, 1999, 2005

Helga Maria Novak
(eigentlich: Maria Karls-
dottir, geb. 1935):
1954–57 Journalistik-
und Philosophie-Studium
in Leipzig; anschließend
u. a. Monteurin, Labo-
rantin und Buchhändle-
rin; 1961 Heirat und Le-
ben auf Island; 1965
Rückkehr in die DDR; seit
1967 nach Aberkennung
der DDR-Staatsbürgerschaft wohnhaft in Frankfurt/
Main. Ihre ideologie- und sozialkritischen Gedichte,
Hörspiele und Erzählungen widersprachen der Lini-
entreue, die die DDR auch für die Kultur verlangte.

Das Nachtigallenmotiv in romantischen Gedichten und Liedern

1. *Vergleichen Sie die musikalischen Fassungen des „Ständchens" von Ludwig Rellstab und des Heine-Gedichts „Aus meinen Tränen sprießen" mit den Volksliedern „Wenn ich ein Vöglein wär" und „In einem kühlen Grunde (Arbeitsblätter 31 auf S. 134 und 6 auf S. 43).*

2. *Ermitteln Sie in Heines Gedicht die äußere Situation des lyrischen Ichs, dessen Verfassung, die Bedeutung des Nachtigallen-Motivs sowie weitere maßgebliche inhaltliche, sprachliche und formale Elemente.*

3. *Untersuchen Sie entweder Rellstabs „Ständchen" oder „Der Spinnerin Nachtlied" von Brentano unter den in Aufgabe 2 genannten Gesichtspunkten.*

> **Nachtigallen-Motiv:** In der römischen Version des Philomele-Mythos verwandelt Zeus die Tochter des Königs Pandion von Athen in eine Nachtigall, um sie vor der Verfolgung durch Tereus zu retten. Ihr Lied wurde als Klagegesang aufgefasst, später, in Mittelalter und Neuzeit, als Sehnsuchtsruf der Liebe.

Ludwig Rellstab
Ständchen

Leise flehen meine Lieder
Durch die Nacht zu dir;
In den stillen Hain hernieder,
Liebchen, komm zu mir!

5 Flüsternd schlanke Wipfel rauschen
In des Mondes Licht,
Des Verräters feindlich Lauschen
Fürchte, Holde, nicht.

Hörst die Nachtigallen schlagen?
10 Ach! sie flehen dich,
Mit der Töne süßen Klagen
Flehen sie für mich.

Sie verstehn des Busens Sehnen,
Kennen Liebesschmerz,
15 Rühren mit den Silbertönen
Jedes weiche Herz.

Lass auch dir die Brust bewegen,
Liebchen, höre mich,
Bebend harr ich dir entgegen!
20 Komm, beglücke mich!

Aus: Das Buch der Lieder und Arien. Ein Texthandbuch für Musikliebhaber. Hrsg. von Paul Douliez und Hermann Engelhard. München, Zürich: Artemis, 1985. Musik: Franz Schubert
Zit. nach: Liebesgedichte aus aller Welt, a. a. O., S. 151 f.

Ludwig Rellstab (1799 – 1860): Nach dem Ausscheiden aus dem Militärdienst mit zeitweise pädagogischen Aufgaben ab 1823 Schriftsteller und Musikkritiker in Berlin. Er verfasste historische Unterhaltungsromane, Opernlibretti und Gedichte.

Heinrich Heine

Aus meinen Tränen sprießen
Viel blühende Blumen hervor,
Und meine Seufzer werden
Ein Nachtigallenchor.

5 Und wenn du mich liebhast, Kindchen,
Schenk ich dir die Blumen all,
Und vor deinem Fenster soll klingen
Das Lied der Nachtigall.

Aus: Buch der Lieder. Lyrisches Intermezzo, Nr. 2. In: Gedichte, S. 73
Musik: Robert Schumann, Dichterliebe

Clemens Brentano
Der Spinnerin Nachtlied (1802)

Es sang vor langen Jahren
Wohl auch die Nachtigall,
Das war wohl süßer Schall,
Da wir zusammen waren.

5 Ich sing' und kann nicht weinen,
Und spinne so allein
Den Faden klar und rein
So lang der Mond wird scheinen.

Als wir zusammen waren
10 Da sang die Nachtigall
Nun mahnet mich ihr Schall
Dass du von mir gefahren.

So oft der Mond mag scheinen,
Denk' ich wohl dein allein,
15 Mein Herz ist klar und rein,
Gott wolle uns vereinen.

Seit du von mir gefahren,
Singt stets die Nachtigall,
Ich denk' bei ihrem Schall,
20 Wie wir zusammen waren.

Gott wolle uns vereinen
Hier spinn' ich so allein,
Der Mond scheint klar und rein,
Ich sing' und möchte weinen.

Aus: Clemens von Brentano: Werke, Bd. 1. Hrsg. von W. Frühwald, B. Gajek und F. Kemp. München: Hanser 1968

Clemens Brentano (1778–1842): Sohn eines wohlhabenden italienischen Kaufmanns, in dessen Firma er aber nicht bleiben wollte; dennoch durch sein Erbe wirtschaftlich unabhängig; unstetes, krisenanfälliges Leben mit häufigen Ortswechseln, kurzen Ehen und unglücklichen Liebesbeziehungen; ab 1801 Freundschaft mit Achim von Arnim, Rheinreise und Herausgabe der Volksliedsammlung *Des Knaben Wunderhorn*; 1817 Hinwendung zum katholischen Glauben; 1819–24 Besuche bei einer stigmatisierten Nonne, deren Visionen er beschreibt. Brentano beeinflusste die Romantik in allen Phasen wesentlich. Seine klangvolle Lyrik überragt die anderen Teile seines literarischen Werks.

Gedichte Heinrich Heines aus dem *Buch der Lieder*

1. Hören Sie Gedichte aus Heinrich Heines „Buch der Lieder" in Vertonungen von Robert Schumann, Felix Mendelssohn Bartholdy und Franz Schubert. Entscheiden Sie sich anschließend für ein Gedicht, das Sie in einer Gruppe interpretieren möchten.

2. Untersuchen Sie Stimmung, Inhalt, Aussage, Form und Sprache des ausgewählten Gedichts. Gehen Sie insbesondere auf das Verhältnis zwischen Text und Musik, die Bildmotive, die Gefühle des lyrischen Ichs sowie dessen Verfassung ein. Überlegen Sie zunächst, ob das Gedicht ein Geschehen, eine Situation oder eine Reflexion darstellt.

3. Notieren und strukturieren Sie auf einer OHP-Folie Ihre Ergebnisse, um sie der Klasse zu präsentieren und zu erläutern.

Und wüssten's die Blumen, die kleinen,
Wie tief verwundet mein Herz,
Sie würden mit mir weinen,
Zu heilen meinen Schmerz.

5 Und wüssten's die Nachtigallen,
Wie ich so traurig und krank,
Sie ließen fröhlich erschallen
Erquickenden Gesang.

Und wüssten sie mein Wehe,
10 Die goldnen Sternelein,
Sie kämen aus ihrer Höhe,
Und sprächen Trost mir ein.

Die alle können's nicht wissen,
Nur *eine* kennt meinen Schmerz:
15 Sie hat ja selbst zerrissen,
Zerrissen mir das Herz.

Aus: Buch der Lieder. Lyrisches Intermezzo, Nr. 22.
In: Heinrich Heine: Ich weiß nicht, was soll es beudeuten.
Gedichte: Stuttgart, München, Deutscher Bücherbund 1986
Musik: Robert Schumann, Dichterliebe

Ein Jüngling liebt ein Mädchen,
Die hat einen andern erwählt;
Der andre liebt eine andre,
Und hat sich mit dieser vermählt.

5 Das Mädchen heiratet aus Ärger
Den ersten besten Mann,
Der ihr in den Weg gelaufen;
Der Jüngling ist übel dran.

Es ist eine alte Geschichte,
10 Doch bleibt sie immer neu;
Und wem sie just passieret,
Dem bricht das Herz entzwei.

Ebd., Nr. 39, S. 90
Musik: Robert Schumann, Dichterliebe

Der Herbstwind rüttelt die Bäume,
Die Nacht ist feucht und kalt;
Gehüllt im grauen Mantel,
Reite ich einsam im Wald.

5 Und wie ich reite, so reiten
Mir die Gedanken voraus;
Sie tragen mich leicht und luftig
Nach meiner Liebsten Haus.

Die Hunde bellen, die Diener
10 Erscheinen mit Kerzengeflirr;
Die Wendeltreppe stürm ich
Hinauf mit Sporengeklirr.

Im leuchtenden Teppichgemache,
Da ist es so duftig und warm,
15 Da harret meiner die Holde –
Ich fliege in ihren Arm.

Es säuselt der Wind in den Blättern,
Es spricht der Eichenbaum:
„Was willst du, törichter Reiter,
20 Mit deinem törichten Traum?"

Ebd., Nr. 58, S. 99f.
Musik: Felix Mendelssohn Bartholdy

Ich stand in dunkeln Träumen
Und starrte ihr Bildnis an,
Und das geliebte Antlitz
Heimlich zu leben begann.

5 Um ihre Lippen zog sich
Ein Lächeln wunderbar,
Und wie von Wehmutstränen
Erglänzte ihr Augenpaar.

Auch meine Tränen flossen
10 Mir von den Wangen herab –
Und ach, ich kann es nicht glauben,
Dass ich dich verloren hab!

Ebd., Die Heimkehr, Nr. 23.
Musik: Franz Schubert, Schwanengesang

Du schönes Fischermädchen,
Treibe den Kahn ans Land;
Komm zu mir und setze dich nieder,
Wir kosen Hand in Hand.

5 Leg an mein Herz dein Köpfchen,
Und fürchte dich nicht zu sehr;
Vertraust du dich doch sorglos
Täglich dem wilden Meer.

Mein Herz gleicht ganz dem Meere,
10 Hat Sturm und Ebb' und Flut,
Und manche schöne Perle
In seiner Tiefe ruht.

Ebd., Nr. 8, S. 112
Musik: Franz Schubert, Schwanengesang

Das Meer erglänzte weit hinaus,
Im letzten Abendscheine;
Wir saßen am einsamen Fischerhaus,
Wir saßen stumm und alleine.

5 Der Nebel stieg, das Wasser schwoll,
Die Möwe flog hin und wider;
Aus deinen Augen, liebevoll,
Fielen die Tränen nieder.

Ich sah sie fallen auf deine Hand,
10 Und bin aufs Knie gesunken;
Ich hab von deiner weißen Hand
Die Tränen fortgetrunken.

Seit jener Stunde verzehrt sich mein Leib,
Die Seele stirbt vor Sehnen; –
15 Mich hat das unglücksel'ge Weib
Vergiftet mit ihren Tränen.

Ebd., Nr. 14, S. 115f.
Musik: Franz Schubert, Schwanengesang

Heinrich Heine
(1797–1856), als Sohn einer jüdischen Kaufmannsfamilie in Düsseldorf geboren; nach dem Abbruch des Gymnasiums kaufmännische Lehre im Bankhaus seines Onkels Salomon in Hamburg, in dessen Tochter er sich verliebt, ohne dass diese seine Zuneigung erwidert. Von seinem Onkel finanziell unterstützt, studiert er ab 1819 Jura in Bonn, Göttingen und Berlin bis zur Promotion 1825. Daneben hört er aber auch Vorlesungen in Philosophie bei A.W. Schlegel und Hegel. Die Universität Göttingen musste er wegen eines Duells verlassen. Um seine beruflichen Aussichten zu verbessern, tritt Heine 1825 vom jüdischen zum protestantischen Glauben über. Reisen nach England, Italien und Paris, wo er ab 1831 lebt, als Zeitungskorrespondent arbeitet und zwischen deutscher und französischer Kultur vermitteln möchte. 1841 Heirat mit Crescence Eugénie Mirat, die er „Mathilde" nannte. Ab 1848 fortschreitende Lähmungskrankheit, die ihn an die „Matratzengruft" fesselt, wo sich die Geliebte Elise Krinitz („Mouche") um ihn kümmert.
Heine verfasste neben zahlreichen, zum Teil volkstümlichen Gedichten (*Ich weiß nicht, was soll es bedeuten*) auch Reisebilder (*Die Harzreise*). Wegen seiner emanzipatorischen Bestrebungen und seinem Eintreten für Demokratie wurden seine Schriften wie die anderer Dichter des Jungen Deutschland und des Vormärz 1835 vom Bundestag verboten.
Das berühmte *Buch der Lieder* enthält Heines frühe Lyrik in vier Zyklen, die zum Teil weiter untergliedert sind: Junge Leiden, Lyrisches Intermezzo, Die Heimkehr, Nordsee. Am populärsten wurden die volksliedhaften Gedichte der beiden mittleren Zyklen.

Ich und Du

5.1 Das Grundmuster aller Liebeslyrik

Liebesgedichte erhalten ihre besondere Ausprägung, ihre emotionale Intensität und ihren gedanklichen Gehalt aus der Konstellation zwischen Ich und Du (vgl. etwa das Gedicht *Anrede* von Ernst Stadler auf dem **Arbeitsblatt 28** auf S. 110 und dazu **Kap. 3.4** auf S. 96 f.), sodass in den grammatischen Satzstrukturen die Pronomen der ersten und zweiten Person Singular sowie der ersten Person Plural überwiegen. Ich und Du, manchmal vereint im Wir, sind notwendige personale Voraussetzungen, um in Gedichten über Liebesbeziehungen, Liebesgefühle oder Reflexionen über Liebe schreiben zu können. Selbst wenn von den Liebenden in Abweichung von diesem Grundmuster in der dritten Person die Rede ist, sind sie als Ich und Du in der distanzierenden Wahrnehmung eines Dritten präsent. Diese Situation lässt sich an dem Gedicht *Die Beiden* von Hugo von Hofmannsthal auf dem **Arbeitsblatt 34**, S. 156 verfolgen. Es skizziert eine Begegnungsszene zwischen einer schönen Frau und einem willensstarken Mann, die in den ersten beiden Strophen mit jeweils vier Versen ihre Tätigkeiten, das Tragen eines Bechers und das Reiten eines Pferdes, sicher beherrschen und mit Anmut ausführen. Zwei Parallelismen (vv. 3, 5) unterstreichen diese Souveränität, erzeugen aber auch schon durch die Form einen Gleichklang der beiden Personen. Bei der Übergabe des Bechers in der dritten, verlängerten Strophe aus sechs Versen verschütten sie jedoch den Wein, weil „beide […] so sehr [bebten],/Dass keine Hand die andre fand" (vv. 12 f.). Ihre innere, verborgene Aufwühlung zeigt sich darin, dass die Übergabe misslingt und die gewohnte Anmut, Sicherheit und Festigkeit verloren gehen. Die „Hand" als Schlüssel- und Reimwort schließt in allen drei Strophen den ersten Vers ab, der mit dem zweiten am Anfang ein Reimpaar bildet. In der folgenden Strophe entfernen sich die korrespondierenden Wörter „Hand"/„stand" durch den umarmenden Reim weiter voneinander und in der letzten vergrößert sich die Distanz zwischen „Hand"/„fand" noch weiter, sodass die Hände, die sich verfehlen, auf der formalen Ebene eine Entsprechung haben. Gleichzeitig bilden die beiden Wörter einen Binnenreim (v. 13), in dem in Verbindung mit der a-Assonanz noch im Missgeschick der beiden Personen Harmonie und Gemeinsamkeit der Liebe an- und weiterklingen.

Um die elementare Bedeutung der Ich-Du-Beziehung in der Liebeslyrik zu erkennen, übertragen die Schülerinnen und Schüler Hofmannsthals Gedicht von der dritten in die erste und zweite Person und verfassen aus der Perspektive des lyrischen Ichs einen poetischen Text, der dessen Empfindungen und Gedanken wiedergibt (Aufgaben 1 und 2 auf dem Arbeitsblatt 34). Da es ihnen offensteht, dem Mann oder der Frau die erste Person zuzuordnen, entstehen Texte aus unterschiedlichen Geschlechterrollen heraus, die zu reizvollen Vergleichen Anlass geben.

■ *Übertragen Sie Hofmannsthals Gedicht „Die Beiden" von der dritten in die erste und zweite Person. Geben Sie der neuen Version eine angemessene Überschrift (Aufgabe 1 auf dem Arbeitsblatt 34).*

■ *Bearbeiten Sie Aufgabe 2 auf dem Arbeitsblatt 34.*

In den beiden weiteren Gedichten auf dem Arbeitsblatt 34 spielt das formal herausgehobene Du die zentrale Rolle im Leben des Ich, das sich ganz auf sein Gegenüber ausrichtet. Stefan George beschreibt in der ersten Strophe, deren vier Verse mit der Anapher „Du" beginnen, dessen Äußeres und Ausstrahlung in Vergleichen, Metaphern und Adjektiven. Die Schlussstrophe wiederholt diese Zeilen in veränderter Reihenfolge, sodass die Du-Strophen zwei weitere umrahmen, in denen das Ich ausführt, was die andere Person für es bedeutet. Es fühlt sich vom Du umgeben, das sich sonnigen und schattigen Orten sowie den Tageszeiten anpasst und Hitze und Kälte in angenehmen Luftbewegungen ausgleicht. Zwei elliptische, parallele Anreden entfalten in Vers 8 in einem Oxymoron die ganze Spannbreite wohltuender Wirkungen. Eine weitere Du-Anapher verknüpft die zweite mit der dritten Strophe, in der sich die Subjekt-Objekt-Beziehung umkehrt und das Ich darauf hinweist, wie das Du in jede seiner Lebensäußerungen einbezogen ist. Wenn diese Strophe mit dem Küssen des Gegenübers bei „jedem Duft" schließt, erreicht das Gedicht die größte, intimste Nähe zwischen den beiden Personen.

Das Verhältnis zwischen Ich und Du, das bei George in Gestalt und Erscheinung des Gegenübers seine Basis hat und über die Sinne erfahrbar wird, reduziert sich bei Rose Ausländer auf das Wort. Das lässt sich schon an dem fragmentarisch-rätselhaften Beginn erkennen, den die Verse 2 f. näher erläutern. Die beiden Personen wohnen nicht Tür an Tür, also räumlich nebeneinander, sondern „Wort an Wort". Nachbarschaft, Freundschaft, Liebe verlangen also nicht körperliche Anwesenheit, sondern sprachliche Nähe. Worte werden zum Wohnraum. Das Subjekt kommt der Bitte an den Freund, ihm sein liebstes Wort zu sagen, mit dem eigenen Bekenntnis zuvor, es sei das „Du", das durch die Großschreibung und die Isolation am Schluss des Gedichts hervorgehoben ist.

Die Schülerinnen und Schüler gehen dem Verhältnis zwischen Ich und Du in den beiden Gedichten in Einzelarbeit nach, bei der sie inhaltliche und formale Aspekte berücksichtigen.

■ *Bearbeiten Sie Aufgabe 3 auf dem Arbeitsblatt 34.*

Ich und Du als Thema zweier Gedichte

Stefan George
Du schlank und rein

- Beschreibung des Äußeren und der Ausstrahlung des Du in Vergleichen, Metaphern und Adjektiven (1. Str.)
- Wohlbefinden durch die Anwesenheit des Du, das unangenehme Empfindungen wie Hitze und Kälte ausgleicht (2. Str.)
- Oxymoron in zwei elliptischen, parallelen Anreden (v. 8): Spannbreite wohltuender Wirkungen
- Du-Anapher in vv. 8 f.: Verknüpfung der beiden mittleren Strophen
- Umkehrung der Subjekt-Objekt-Beziehung im Verhältnis Ich-Du (Str. 2, 3)
- Einbeziehung des Du in die Lebensäußerungen des Ich
- Küssen des Gegenübers: größte, intimste Nähe
- Wiederholung der Verse in der Eingangsstrophe in der Schlussstrophe in veränderter Reihenfolge und Du-Anaphern: Rahmen für das Dasein des Ich

Rose Ausländer
Wort an Wort

- fragmentarisch-rätselhafter Beginn
- Auflösung und Erläuterung in vv. 2 f.: Wohnung „Wort an Wort" wie Tür an Tür; Worte als Wohnraum
- Nachbarschaft, Freundschaft, Liebe durch sprachliche Nähe
- Bitte des Ich an den Freund, ihm sein „liebstes" Wort zu sagen (Superlativ!)
- vorauseilendes Bekenntnis: DU Hervorhebung durch Großschreibung und Isolation am Schluss des Gedichts

Verhältnis zwischen Ich und Du

- Gestalt und Erscheinung der anderen Person als Basis
- sinnliche Wahrnehmungen

- Reduktion auf das Wort

inhaltliche und formale Hervorhebung sowie Erhöhung des Du

5.2 Augen – Blicke

Schon in den Sonetten von Petrarka und Opitz (vgl. **Arbeitsblatt 14**, S. 71 f. und **Kap. 2.4**, S. 56–59) erweisen sich die Augen als Organe, die nicht nur Sinneseindrücke aufnehmen, sondern auch verbreiten. Die zwiespältig-gegensätzlichen Empfindungen, welche die Blicke dort erzeugen, klingen in der zweiten Strophe von Dantes Sonett *Die Liebe wohnt im Auge meiner Frauen* auf dem **Arbeitsblatt 35**, S. 158 zwar noch nach, es überwiegt aber wie in dem romantischen Gedicht *Der Blick* von Joseph von Eichendorffs Bruder Wilhelm die staunende Bewunderung darüber, was die Augen bei Liebenden auslösen und bewirken. Blicke und Lächeln (vv. 1, 12 bei Dante/vv. 1 f. bei Eichendorff) verbinden sich zu einer machtvollen Botschaft der Liebe, welche die Ausdrucksmöglichkeiten der Sprache übertrifft (vv. 9, 12 f./vv. 3–8). Die Augen übermitteln präziser und umfassender als Worte, was die Geliebte ausstrahlt oder in ihrem Herzen empfindet, ihre Blicke erzeugen angenehme Gefühle und beglücken (vv. 2, 4, 7/vv. 15 f.), und was von ihr ausgeht, erscheint als Wunder, das sich weder beschreiben noch erklären lässt (vv. 13 f. bei Dante) oder einen Zugang zum Himmel als dem Unendlichen, Göttlichen, mit dem Verstand nicht zu Erfassenden öffnet (vv. 9–12 bei Eichendorff). Bei Dante begleitet die Glückserfahrung ein Zittern, das die innere Erregung des von der geliebten Frau Gegrüßten andeutet (v. 4) oder auch die beschämende Erkenntnis eigener Minderwertigkeit, auf die die folgenden Verse (5 f.) eingehen. In Gegenwart der Dame erlöschen alle schädlichen Leidenschaften und Haltungen wie „Zorn und Hochmut" (v. 7); stattdessen machen sich „Wonne" und „frohe[ ] Demut" breit (v. 10). So schlagen ihr von allen Seiten Zuneigung und Verehrung entgegen (vv. 3, 8). Dantes Sonett beschreibt die Wirkung der Frau auf alle, die ihr begegnen, sodass das Ich in den Hintergrund tritt. Es gibt sich nur in zwei Pronomen in der ersten Person zu erkennen (vv. 1, 8) sowie in zwei weiteren in der distanzierend-verallgemeinernden dritten Person (v. 5 f.). In Eichendorffs Gedicht stehen dagegen die außerordentlichen, in Steigerungsformeln und Wiederholungen (vv. 11 f., 14) nachdrücklich verstärkten Wirkungen auf das Subjekt im Mittelpunkt, die der Blick der Augen auslöst. Schon der zweite Vers ordnet ihn in einem Vergleich den „Himmeln" zu und in der dritten Strophe liegt in ihm „des Himmels Quelle". Am Schluss gibt sich das Ich diesem Blick ganz hin und findet durch ihn Heilung „meiner Schmerzen".

Die Schülerinnen und Schüler untersuchen und vergleichen Inhalt, Sprache und Form der beiden Gedichte in Partnerarbeit, bei der sie sich auf die Bedeutung und Wirkung der Augen konzentrieren. Anschließend informieren sie sich über ihre Ergebnisse.

 ■ *Bearbeiten Sie die Aufgabe auf dem Arbeitsblatt 35.*

Augensprache der Liebe

Dante **Die Liebe wohnt im Auge meiner Frauen**	Wilhelm von Eichendorff **Der Blick**

Gemeinsamkeiten

- nicht Aufnahme von Sinneseindrücken, sondern Verbreitung von angenehmen Gefühlen und Glück durch die Augen (vv. 2, 4, 7/15 f.)
- staunende Bewunderung, was Augen bei Liebenden auslösen und bewirken
- Verbindung von Lächeln und Blick zu einer machtvollen Botschaft der Liebe (vv. 1, 12/1 f.)
- Überlegenheit gegenüber den Ausdrucksmöglichkeiten der Sprache (vv. 9, 12 f./3–8)
- Wunder,

Unterschiede

• das sich nicht beschreiben noch erklären lässt (vv. 13 f.)	• das einen Zugang zum Himmel (dem Unendlichen, Göttlichen, mit dem Verstand nicht zu Erfassenden) eröffnet (vv. 9–12)
• Zittern (v. 4): Erregung durch den Gruß oder beschämende Erkenntnis eigener Minderwertigkeit (vv. 5 f.)	• Einführung des Himmelsmotivs in einem Vergleich (v. 2)
• Erlöschen schädlicher Leidenschaften und Haltungen (v. 7)	• Wirkungen der Blicke auf das Ich im Mittelpunkt
• Entstehen froher und tugendhafter Empfindungen (v. 10)	• Verstärkung durch Steigerung und Wiederholung (vv. 11 f., 14)
• Zuneigung und Verehrung für die Frau von allen Seiten (vv. 3, 8)	• völlige Hingabe und Heilung (4. Str.)
• Zurücktreten des Ichs (Präsenz nur in zwei Pronomen der ersten Strophe)	• 4 Strophen mit 4 Versen aus 4 Trochäen, Kreuzreime
• Sonett	

In dem Gedicht *Doppelte Begegnung am Strand von Sperlonga* auf dem **Arbeitsblatt 36,** S. 159 kommt es zu keinem Augenkontakt, obwohl das lyrische Ich und sein Schatten sich danach sehnen und ihn suchen: „Wir sahn euch lange nach./Ihr drehtet euch nicht um." (vv. 13 f.) Stattdessen vereinigen sich die Schatten für einen Moment – einen Augenblick lang, der im üblichen übertragenen Sinn als kleinste Zeiteinheit den Mittel- und Höhepunkt des Gedichts darstellt. Wenn Schatten irdische Gestalten, deren Lebenskraft, Seele und Wesen abbilden, erlebt das lyrische Ich bei der flüchtigen Begegnung, wie es plötzlich, wie von Amors Pfeil getroffen, von Liebe zu der anderen Person erfasst und in deren Bann gezogen wird und doch, unfähig zu handeln, allein zurückbleiben muss. Wenn Schatten jedoch nur als körperlose Umrisse der Dinge und Personen gelten, denen das Eigentliche fehlt, deutet ihre Begegnung an, dass sie ohne die nötige Substanz in einer reduzierten Form stattfindet. So kommen keine Gefühle zur Sprache, nur aus der ausführlichen sachlichen Schilderung des äußeren Geschehens, dem Schauen nach der sich entfernenden Person und dem Schlussseufzer „Ach" sind sie indirekt zu erschließen. Der schattenhaften Leichtigkeit der Zufallsbegegnung, die das Du nicht einmal zu bemerken scheint, entsprechen die schlichte Sprache und die klare Form des Gedichts. Es besteht aus vier Strophen mit jeweils vier Zeilen und umarmenden Endreimen. Die Verse bestehen in der Regel aus dreihebigen Jamben und enthalten in der ersten Strophenhälfte jeweils lapidare Hauptsätze. Dieses Muster gerät in der dritten Strophe etwas aus dem Lot, als der abendliche Strandgänger auf die Schönheit und Nacktheit der Person, die ihm entgegenkommt, aufmerksam wird. Eine Sonderstellung nehmen in allen Strophen die dritten Verse ein, die um einen Jambus verlängert sind, die sich mit der folgenden Zeile zu einem Satzgefüge verbinden und in denen von den Schatten die Rede ist: dem des Ichs, dem des Dus, dem deckungsgleich-verdoppelten und noch einmal dem des Dus, der sich mit diesem entfernt.

Obwohl sich auch in Baudelaires Sonett *An eine, die vorüberging* eine Augenblicksbegegnung ereignet, deren Ablauf wie bei Gernhardt strukturiert ist – Umgebung und Atmosphäre/Zusammentreffen/äußere Erscheinung der Frau/erotische Reize/Wirkung/Verlust/Reaktionen – unterscheidet sie sich von dieser gravierend: Sie findet nicht an einem einsamen Strand statt, sondern im „Straßenlärm" der Stadt, die Frau ist nicht spärlich, sondern opulent gekleidet und das Ich nimmt sie weitaus detaillierter wahr: ihre schlanke Figur, das beim Raffen des Rockes sichtbare Bein, die Augen und sogar ihren Schmerz und ihre „große[ ] Trauer" (v. 2). Vor allem beschreibt es die schlagartig auflodernden Gefühle, die Gernhardt verbirgt, und die dadurch ausgelösten Reflexionen. Während die erste Strophe sich auf Gestalt, Ausstrahlung und Kleidung der Frau konzentriert, bringen in der zweiten deren Bein und Augen das Subjekt aus der Fassung. Es verfängt sich in Sinnenreizen, die von unten und von oben gleichzeitig auf es einstürzen, sodass es „erstarrt" (v. 6). Die Anmut des Beins vergleicht es mit einer antiken Statue und die Augen überhöht es metaphorisch als Himmel, in dem ein Gewitter aufkommt und aus dem ein Blitz niederfährt, der die Nacht kurz erhellt. Das pathetisch-dramatisch geschilderte Ereignis, das seinen Höhepunkt in dem elliptisch-kontrastierenden Ausruf „Ein Blitz … dann Nacht!" zu Beginn des ersten Terzetts findet und bei dem der Entzückte oxymoronisch betörend-tötende „Süße" und „Lust" einsaugt, endet mit der Erkenntnis, dass die „Schöne" verschwunden und für das Ich verloren ist (v. 9). Wieder bei Sinnen, stellt er fest, dass er durch ihren Blick neu geboren worden sei (v. 10), und er richtet resigniert an sie Fragen, wann er sie zeitlich und räumlich in weiter Ferne wiedersehen werde (vv. 11 f.). In einem Chiasmus weist er darauf hin, dass sie die Ziele des anderen nicht kennten, und doch ist er davon überzeugt, dass er sie geliebt hätte und sie das geahnt habe.

Auf die Interpretation von Gernhardts Gedicht stimmen sich die Schülerinnen und Schüler durch die Überlegung ein, was Schatten sind und was sie bedeuten könnten (Aufgabe 1 auf dem Arbeitsblatt 36). Vielleicht kennen sie die antike Vorstellung von der Unterwelt, in der die Seelen der Verstorbenen als wesenlose Schatten existieren, oder Platons Höhlengleichnis in seinem Hauptwerk *Politeia*, das besagt, dass die Menschen mit ihren Sinnen bloß die

Schatten der Dinge wahrnähmen, nicht aber deren wahre und unvergängliche Realität als Urbilder oder Ideen. „C. G. Jung versteht unter dem Begriff S.[chatten] die Gesamtheit der unterbewussten Persönlichkeitsschichten, die durch den Individuationsprozess stufenweise bewusst angeeignet u.[nd] verwandelt werden." (Becker, Lexikon der Symbole, S. 254) Durch die Vorüberlegungen zum Phänomen des Schattens auf das zentrale Motiv in Gernhardts Gedicht aufmerksam geworden, erschließen die Schüler dessen Inhalt, Sprache und Form im Unterrichtsgespräch (Aufgabe 2 auf dem Arbeitsblatt 36) und in Einzelarbeit (Aufgabe 3); deren Ergebnisse besprechen sie dann mit ihrem Nachbarn. Mit ihm zusammen vergleichen sie weiter das jüngere Gedicht mit seinem „große[n] Vorbild", Baudelaires *A une passante/An eine, die vorüberging* (Werner Ross: Ach sagt alles, **Arbeitsblatt 36** auf S. 160, Z. 33), und überprüfen, ob sich daraus weitere Einsichten über Gernhardts Gedicht ableiten lassen (Aufgabe 4). Zum Abschluss lesen sie die Interpretation von Werner Ross (Aufgabe 5), um die bisher gewonnenen Erkenntnisse nochmals zu überdenken und zu ergänzen. So verweist ihr Verfasser auf den populären Schlager *Lili Marleen* und das Wort, mit dem Kleists Drama *Amphytrion* und Gernhardts Verse enden, und verwebt es dadurch mit weiteren Kontexten und Traditionen. Die Schülerinnen und Schüler erweitern also ihren Verstehenshorizont während der Beschäftigung mit dem Gedicht schrittweise und merken dabei, wie literarische Texte untereinander kommunizieren.

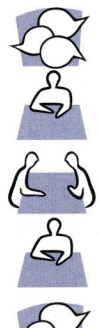

■ *Wie entstehen Schatten, was zeigen sie und was könnten sie symbolisieren? Welche Rolle spielt der Schatten in dem Gedicht von Robert Gernhardt? (Aufgaben 1 und 2 auf dem Arbeitsblatt 36)?*

■ *Bearbeiten Sie Aufgabe 3 auf dem Arbeitsblatt 36.*

■ *Besprechen Sie Ihre Ergebnisse zu Aufgabe 3 mit Ihrem Nachbarn. Bearbeiten Sie anschließend Aufgabe 4.*

■ *Lesen Sie die Interpretation zu Gernhardts Gedicht von Werner Ross auf dem Arbeitsblatt 36. Welche neuen Erkenntnisse gewinnen Sie aus ihr? (Aufgabe 5)*

Augenblicksbegegnungen

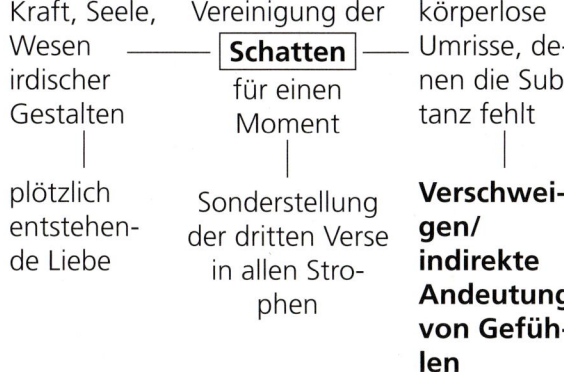

Robert Gernhardt **Doppelte Begegnung am Strand von Sperlonga**	Charles Baudelaire **A une passante/ An eine, die vorüberging**

Kraft, Seele, Wesen irdischer Gestalten — **Schatten** / Vereinigung der für einen Moment — körperlose Umrisse, denen die Substanz fehlt

plötzlich entstehende Liebe — Sonderstellung der dritten Verse in allen Strophen — **Verschweigen/ indirekte Andeutung von Gefühlen**

- **schattenhaft-leichte Zufallsbegegnung**
- an einem einsamen Strand
- spärliche Bekleidung
- **sachliche** Schilderung in schlichter Sprache und klarer Form
- 4 Strophen mit 4 Zeilen aus 3-hebigen Jamben und umarmenden Endreimen (Ausnahme: jeweils 3. Vers mit 4 Hebungen und dem Schatten des Ich, des Du und von beiden)
- übersichtliche Struktur durch einfache Hauptsätze in den ersten beiden Versen jeder Strophe
- Ausnahme: Abweichung in der dritten: → erotischer Reiz durch Schönheit und Nacktheit

- außerordentliche Wirkung des Beins, der Augen (v. 7) und des Blicks (v. 10)
- schlagartig **auflodernde Gefühle**
  → Fassungslosigkeit, Erstarrung
- dadurch ausgelöste Reflexionen (Neugeburt, resignierende Fragen, eigene Überzeugung von der Liebe und der Ahnung der Frau)
- detaillierte Wahrnehmung der Frau (Gestalt, Ausstrahlung, Kleidung in der 1. Str.)
- im „Straßenlärm" der Stadt
- opulente Kleidung
- **pathetisch-dramatische Steigerung**
- Sonett
- Bilder (Bein/Statue, Augen/Himmel, Blitz/Nacht) ⎫
- elliptisch-kontrastierender Ausruf (v. 9) ⎬ **poetische Sprache**
- Oxymoron (v. 8) ⎪
- Chiasmus (v. 13) ⎭
- Sinnenreize gleichzeitig von unten und oben

ähnlich strukturierte Abläufe: Umgebung und Atmosphäre/Zusammentreffen/ äußere Erscheinung der Frau/erotische Reize/Wirkung/Verlust/Reaktion

5.3 Liebe im Wechselgesang

Einem jahrtausendealten Wechselgesang zweier Liebender begegneten die Schülerinnen und Schüler schon in dem Ausschnitt aus dem Hohenlied auf dem **Arbeitsblatt 11**, S. 66 f. (vgl. auch **Kap. 2.2**, S. 49 – 51). Ein weiteres berühmtes Beispiel lyrischer Zwiegespräche zwischen Verliebten stellt das Buch *Suleika* in Goethes *West-östlichem Divan* dar, aus dem ein Gedichtpaar von Hatem und Suleika mit einem Gedicht aus dem 20. Jahrhundert über ein *Liebespaar am Fenster* von Kurt Tucholsky (vgl. das **Arbeitsblatt 37**, S. 162) verglichen wird. Das Hatem-Gedicht Goethes „[führt] in kühnen Bildern ein Leitmotiv des ganzen *Divan* […]

und vor allem des *Buchs Suleika* zum Höhepunkt [...] – den Altersunterschied der Liebenden und die verjüngende Kraft der Leidenschaft" (Goethe-Handbuch, Bd. 1[1], S. 319). Hatem erlebt in der ersten Strophe die Anziehungskraft von Suleikas schönem Gesicht, das ihn gefangen nimmt. Um diesen Zustand zu erhalten, ruft er mit dem ersten Wort des Gedichts die „Locken" an, die ihn einerseits fesseln sollen, andererseits als „geliebte[ ] braune[ ] Schlangen" (v. 3) ihr Verführungspotenzial symbolisieren. Da er selbst über nichts verfügt, was dieser Schönheit entspricht, verweist er auf sein Herz und seine ihn verjüngenden Gefühle, die in der zweiten und dritten Strophe eine Reihe von Naturbildern ins Unermessliche steigern: der „jugendlichste Flor" (v. 6), der Ausbruch eines Vulkans (v. 8) sowie „Frühlingshauch und Sommerbrand" (v. 12). Ihnen stehen mit „Schnee und Nebelschauer" sowie der „Felsenwand" Metaphern des Alterns, der Erstarrung und des Düsteren entgegen, die die „Morgenröte" der jungen Geliebten „beschämt" (vv. 9 f.). In der letzten Strophe schließlich fordert Hatem seinen Schenken, einen anmutigen, lernwilligen Knaben in der Rolle des Kellners (vgl. Goethe-Handbuch Bd. 1, S. 319), auf, ihn mit Wein zu versorgen, der nicht nur eine berauschende, sondern auch eine „verjüngende und den Geist erhebende Wirkung" hat (ebd.). Er verstärkt die übermächtigen Liebesgefühle noch, sodass er sich durch ihr Feuer in Todesgefahr glaubt. Suleika lehnt sich gegen diesen angedeuteten Verlust des Geliebten auf: Die „gewalt'ge Leidenschaft" des Älteren zerstöre nicht, sondern stärke die Liebe, sie schmücke die junge Frau und erfülle sie mit Stolz auf den Geliebten. Suleika begründet ihre Auffassung mit den Gleichsetzungen von Leben und Liebe sowie dessen Potenzierung und Geist. Der inhaltliche Dialog der beiden Gedichte setzt sich auf der formalen Ebene fort: Sie bestehen aus vierhebigen Trochäen mit sich kreuzenden Endreimen. Wenn das zweite auf eine strophische Gliederung verzichtet, betont es, dass es eine in sich geschlossene Antwort gibt.

Die zahlreichen ausdrucksstarken und hyperbolischen Bilder in Hatems Gedicht bieten sich an, es von ihnen aus zu erschließen und dadurch ihren Stellenwert als lyrisches Gestaltungsmittel in Erinnerung zu rufen. Die Schülerinnen und Schüler bearbeiten Aufgabe 1 auf dem **Arbeitsblatt 37**, S. 161, allein, bevor sie sich Suleikas Antwort zuwenden. Anschließend vergleichen sie ihre Ergebnisse mit ihren Sitznachbarn.

■ *Bearbeiten Sie nacheinander die Aufgaben 1 und 2 auf dem Arbeitsblatt 37.*

■ *Vergleichen Sie Ihre Ergebnisse mit Ihren Sitznachbarn.*

[1]   Goethe-Handbuch in vier Bänden. Hrsg. von Bernd Witte u. a. Bd. 1: Gedichte. Sonderausg. Stuttgart: Metzlersche Verlagsbuchhandlung und Carl Ernst Poeschel Verlag 2004. Vgl. auch die Interpretation der beiden Gedichte von Gisela Henckmann: Zu Goethes *Divan*-Gedicht *Locken! haltet mich gefangen*. In: Wulf Segebrecht [Hrsg.]: Gedichte und Interpretationen. Band 3: Klassik und Romantik. Stuttgart: Reclam 1984, S. 358–367

Wechselgesang zwischen Hatem und Suleika aus dem *Buch Suleika* des *West-östlichen Divans* von J. W. Goethe

Hatem

- Gefangener durch die Anziehungskraft von Suleikas schönem Gesicht
- Erhaltung dieses Zustands: Anrufung
- besitzt nichts der Schönheit seiner Geliebten Gleichwertiges
- Verweis auf seine Gefühle (Herz)
- Verjüngung („jugendlichste[r] Flor", Vulkanausbruch, „Frühlingshauch und Sommerbrand")
- des Alternden, Erstarrten und Düsteren („Schnee und Nebelschauer", Felsenwand)
- Verstärkung der übermächtigen Liebesgefühle: Rausch, Verzückung (Aufforderung an den Schenken, ihm Wein zu bringen)
- Todesgefahr (Feuer, Verbrennen, Asche)

als Fesseln

Locken

als Schlangen (Verführer)

Morgenröte

Suleika

- Auflehnung gegen den angedeuteten Verlust des Geliebten
- „gewalt'ge Leidenschaft" des Älteren
  - zerstöre nicht,
  - sondern stärke die Liebe
  - schmücke die junge Liebende
  - erfülle sie mit Stolz auf den Geliebten
- Gleichsetzung von Leben und Liebe
- in gesteigerter Form mit „Geist"

Der Gefühlsintensität in den beiden Gedichten des älteren Goethe steht die Gefühlsreduktion in Kurt Tucholskys Gedicht *Liebespaar am Fenster* gegenüber: Es repräsentiert damit Verhältnisse, wie sie sich oft in moderner Liebeslyrik darstellen, zum Beispiel auch bei Mascha Kaléko unter der Überschrift *Großstadtliebe* (**Arbeitsblatt 42**, S. 183 und **Kap. 6.1**, S. 170–172). Die vier zweigeteilten Strophen mit dem Endreimschema abca/ddefe, in denen sich das gleichbleibende und durch einen Gedankenstrich noch zusätzlich herausgehobene Schlusswort „Stunden" mit einem gleichklingenden Reimwort über Kreuz verbindet, schildert eine sachlich kühle, zeitlich beschränkte Liebesbeziehung, in der die Gefühle füreinander mit der Zeit aufhören, weil „die großen Flammen" in einer dauerhaften Verbindung „erlöschen" oder eine andere Person ins Spiel kommt (vv. 30–34). Das Zentrum dieser Beziehung sind gemeinsame „glückliche Stunden" (v. 37), neben die aber andere wichtige Lebensinhalte treten. Die Gedanken des Mannes und der Frau schweifen ab, während sie bei Hatem und Suleika ausschließlich um ihre Liebe kreisen. Sie reden von nichts anderem als ihrer außerordentlichen Schönheit und Leidenschaft, die den Mittelpunkt ihres Lebens bildet. Sie führen unter Bezug auf die Tradition orientalischer Liebeslyrik einen Dialog, wo bei Tucholsky in der modernen Alltagswelt nur innere Monologe zustande kommen. Das „Liebespaar am Fenster" zerfällt in „Mann" und „Frau", bei Goethe sind die Liebenden dagegen von der Sehnsucht nach Stärkung und Bestand ihrer Verbindung erfüllt.

Die isolierten Gedanken der beiden Einzelpersonen in Tucholskys Gedicht rahmen zwei Strophen ein, in denen das Pronomen „wir" die Gemeinsamkeit hervorzuheben scheint. Das Paar schaut aus dem Fenster und beobachtet, was draußen vor sich geht. Aber das Zusammensein ist begrenzt und in der kürzesten der aufgezählten Zeiteinheiten, den „Stunden", am intensivsten. In der letzten Strophe sind Mann und Frau zwar „noch" „[v]on Kopf zu Kopf" durch ihre Gedanken verbunden (vv. 28 f.), aber die Zukunftsaussichten drehen sich um das Ende der Liebe und die flüchtige Erinnerung an ihre „glückliche[n] Stunden". In der zweiten Strophe richtet sich der Blick auf den Mann, der am Sonntag gedankenverloren ausspannt und sich dann doch an den ans Finanzamt zu schreibenden Brief erinnert, bis das Gefühl der Verbundenheit mit der Frau in ihm aufkommt. Auch sie gewinnt dem Zusammensein mit ihm in der dritten Strophe Positives ab, aber durch den Willen, ihn sich „ganz und gar [zu] unterjochen" (vv. 21 f.), und die Beobachtungen auf dem Nachbarbalkon, die Wunschvorstellungen von ihrem eigenen Leben wachrufen, gewinnt das egoistische Prinzip die Oberhand.

Die Schülerpaare, die schon ihre Interpretationsergebnisse zu den *Divan*-Gedichten verglichen haben, untersuchen nun auch das Verhältnis zwischen Ich und Du in dem Gedicht Tucholskys und stellen es dem in den beiden Goethe-Texten gegenüber.

■ *Bearbeiten Sie Aufgabe 3 auf dem Arbeitsblatt 37.*

Kurt Tucholsky: Liebespaar am Fenster

Verhältnis Ich-Du

Wir (1. Str.)

- gemeinsames Schauen aus dem Fenster am Sonntagmorgen
- Beobachtung des Geschehens auf der Straße
- zeitlich begrenzte Liebesbeziehung
- in der kürzesten Zeiteinheit am intensivsten ⟶ für

Mann (2. Str.)

- gedankenverlorenes Ausspannen
- aufkommender Gedanke, an das Finanzamt schreiben zu müssen
- Gefühl der Verbundenheit ⟶ für

Frau (3. Str.)

- Reflexion über die Beziehung
- Beobachtungen auf dem Nachbarbalkon als Vorbild des eigenen Lebensentwurfs
- Wunsch nach Dauer **nicht nur** ⟶ für

Wir (4. Str.)

- Verbundenheit in Gedanken
- perspektivlose Alternative
  - Trennung wegen der Liebe zu einer anderen Person
  - Erlöschen der Liebe in einer dauerhaften Beziehung
  - flüchtige Erinnerungen („nur in seltenen Sekunden", Aufblitzen) an „glückliche" ⟶

abschließendes Wort mit Kreuzreim in der letzten Strophe

S t u n d e n

Wiederholung

Gedankenstrich

Unterschiede zu dem Wechselgesang zwischen Hatem und Suleika

- sachlich kühle, zeitlich beschränkte Liebesbeziehung (↔ Gefühlsintensität des älteren Goethe)
- Vergänglichkeit der Gefühle füreinander (↔ intensiver, tödlicher Überschwang)
- Liebe als Lebensinhalt neben anderen (↔ Liebe als Mittelpunkt des Lebens)
- gemeinsame „Stunden" als Zentrum der Beziehung (↔ außergewöhnliche Schönheit und Leidenschaft der Liebenden)
- abschweifende Gedanken (↔ Konzentration auf die leidenschaftliche Liebe)
- moderne Alltagswelt (↔ Rückgriff auf die Tradition orientalischer Liebeslyrik)
- innere Monologe (↔ lyrischer Dialog)
- Vereinzelung (↔ Sehnsucht nach Stärkung und Bestand der Verbindung, Hingabe)

5.4 Nähe und Ferne

Obwohl sich die Sehnsucht Liebender in ihrem Zusammensein zu erfüllen und ihre Trennung zu schmerzen scheint, stellt sich das Verhältnis zwischen Nähe und Ferne in der Lyrik manchmal vielschichtiger und sogar widersprüchlich dar. So weiß sich das weibliche Ich in Goethes Gedicht *Nähe des Geliebten* auf dem **Arbeitsblatt 38**, S. 163, das einen von Karl Friedrich Zelter vertonten Text Friederike Bruns verbessern sollte (vgl. Goethe-Handbuch, Bd. 1, S. 272), mit dem geliebten Mann trotz seiner Abwesenheit verbunden. Zum einen ist es ihm in Gedanken nahe, wenn sich die Sonne im weiten Meer oder der Mondschein in verborgenen Quellen spiegelt, zum anderen durch sinnliche Wahrnehmungen, wenn es in der Ferne oder in der Nacht einen Wanderer sieht oder wenn es Naturgeräusche hört. Die letzte Strophe steigert die gedankliche und sinnliche Verbindung in einem Chiasmus zur paradoxen Vorstellung des Zusammenseins bei äußerlicher Trennung; dieses verschränkte „Zusammenspiel von Ich und Du" „[hebt] Nähe und Ferne auf [...]" (Goethe-Handbuch, Bd. 1, S. 273). Trotz dieser Gewissheit sehnt sich das Subjekt am Abend nach der tatsächlichen Anwesenheit des Geliebten. Der Konjunktiv II, der Klageruf „O" sowie das Ausrufezeichen unterstreichen die Dringlichkeit des Wunsches in dem letzten Vers des Gedichts. Dessen Klang ähnelt zwar der vorausgehenden Kurzzeile (v. 14), er bringt jedoch ein Verlangen zum Ausdruck, das die bisher waltende Ruhe aufhebt. Das „Ich" leitet jede Strophe ein und ist dadurch besonders hervorgehoben, in der ersten sogar doppelt. In der Schlussstrophe wechselt das grammatische Subjekt vom Ich zum Du, an das sich der letzte Vers richtet. Insofern nähert sich in dem Rollengedicht eine Frau zunehmend ihrem Geliebten, der in Bildern der Natur und eines Wanderers gegenwärtig ist. In den ersten drei Strophen überwiegt ein Satzbaumuster aus einfachen identischen oder parallelen Hauptsätzen, die Aussagen über die gedankliche und sinnliche Bindung des Ichs an das Du enthalten, und anschließenden Temporalsätzen, deren Verben sich am Ende kreuzweise reimen. In der zweiten Hälfte der zweiten und dritten Strophe löst sich dieses Satzmuster allmählich auf, bis es die Schlussstrophe völlig aufgibt: Mit einer Ausnahme besteht sie aus kurzen Aussagesätzen sowie einem abschließenden Wunschsatz, die in den Kurzzeilen Ausrufezeichen verstärken. In den Versen 5 und 9 „[wird] im Binnenreim [...] die enge Beziehung von ‚ich' und ‚dich' formal abgebildet" (Goethe-Handbuch, Bd. 1, S. 273). Helle Vokale in dem Reimwörtern „Schimmer"/„Flimmer" erzeugen in der ersten Strophe das Licht der Sonne und des Mondes als Klangwirkung, Alliterationen (vv. 1, 3, 7, 15 f.) verbreiten eine angenehme Lautwirkung. Die klare strophische und metrische Ordnung des Gedichts mit fünf- und zweihebigen Jamben sowie Kreuzreimen mit weiblichen und männlichen Kadenzen, denen in der ersten und zweiten Strophe konsequent Substantive und Verben zugeordnet sind, entspricht der Harmonie zwischen den Liebenden.

Die Schülerinnen und Schüler erschließen in Einzelarbeit Inhalt, Sprache und Form des Gedichts in ihrer Wechselwirkung, indem sie ihre Feststellungen auf dem **Arbeitsblatt 38**, S. 163 eintragen. Sie wiederholen damit eine Arbeitstechnik, die sie bereits am Beispiel des Gedichts *Willkommen und Abschied* (**Arbeitsblatt 3** auf S. 39 f.) kennengelernt haben. Anschließend vergleichen sie ihre Ergebnisse im Unterrichtsgespräch. Wenn ein Schülerpaar seine Erkenntnisse auf einer Textfolie notiert, steht der Klasse ein Lösungsvorschlag als Gesprächsgrundlage zu Verfügung.

■ *Bearbeiten Sie die Aufgabe auf dem Arbeitsblatt 38.*

■ *Vergleichen und erläutern Sie Ihre Ergebnisse. Beziehen Sie dabei den Lösungsvorschlag auf der OHP-Folie ein.*

Wie das weibliche Ich bei Goethe erlebt auch das Subjekt in Erich Frieds Gedicht *Nähe* auf dem **Arbeitsblatt 39**, S. 165, die geliebte Person intensiv, wenn sie „weit weg" (v. 1) von ihr ist. Wenn das Ich „die Augen zumach[t]/und die Lippen öffne[t]" (vv. 2 f.), die Wahrnehmung also vom Sehen auf das Schmecken verlagert, spürt es die Identität des Geliebten in gesteigerter Art und Weise bis zur Vorstellung der Vereinigung mit ihm. Anders als das Goethe-Gedicht kontrastiert Fried diese Annäherung aber in der umfangreicheren zweiten Strophe mit der Entfernung vom Du, wenn die Liebenden körperlich eng zusammen sind. Diese Distanz bewirkt das Denken anstelle des Schmeckens, obwohl „deine Haut und [...] deine/Haare und deine Decken" „nach dir [duften]" (vv. 19–21). Die Gedanken richten sich auf „dein Gesicht/weit oben", auf „deine/klugen genauen Worte" und auf die Abschiedstränen (vv. 22 f., 26–29). Ein Wenn-dann-Konditionalsatzgefüge strukturiert beide Strophen, in denen häufig die Konjunktion „und", oft anaphorisch an Versanfänge gesetzt, Teilsätze und Wörter verbindet. Die zunehmende Nähe trotz räumlicher Ferne bringen in der ersten Strophe Komparative zum Ausdruck (vv. 7–9), die Parallelismen unterstreichen; mit dem Ineinander von „dir" und „mir" in Vers 11 erreicht sie ihren Höhepunkt. Fried verzichtet auf Satzzeichen, ein einheitliches Versmaß, Endreime und gewagte Sprachbilder. Er bedient sich einer leicht zugänglichen und eingängigen, alltäglichen Sprache und verwendet Metaphern wie „dich trinken und einatmen" oder „ganz vergraben in dich" eher sparsam.

Die dritte, kurze Strophe fasst den Gegensatz, den das Gedicht in der ersten und zweiten entfaltet, prägnant und zugespitzt zusammen, sodass die Schülerinnen und Schüler von ihr aus Inhalt, Sprache und Form erschließen können. Da der Text keine besonderen Schwierigkeiten bietet, ist er in Einzelarbeit zu bewältigen.

 ■ *Bearbeiten Sie Aufgabe 1 auf dem Arbeitsblatt 39.*

Erich Fried: Nähe

Schlussstrophe

Ferne: Nähe, Wärme ←——————————→ Nähe: Abschied

paradoxe Verkehrung

1. Strophe

- Schließen der Augen Zurückdrängen ablenkender Eindrücke
- Öffnen der Lippen: Konzentration auf den **Geschmackssinn**
- gesteigerte Wahrnehmung der Identität der/s Geliebten
- bis zur Vorstellung der Vereinigung mit ihm/r

- Gegensatz („Aber", v. 12)
- Konditionalsatz („wenn")
  leicht zugängliche, eingängige, alltägliche Sprache mit einzelnen Metaphern
  Verzicht auf Satzzeichen, einheitliches Versmaß, Endreime und gewagte Sprachbilder
- Folgesatz („dann") Komparative (vv. 7–9)
- Verbindung von Teilsätzen und Wörtern mit „und", Anaphern, Parallelismus (vv. 7 f.)

2. Strophe

- körperliches enges Zusammensein

- distanzierte Wahrnehmung durch das Denken anstelle des Schmeckens
  – Gesicht
  – Worte
  – Abschiedstränen

Annäherung   **Entfernung**

Yvan Goll beschreibt in dem Gedicht an seine Frau auf dem **Arbeitsblatt 39**, S. 166 Claire zweimal als „ungreifbar" (vv. 1, 14). Sie fröstele, wenn er ihr näherkomme (vv. 4–6), und fliehe, was er durch Wiederholung hervorhebt. Dadurch verstärkt er den Gegensatz zu dem eigenen Gefühl der Zusammengehörigkeit, von dem er auch bei der Adressatin überzeugt ist. Seine Gedichte, so prophezeit er, seien das Zentrum ihrer Gemeinschaft bis in den Tod (vv. 10–12). Claires Wirkung auf ihn überhöht Ivan, indem durch ihren Blick die Sterne aufgehen, sie also für ihn metaphorisch eine Himmelserscheinung und ein kosmisches Ereignis auslöst (vv. 7 f.). Die Spannung zwischen Verbundenheit und Ungreifbarkeit aus einem Fluchtimpuls heraus hebt der Dichter auf, indem er seine Liebe im Schlussvers in zwei chiastisch wiederholten, elliptischen Ausrufen, die eine Interjektion anaphorisch einleitet, in die Sphäre des Traums verlagert.

Die Schülerinnen und Schüler erschließen das Gedicht, insbesondere die Beziehung zwischen den Liebenden, in Partnerarbeit.

■ *Bearbeiten Sie Aufgabe 2 auf dem Arbeitsblatt 39.*

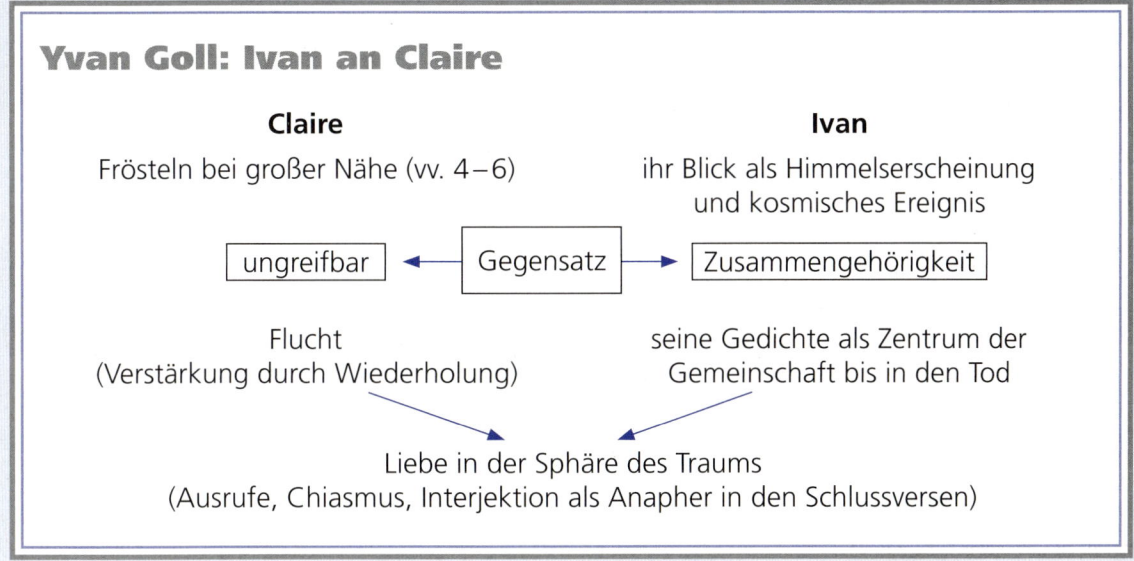

Abschließend vergleichen die Schülerinnen und Schüler die drei Gedichte von Goethe, Fried und Goll auf den **Arbeitsblättern 38 und 39**, S. 163–166 daraufhin, wie Nähe und Ferne das Verhältnis zwischen den Liebenden prägen.

■ *Erläutern und diskutieren Sie Ihre Vergleichsergebnisse zu Aufgabe 3 auf dem Arbeitsblatt 39.*

Während sich das Ich in Goethes Gedicht der Nähe des Geliebten auch bei dessen Abwesenheit gewiss ist und sich mit ihm durch Bilder der Natur verbunden weiß, empfindet es in Frieds Gedicht Nähe und Ferne in paradoxer Verkehrung. Yvan Goll wiederum versucht das Verhältnis von Fluchtreflex und Zusammengehörigkeitsgefühl zwischen sich und seiner Frau Claire zu erfassen und findet eine Perspektive, indem er seine Liebe als Traumgebilde begreift.

5.5 Steigerung und Krise der Identität

Die beiden Gedichte auf dem **Arbeitsblatt 40,** S. 167, *Neue Liebe, neues Leben* von J. W. Goethe und *Neue Liebe* von J. v. Eichendorff, das sich nicht nur mit der Überschrift, sondern auch durch seinen Anfang und das Versmaß, vierhebige Trochäen, auf jenes bezieht, zeigen die unterschiedlichen, ja gegensätzlichen Gefühle eines frisch Verliebten. In Goethes Gedicht aus der Zeit seiner Beziehung zu Lili Schönemann „spricht jemand, der über die von ihm empfundene Liebe zutiefst beunruhigt ist, weil sie eine bisher nie gekannte Art der Abhängigkeit, wenn nicht gar Unmündigkeit („Zauberfädchen", v. 17) beinhaltet" (Goethe-Handbuch, Bd. 1, S. 135). Das überraschte und irritierte Ich wendet sich mit dem doppelten und damit verstärkten Anruf „Herz, mein Herz", das es bis zur Mitte der zweiten Strophe und damit des Gedichts insgesamt als Du anspricht, an die Quelle seiner Empfindungen, weil es durch sie seine Orientierung verloren habe. Durch die radikalen Veränderungen seines bisherigen Lebens, deren Ausmaß neben dem generalisierenden „alles" Aufzählungen und Metaphern verdeutlichen (vv. 5–7, auch v. 23), fühlt es sich bedrängt und fremd, sodass sich sein ungläubiges Staunen in einem mit der Interjektion „Ach" eingeleiteten Ausruf entlädt, der nach den Gründen fragt (v. 8). Diesen geht die erste Hälfte der zweiten Strophe weiter nach, indem sie als Anziehungskraft der Geliebten deren Jugend, ihre Gestalt und ihren Blick in Betracht zieht. Diese Kraft empfindet das Ich als Fessel (v. 9) und „unendlich[ ] Gewalt" (v. 12), sodass alle Versuche scheitern, ihr zu entkommen (vv. 13–16). In der dritten Strophe beschreibt das Subjekt die Bindungskraft der Geliebten als Zauber und Magie (vv. 17, 21), die es zwingen, künftig „wider Willen" nach fremden Vorgaben zu leben. Sie erweitert damit das Bild des Gefangenen um die Vorstellung der Marionette und endet mit einem verzweifelten, durch Wiederholung und I-Alliterationen gesteigerten Befreiungsruf an die personifizierte Liebe. Im Gegensatz zum Gefühl der Abhängigkeit, der Einschränkung und Zerrissenheit strahlt Eichendorffs Gedicht Freude, Harmonie und Erweiterung aus. Selbstbestimmung tritt an die Stelle der Fremdbestimmung. Obwohl das Ich wie bei Goethe Unruhe und Irritation erlebt und die Ursachen zu ergründen sucht, überwiegt doch die als Erstes genannte Fröhlichkeit (1. Strophe), weil es Liebe als Nähe und Verbindung der Herzen erfährt (2. Strophe). Es fühlt sich belebt und erneuert wie in der Frühlingszeit, mit der es seine Situation vergleicht (vv. 3f.) und die es im letzten Vers der dritten Strophe herbeiruft. Es ist von dem Bedürfnis erfüllt, seine Empfindungen durch Singen und Schreiben mitzuteilen, spürt aber in seiner frohen Verwirrtheit den Drang, ins Freie zu gehen, dem es folgt. Im ziellos-unbewussten Schlendern durch belebte Gassen genießt es sein Liebesglück.
Die beiden Gedichte zugrunde liegende Situation, frisch verliebt zu sein, kennen auch die Schülerinnen und Schüler, sodass sich ein Gespräch über die damit verbundenen Gefühle anbietet, um die Rezeption und Interpretation vorzubereiten. Die Beiträge werden an der Tafel gesammelt und anschließend mit den Empfindungen verglichen, die Goethe und Eichendorff in lyrischer Form zum Ausdruck bringen.

■ *Wie fühlt man sich, wenn man frisch verliebt ist?*

So auf den Gehalt der Gedichte eingestimmt, untersuchen und vergleichen sie die Schülerinnen und Schüler jeweils zu zweit.

■ *Bearbeiten Sie die Aufgabe auf dem Arbeitsblatt 40.*

Neue Liebe, neues Leben

Goethe

- Orientierungsverlust (v. 4)
- Bedrückungs- und Fremdheitsgefühl
- radikale Veränderung des bisherigen Lebens („alles", Aufzählung, Anapher „Weg", vv. 5–7)
- ungläubiges Staunen (Verzweiflungsruf „Ach")
- Jugend, Gestalt, Blick als mögliche Anziehungskräfte der Geliebten, die als Fessel und Gewalt empfunden werden (vv. 9–12)
- Scheitern von Versuchen, ihr zu entkommen
- Wirken eines Zaubers
- Gefangener/Marionette „wider Willen"
- Befreiungsruf an die personifizierte Liebe (Wiederholung, l-Alliteration, v. 24)

Gemeinsamkeiten

- Anfang „Herz, mein Herz"
- Herz als angesprochenes Gegenüber
- heftige Empfindungen
- Unruhe, Irritation
- Suche nach Gründen
- 4-hebige Trochäen

Eichendorff

- Fröhlichkeit als überwiegendes Gefühl
- Vergleich mit der „Frühlingszeit" und deren Herbeirufung (vv. 3 f., 12)
- Belebung, Erneuerung
- Liebe als Nähe und Verbindung der Herzen
- Bedürfnis zu singen/zu schreiben
- aber: Drang ins Freie
- Folge („Also"): ziellos-unbewusstes Schlendern durch belebte Gassen, Genuss des Liebesglücks

Abhängigkeit, Einschränkung, Zerrissenheit, Fremdbestimmung ←— **Gegensatz** —→ Freude, Erweiterung, Harmonie, Selbstbestimmung

Die drei Gedichte aus dem 20. Jahrhundert auf dem **Arbeitsblatt 41,** S. 168 f. thematisieren ebenfalls die Auswirkungen der Liebe auf die Identität der Liebenden. Ricarda Huch und Rainer Maria Rilke radikalisieren die Hingabe, während bei Jandl das bloße „liegen, bei dir" das Dasein erweitert. In Huchs Sonett definiert sich das weibliche Ich in den beiden Quartetten als vom Du gebildeter Schatten, dessen Körper, Bewegungen, Wille und Kraft nur durch den Geliebten existieren und deshalb an ihn gebunden und von ihm abhängig sind. Die „Liebende" (v. 14) vergleicht sich mit einem Gefangenen (v. 6) und erduldet das Tun ihres Schöpfers passiv (vv. 7 f.). Diese einseitig erscheinende Bindung erhält mit den Terzetten, die die adversative Konjunktion „Doch" einleitet, ein Gegengewicht, das die Liebesbeziehung ausbalanciert. Indem die Perspektive von den Folgen für das Ich auf diejenige für das Du wechselt, wird deutlich, dass dieses ebenfalls „unzertrennlich" (v. 13) an seinen Schatten gebunden bleibt und ihm nicht entfliehen kann. Der Schwerpunkt des Gedichts verlagert sich von den Gegensätzen im Verhältnis zwischen Schöpfer und Geschöpf auf deren Zusammengehörigkeit (v. 9).

In Rilkes Gedicht zeigt sich der Kontrast zwischen der erhöhten Geliebten und dem sich selbst erniedrigenden Liebenden noch drastischer, denn er fordert sie in allen drei kurzen Strophen aus jeweils einem Satz und zwei- und dreihebigen Versen im Wechsel mit entsprechenden Kreuzreimen dazu auf, ihn zu unterwerfen und in ihre Abhängigkeit zu bringen. Die Eingangsstrophe beginnt mit einer Anrufung des Du, das als erstes Wort und betonte Silbe, auf die eine weitere Hebung folgt, hervorgehoben ist und das der zweite Vers mit glanzvoller Größe umgibt, die eine Alliteration wiederum durch den Klang betont. Mit Güte, Größe und Erbarmen sind der Geliebten göttliche Eigenschaften zugeordnet. Der Liebende bittet sie gebetsartig um völlige Ergebenheit, Hingabe und damit Rettung seiner Seele, was er im Schlussvers als „süße Sklaverei" bezeichnet. Damit liefert er sich als Mensch sowohl in seinem innersten Kern als auch in seinem unsterblichen Teil dem anderen aus. Seine Gefangenschaft gründet aber auf dem Mitgefühl des Du. In der dritten Strophe schlägt er ihr ein Denkbild vor, das seine Seele als Blüte in den Mai der Geliebten versetzt (vv. 9 f.). Sein Dasein soll also wie das der Liebenden bei Ricarda Huch (v. 14) eine Freude der Geliebten sein.

In Jandls kurzem Gedicht dagegen erlebt das Ich eine Steigerung seines Daseins, wenn es beim Du liegt. In den einfachen Versen bringen wenige sprachliche Versatzstücke, die sich wiederholen oder die variieren, mit großer Intensität zum Ausdruck, wie sich die Identität des Subjekts durch das Zusammenliegen erweitert und durch diese Bereicherung sogar verändert. Aus dem Personalpronomen der zweiten knappen Feststellung „deine arme/halten mich" kristallisiert sich im folgenden Satz dieser Zuwachs sprachlich heraus, indem „mich" durch „mehr als ich bin" und schließlich durch „was ich bin" in Verbindung mit dem anschließenden Temporalsatz ersetzt wird. Während die Enjambements in den Versen 1 f. Du und Ich formal noch trennen, spiegelt in der zweiten Hälfte des Gedichts auch die Zeilenstruktur die körperliche Nähe der Liebenden wider. Sie verschlingen sich ineinander wie die Sätze und Verse.

Die Schülerinnen und Schüler bearbeiten die Gedichte auf dem **Arbeitsblatt 41**, S. 168 f. wiederum in Partnerarbeit, zu der sich die Paare der vorausgehenden Aufgabe erneut zusammenfinden.

■ *Bearbeiten Sie Aufgabe 1 auf dem Arbeitsblatt 41.*

Das Ich als Geschöpf des Du (I)

<table>
<tr><td>

Ricarda Huch
Ich bin dein Schatten

Sonett
Quartette: liebende Frau

- vom Du gebildeter Schatten

- existiert in völliger Abhängigkeit (Körper, Bewegungen, Wille, Kraft)

- vergleicht sich mit einem Gefangenen (v. 6)

- erduldet passiv (vv. 7 f.)

↕ „Doch"

Terzette: Perspektivenwechsel, Gegengewicht

- Folgen für den Geliebten

- unauflösliche Bindung auch für ihn

- Verlagerung von Gegensätzen auf die Zusammengehörigkeit

</td><td>

Rainer Maria Rilke
Du, Gütige

3 kurze Strophen aus jeweils einem Satz
Wechsel zwischen 2- und 3-hebigen Versen mit entsprechenden Kreuzreimen

Erhöhung des **DU**

- Anrufung (mit dem ersten Wort und zwei betonten Silben)

- glanzvolle Größe (Alliteration)

- göttliche Eigenschaften (Güte, Größe, Erbarmen)

Erniedrigung **ICH** Unterwerfung

- Gebet und Ergebenheit, Hingabe, Rettungsruf

- Auslieferung der Seele

- Gefangenschaft aus Mitgefühl

</td></tr>
</table>

Dasein der Liebenden zur Freude der Geliebten

Baustein 5: Ich und Du

Das Ich als Geschöpf des Du (II)

Ernst Jandl: liegen, bei dir

ich liege bei dir
deine Arme halten ⟶ mich
mehr als ich bin
was ich bin

Steigerung
Erweiterung
bereichernde Verän-
derung
des **ICHS**

wenige sprachliche Versatzstücke, Wiederholung, Variation
Enjambements in der ersten Hälfte: Trennung von Ich und Du
Zeilenstruktur in der zweiten Hälfte: **körperliche Nähe**,
die ineinander verschlungene Sätze und Verse spiegeln

Die extreme Unterordnung der Liebenden in den Gedichten von Huch und Rilke fordert die
Schülerinnen und Schüler zum Widerspruch heraus, auch die Erweiterung des eigenen Ich
nur durch das Liegen bei der geliebten Person mag ihnen fragwürdig vorkommen. Deshalb
formulieren sie ihre Einwände, Gegenpositionen und Begründungen in einer Stellungnahme,
in die wiederum ihre eigenen Vorstellungen von Liebe einfließen. So könnten sie sich auf die
Selbstbestimmung jedes Menschen berufen und geltend machen, dass Selbstaufgabe einer
stabilen Liebesbeziehung schade. Erst wenn Liebende die Eigenständigkeit des andern re-
spektieren, seien Macht und Herrschaft bis hin zu seelischer und körperlicher Gewalt aus
ihren Beziehungen ausgeschlossen.

■ *Beurteilen Sie die Haltung der Liebenden in den Gedichten auf dem Arbeits-*
blatt 41 in einer kurzen Stellungnahme. (Aufgabe 2)

Notizen

_____

_____

_____

_____

_____

_____

_____

_____

_____

_____

_____

Das Verhältnis zwischen Ich und Du

1. *Übertragen Sie Hofmannsthals Gedicht „Die Beiden" von der dritten in die erste und zweite Person. Geben Sie der neuen Version eine angemessene Überschrift.*

2. *Verfassen Sie auf der Grundlage des Gedichts einen poetischen Text in Versen oder Prosa, der Empfindungen und Gedanken des lyrischen Ichs im Moment der Begegnung oder zu einem späteren Zeitpunkt wiedergibt. Sie können die Rahmenbedingungen verändern, indem Sie die Szene zum Beispiel in die Gegenwart verlegen.*

3. *Ermitteln Sie in den Gedichten „Du schlank und rein" von Stefan George und „Wort an Wort" von Rose Ausländer das Verhältnis zwischen Ich und Du auf der inhaltlichen und der sprachlich-formalen Ebene.*

Hugo von Hofmannsthal
Die Beiden

Sie trug den Becher in der Hand
– Ihr Kinn und Mund glich seinem Rand – ,
So leicht und sicher war ihr Gang,
Kein Tropfen aus dem Becher sprang.

5 So leicht und fest war seine Hand:
Er ritt auf einem jungen Pferde,
Und mit nachlässiger Gebärde
Erzwang er, dass es zitternd stand.

Jedoch, wenn er aus ihrer Hand
10 Den leichten Becher nehmen sollte,
So war es beiden allzu schwer:
Denn beide bebten sie so sehr,
Dass keine Hand die andre fand
Und dunkler Wein am Boden rollte.

Aus: Hugo von Hofmannsthal: Gedichte. Hrsg. von Mathias Mayer.
Stuttgart: Reclam 2000

Hugo von Hofmannsthal (1874–1929), Sohn eines Wiener Bankdirektors; verfasste schon als 16-jähriger Gymnasiast Gedichte, die Kritiker schätzten und ihm Zugang zu Schriftstellerkreisen der österreichischen Hauptstadt verschafften; nach dem Jurastudium und der Promotion freier Schriftsteller. Seine Werke erstrecken sich über alle Gattungen und knüpfen an europäische Traditionen an. Als Librettist arbeitete er mit dem Komponisten Richard Strauß zusammen, zum Beispiel bei der Oper *Der Rosenkavalier*.

Stefan George

Du schlank und rein wie eine flamme
Du wie der morgen zart und licht
Du blühend reis vom edlen stamme
Du wie ein quell geheim und schlicht

5 Begleitest mich auf sonnigen matten
Umschauerst mich im abendrauch
Erleuchtest meinen weg im schatten
Du kühler wind du heisser hauch

Du bist mein wunsch und mein gedanke
10 Ich atme dich mit jeder luft
Ich schlürfe dich mit jedem tranke
Ich küsse dich mit jedem Duft

Du blühend reis vom edlen stamme
Du wie ein quell geheim und schlicht
15 Du schlank und rein wie eine flamme
Du wie der morgen zart und licht.

Aus: Stefan George: Werke. Ausgabe in zwei Bänden. Hrsg. von
R. Boehringer. Bd. 1. München: H. Küpper vormals G. Bondi, 1958

Rose Ausländer

Wort an Wort

Wir wohnen
Wort an Wort

Sag mir
5 dein liebstes
Freund

meines heißt
DU

Aus: Rose Ausländer: Im Aschenregen
die Spur deines Namens. Gedichte und
Prosa 1976. © Fischer Verlag GmbH,
Frankfurt am Main 1984

Stefan George
(1868–1933), wuchs im Rheingau in der Familie eines Weinhändlers mit französischen Wurzeln zweisprachig und in Wohlstand auf, sodass er keinen Beruf ausüben musste; nach dem Gymnasium ab 1888 Reisen durch Europa, Aufenthalt an unterschiedlichen Orten und Bekanntschaften mit Dichtern und Künstlern. Ab 1900 führte er ein zurückgezogenes Leben und versammelte einen Freundeskreis Gleichgesinnter um sich. Als Lyriker und Übersetzer ist er neben Hofmannsthal und Rilke ein Hauptvertreter des Symbolismus.

Rose Ausländer
(1901–1988), eigentl. Rosalie Scherzer, Tochter einer jüdischen Familie aus Czernowitz in der Bukowina, das ursprünglich zur habsburgischen Donaumonarchie gehörte und heute im östlichen Grenzgebiet zwischen Rumänien und der Ukraine liegt. 1921 Emigration in die USA; 1931 Rückkehr; überlebte die Judenverfolgung in Kellerverstecken; 1946 wieder USA, 1964 Rückkehr nach Europa. Nach Begegnungen mit Paul Celan beginnt sie 1957, Gedichte zu schreiben, die Sprache auf elementare Feststellungen reduzieren.

Die Wirkungsmacht der Augen

AB 3!

■ *Vergleichen Sie die beiden Gedichte, indem Sie inhaltliche, sprachliche und formale Gemeinsamkeiten und Unterschiede erarbeiten. Berücksichtigen Sie insbesondere die Bedeutung der Augen und deren Wirkung.*

Dante Alighieri

Die Liebe wohnt im Auge meiner Frauen,
Und lieblich wird, was immer sie erblickt,
Es neigen sich vor ihr all, die sie schauen,
Und wen sie grüßt, steht zitternd und beglückt.

5 Er senkt das Haupt, sein Antlitz muss erbleichen,
Nur Fehler wird er seufzend an sich finden,
Vor ihr muss aller Zorn und Hochmut weichen,
O helft mir, Frauen, ihr den Kranz zu winden!

Wer ihrer Rede lauschet, dem erglüht
10 Das Herz in Wonne und in froher Demut,
Glückselig, wer zum ersten Mal sie sieht!

Doch lächelt sie in Frohsinn oder Wehmut,
Das lässt sich schildern nicht und nicht vergleichen,
Es ist ein neu und lieblich Wunderzeichen!

Aus: Dante Alighieri: Das neue Leben. Aus dem Ital. neu übertr. von Karl Federn.
Gefolgt von einer Abh. über Beatrice und Erl. Berlin: Euphorion, 1921

Wilhelm von Eichendorff
Der Blick

Schaust du mich aus deinen Augen
    Lächelnd wie aus Himmeln an,
Fühl' ich wohl, dass keine Lippe
    Solche Sprache führen kann.

5 Könnte sie's auch wörtlich sagen,
    Was dem Herzen tief entquillt,
Still den Augen aufgetragen,
    Wird es süßer nur erfüllt.

Und ich seh' des Himmels Quelle,
10   Die mir lang verschlossen war,
Wie sie bricht in reinster Helle
    Aus dem reinsten Augenpaar.

Und ich öffne still im Herzen
    Alles, alles diesem Blick,
15 Und den Abgrund meiner Schmerzen
    Füllt er strömend aus mit Glück.

Wilhelm von Eichendorff: Gedichte. In: Joseph von Eichendorff: Sämtliche Gedichte und Versepen. Hrsg. von Hartwig Schultz. Frankfurt am
Main und Leipzig: Insel Verlag 2007, S. 474

Dante Alighieri (1265–1321), italienischer Dichter aus niederem florentinischen Adel. In politische Streitigkeiten verwickelt, führt er ab 1302 ein Leben auf der Flucht und im Exil. In seinen Werken, von denen die *Göttliche Komödie* das bekannteste ist, verbindet er sein individuelles Schicksal mit den literarisch-philosophischen Traditionen der Antike und des Mittelalters. Die 1292/93 entstandene Schrift *Das neue Leben* enthält Liebesgedichte, die durch die Begegnung mit der für ihn unerreichbaren Beatrice inspiriert sind.

Wilhelm von Eichendorff (1786–1849), Bruder Josephs[1]. Ihre „während der gemeinsamen Studienzeit entstanden[en] Gedichte" sind „auf das Engste verknüpft"[2].

---

[1] Vgl. Arbeitsblatt 6, S. 43
[2] Joseph von Eichendorff, Sämtliche Gedichte und Versepen, a. a. O., S. 588

BS 5

Augenblicksbegegnungen

1. Wie entstehen Schatten, was zeigen sie und was können sie symbolisieren?

2. Welche Rolle spielt der Schatten in dem Gedicht von Robert Gernhardt?

3. Erschließen Sie Inhalt, Sprache und Form von Gernhardts Gedicht.

4. Vergleichen Sie Gernhardts Gedicht mit dem von Baudelaires. Lassen sich daraus weitere Einsichten über Gernhardts Gedicht ableiten?

5. Lesen Sie auf der nächsten Seite die Interpretation von Werner Ross zu Gernhardts Gedicht. Welche neuen Erkenntnisse gewinnen Sie aus ihr?

Robert Gernhardt
Doppelte Begegnung
am Strand von Sperlonga

Die Sonne stand schon tief.
Der Strand war weit und leer.
Schräg ging mein Schatten vor mir her,
indes der deine lief.

5 Du warst mir unbekannt.
Ihr nähertet euch schnell.
Dein Schatten dunkel und du hell,
so kamt ihr übern Sand.

Sehr schön und ziemlich nackt
10 liefst du an mir vorbei.
Da warn die Schatten nicht mehr zwei,
sie deckten sich exakt.

Wir sahn euch lange nach.
Ihr drehtet euch nicht um.
15 Ihr lieft, du und dein Schatten, stumm,
von uns sprach einer: Ach.

1000 Deutsche Gedichte und ihre Interpretationen.
Bd. 10, S. 245/R. G.: Körper in Cafés. Gedichte.
Zürich: Haffmans 1987

Charles Baudelaire
An eine, die vorüberging

Der Straßenlärm betäubend zu mir drang.
In großer Trauer, schlank, von Schmerz gestrafft,
Schritt eine Frau vorbei, die mit der Hand gerafft
Den Saum des Kleides hob, der glockig schwang;

5 Anmutig, wie gemeißelt war das Bein.
Und ich, erstarrt, wie außer mich gebracht,
Vom Himmel ihrer Augen, wo ein Sturm erwacht,
Sog Süße, die betört, und Lust, die tötet, ein.

Ein Blitz … dann Nacht! – Du Schöne, mir verloren,
10 Durch deren Blick ich jählings neu geboren,
Werd in der Ewigkeit ich dich erst wiedersehn?

Woanders, weit von hier! zu spät! soll's *nie* geschehn?
Dein Ziel ist mir und dir das meine unbekannt,
Dich hätte ich geliebt, und du hast es geahnt!

Aus: Charles Baudelaire: Les Fleurs du Mal/Die Blumen des Bösen. Frz./Dt. Übers. von Monika Fahrenbach-Wachendorff. Stuttgart: Reclam jun. GmbH & Co., 1998

Robert Gernhardt
(1937 – 2006), geboren in Tallin (früher: Reval); nach Kriegsende Flucht mit Mutter und Brüdern nach Göttingen; nach der Schule ab 1956 Germanistikstudium sowie Besuch der Kunstakademien in Stuttgart und Berlin; seit 1964 freiberuflicher Zeichner und Schriftsteller. Gernhardt war ein vielseitiger Lyriker mit einer Tendenz zum Komisch-Satirischen.

Charles Baudelaire
(1821 – 1867): lebte als Lyriker und Begründer der literarischen Moderne in Paris. Von seiner bürgerlichen Herkunft setzt er sich als Außenseiter ab. Er wird aus dem Internat verwiesen, seine Familie entmündigt ihn; er leidet unter Geldnot und schließt sich vorübergehend radikalen Sozialisten an. Wegen seines bekanntesten Gedichtbandes *Die Blumen des Bösen* wird er verurteilt, weil er die öffentliche Moral verletze.

Werner Ross
Ach sagt alles

Einfacher geht es nicht, so scheint es zumindest. Vier Strophen zu je vier Versen, in jeder nur ein Reim. Lauter kurze Sätze, dreihebig, parataktisch, als ob Nebensätze und Enjambement noch nicht erfunden seien.

5 Doch ganz so einfach geht es nicht zu. Jeweils der dritte Vers ist um eine Hebung verlängert und wiederholt variierend wie einen Refrain das Wort „Schatten". Die Einfachheit ist ein Trick. Sie ist das Ergebnis großer Kunstfertigkeit. Das Gedicht spielt ja am Ende

10 des zwanzigsten Jahrhunderts, und wenn eine seiner Figuren „ziemlich nackt" auftritt, so gewiss nicht wegen des noch nahen Naturzustandes, sondern den Badesitten ebendieses Jahrhunderts gehorchend. Die kurzen Sätze sind kein Urgestammel, sondern Tele-

15 grammstil, *cool*.

Von Gefühlen ist in diesem Gedicht durchaus die Rede. Nein, nicht die Rede. Das Direkte ist verpönt. Nur Handlung, die in Momentaufnahmen abläuft. Einer („ich") geht an der Küste zwischen Rom und

20 Neapel am Spätnachmittag am Strand entlang. Eine („du") überholt ihn laufend. Er bemerkt, dass sie „sehr schön" ist. Aber schon entfernt sich die Läuferin wieder. Einen Augenblick lang allerdings sind zwar nicht die beiden Personen, aber ihre Schatten

25 vereint. „Sie deckten sich exakt" ist sozusagen der wissenschaftliche Befund. Das Motiv war einmal, zu Lilli Marleens Zeiten, auf jedermanns Lippen: „Unsre beiden Schatten sahn wie einer aus", und es ging weiter: „dass wir so lieb uns hatten, das sah man

30 gleich daraus." Davon hier nichts. Die Läuferin dreht sich nicht einmal um. Nichts ist gewesen.

Oder doch? Das Motiv ist nicht blind, sondern durch ein großes Vorbild in seiner Fruchtbarkeit bestätigt – in dem Baudelaire-Gedicht *A une passante*, „An eine,

35 die vorüberging". Da war die Situation großstädtisches Gedränge, das exakte Gegenteil des leeren Strandes, der Vorgang aber der gleiche: ein Blick, ein Blitz, dann „die Nacht". Damals durfte man freilich noch alles sagen: „Dein Blick – er ließ mich jählings

40 neu geboren werden." Was damals passierte, ist nur durch den Rückgriff auf die Mythologie zureichend zu erklären. Wie nur eh und je, offenbart sich das Göttliche in der überwältigenden Schönheit. Es steigt, oder besser: es stürzt hernieder. Das heißt Epiphanie. Es ist der Gott mit dem Blitz, der *coup de* 45 *foudre*, den die Deutschen verharmlosend „Liebe auf den ersten Blick" nennen.

Für derlei große Taten und Worte scheint es heute keinen Platz mehr zu geben. Vom strahlenden Licht bleiben nur noch die Schatten, welche die beiden 50 Strandläufer in der späten Nachmittagssonne werfen. Nur noch eine dichterische Phantasie kann in der Verschmelzung der beiden Schatten mehr sehen als den optischen Zufall. Darum der Titel „Doppelte Begegnung", die eine ein Nichts, die andere ein Liebes- 55 akt. Vier sind unterwegs, und „einer von uns", der Nur-Mensch, sagt das „Ach".

Ist das nicht zu viel, zu groß für dieses Strandgedicht? Ich denke, dass der listige Autor sich genial aus der Schlinge dieses Dilemmas gezogen hat, nämlich mit 60 dem Wörtchen „ach". Diese Flickwort („ach, würden Sie so gut sein … ") wächst hier, am Schluss des Gedichts und an seiner Schlüsselstelle, gewaltig an, mündet in ein anderes Ach, das eine der großen Dichtungen der Weltliteratur lakonisch enden lässt. Ein 65 Gott hat sich einer Sterblichen, einer treuen Gattin, liebend bemächtigt; am Ende verlässt er sie, und sie bleibt zurück, beseligt und zerschmettert. Der Dichter Heinrich von Kleist brauchte für seinen „Amphytrion" eine Schlusspointe, die den Doppelzustand der 70 Gottgeliebten, ihren Glanz und ihr Elend, ausdrückte. Worte können nicht gleichzeitig Bedeutung und ihr Gegenteil wiedergeben. So blieb allein der Seufzer, und in der Tat deckt „Ach" sowohl den Schmerz wie das Entzücken. Das Bildungsgut hat der gewitzte Ro- 75 bert Gernhardt spitzbübisch versteckt, als der höchst ernsthafte Spaßmacher, der er ist.

Beckmesserisch ist anzumerken, dass „ach" mit kurzem a ein schlechter Reim auf „nach" mit langem a ist. Aber dem Turner, der den Spagat zwischen Lilli 80 Marleen und Amphytrion wagte, sei dies ausdrücklich verziehen.

Aus: Marcel Reich-Ranicki [Hrsg.]: 1000 Deutsche Gedichte und ihre Interpretationen. Bd. 10, Frankfurt am Main und Leipzig: Insel Verlag 1995, S. 246–248

Ich und Du im Wechselgesang der Liebe

1. *Beschreiben Sie, wie Hatem sich in dem ersten Gedicht darstellt und verhält. Berücksichtigen Sie dabei insbesondere die sprachlichen Bilder und deren Zuordnung zu Hatem oder Suleika.*

2. *Erläutern Sie, wie Suleika in dem zweiten Gedicht auf dasjenige Hatems reagiert.*

3. *Untersuchen Sie das Verhältnis zwischen Ich und Du in Tucholskys Gedicht „Liebespaar am Fenster" und vergleichen Sie es mit demjenigen zwischen Hatem und Suleika.*

Johann Wolfgang von Goethe
Aus dem *Buch Suleika* des West-östlichen
Divans

Hatem
Locken, haltet mich gefangen
In dem Kreise des Gesichts!
Euch geliebten braunen Schlangen
Zu erwidern hab ich nichts.

5 Nur dies Herz, es ist von Dauer,
Schwillt in jugendlichstem Flor;
Unter Schnee und Nebelschauer
Rast ein Ätna dir hervor.

Du beschämst wie Morgenröte
10 Jener Gipfel ernste Wand,
Und noch einmal fühlet Hatem
Frühlingshauch und Sommerbrand.

Schenke[1], her! Noch eine Flasche!
Diesen Becher bring ich ihr!
15 Findet sie ein Häufchen Asche,
Sagt sie: der verbrannte mir.

(1815)

Suleika
Nimmer will ich dich verlieren!
Liebe gibt der Liebe Kraft.
Magst du meine Jugend zieren
Mit gewalt'ger Leidenschaft.
5 Ach! wie schmeichelt's meinem Triebe,
Wenn man meinen Dichter preist.
Denn das Leben ist die Liebe,
Und des Lebens Leben Geist.

Aus: Johann Wolfgang von Goethe. Berliner Ausgabe, Bd. 3.
Berlin und Weimar: Aufbau Verlag, 3. Auflage 1979, S. 99

Das Buch **Suleika** bildet das Zentrum von Goethes Gedicht-Zyklus „West-östlicher Divan", der aus der Beschäftigung mit dem „Divan", einer Gedichtsammlung des persischen Dichters Hafez, entstanden ist, der im 14. Jahrhundert lebte. Das lyrische Liebesgespräch zwischen Hatem und Suleika geht zum großen Teil aus der leidenschaftlichen Zuneigung des 66-jährigen Goethe zu der jungen Gattin eines befreundeten Bankiers, Marianne von Willemer, hervor, mit der der Dichter im September 1815 auf deren Landsitz bei Frankfurt und in Heidelberg zusammen war (vgl. **Arbeitsblatt 53** auf S. 213 f.). Einige Suleika-Gedichte stammen von Marianne, nicht aber das hier wiedergegebene.

---

[1]   zum Einschenken bestellter Diener

Kurt Tucholsky
Liebespaar am Fenster

Dies ist ein Sonntagvormittag;
wir lehnen so zum Spaße
leicht ermüdet zum Fenster hinaus
und sehen auf die Straße.
5   Die Sonne scheint. Das Leben rinnt.
Ein kleiner Hund, ein dickes Kind ...
Wir haben uns gefunden
für Tage, Wochen, Monate
und für Stunden – für Stunden.

10 Ich, der Mann, denke mir nichts.
Heut kann ich zu Hause bleiben,
heute geh ich nicht ins Büro –
... an die Steuer muss ich noch schreiben ...
Wieviel Uhr? Ich weiß nicht genau.
15   Sie ist zu mir wie eine Frau,
ich fühl mich ihr verbunden
für Tage, Wochen, Monate
und für Stunden – für Stunden.

Ich, die Frau, bin gern bei ihm.
20 Von Heiraten wird nicht gesprochen.
Aber eines Tages will ich ihn mir
ganz und gar unterjochen.
Die Dicke, daneben auf ihrem Balkon,
gibt ihrem Kinde einen Bonbon
25 und spielt mir ihren Hunden ...
So soll mein Leben auch einmal sein –
und nicht nur für Stunden – für Stunden.

Von Kopf zu Kopf umfließt uns ein Strom;
noch sind wir ein Abenteuer.
30 Eines Tages trennen wir uns,
eine andere kommt ... ein neuer ...
Oder wir bleiben für immer zusammen;
dann erlöschen die großen Flammen,
Gewohnheit wird, was Liebe war.
35   Und nur in seltenen Sekunden
blitzt Erinnerung auf an ein schönes Jahr,
und an Stunden – an glückliche Stunden.

Aus: Kurt Tucholsky: Gesammelte Werke in 10 Bänden. Hrsg. von Mary Gerold-
Tucholsky und Fritz J. Raddatz. Bd. 8.: 1930. Reinbek b. Hamburg: Rowohlt, 1975

Kurt Tucholsky
(1890–1935), Sohn
einer großbürgerlichen
jüdischen Familie in
Berlin, Jura-Studium bis
zur Promotion. Auf-
grund seiner Erlebnisse
als Soldat im Ersten
Weltkrieg vertritt er als
politischer, aber auch literarisch ambitionierter
Schriftsteller und Jour-
nalist linke, pazifistische und humanistische Über-
zeugungen, ohne Marxist zu sein. Er setzte sich für
die Weimarer Republik ein, indem er Missstände in
Satiren, Essays, Kabaretttexten und Gedichten an-
prangerte. Über die Vorgänge in Deutschland verzweifelt, begeht er in Schweden Selbstmord, wo er
seit 1929 wohnte.

Johann Wolfgang von Goethe: Nähe des Geliebten

■ Erschließen Sie Inhalt, Sprache und Form des Gedichts in ihrer Wechselwirkung.
Beachten Sie insbesondere den Satzbau, die Art und Weise der Verbindung mit dem Geliebten
sowie die sprachlichen Bilder.
Notieren Sie Ihre Feststellungen auf dem Arbeitsblatt, zum Beispiel inhaltliche Aspekte auf der
linken Seite neben dem Text, sprachlich-formale auf der rechten.

Nähe des Geliebten (1795)

Ich denke dein, wenn mir der Sonne Schimmer
    Vom Meere strahlt;
Ich denke dein, wenn sich des Mondes Flimmer
    In Quellen malt.

5 Ich sehe dich, wenn auf dem fernen Wege
    Der Staub sich hebt;
In tiefer Nacht, wenn auf dem schmalen Stege
    Der Wandrer bebt.

Ich höre dich, wenn dort mit dumpfem Rauschen
10   Die Welle steigt.
Im stillen Haine geh ich oft zu lauschen,
    Wenn alles schweigt.

Ich bin bei dir, du seist auch noch so ferne,
    Du bist mir nah!
15 Die Sonne sinkt, bald leuchten mir die Sterne.
    O wärst du da!

Aus: Johann Wolfgang von Goethe: Berliner Ausgabe, Bd. 1: Gedichte.
Berlin und Weimar: Aufbau Verlag, 3. Auflage 1976, S. 42f.

Johann Wolfgang von Goethe: Nähe des Geliebten
(Lösungsvorschlag)

klare Ordnung durch 4 Strophen mit jeweils vier Versen
regelmäßiges Metrum: 5-/2-hebige Jamben
Kreuzreime, Wechsel zwischen männlicher (Verben) und weiblicher (Substantive) Kadenz (1./2. Strophe)
→ Harmonie der Liebenden

Alliterationen

Verbindung

helle Vokale:
Licht

Nähe des Geliebten

- in *Gedanken*
  (durch Spiegelungen im Wasser bei Tag und bei Nacht)

Ich *denke d*ein, wenn mir der Sonne Schimmer
　　Vom Meere strahlt;
Ich *denke d*ein, wenn sich des Mondes Flimmer
　　In Quellen malt.

Binnenreim

- *durch sinnliche Wahrnehmungen des Sehens (in der Ferne und bei Nacht) und*

  des Hörens (in der Natur)

Ich sehe dich, wenn auf dem fernen Wege
　　Der Staub sich hebt;
In tiefer Nacht, wenn auf dem *sch*malen *St*ege
　　Der Wandrer bebt.

Ich höre dich, wenn dort mit dumpfem Rauschen
　　Die Welle steigt.
Im stillen Haine geh ich oft zu lauschen,
　　Wenn alles schweigt.

- *Gewissheit* innerer *Verbundenheit bei äußerlicher Trennung*
- *Sehnsucht* nach tatsächlichem Zusammensein bei Einbruch der Nacht

Ich bin bei dir, du seist auch noch so *ferne*,
　　Du bist mir *nah*!
Die Sonne *s*inkt, bald leuchten mir die Sterne.
　　O wärst *d*u *d*a!

veränderte Satzstrukturen in der Schlussstrophe:
kurze Aussage- und Wunschsätze

Ich *als mehrfache* **Anapher:** *Hervorhebung, in der ersten Strophe am stärksten (zweimal), dann nur noch jeweils am Beginn der Strophen*

parallel gebaute Hauptsätze *mit einfachen Aussagen über die Beziehung des Ichs zum Du*
　　+ **_Temporalsätze_**, *deren Verben am Ende sich kreuzweise reimen*

allmähliche Auflösung dieses Satzbaumusters in den zweiten Strophenhälften

Bilder der Natur und eines Wanderers

Paradoxon *(fern/nah)*

Chiasmus: *Verschränkung hebt Nähe und Ferne auf*

Ausrufe: *Nachdruck, Verstärkung*

Interjektion: *Klage über die unerfüllte Sehnsucht*

Konjunktiv

- Rollengedicht mit einem weiblichen Subjekt
- zunehmende Annäherung an den fernen Geliebten in der Natur
- Verlagerung vom Ich zum Du im Verlauf des Gedichts (Schlusssatz)

Nähe und Ferne in zwei Liebesgedichten
von Erich Fried und Ivan Goll

1. Untersuchen Sie das Verhältnis von Nähe und Ferne in dem Gedicht von Erich Fried. Gehen Sie von der dritten Strophe aus und berücksichtigen Sie sprachliche und formale Gesichtspunkte.

2. Erschließen Sie in dem Gedicht Yvan Golls die Beziehung zwischen den Liebenden, indem Sie von dem Gegensatz Nähe – Ferne ausgehen und die Bildsprache einbeziehen.

3. Vergleichen Sie, wie Nähe und Ferne in den Gedichten von Goethe, Fried und Goll das Verhältnis zwischen Ich und Du bestimmen.

Erich Fried
Nähe

Wenn ich weit weg bin von dir
und wenn ich die Augen zumache
und die Lippen öffne
dann spüre ich wie du schmeckst
5 nicht nach Seife und antiseptischen Salben
nur nach dir
und immer näher nach dir
und immer süßer nach dir
je länger ich an dich denke
10 und manchmal nach uns
nach dir und nach mir und nach dir

Aber wenn ich bei dir bin
wenn ich dich küsse und trinke
und dich einatme
15 und ausatme und wieder einatme
wenn ich mit offenen Augen
fast nichts von dir sehe
ganz vergraben in dich
in deine Haut und in deine
20 Haare und deine Decken
die duften nach dir
dann denke ich an dein Gesicht
weit oben
wie es jetzt leuchtet
25 oder sich schön verzieht in rascherem Atmen
und denke an deine
klugen genauen Worte
und an dein Weinen zuletzt
im Fenster des Zuges

30 Wenn ich bei dir bin
ist vieles voller Abschied
und wenn ich ohne dich bin
voller Nähe und Wärme von dir

Aus: Erich Fried: Liebesgedichte. © Verlag Klaus Wagenbach, Berlin 1979

Yvan Goll
Ivan an Claire

Du bist ungreifbar
Wie ein Bach
In seinen Minzbüscheln:
Oft fröstelst du
5 Unter meinem Bild
Wenn ich mich über dich beuge
Die Sterne gehen auf
Wenn du mich ansiehst
Du gehörst zu mir
10 Und mit einem meiner Lieder
Auf den Lippen
Wirst du dem Tod entgegengehen …
Aber du fliehst mich, du fliehst
Ungreifbar
15 O Traum einer Liebe! O Liebe eines Traums!

Aus: Yvan Goll: Die Lyrik in vier Bänden. Band II. Liebesgedichte 1917–1950,
hg. u. kommentiert v. Barbara Glauert-Hesse im Auftrag der Fondation Yvan et Claire
Goll, Saint-Dié-des-Vosges. © 1996 Argon Verlag GmbH, Berlin, S. 107. Alle Rechte
bei und vorbehalten durch Wallstein Verlag, Göttingen.

Yvan Goll (1891–1950), Sohn eines elsässischen Vaters und
einer lothringischen Mutter mit jüdischen Wurzeln; Studium
und Promotion zum Dr. phil. in Straßburg; während des Ersten Weltkrieges in der Schweiz, befreundet u. a. mit J. Joyce;
nach der Heirat mit Claire Studer 1919–39 in Paris, ebenfalls
nach der Rückkehr aus dem Exil ab 1947. Expressionistischer
und surrealistischer Lyriker; enge Zusammenarbeit des Schrift-
stellerpaars in deutscher und französischer Sprache.

Neue Liebe, neues Leben

■ *Untersuchen und vergleichen Sie die beiden Gedichte. Achten Sie insbesondere darauf, wie sich das Subjekt fühlt.*

Johann Wolfgang Goethe
Neue Liebe, neues Leben (1775)

Herz, mein Herz, was soll das geben?
Was bedränget dich so sehr?
Welch ein fremdes, neues Leben!
Ich erkenne dich nicht mehr.
5 Weg ist alles, was du liebtest,
Weg, warum du dich betrübtest,
Weg dein Fleiß und deine Ruh –
Ach, wie kamst du nur dazu!

Fesselt dich die Jugendblüte,
10 Diese liebliche Gestalt,
Dieser Blick voll Treu und Güte
Mit unendlicher Gewalt?
Will ich rasch mich ihr entziehen,
Mich ermannen, ihr entfliehen,
15 Führet mich im Augenblick,
Ach, mein Weg zu ihr zurück.

Und an diesem Zauberfädchen,
Das sich nicht zerreißen lässt,
Hält das liebe lose Mädchen
20 Mich so wider Willen fest;
Muss in ihrem Zauberkreise
Leben nun auf ihre Weise.
Die Veränd'rung, ach, wie groß!
Liebe! Liebe! lass mich los!

Aus: Johann Wolfgang von Goethe: Berliner Ausgabe, Bd. 1: Gedichte.
Berlin und Weimar: Aufbau Verlag, 3. Auflage 1976, S. 49 f.

Joseph von Eichendorff
Neue Liebe

Herz, mein Herz, warum so fröhlich,
So voll Unruh und zerstreut,
Als käm' über Berge selig
Schon die schöne Frühlingszeit?

5 Weil ein liebes Mädchen wieder
Herzlich an dein Herz sich drückt,
Schaust du fröhlich auf und nieder,
Erd' und Himmel dich erquickt.

Und ich hab' die Fenster offen,
10 Neu zieh in die Welt hinein
Altes Bangen, altes Hoffen!
Frühling, Frühling soll es sein!

Still kann ich hier nicht mehr bleiben,
Durch die Brust ein Singen irrt,
15 Doch zu licht ist's mir zum Schreiben,
Und ich bin so froh verwirrt.

Also schlendr' ich durch die Gassen,
Menschen gehen her und hin,
Weiß nicht, was ich tu und lasse,
20 Nur, dass ich so glücklich bin.

Joseph von Eichendorff: Sämtliche Gedichte und Versepen.
Hrsg. von Hartwig Schultz. Frankfurt am Main und Leipzig:
Insel Verlag 2007, S. 304 f.

Das Ich als Geschöpf des Du

1. *Untersuchen Sie in den drei Gedichten die Art und Weise, in der sich die Liebenden als Geschöpf der Geliebten verstehen.*

2. *Beurteilen Sie die Haltung der Liebenden. Formulieren Sie Ihre Einschätzung in einer Stellungnahme, in die Sie auch die beiden Gedichte auf dem Arbeitsblatt 40 einbeziehen können.*

Ricarda Huch

Ich bin dein Schatten, du bist, der mich schafft,
Du gibst Gestalt und Maß mir und Bewegen.
Mit dir nur kann ich heben mich und legen,
Ich dein Geschöpf, du Willen mir und Kraft.

5 Dir angeschmiegt bin ich in deiner Haft,
Wie die von Ketten schwer den Fuß nicht regen.
Was du mir tust, ich kämpfe nicht entgegen,
Durch dein Gebot belebt und hingerafft.

Doch bin ich dein, auch du gehörst der Deinen.
10 Du kannst mir nicht entfliehn, dich neu gewänn ich,
Mich nicht verstoßen, neu würd ich erkoren.

Solange Sonn und Sterne dich bescheinen,
Siehst du zu deinen Füßen unzertrennlich
Die Liebende, für dich aus dir geboren.

Aus: Ricarda Huch: Gesammelte Werke. Band 5. Herausgegeben von Wilhelm
Emrich. © 1971 by Verlag Kiepenheuer & Witsch, Köln

Ricarda Huch
(1864–1947), Tochter einer wohlhabenden, Kultur und Kunst zugewandten Kaufmannsfamilie in Braunschweig; 1888–91 Studium der Geschichtswissenschaft und Promotion in Zürich, dort auch Bibliothekarin und Lehrerin, ab 1897 freie Schriftstellerin. Als Lyrikerin und Erzählerin orientierte sie sich an der Romantik, die sie mit der Moderne zu verbinden suchte. Außerdem verfasste sie literaturgeschichtliche und biografische Werke.

Rainer Maria Rilke

Du, Gütige
in deiner Größe Glanz
demütige
dir meine Seele ganz.

5 Errette sie
aus ihrem dunkeln Bann
und kette sie
an dein Erbarmen an.

Und denke dir:
10 sie blüht in deinem Mai,
und schenke ihr
die süße Sklaverei.

Aus: Rainer Maria Rilke: Sämtliche Werke.
Hrsg. vom Rilke-Archiv. In Verb. mit Ruth Sieber-Rilke
bes. durch Ernst Zinn. Bd. 3. Frankfurt a. M.:
Insel Verlag, 1959

Rainer Maria Rilke (1875 – 1926), Sohn einer Prager kleinbürgerlichen Beamtenfamilie; für die beabsichtigte Offizierslaufbahn zu sensibel und verschlossen; Studium der Kunst- und Literaturgeschichte in Prag und München, aber Entschluss, als Dichter ohne weiteren Beruf zu leben. 1897 Bekanntschaft mit der Schriftstellerin Lou Andreas-Salomé, mit der er während seines ganzen Lebens verbunden blieb. 1901/02 kurze Ehe mit der Bildhauerin Clara Westhoff; 1905/06 Privatsekretär Rodins in Paris. Der bedeutendste deutschsprachige Lyriker in der ersten Hälfte des 20. Jahrhunderts führte ein ruheloses Leben an zahlreichen Orten, meist als Gast. Wichtige lyrische Werke: Das Stundenbuch, Sonette an Orpheus, Duineser Elegien.

Ernst Jandl
liegen, bei dir

ich liege bei dir. deine arme
halten mich. deine arme
halten mehr als ich bin.
deine arme halten, was ich bin
5 wenn ich bei dir liege und
deine arme mich halten.

Aus: Ernst Jandl: Poetische Werke, hrsg. von
Klaus Siblewski © 1997 by Luchterhand Literaturverlag,
München in der Verlagsgruppe Random House GmbH

Ernst Jandl (1925 – 2000), Wiener Schriftsteller, der durch witzige, pointierte Sprach- und Lautspiele, die er selbst vortrug, populär wurde (*ottos mops*). Nach der Gefangenschaft als Soldat im 2. Weltkrieg Studium der Germanistik und Anglistik; bis 1979 Gymnasiallehrer; jahrzehntelange Beziehung zu der Lyrikerin Friederike Mayröcker, mit der zusammen er auch Hörspiele verfasste.

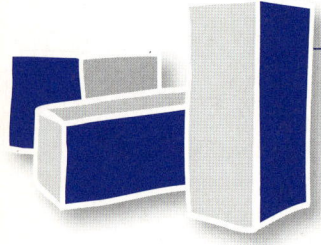

Baustein 6

Moderne Liebeslyrik des 20. Jahrhunderts

Obwohl die Bausteine 1–5 zahlreiche Gedichte des 20. Jahrhunderts einbeziehen und der Schwerpunkt der Kapitel 3.1, 3.4, 5.1, 5.4, 5.5 auf diesem Zeitraum liegt, geht dieser Baustein noch einmal auf repräsentative Vertreter, Inhalte und Formen moderner Liebeslyrik ein, um auf deren besondere Ausprägung im Unterschied zu früheren Epochen aufmerksam zu machen. Während sich Kapitel 6.1 der Großstadt und damit einem den oft gebräuchlichen Naturszenerien entgegengesetzten Raum zuwendet, in dem die Liebe entsteht, sich zurechtfinden muss und wieder zu Ende geht, richtet Kapitel 6.2 den Blick auf Bertolt Brecht, von dem die Schülerinnen und Schüler schon zwei Gedichte – auf den Arbeitsblättern 16 und 19 auf den Seiten 75 und 98 – in anderen thematischen Zusammenhängen kennenlernen konnten. Kapitel 6.3 stellt schließlich Texte einiger weiterer wichtiger Repräsentanten der Lyrik im 20. Jahrhundert vor. Es ist wie die anderen Kapitel offen für Ergänzungen um weitere Gedichte, die der Lehrer oder die Lehrerin, aber auch Schülerinnen und Schüler aufgrund eigener Vorlieben einbringen möchten. Die Textbeispiele der Kapitel 6.2 und 6.3 interpretieren die Schülerinnen und Schüler wahlweise und zunächst weitgehend selbstständig; den Zugang dazu soll ihnen die Gestaltung eines Bildes erleichtern.

6.1 „Großstadtliebe"

In dem mit diesem Titel überschriebenen Gedicht auf dem **Arbeitsblatt 42**, S. 183 schildert Mascha Kaléko in einem verallgemeinernden „Man", das alle fünf Strophen und darüber hinaus einige weitere Verse einleitet, ein vorübergehendes, nicht sehr tief reichendes Liebesverhältnis, das ebenso unspektakulär anfängt, wie es endet, und das eine angenehme Abwechslung zur Arbeit im Büro darstellt. Das andere Gedicht *Abschied* dieser Lyrikerin, das zum Teil dieselben Großstadtmotive enthält, beschreibt dagegen die Trennung zweier Liebender, die als Ich und Du auch persönlich benannt sind, als ein Ereignis, das tiefe Spuren hinterlässt. Die Zurückbleibende denkt über das eigene Verhalten nach und bereut es, stellt sich die Folgen vor und fragt sich, ob „das nun Liebe" sei (v. 20). Das Subjekt erlebt den Abschied als neue, schmerzhafte und lähmende Erfahrung und erkennt die Wichtigkeit der Liebesbeziehung erst nach deren Ende. Beide Gedichte gehen auf den öden Alltag und die Arbeit im Büro ein (Großstadtliebe, v. 6, 8 f./Abschied, v. 15 f.), deren Sorgen und Freuden sich beim Erzählen leichter ertragen oder gemeinsam genießen lassen. Im möblierten Zimmer darf sich das Liebespaar nicht aufhalten, deshalb trifft es sich „im Gewühl der Großstadtstraßen" voller Lärm, Autos und Menschenmassen und sucht Stille und Nähe (Großstadtliebe, vv. 11–17). In dem Abschieds-Gedicht streift das Ich nach der Abfahrt des Zuges, in Gedanken noch dem Reisenden folgend und sich einsam fühlend, „allein […] durch laute Straßen [Groß-Berlins]" (vv. 5–8), bevor es in seinem möblierten Zimmer verstimmt und unzufrieden auf einen Brief des Geliebten wartet (vv. 9–12). Dort trüben Regen und die abgestellte Heizung die Stimmung noch mehr ein und dem Subjekt wird in den beiden Schlussversen in einem gedanklichen Steigerungsprozess die Endgültigkeit der Trennung bewusst. Diese veranschaulicht am Anfang die zunehmende Entfernung des D-Zugs, der 9.07 Uhr abfährt, „von fern" pfeift und „In ein paar Stunden […] in Polzin [hält]" (vv. 1, 5 f.).

Es fehlen die Rituale (v. 13f.) und die Vorfreude auf das Zusammensein am Abend und am Sonntag, die das „Grau der Tage" erhellt (vv. 6f., 18) und die „Großstadtliebe" belebt. Die fünfhebigen Jambenverse, die zu vier- und fünfzeiligen Strophen mit umarmenden und gekreuzten Endreimen zusammengefasst sind, erhalten durch die Alltagssprache eine gewisse Leichtigkeit, der in der „Großstadtliebe" die Unbestimmtheit, Flüchtigkeit (v. 1) und Oberflächlichkeit der Liebesbeziehung entspricht. „Irgendwas, – 's nicht genau zu nennen – ", beginnt „irgendwo" „irgendwann" (vv. 1–3), die Liebenden küssen sich „dann und wann" (v. 16), und wenn sie genug davon haben, teilen sie es sich durch „ein Wörtchen: ‚aus'!" mit (v. 25). Im Unterschied zu dieser im Präsens vorgetragenen Sicht auf das Paar von außen zeigt das zweite Gedicht vor allem die innere Verfassung des Ichs nach dem Abschied. Die Zeitebenen wechseln sich bei Gedanken an das Vergangene, die momentane Situation und die Zukunft ab.

Die Schülerinnen und Schüler äußern zunächst ihre Erwartungen, die der Titel *Großstadtliebe* in ihnen wachruft. Die Assoziationen werden stichwortartig an der Tafel festgehalten.

■ *Welche Erwartungen haben Sie an ein Gedicht, das mit dem Titel „Großstadtliebe" überschrieben ist?*

Nachdem die Schülerinnen und Schüler das Gedicht gelesen haben, vergleichen sie dessen Inhalt mit ihren Erwartungen. Dadurch erkennen sie die Besonderheit solcher verallgemeinernd beschriebener Liebesverhältnisse. Darüber hinaus versuchen sie das Gedicht zeitlich einzuordnen. Schließlich erhalten sie den Auftrag, sich über die Verfasserin zu informieren.

■ *Vergleichen Sie das Gedicht mit Ihren durch den Titel geweckten Assoziationen.*

■ *Versuchen Sie das Gedicht zeitlich einzuordnen.*

■ *Informieren Sie sich über Mascha Kaléko.*

Da einerseits von „Autorasen" (Großstadtliebe, v. 13) und „Groß-Berlin" (Abschied, v. 7) die Rede und das Telefon schon verbreitet ist (Großstadtliebe, v. 10), sollte die Entstehung des Gedichts in die Zeit nach dem Ersten Weltkrieg verlegt werden. Da es andererseits weder die nationalsozialistische Herrschaft noch die Zerstörungen oder die Teilung nach dem Zweiten Weltkrieg andeutet, liegt es nahe, dass es in den 20-er oder frühen 30-er Jahren des 20. Jahrhunderts, also in der Weimarer Republik, als das Leben in der Metropole Berlin pulsierte, verfasst wurde. Die biografischen Daten Kalékos bestätigen diese Vermutung.

Mascha Kaléko (1907–75), als Tochter jüdischer Eltern aus Österreich und Russland im galizisch-polnischen Städtchen Chrzanow geboren, lebte ab 1914 in Marburg und 1918–38 in Berlin; Emigration in die USA, ab 1966 Israel. Ihre neusachlichen Gedichte wurden in Zeitungen veröffentlicht und im *Lyrischen Stenogrammheft* gesammelt herausgegeben.

Nach dem vorbereitenden Assoziieren und Recherchieren befassen sich die Schülerinnen und Schüler einzeln mit einer der auf dem Arbeitsblatt 42 genannten Aufgaben. Die Ergebnisse werden dann in einem Unterrichtsgespräch zusammengetragen, verglichen und ergänzt.

■ *Bearbeiten Sie eine der drei Aufgaben auf dem Arbeitsblatt 42.*

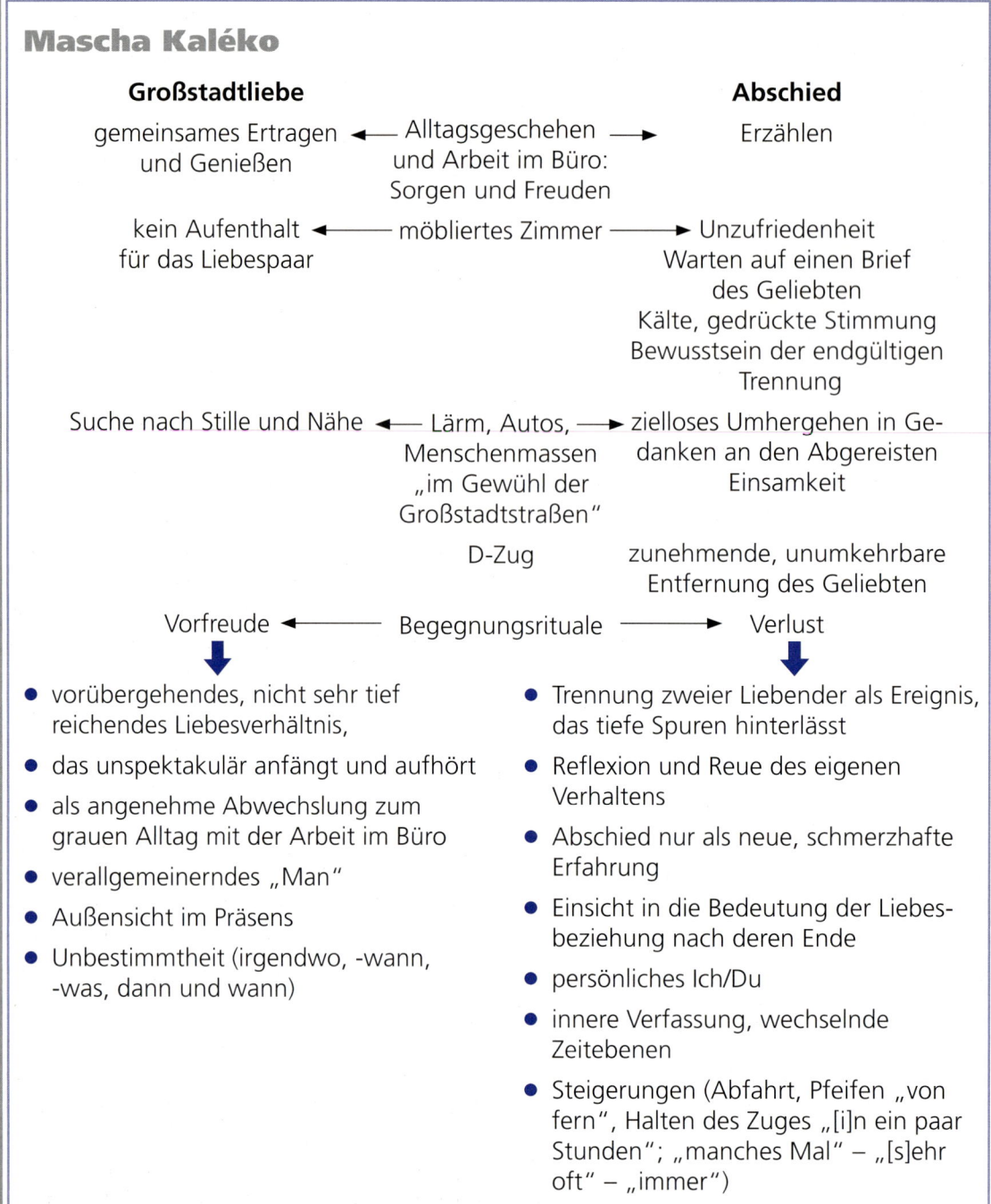

Mascha Kaléko

Großstadtliebe		Abschied
gemeinsames Ertragen und Genießen	← Alltagsgeschehen und Arbeit im Büro: Sorgen und Freuden →	Erzählen
kein Aufenthalt für das Liebespaar	← möbliertes Zimmer →	Unzufriedenheit Warten auf einen Brief des Geliebten Kälte, gedrückte Stimmung Bewusstsein der endgültigen Trennung
Suche nach Stille und Nähe	← Lärm, Autos, Menschenmassen „im Gewühl der Großstadtstraßen" →	zielloses Umhergehen in Gedanken an den Abgereisten Einsamkeit
	D-Zug	zunehmende, unumkehrbare Entfernung des Geliebten
Vorfreude	← Begegnungsrituale →	Verlust

Vorfreude →

- vorübergehendes, nicht sehr tief reichendes Liebesverhältnis,
- das unspektakulär anfängt und aufhört
- als angenehme Abwechslung zum grauen Alltag mit der Arbeit im Büro
- verallgemeinerndes „Man"
- Außensicht im Präsens
- Unbestimmtheit (irgendwo, -wann, -was, dann und wann)

Verlust →

- Trennung zweier Liebender als Ereignis, das tiefe Spuren hinterlässt
- Reflexion und Reue des eigenen Verhaltens
- Abschied nur als neue, schmerzhafte Erfahrung
- Einsicht in die Bedeutung der Liebesbeziehung nach deren Ende
- persönliches Ich/Du
- innere Verfassung, wechselnde Zeitebenen
- Steigerungen (Abfahrt, Pfeifen „von fern", Halten des Zuges „[i]n ein paar Stunden"; „manches Mal" – „[s]ehr oft" – „immer")

6.2 Bertolt Brecht

Für die eigenständige Interpretation eines Gedichts von Bertolt Brecht oder eines anderen Repräsentanten bzw. einer Repräsentantin der Liebeslyrik im 20. Jahrhundert wählen sich die Schülerinnen und Schüler einen Text auf den **Arbeitsblättern 44–46**, S, 185–188 zu diesem und dem nächsten Kapitel aus und suchen einen visuellen Zugang. Über den weiteren Ablauf und die Aufgaben informiert sie ein Brief auf dem **Arbeitsblatt 43** auf S. 185. Die entstandenen Bilder werden im Klassenraum ausgestellt und ihren Texten zugeordnet. Dadurch sollen die Schülerinnen und Schüler miteinander ins Gespräch über die optischen Darstellungen und deren Angemessenheit kommen. Diejenigen, die sich für dasselbe Gedicht entschieden haben, finden sich in Paaren oder Gruppen zusammen, um dessen Inhalt, Sprache und Form in ihrer Wechselbeziehung zu untersuchen. Dabei gehen sie von ihren Bildern aus. Hat nur ein Einzelner ein Gedicht ausgewählt, macht er sich allein an dessen Interpretation. Gedicht, Bilder und Interpretationsergebnisse werden dann strukturiert und in ansprechender Form auf einem Plakat festgehalten, der Klasse präsentiert und besprochen. Darüber hinaus können diese Plakate an einem geeigneten Ort auf Stellwänden auch Schülerinnen und Schülern anderer Klassen gezeigt und damit in die Öffentlichkeit der gesamten Schule getragen werden. Dabei ist es wichtig, die Informationen wirkungsvoll zu präsentieren, um Aufmerksamkeit zu finden.

■ *Lesen Sie den Brief auf dem Arbeitsblatt 43 und interpretieren Sie ein Liebesgedicht von Bertolt Brecht oder eines anderen Lyrikers oder einer Lyrikerin des 20. Jahrhunderts.*
Gehen Sie bitte so vor, wie der Brief Ablauf und Aufgaben beschreibt.

In Brechts Gedicht *Erinnerung an die Marie A.* blickt das lyrische Ich in romantisch-sentimentalischer Manier auf eine Liebesszene zurück, an die es sich paradoxerweise gar nicht erinnern kann (vv. 3, 13). Ein biografischer Bezug für das am Abend des 21.2.1920 im Zug nach Berlin entstandene Gedicht besteht in der Jugendliebe des Verfassers zu der Schülerin Rose Aman, die er 1916 kennenlernte (vgl. Knopf[1], S. 32). Die erste Strophe beginnt damit, das Zusammensein der Liebenden zeitlich und räumlich zu fixieren: „An jenem Tag im blauen Mond September/Still unter einem jungen Pflaumenbaum". Das Blau, traditionell Symbol der Fantasie und der Treue, in der Lyrik der Klassik auch das „‚Südwort' schlechthin", erhält durch die Korrespondenz mit dem Pflaumenbaum und dessen Früchten eine sexuelle Konnotation (Knopf, S. 36). In der mittleren Strophe verweisen solche Bäume, die „wohl abgehauen [sind]" (v. 11), auf die inzwischen vergangene Zeit, die Vergänglichkeit und das Vergessen, während sie in der letzten für das Gegenteil stehen, weil sie „vielleicht noch immer [blühn]" (v. 21). Sowohl die Vergänglichkeit als auch die bleibende Erinnerung kleidet Brecht metaphorisch ein und hebt sie dadurch hervor: „[V]iele, viele Monde" sind seither „still hinunter und vorbei [geschwommen]" (v. 9f.) und „jene Wolke blühte nur Minuten" (v. 23) – dennoch wird das flüchtige Gebilde zum beständigen Erinnerungsanker. Das Ich sah sie lange, als es die Geliebte in seinem Arm hielt, küsste sie dann, und „als ich aufsah, war sie nimmer da" (vv. 4–8, 15–18). Während es Gesicht und Kuss vergessen hat und über das weitere Leben der Frau nichts weiß (v. 22), bleibt der Glücksmoment mit der Wolke präsent. In der Mitte der zweiten Strophe und des Gedichts insgesamt setzt die Reflexion über das Nachwirken der Liebe mit einer Frage und einer Antwort ein (vv. 12f.), die sich bis zum Ende erstreckt und die der weißen Wolke, wie sie die erste Strophe schildert (vv. 5–8), den entscheidenden Erinnerungsimpuls zuschreibt. Die jeweils acht Zeilen aus fünfhebigen Jamben ähneln Stanzen, verzichten jedoch, indem sich immer nur zwei gerade Verse reimen, auf deren strenge Vorgabe abababcc. „Die Intensität des Gedichts liegt in erster Linie in seinem geradezu unerhörten Klang." (Knopf, S. 35) So erzeugen am Anfang des Gedichts a-, u-, o- und au-Laute (vv. 1/2) sowie i-Klänge (v. 3) einen Hell-Dunkel-Kontrast, der dem schattigen Platz und der „bleiche[n] Liebe" (v. 3) entspricht. Zahlreiche Alliterationen (Sommer/so/sag/sie/sehr; war/Wolke/weiß/wohl/was/wirklich/wenn/wär/werd) sowie inhaltliche und sprachliche Wiederholungen in Variationen erzeugen die akustische Wirkung des Gedichts. Diesen angenehmen Klangeffekten widersetzt sich aber der Inhalt, wie an dem Wörtchen „weiß" zu verfolgen ist: „Zunächst wird es als Farbe mit der Wolke verbunden und damit stimmungshaft besetzt (7; mit der Variante, 20). In Strophe 2, jener Strophe im Präsens, in der die Liebe besprochen und reflektiert wird, handelt es sich beim gehäuften

---

[1] Jan Knopf: „Sehr weiß und ungeheuer oben". In: J. K. [Hrsg.]: Gedichte von Bertolt Brecht. Interpretationen. Stuttgart: Reclam 1995, S. 32–41

„weiß" um die Verbform (14–16). Das Wissen, das angesprochen ist, wird verdrängt von der stimmungshaften Qualität der weißen Wolke" (Knopf, S. 38), der allerdings die mögliche reale Lebenssituation der einst geliebten Frau entgegensteht, die „jetzt vielleicht das siebte Kind [hat]" (v. 22). Und dem Weiß der Wolke folgt in Vers 7 die ironische Bemerkung, dass sie „ungeheuer oben" gewesen sei.

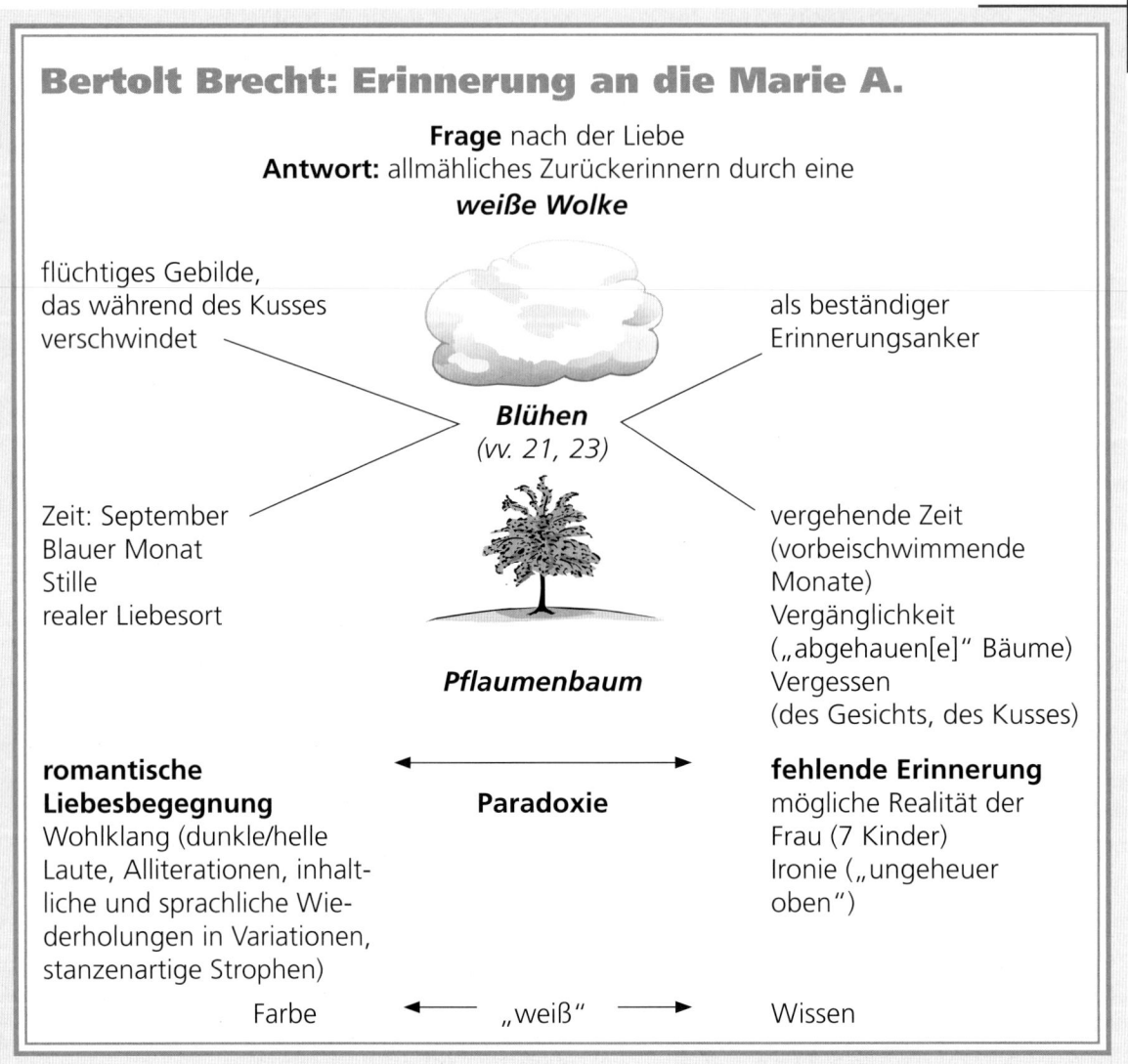

Bertolt Brecht: Erinnerung an die Marie A.

Frage nach der Liebe
Antwort: allmähliches Zurückerinnern durch eine
weiße Wolke

flüchtiges Gebilde,
das während des Kusses
verschwindet

als beständiger
Erinnerungsanker

Blühen
(vv. 21, 23)

Zeit: September
Blauer Monat
Stille
realer Liebesort

vergehende Zeit
(vorbeischwimmende
Monate)
Vergänglichkeit
(„abgehauen[e]" Bäume)
Vergessen
(des Gesichts, des Kusses)

Pflaumenbaum

**romantische
Liebesbegegnung**
Wohlklang (dunkle/helle
Laute, Alliterationen, inhaltliche und sprachliche Wiederholungen in Variationen,
stanzenartige Strophen)

Paradoxie

fehlende Erinnerung
mögliche Realität der
Frau (7 Kinder)
Ironie („ungeheuer
oben")

Farbe ← „weiß" → Wissen

Auch in den *Terzinen über die Liebe* begleiten Wolken den Liebesflug der Kraniche im himmlischen Raum der Weite, der Ungebundenheit und des Mit- und Beieinanderseins. „[E]ines der schönsten Liebesgedichte unserer Literatur" (Pietzcker[1], S. 69) entstand 1928 als Duett im Zentrum von Szene 14 der Oper *Aufstieg und Fall der Stadt Mahagonny*, wurde zunächst unter dem Titel *Die Liebenden* veröffentlicht und knüpft an den fünften Gesang des *Inferno* in Dantes *Göttlicher Komödie* an, wo die ermordeten Ehebrecher Francesca und Paolo als Schatten „wie die Kraniche [...]/Die Luft durchziehn" (Pietzcker, S. 82 f.). Auf Dante geht auch die Strophenform der Terzine zurück, in der die „paradoxe[ ] Gleichzeitigkeit von Trennung und Einheit" ihre formale Entsprechung findet: Sie „trennt dreizeilige Strophen voneinander, überwindet die Strophengrenzen jedoch, indem sie dem mittleren Vers einer Strophe, der vom ersten und dritten umarmt wird, reimend die umarmenden Verse der nächsten Strophe folgen lässt: aba/bcb. [...] Nahezu regelmäßige 5-hebige Jamben schaffen

---

[1] Carl Pietzcker: Von aufgehobener Sehnsucht. In: Jan Knopf [Hrsg.]: Gedichte von Bertolt Brecht. Interpretationen. Stuttgart: Reclam 1995, S. 69–84

eine sich durchziehende tragende Bewegung; die weiblich klingenden Zeilenenden [...] lassen den Rhythmus weiterschwingen. Weitgespannte Sätze führen in Enjambements über Zeilen- und Strophenenden hinaus: „als sie entflogen // Aus einem Leben in ein andres Leben." (3 f.) So folgt das Sprechen „in großem Bogen" dem Flug der beiden. Es gleitet selbst in freiem Schweben dahin" (Pietzcker, S. 70 f.). Diesen Schwebezustand erzeugt auch die Syntax, „die im Mittelteil (den Zeilen sieben bis siebzehn) keinen Boden unter den Füßen hat, nicht den geordneten Halt der Üblichkeit will" (Wapnewski[1], S. 234). „Doch dann kommt mit den nun 6-hebigen Versen 16 und 18 leichte Veränderung, womöglich Bedrängung auf, bis die Terzinen, ja sogar die Zeilen, schließlich mit Vers 20 auseinanderbrechen." (Pietzcker, S. 72). Die reimlose Kurzzeile 20 leitet zu Paarreimen mit einer männlichen Endung am Schluss über. Mit der Strophenform ändern sich die Gesprächspartner: Während in den Terzinen das faszinierte Ich auf den bedeutungsvollen Flug der beiden Kraniche hinweist (v. 1) und ihn beschreibt, spricht es sie in den Versen 20 f. mit seinen Fragen an, wohin sie fliegen und woher sie kommen. In den Versen 22 f. wendet es sich dann an ein plurales Ihr, um seine eigene Einschätzung weiterzugeben, dass die Kraniche erst kurz zusammen seien und sich bald wieder trennten. In der Schlussstrophe leitet es daraus den Eindruck ab, dass „die Liebe Liebenden ein Halt" sei: so „scheint" es. Die beiden Kraniche „entflogen/Aus einem Leben in ein andres Leben" (v. 3 f.), haben sich also aus gewohnten Bindungen gelöst und diese gegen ein neues Dasein in wolkig-luftigen Bereichen eingetauscht, wo sie harmonisch dahingleiten und „jetzt im Fluge beieinander liegen" (v. 12). Sie „befliegen" „[d]en schönen Himmel" aber nur „kurz" (v. 9) und werden vom Wind „in das Nichts entführ[t]" (v. 13); dennoch können ihnen Vertreibung, ungünstiges Wetter und Jagd nichts anhaben, wenn sie ihre Identität nicht verlieren (vv. 14–17). Die Ziel- und Bindungslosigkeit sowie die Kürze des Zusammenseins betonen auch die Dialoge in variierenden Gesprächssituationen gegen Ende des Gedichts, dennoch schließt es mit dem Gefühl, dass die Liebe eine Stütze sei.

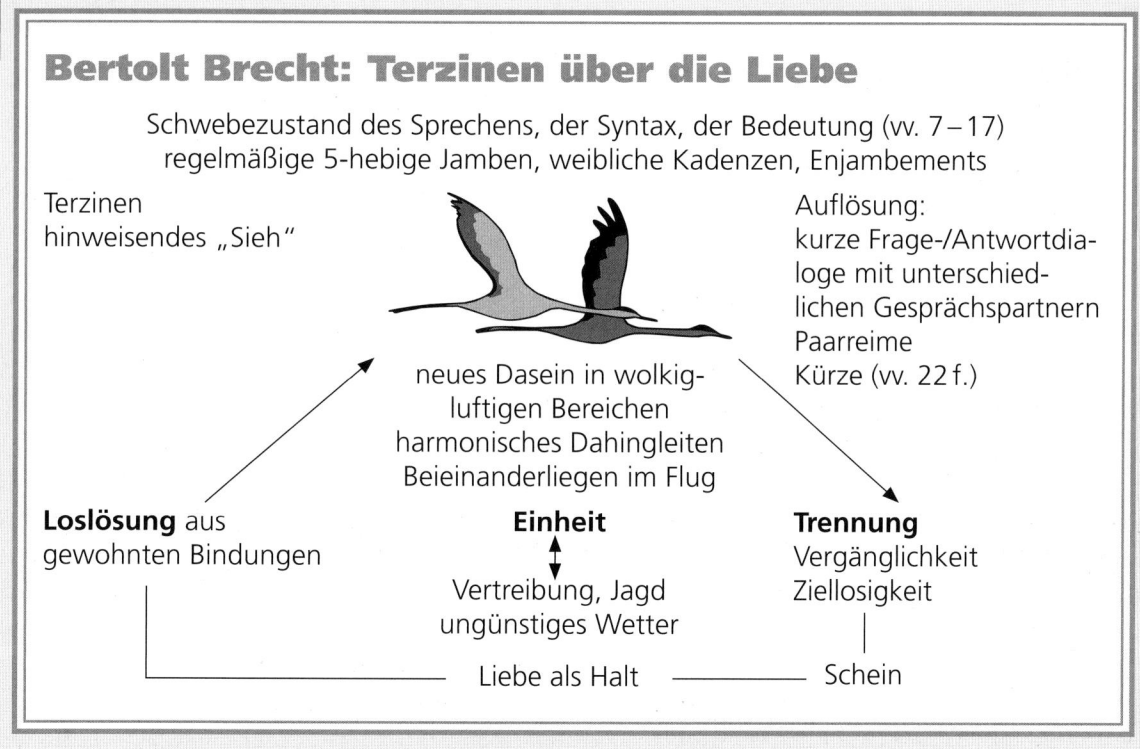

Bertolt Brecht: Terzinen über die Liebe

Schwebezustand des Sprechens, der Syntax, der Bedeutung (vv. 7–17)
regelmäßige 5-hebige Jamben, weibliche Kadenzen, Enjambements

Terzinen
hinweisendes „Sieh"

Auflösung:
kurze Frage-/Antwortdialoge mit unterschiedlichen Gesprächspartnern
Paarreime
Kürze (vv. 22 f.)

neues Dasein in wolkig-luftigen Bereichen
harmonisches Dahingleiten
Beieinanderliegen im Flug

Loslösung aus gewohnten Bindungen

Einheit

Vertreibung, Jagd ungünstiges Wetter

Trennung
Vergänglichkeit
Ziellosigkeit

Liebe als Halt ———— Schein

Im Unterschied zu dem für kurze Zeit erfüllten Liebesglück oder der auflebenden Erinnerung daran stellen die beiden folgenden Gedichte in knapper Form fest, woran es scheitern kann.

---

[1] Peter Wapnewski: Der große, kühne Flug. In: 1000 Deutsche Gedichte und ihre Interpretationen. 7. Band. Frankfurt am Main: Insel Verlag 1994

Morgens und abends zu lesen geht von einem von Liebenden häufig gesprochenen Satz aus, den der Geliebte wie üblich als Ausdruck seiner Gefühle und seiner Verbundenheit mit der Frau verstanden haben mag: Ich brauche dich. Diese reagiert jedoch ganz anders als erwartet: mit Vorsicht, Aufmerksamkeit für mögliche Gefahren und Furcht vor Kleinigkeiten wie einem Regentropfen, die tödlich sein können. Die Ursache dieses plötzlich vorhandenen Misstrauens liegt in dem Wörtchen „brauchen", das „nötig haben, benötigen" oder im Sinne von „gebrauchen" sogar „benutzen, verwenden" bedeutet. Das weibliche Ich befürchtet also, zum Mittel für des anderen Zwecke degradiert zu werden und dabei seine Identität zu verlieren. Brecht hält diese Gefahr bei Liebenden für so groß, dass er ihnen mit der Überschrift eine ständige Warnung an die Hand gibt und sein Anliegen spruchartig prägnant formuliert: Sprechaktion und Entschluss als Reaktion sind in zwei kurze Strophen gefasst, in denen sich Vers- und Satzstrukturen decken. In der zweiten Strophe leitet das im ersten Vers einzige Wort, das dadurch herausgestellte kausale Konjunktionaladverb „Darum" die notwendigen, vielleicht sogar schmerzhaften Konsequenzen ein, die das Ich aus dem zwar liebevoll gemeinten, es aber in Besitz nehmenden Wörtchen „brauchen" zieht. Mit diesem korrespondiert das irritierende Personalpronomen „ihm" im letzten Vers, weil das Subjekt vor dem Verlust der inneren Einheit seines Selbst Angst hat. Die zunehmende Verslänge spiegelt die Steigerung dieser Angst.

In dem Gedicht *Der Abschied*, das in äußerster Kürze die Trennung eines Liebespaars und deren Ursache skizziert, folgen in den beiden ersten Strophen auf die Umarmung in der Anfangszeile die Gegensätze der Kleidung und der Lebensumstände. Die Eindeutigkeit und Unumstößlichkeit der realen gesellschaftlichen Verhältnisse zeigt sich in lapidaren Feststellungen der ersten beiden Strophen, deren Satzbau und Zeilenform übereinstimmen. Beim Sprechen in der dritten Strophe bringen dagegen Enjambements zum Ausdruck, dass Worte und Wirklichkeit auseinanderklaffen. Oberflächliche Floskeln über das Wetter und „[d]auernde[ ] Freundschaft" verdecken den Trennungsschmerz ebenso wie die Ursachen der Gegensätze. Sie werden verschwiegen und damit verdrängt, weil das Reden über sie nicht auszuhalten wäre. Während im ersten der beiden Gedichte Worte eine einschneidende Verhaltensänderung bewirken, übertünchen sie im zweiten die harte Realität.

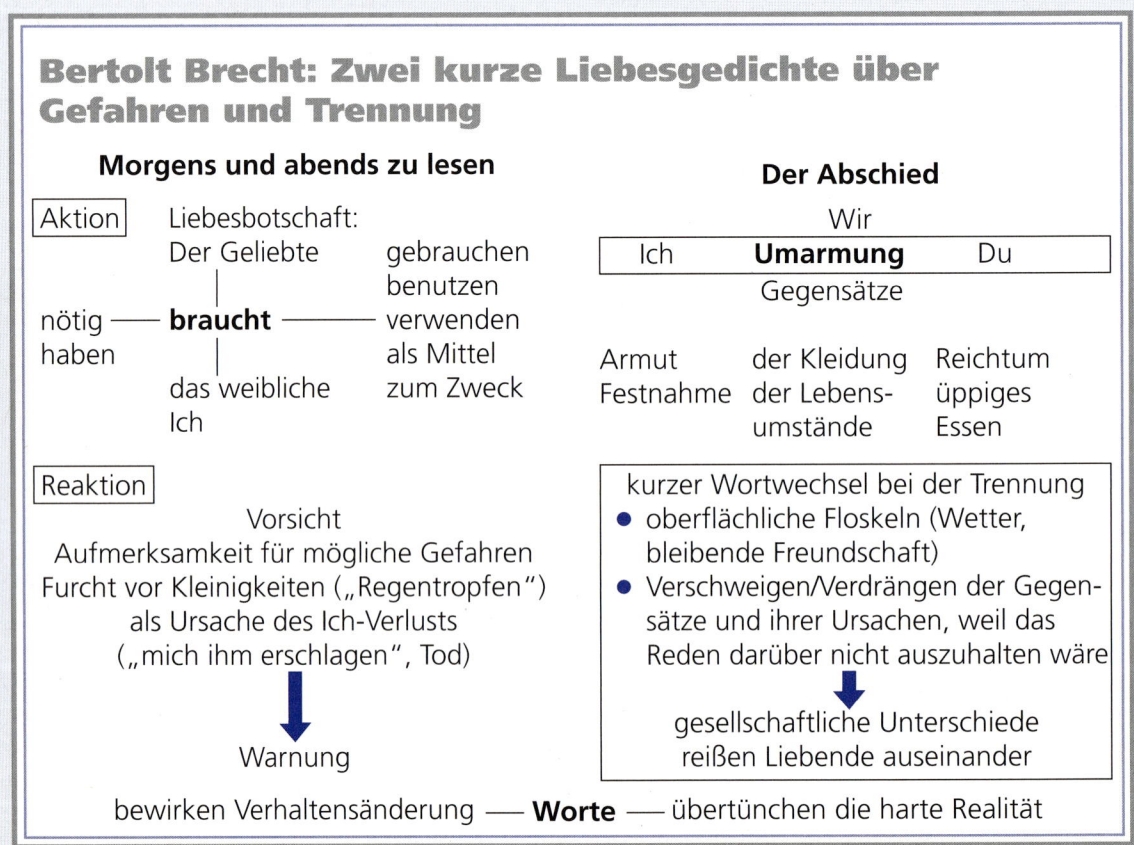

Bertolt Brecht: Zwei kurze Liebesgedichte über Gefahren und Trennung

6.3 Weitere Repräsentanten

Die in diesem Kapitel vorgestellten Gedichte liegen den Schülerinnen und Schülern wie die des vorausgehenden von Bertolt Brecht auf den **Arbeitsblättern 45 und 46**, S. 187 f. vor, um eines auszuwählen und nach den Vorgaben des Briefes auf dem **Arbeitsblatt 43**, S. 184, zu interpretieren. Das Gedicht *Sogenannte Mesalliance* von Mascha Kaléko gleicht insofern dem Abschiedsgedicht Brechts, als gesellschaftliche Unterschiede das Liebesverhältnis entscheidend beeinflussen, allerdings in gegensätzliche Richtungen: bei dem Realisten Brecht führen sie zur Trennung, bei dem idealistischen Ich Kalékos zur romantischen, nicht standesgemäßen Verbindung oder sogar Ehe. Die inhaltlich und formal leicht zugänglichen Verse der Dichterin, an deren Interpretation sich auch Schülerinnen und Schüler wagen können, die sich mit Lyrik schwertun, beschreiben in den beiden ersten Strophen aus fünf Zeilen mit fünfhebigen Jamben und dem Reimschema abaab das Werben wohlhabender und schick gekleideter Herren um das weibliche Ich, das darüber lacht und sie zurückweist, die verständnislose Reaktion der Nachbarn und das Erscheinen eines „bestaubt[en]" „Wanderer[s]", der das Herz der Frau anspricht. Die Nachbarn verurteilen deren ablehnende Haltung gegenüber begüterten Männern nach ihren Maßstäben von „etwas Rechtem" und prophezeien ihr eine düstere Zukunft. Das ihnen zugeschriebene Attribut „klug" entlarvt ironisch das Gegenteil. Denn das Subjekt lässt sich von den „wilden Träume[n]" des außergewöhnlichen Mannes, seinem kindlichen In-sich-Ruhen, seiner Unabhängigkeit von materiellem Besitz und seiner Suche nach neuen, unbegrenzten Räumen (vv. 17 f.) in den Bann ziehen und findet dadurch eine Lebensperspektive, die ihm gerecht wird. Zwei vierzeilige Strophen mit Kreuzreimen schildern die Welt des Wanderers, bevor zwei abschließende, durch Paarreim verknüpfte Verse die Erfahrung verallgemeinern und ein lehrhaftes Fazit ziehen: „Wer tauschte nicht des Krösus Scheckbuch ein,/In seiner [des Wanderers] Nähe bettelarm zu sein … ". Die „sogenannte Mesalliance" erweist sich also als tragfähige und dauerhafte Verbindung. Die Auslassungspunkte mögen die Unsicherheit dieser Lebensform andeuten oder auch die lehrhafte Folgerung relativieren. In der Regel zeigen sie aber an, dass der angestoßene Gedanke weitergesponnen werden soll. Die Interpretation der Punkte oder die Gestaltung einer Fortsetzung könnte eine zusätzliche Aufgabe für die Schülerinnen und Schüler sein, die sich für Kalékos Gedicht entschieden haben.

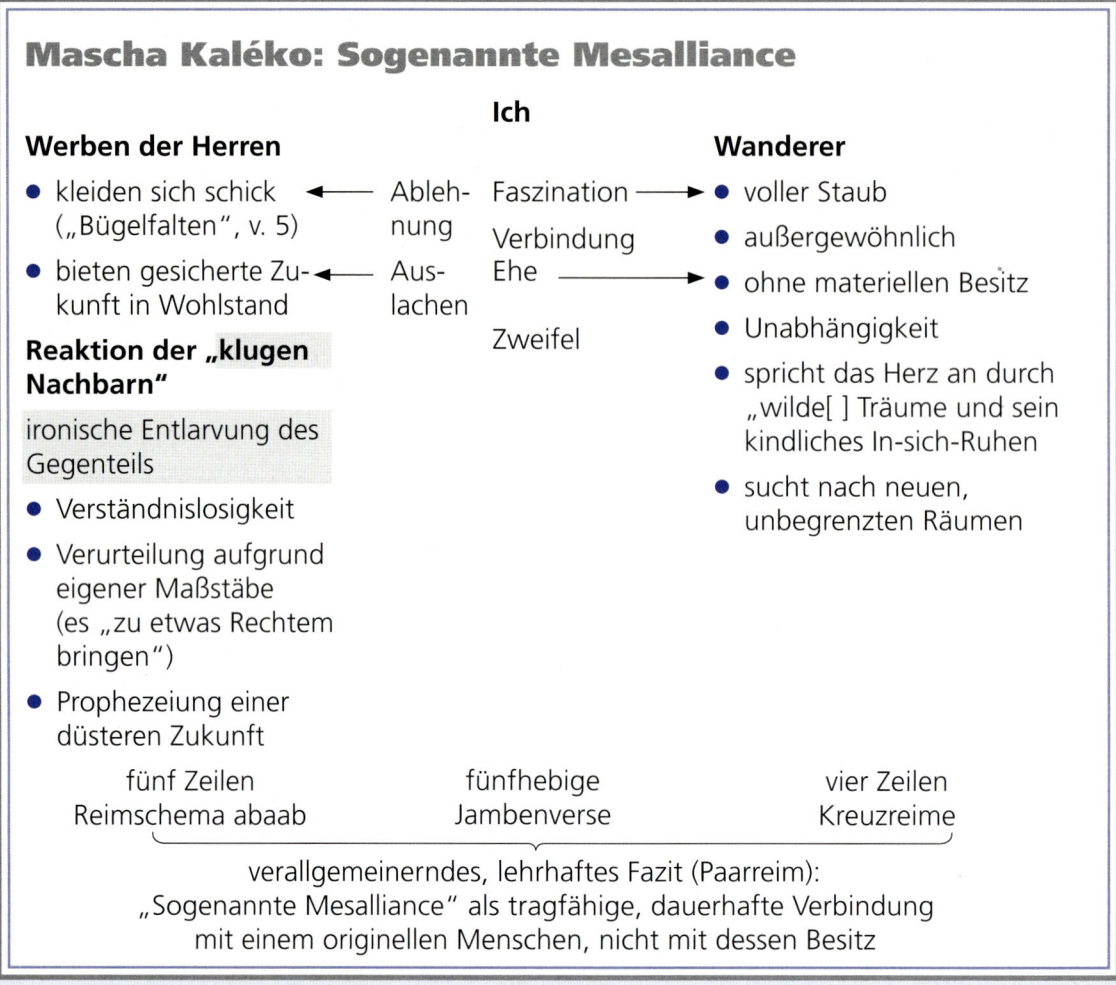

Mascha Kaléko: Sogenannte Mesalliance

Ich

Werben der Herren

- kleiden sich schick ("Bügelfalten", v. 5)
- bieten gesicherte Zukunft in Wohlstand

Ableh-nung ← Faszination

Aus-lachen ← Verbindung Ehe

Zweifel

Wanderer

- voller Staub
- außergewöhnlich
- ohne materiellen Besitz
- Unabhängigkeit
- spricht das Herz an durch "wilde[ ] Träume und sein kindliches In-sich-Ruhen
- sucht nach neuen, unbegrenzten Räumen

Reaktion der „klugen Nachbarn"

ironische Entlarvung des Gegenteils

- Verständnislosigkeit
- Verurteilung aufgrund eigener Maßstäbe (es „zu etwas Rechtem bringen")
- Prophezeiung einer düsteren Zukunft

fünf Zeilen
Reimschema abaab

fünfhebige
Jambenverse

vier Zeilen
Kreuzreime

verallgemeinerndes, lehrhaftes Fazit (Paarreim):
„Sogenannte Mesalliance" als tragfähige, dauerhafte Verbindung
mit einem originellen Menschen, nicht mit dessen Besitz

■ *Welche Bedeutung haben die Auslassungspunkte am Schluss des Gedichts? Formulieren Sie eine Fortsetzung.*

Mit dem Titel *Blaue Stunde* spielt das Gedicht von Gottfried Benn auf die poetische Bezeichnung der Dämmerung zwischen dem Unter- oder Aufgang der Sonne und der Nacht an, in der natürliches und künstliches Licht ungefähr gleich hell sind. Es versieht diese Übergangszeit mit einer besonderen Aura, in der Wahrnehmung, Erkenntnis und Liebe große Intensität erreichen und gewohnte Ordnungskategorien nicht mehr gelten. Das Blau symbolisiert aber ebenso die Fantasie, den Himmel, das Göttliche und Spirituelle (vgl. Wetzel: Großes Lexikon der Symbole, S. 38). Wenn die „blaue[ ], dunkelblaue[ ] Stunde" vorbei ist, „weiß keiner, ob sie war" (vv. 23 f.). Außerdem ist Blau eines der „immer wiederkehrenden Stichworte" des Dichters, dessen „Südwort schlechthin" (Emmerich: Gottfried Benn[1], S. 45), das Himmel und Wasser am Mittelmeer sowie die Sehnsucht danach bezeichnet. Wie das gesteigerte Dunkelblau (vv. 1, 23, 32) enthalten alle drei Teile das Rosensymbol (vv. 4, 12, 19, 26) in manchmal nur leicht, manchmal stärker sich unterscheidenden Formulierungen und Bedeutungen. Im ersten und letzten Drittel steht die „Schale später Rosen" für das Du, während im mittleren „todweiße Rosen" dessen Vergänglichkeit in Erinnerung rufen, die das Weiß und der Schnee an weiteren Stellen zusätzlich hervorheben (vv. 13, 17 f.): „Dein Haupt verfließt" und die Glieder „zerfallen". Im Gegensatz dazu leuchten im Purpur- und Korallenrot des Mundes und der Lippen (vv. 14 f., 19 f., vgl. auch v. 3) Lust und Begehren, die

---

[1] Wolfgang Emmerich: Gottfried Benn. Reinbek bei Hamburg: Rowohlt Taschenbuch Verlag 2006

über die Zeit hinaustragen (v. 16). Trotz seines Vergehens gibt das Du, dem sich der mittlere Teil ganz zuwendet, von einem Glück Kunde, das mit „Sinken und Gefahr" verbunden ist. Selbst die roten, verheißungsvollen (v. 14f.) Lippen sind „schwer und wundengroß" (v. 20). Im mittleren, zentralen Drittel knüpft das moderne Gedicht an den barocken Kontrast des „Carpe diem" und des „Memento mori" an. Die beiden anderen Teile beginnen mit einer Aktion des Ich, das jeweils als erstes Wort genannt ist. Am Anfang betritt es den Flur, den eine Kette gleich verschließt, und den Raum einer Wohnung, den der rote Mund einer Frau und Rosen erfüllen. Beide wissen, obwohl im Gebrauch der Sprache geübt (vv. 5f.), um die Unzulänglichkeit der Worte, weil es zwischen ihnen um „das Ganze" und Letzte geht, das sich nur im Schweigen erfassen lässt. Im Schlussdrittel bricht der Besucher jedoch dieses Schweigen und fragt die Frau nach einem Grund ihrer Liebe, weil sie doch mit einem andern Mann verbunden sei. Sie antwortet mit Hinweisen auf die vergehende Zeit und auf die Unerklärbarkeit des Erlebens (vv. 27f., vgl. auch v. 30). Mit dem Reden und der Suche nach Gründen endet die blaue Stunde, die sich nach dem Verlassen der Wohnung in der Weite verflüchtigt. Neben den markanten Bildern zeichnen das Gedicht eine klare formale Struktur und sein Sprachklang aus. Die acht Strophen bestehen aus jeweils vier Versen mit fünfhebigen Jamben und Kreuzreimen. Die erste Zeile der zweiten Strophe, die die Nichtigkeit der Worte betont, ist um einen Jambus verkürzt. Neben Wiederholungen (vv. 4/12; 2/31) und Parallelismen (vv. 11, 18, 21) erzeugen vor allem Alliterationen (z. B Raum/Rot/Rosen, vv. 3f.; Wir/wissen/Worte, v. 5; wenn/weiß/war, v. 24) und der Hell-Dunkel-Kontrast der Vokale die Klangwirkung des Gedichts. So überwiegen in der ersten Strophe die tiefen Selbst- bzw. Doppellaute a, u, au, um die Dämmerung der blauen Stunde akustisch wiederzugeben. Dem Weiß und den Klärungsversuchen im Dialog entsprechen dagegen die hellen Vokale i, ü, e, ei.

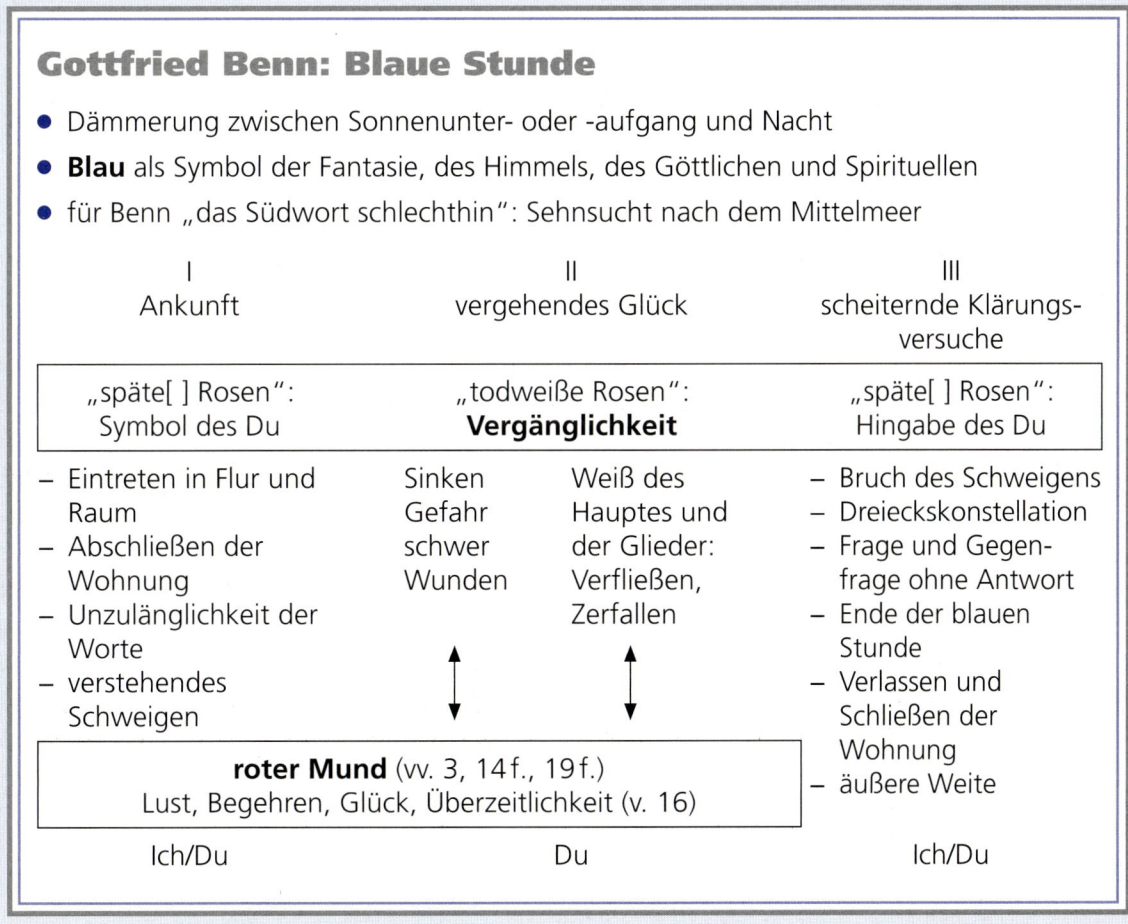

Gottfried Benn: Blaue Stunde

- Dämmerung zwischen Sonnenunter- oder -aufgang und Nacht
- **Blau** als Symbol der Fantasie, des Himmels, des Göttlichen und Spirituellen
- für Benn „das Südwort schlechthin": Sehnsucht nach dem Mittelmeer

I Ankunft	II vergehendes Glück		III scheiternde Klärungsversuche
„späte[ ] Rosen": Symbol des Du	„todweiße Rosen": **Vergänglichkeit**		„späte[ ] Rosen": Hingabe des Du
– Eintreten in Flur und Raum – Abschließen der Wohnung – Unzulänglichkeit der Worte – verstehendes Schweigen	Sinken Gefahr schwer Wunden	Weiß des Hauptes und der Glieder: Verfließen, Zerfallen	– Bruch des Schweigens – Dreieckskonstellation – Frage und Gegenfrage ohne Antwort – Ende der blauen Stunde – Verlassen und Schließen der Wohnung – äußere Weite

roter Mund (vv. 3, 14f., 19f.)
Lust, Begehren, Glück, Überzeitlichkeit (v. 16)

Ich/Du	Du	Ich/Du

Die Strophen in Sarah Kirschs Gedicht *Dreistufige Drohung* auf dem **Arbeitsblatt 46** (S. 188) beginnen jeweils mit einer Frage, in der das Ich unsicher, irritiert und enttäuscht auf die Absicht des Geliebten reagiert, weggehen zu wollen oder zu müssen. Ob nur vorübergehend oder für immer, bleibt offen. Es wendet sich mit empörten Hilferufen an den Mond und an den Wind wie ein unmündiges Kind an den Vater oder den großen Bruder, um erlittenes Unrecht zu vergelten. Es stellt sich vor, wie der mitfühlende Mond im Großen Wagen des Sternbilds den sich entfernenden Geliebten verfolgt oder der Wind ihn bestraft, indem er dessen Äußeres verunstaltet und ihn auspeitscht. In der dritten, um eine Zeile verkürzten Strophe beruhigt sich dann die Frau, findet zu sich selbst zurück, verzichtet auf fremde Hilfe und ringt sich dazu durch, die Kränkung für sich zu behalten, dem Weggegangenen nicht nachzutrauern und ihn ohne Groll ziehen zu lassen. Dieser Vorsatz der Selbstbeherrschung, vielleicht sogar Gleichgültigkeit, mag die dritte und höchste Stufe der Drohung sein, er kann aber auch, den Titel ironisch umkehrend, auf Resignation zurückgehen oder die Erkenntnis, dem Geliebten seine Freiheit lassen zu müssen. Dadurch befreit sich das Ich selbst aus der Abhängigkeit von ihm und wird zu einem mündigen Menschen.

Sarah Kirsch: Dreistufige Drohung

fragend-unsichere, irritierte, enttäuschte Reaktion des liebenden Ichs
auf die Absicht des Geliebten, weggehen zu wollen/zu müssen
(vorübergehend? für immer?)

Strophe 1   *Strophe 2*   *Strophe 3*
empörte Hilfe**rufe** als Ausdruck der   um eine Zeile verkürzt
Unmündigkeit   Beruhigung
an den Mond: an den Wind: Rückkehr zu sich selbst
Verfolgung   des Geliebten   Bestrafung   Verzicht auf fremde Hilfe
im Großen Wagen   durch Verunstaltung   Selbstbeherrschung oder Gleichgültigkeit:
aus Mitgefühl   und Auspeitschung

vorgestellte Vergeltung   dritte und   ironische Umkehrung
höchste   des Titels
Drohungsstufe   – Resignation
– Freiheit des Geliebten
– Befreiung des Subjekts aus der Abhängigkeit von ihm
– Mündigkeit

Das zweite Gedicht von Sarah Kirsch, *Bei den weißen Stiefmütterchen*, schildert ebenfalls den Prozess zur Unabhängigkeit, indem die Liebende keine Gegenliebe fordert, sondern darauf verzichtet (v. 15). „Die Frau vermag den Geliebten loszulassen, weil sie sich an sich selber halten kann." (Hahn[1], S. 121). Zunächst aber wartet sie vergeblich auf ihn „[i]m Park" „[b]ei den weißen Stiefmütterchen", einem Ort kultivierter Natur, an den er sie bestellt hat. Dort harrt sie unter einer alten, ungepflegten, blattlos-kahlen Weide aus, die im Gegensatz zu den anmutig-zarten Frühlingsblumen steht, sie als ihre innere, archaische Stimme der eigenen Angst anspricht und die Zuversicht zerstört, dass er noch kommt. Die Wartende wehrt sich in der zweiten Strophe mit einer Aufzählung von Ausreden dagegen, doch die Weidenstimme „knarrt" unnachgiebig und steigert ihre Einwände zynisch, indem sie den Tod des

---

[1] Ulla Hahn: Nach vorne leben. 1000 Deutsche Gedichte und ihre Interpretationen. Zehnter Band. Frankfurt am Main: Insel Verlag 1994

Geliebten für möglich hält und dafür auch noch einen Grund geltend macht (vv. 11–13). Doch diesem Gedanken setzt die Frau die Hoffnung entgegen, dass er sie nicht mehr lieben möge, deshalb ausbleibt, aber lebt. „[…] [S]ie will diese Liebe nicht um jeden Preis. Lieber gibt sie den Geliebten frei, als dass ihm Böses widerführe […]." (Hahn, S. 121).

Sarah Kirsch: Bei den weißen Stiefmütterchen

vergebliches Warten einer Frau auf den Geliebten
am angegebenen Ort:

Natur

kultiviert: ungepflegt, alt, blattlos-kahl:
Park, Stiefmütterchen   personifizierte Weide
innere, archaische Stimme der eigenen Angst

fiktiver Dialog

Hoffnung auf das Ende der   Aufzählung von Ausreden   Desillusionierung
Liebe, weil es bedeutet,
dass der Geliebte lebt   zynische Bemerkung, der
     Geliebte könnte tot sein
um seinetwillen Verzicht
auf Gegenliebe

Das Gedicht *Mit Haut und Haar* von Ulla Hahn beginnt mit der Rettungs- und Heilungstat einer Frau, die einen älteren Mann „aus der Senke deiner Jahre" zieht, ihn „in meinen Sommer ein[taucht]" (vv. 1 f.) und ihm in Liebe verfällt. Ihren Schwur, ihm „ewig" anzugehören und doch sich selbst nicht zu verlieren, kann sie nicht durchhalten, weil der Geliebte ganz von ihr Besitz ergreift. Wie ihren Vorsatz gibt sie selbst sich für ihn auf, doch der, dem sie schließlich ganz einverleibt ist, sagt sich von ihr los und trennt sich von ihr. „[D]er Mann, freilich nur durch die Augen der Frau gesehen, kann mit der Gabe nicht umgehen. […] Indes, das eigentliche Drama besteht nicht darin, dass der Mann unwürdig ist, sondern dass die Frau sich, Hände leckend wie ein Hund, in ein Herrschaftsverhältnis begibt. […] Die moderne Frauenbewegung hat diese Art der Liebe […] als Hauptursache der verhinderten Emanzipation an den Pranger gestellt. Kein Wunder, dass das Wort Liebe hier fehlt. Liebe, die nicht sein soll und doch sein will, ist eines der großen Themen der feministischen Literatur der Epoche. Niemand hat das in der Lyrik mit solcher Konsequenz, solcher Inbrunst, solcher Kunst behandelt wie Ulla Hahn" (Schostack[1], S. 461 f.). Hingabe, Aneignung und Trennung vollziehen sich in Metaphern der Körperlichkeit, die die tierische Seite des Menschen betonen. Dies kündigt schon die Überschrift an. Das Ich leckt, wird verschluckt, wieder ausgespuckt und es lässt sich „dein Zeichen/[…] in das dünne Fell" brennen. Wie das Ich vom Du verschlungen wird, zeigt sich auch in der Form des shakespeareschen Sonetts: In der ersten Strophe, in der Satz- und Versstruktur übereinstimmen, agiert das Ich, in den folgenden dagegen das Du, worauf die Personalpronomen gleich zu Beginn hinweisen. Das Subjekt kann nur noch reagieren. Von den kurzen, harten, körperlich und seelisch schmerzhaften Zugriffen des Geliebten auch formal umschlossen und gefangen – „Du wendetest mich um. Du branntest mir […] Du verbargst mich tief." (vv. 5, 12) – verliert es sein anfängliches Selbstbewusstsein, schließlich seine Identität und liefert sich dem andern aus. Dieser Verlust spiegelt sich in den Enjambements, in denen zwei sprachliche Ordnungssysteme – Satzbau

---

[1] Renate Schostack: Die Falle namens Liebe. In: 1000 Deutsche Gedichte und ihre Interpretationen. 10. Band, a. a. O.

und Versform – auseinanderfallen. Den Kreuzreim ersetzt in der mittleren der vierzeiligen Strophen der umarmende Reim. In dem abschließenden Zeilenpaar kommt der Prozess der Selbstaufgabe an sein Ende und schlägt abrupt in das Gegenteil um: Der Mann wendet sich von der Frau ab, die sich ihm ganz ausgeliefert hat.

Ulla Hahn: Mit Haut und Haar

	Inhalt	Bildsprache	Form
Str. 1	• Rettungs- und Heilungstat einer Frau • für einen älteren Mann, den sie liebt • dauerhafte Hingabe mit dem Vorsatz, sich selbst nicht zu verlieren	• Lecken des Körpers	*ICH* • Übereinstimmen von Satz- und Versstruktur
Str. 2/3	• Inbesitznahme durch den Mann • Aufgabe des Selbstbewusstseins, des eigenen Vorsatzes und der Identität: *Entfremdung, Ich-Verlust*	• Markierung wie ein Tier • Verschlucken	*DU* • Zugriffe in kurzen, harten Sätzen • umschließen Reaktionen des Subjekts • umarmender Reim (2. Str.)
Str. 3	• Abschluss und Umschlag des Prozesses der Selbstaufgabe: *Trennung durch den Geliebten* *Liebe als Beherrschung* ↓	• Ausspucken ↓ Körper- und Tiermetaphern	• gereimtes Zeilenpaar

Die Gedichte auf dem **Arbeitsblatt 46**, S. 188, sowie Mascha Kalékos *Sogenannte Mesalliance* auf dem vorausgehenden schließen sich thematisch an das Kapitel 5.5 *Steigerung und Krise der Identität* an und können dort einbezogen werden.

Notizen

_____

_____

_____

_____

_____

_____

_____

_____

Mascha Kaléko: Großstadtliebe

1. Beschreiben Sie, wie in den beiden Gedichten die Großstadtwelt die Liebesbeziehungen beeinflusst.

2. Vergleichen Sie, wie sich das Liebesverhältnis jeweils, auch vom Ende her, darstellt.

3. Erarbeiten Sie Gemeinsamkeiten und Unterschiede in Sprache und Form.

Großstadtliebe

Man lernt sich irgendwo ganz flüchtig kennen
Und gibt sich irgendwann ein Rendezvous.
Ein Irgendwas, – 's nicht genau zu nennen –
Verführt dazu, sich gar nicht mehr zu trennen.
5 Beim zweiten Himbeereis sagt man sich ‚du‘.

Man hat sich lieb und ahnt im Grau der Tage
Das Leuchten froher Abendstunden schon.
Man teilt die Alltagssorgen und die Plage,
Man teilt die Freuden der Gehaltszulage,
10 … Das übrige besorgt das Telefon.

Man trifft sich im Gewühl der Großstadtstraßen.
Zu Hause geht es nicht. Man wohnt möbliert.
– Durch das Gewirr von Lärm und Autorasen,
– Vorbei am Klatsch der Tanten und der Basen
15 Geht man zu zweien still und unberührt.

Man küßt sich dann und wann auf stillen Bänken,
– Beziehungsweise auf dem Paddelboot.
Erotik muß auf Sonntag sich beschränken.
… Wer denkt daran, an später noch zu denken?
20 Man spricht konkret und wird nur selten rot.

Man schenkt sich keine Rosen und Narzissen,
Und schickt auch keinen Pagen sich ins Haus.
– Hat man genug von Weekendfahrt und Küssen,
Läßt mans einander durch die Reichspost wissen
25 Per Stenographenschrift ein Wörtchen: ‚aus‘!

Abschied

Jetzt bist du fort. Dein Zug ging neun Uhr sieben.
Ich hielt dich nicht zurück. Nun tut's mir leid.
– Von dir ist weiter nichts zurückgeblieben
Als ein paar Fotos und die Einsamkeit.

5 Noch hör ich leis von fern den D-Zug pfeifen.
In ein paar Stunden hält er in Polzin.
Mich ließest du allein in Groß-Berlin,
Nun werde ich durch laute Straßen streifen.

Und mißvergnügt in mein Möbliertes gehen,
10 Das mir für dreißig Mark Zuhause ist,
Und warten, daß ein Brief von dir mich grüßt,
Und abends manchmal nach der Türe sehen.

… Ich kenn das schon. Und weiß, es wird mir fehlen,
Daß du um sechs nicht vor dem Bahnhof bist.
15 – Wem soll ich, was am Tag geschehen ist,
Und von dem Ärger im Büro erzählen?

Jetzt, da du fort bist, scheint mir alles trübe.
Hätt ichs geahnt, ich ließe dich nicht gehn.
Was wir vermissen, scheint uns immer schön.
20 Woran das liegen mag … Ist das nun Liebe?

Das regnet heut! Man glaubt beinah zu spüren,
Wies Thermometer mit der Stimmung fällt.
Frau Meilich hat die Heizung abgestellt,
Und irgendwo im Hause klappern Türen.

25 Jetzt sitz ich ohne dich in meinem Zimmer
Und trink den dünnen Kaffee ganz allein.
– Ich weiß, das wird jetzt manches Mal so sein.
Sehr oft vielleicht … Beziehungsweise: immer.

Ein Brief
zur eigenständigen Interpretation von modernen Liebesgedichten durch die Schülerinnen und Schüler

Liebe Schülerinnen und Schüler,

zum Abschluss der Unterrichtseinheit setzen Sie sich jetzt noch einmal zunächst allein und dann vielleicht mit anderen mit einem modernen Liebesgedicht visuell und analytisch auseinander, das Sie auf den Arbeitsblättern 44–46 auswählen können. Diese enthalten Gedichte von Bertolt Brecht und anderen Lyrikerinnen und Lyrikern aus dem 20. Jahrhundert. Sie können auch ein anderes Gedicht von Brecht oder Dichtern und Dichterinnen der Gegenwart in anderen Quellen aussuchen, zum Beispiel in folgenden Sammelbändchen:

Bertolt Brecht: Liebesgedichte. Ausgewählt von Werner Hecht. Frankfurt am Main: Suhrkamp, 2006.
Jörg Drews [Hrsg.]: Das Labyrinth ist eröffnet. Liebesgedichte der Gegenwart. Stuttgart: Reclam 2008.

Teilen Sie dem Lehrer oder der Lehrerin mit, welches Gedicht Sie gerne bearbeiten möchten. Sollten einzelne Gedichte von vielen ausgewählt werden, bitte ich Sie um Offenheit und Flexibilität, auch andere Texte in Betracht zu ziehen.

Ablauf und Aufgaben

- Bis zum _____ entscheiden Sie sich für ein Gedicht und gestalten dazu ein Bild, das dessen Gehalt, einen wichtigen Gedanken oder ein Motiv veranschaulicht. Sie können dieses Bild malen oder zeichnen, eine Collage anfertigen, eine fotografische Aufnahme ausdrucken oder mit Grafik- und Bildtools am Computer erstellen. Es ist auch möglich, eigene und fremde Gestaltungselemente zu verbinden.

- Zeigen Sie das Ergebnis Ihrer Arbeit bis zu diesem Tag Ihren Mitschülerinnen und Mitschülern noch nicht, denn die Bilder werden im Klassenzimmer ausgehängt und beim Betrachten der Ausstellung ihren Texten zugeordnet. Auf diese Weise sind alle mit ihrem kreativen Potenzial und als Rezipienten beteiligt, sodass hoffentlich ein reger Gedankenaustausch stattfindet.

- Anschließend bilden die Schülerinnen und Schüler, die dasselbe Gedicht visualisiert haben, Paare oder Gruppen, um sich ihre Bilder mit dem Ziel zu erläutern, den Text zu interpretieren. Wenn sich für ein Gedicht nur ein/e Einzelne/r entschieden hat, nimmt er/sie gleich die nächste Aufgabe in Angriff.

- Diese besteht darin, das Gedicht[1] zu interpretieren, insbesondere inhaltliche, sprachliche und formale Gesichtspunkte in ihrer Wechselbeziehung und -wirkung zu beleuchten. Die Ergebnisse werden auf Plakaten festgehalten, die auch das Gedicht und die Bilder zeigen. Zum Beispiel ist es möglich, die Notizen aus dem vergrößerten Text abzuleiten. Für diese Arbeit stehen Ihnen die Deutschstunden am _____ zur Verfügung.

- Am _____ stellen die Paare, Gruppen oder Einzelnen ihre Ergebnisse in der Klasse vor. Die Präsentation umfasst den Vortrag des Gedichts, der mit geeigneter Musik unterlegt sein kann, die Erläuterung der Bilder und die Interpretation. Diese Teile müssen nicht strikt getrennt werden, sondern können auch geschickt miteinander verbunden sein.

- An jede Präsentation schließt sich ein Gespräch mit der Klasse an, in dem Fragen gestellt sowie die Ergebnisse ergänzt oder korrigiert werden können.

- Wenn die Plakate optisch ansprechend gestaltet sind, können sie an einem geeigneten Ort auf Stellwänden auch den Schülerinnen und Schülern anderer Klassen gezeigt werden und dem literarischen Leben der Schule dadurch einen kräftigen Impuls geben.

Selbstverständlich stehe ich Ihnen mit Rat und Tat hilfreich zur Seite.
Ich wünsche Ihnen viele Ideen, Freude bei der Arbeit und gutes Gelingen.
Ihr Deutschlehrer/Ihre Deutschlehrerin

---

[1] Die Gedichte *Morgens und abends zu lesen* und *Der Abschied* von Bertolt Brecht sowie *Dreistufige Drohung* und *Bei den weißen Stiefmütterchen* von Sarah Kirsch bearbeiten Sie wegen ihrer Kürze jeweils zusammen. Bei dem umfangreicheren Gedicht *Blaue Stunde* von Gottfried Benn können Sie den Schwerpunkt auf einen der drei Teile legen.

Liebesgedichte von Bertolt Brecht

■ *Lesen Sie den Brief auf dem Arbeitsblatt 43 und interpretieren Sie eines der beiden umfangreicheren oder die beiden kürzeren Gedichte, falls Sie sich für Brecht entschieden haben.
Gehen Sie bitte so vor, wie der Brief Ablauf und Aufgaben beschreibt.*

Erinnerung an die Marie A. (1920)

1

An jenem Tag im blauen Mond September
Still unter einem jungen Pflaumenbaum
Da hielt ich sie, die stille bleiche Liebe
In meinem Arm wie einen holden Traum.
5 Und über uns im schönen Sommerhimmel
War eine Wolke, die ich lange sah
Sie war sehr weiß und ungeheuer oben
Und als ich aufsah, war sie nimmer da.

2

Seit jenem Tag sind viele, viele Monde
10 Geschwommen still hinunter und vorbei
Die Pflaumenbäume sind wohl abgehauen
Und fragst du mich, was mit der Liebe sei?
So sag ich dir: Ich kann mich nicht erinnern.
Und doch, gewiß, ich weiß schon, was du meinst
15 Doch ihr Gesicht, das weiß ich wirklich nimmer
Ich weiß nur mehr: Ich küßte es dereinst.

3

Und auch den Kuß, ich hätt ihn längst vergessen
Wenn nicht die Wolke da gewesen wär
Die weiß ich noch und werd ich immer wissen
20 Sie war sehr weiß und kam von oben her.
Die Pflaumenbäume blühn vielleicht noch immer
Und jene Frau hat jetzt vielleicht das siebte Kind
Doch jene Wolke blühte nur Minuten
Und als ich aufsah, schwand sie schon im Wind.

Aus: Bertolt Brecht: Große kommentierte Berliner und Frankfurter Ausgabe,
Band 11: Gedichte 1 © Suhrkamp Verlag Frankfurt am Main 1988

Terzinen über die Liebe (1928)

Sieh jene Kraniche in großem Bogen!
Die Wolken, welche ihnen beigegeben
Zogen mit ihnen schon, als sie entflogen

Aus einem Leben in ein andres Leben.
5 In gleicher Höhe und mit gleicher Eile
Scheinen sie alle beide nur daneben.

Daß also keines länger hier verweile
Daß so der Kranich mit der Wolke teile
Den schönen Himmel, den sie kurz befliegen

10 Und keines andres sehe als das Wiegen
Des andern in dem Wind, den beide spüren
Die jetzt im Fluge beieinander liegen.

So mag der Wind sie in das Nichts entführen;
Wenn sie nur nicht vergehen und sich bleiben
15 So lange kann sie beide nichts berühren

So lange kann man sie von jedem Ort vertreiben
Wo Regen drohen oder Schüsse schallen.
So unter Sonn und Monds wenig verschiedenen
                            Scheiben

Fliegen sie hin, einander ganz verfallen.
20 Wohin, ihr?
           Nirgendhin.
Von wem entfernt?
              Von allen.

Ihr fragt, wie lange sind sie schon beisammen?
Seit kurzem.
          Und wann werden sie sich trennen?
                        Bald.
So scheint die Liebe Liebenden ein Halt.

Aus: Bertolt Brecht: Große kommentierte Berliner und Frankfurter Ausgabe,
Band 14, Gedichte 4 © Suhrkamp Verlag Frankfurt am Main 1993

Morgens und abends zu lesen (1937)

Der, den ich liebe
Hat mir gesagt
Daß er mich braucht

Darum
5 Gebe ich auf mich acht
Sehe auf meinen Weg und
Fürchte von jedem Regentropfen
Daß er mich ihm erschlagen könnte.

Der Abschied (1937)

Wir umarmen uns.
Ich fasse guten Stoff
Du fassest schlechten.

Die Umarmung ist schnell.
5 Du gehst zu einem Mahl
Auf mich warten Schergen.

Wir sprechen vom Wetter und von unsrer
Dauernden Freundschaft. Alles andere
wäre zu Bitter.

Aus: Bertolt Brecht: Große kommentierte Berliner und Frankfurter Ausgabe, Band 14, Gedichte 4 © Suhrkamp Verlag Frankfurt am Main 1993

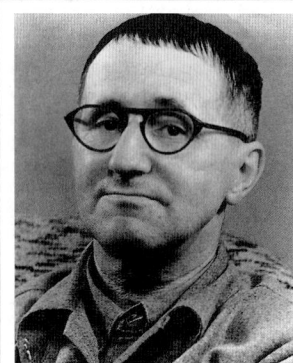

Bertolt Brecht (1898–1956), Sohn eines Fabrikdirektors in Augsburg; ab 1917 Literatur-, Philosophie- und Medizin-Studium in München; seit 1920 Tätigkeiten am Theater und Beziehungen zu Künstlerkreisen; ab 1924 an Berliner Bühnen und Studium des Marxismus; 1933 Emigration und immer wieder Flucht vor deutschen Besatzungstruppen. 1947 Rückkehr aus den USA in die Schweiz und 1948 nach Ost-Berlin; Gründung des Berliner Ensembles mit Helene Weigel. Obwohl vor allem dem Theater zugewandt, wurde er auch als Lyriker und Verfasser kurzer Prosatexte bekannt.

Heikle Liebesverhältnisse in Gedichten von Mascha Kaléko und Gottfried Benn

■ *Lesen Sie den Brief auf dem Arbeitsblatt 43 und interpretieren Sie eines der beiden Gedichte. Beim zweiten können Sie den Schwerpunkt auf einen der drei Teile legen. Gehen Sie bitte so vor, wie der Brief Ablauf und Aufgaben beschreibt.*

Mascha Kaléko
Sogenannte Mesalliance (1938)

Die Herren offerierten Hof und Haus,
Um mir die Zukunft „rosig" zu gestalten.
Sie hielten sie mir hin wie einen Strauß.
Ich lachte mir mein Teil und lief hinaus:
5 Da saßen sie mit ihren Bügelfalten.

Die klugen Nachbarn schüttelten das Haupt:
Die wird es nie zu etwas Rechtem bringen.
Und Zeiten gab's, da ich es selbst geglaubt.
Da aber kam der Wanderer, bestaubt,
10 Und als er sprach, begann mein Herz zu singen.

Er hatte nichts als seine wilden Träume,
Auch war der Kindheit ferner Widerschein
In seiner Art – wie Tiere oder Bäume –
So ganz und unverhüllt er selbst zu sein.

15 Er glich in keinem Atemzug den andern,
Denn ihn besaß nicht Haus noch Hof und Feld.
Das Ufer jenseits war sein Ziel beim Wandern
Und nachts das Sternbild über seinem Zelt.

– Wer tauschte nicht des Krösus[1] Scheckbuch ein,
20 In seiner Nähe bettelarm zu sein …

Aus: Mascha Kaléko: In meinen Träumen läutet es Sturm. © 1977 Deutscher Taschenbuch Verlag, München

---

[1] reicher Herrscher in der Antike

Gottfried Benn (1886–1956): aufgewachsen in einer großen Pfarrersfamilie in brandenburgischen Dörfern östlich der Oder; zunächst Theologiestudium in Marburg, dann Medizin in Berlin; in den Weltkriegen Militärarzt; ab 1918 Facharzt für Haut- und Geschlechtskrankheiten in der Hauptstadt. 1933/34 Unterstützung des Nationalsozialismus, anschließend Distanzierung und Schreibverbot; nach dem Zweiten Weltkrieg hoch angesehener Dichter und erster Träger des Georg-Büchner-Preises. Seine frühen expressionistischen Gedichte schockieren mit ekelerregenden Bildern von Krankheit, Verwesung und Sektion. Später wendet er sich der Form, zeitübergreifenden Themen und der Kraft und Macht der Worte zu.

Gottfried Benn
Blaue Stunde

I
Ich trete in die dunkelblaue Stunde[2] –
da ist der Flur, die Kette schließt sich zu
und nun im Raum ein Rot auf einem Munde
und eine Schale später Rosen – Du.

5 Wir wissen beide, jene Worte,
die jeder oft zu anderen sprach und trug,
sind zwischen uns wie nichts und fehl am Orte:
dies ist das Ganze und der letzte Zug.

Das Schweigende ist so weit vorgeschritten
10 und füllt den Raum und denkt sich selber zu
die Stunde – nichts gehofft und nichts gelitten –
mir ihrer Schale später Rosen – Du.

II
Dein Haupt verfließt, ist weiß und will sich hüten,
indessen sammelt sich auf deinem Mund
15 die ganze Lust, der Purpur und die Blüten
aus deinem angeströmten Ahnengrund.

Du bist so weiß, man denkt, du wirst zerfallen
vor lauter Schnee, vor lauter Blütenlos,
todweiße Rosen Glied für Glied – Korallen
20 nur auf den Lippen, schwer und wundengroß.

Du bist so weich, du gibst von etwas Kunde,
von einem Glück aus Sinken und Gefahr
in einer blauen, dunkelblauen Stunde
und wenn sie ging, weiß keiner, ob sie war.

III
25 Ich frage dich, du bist doch eines andern,
was trägst du mir die späten Rosen zu?
Du sagst, die Träume gehn, die Stunden wandern,
was ist das alles: er und ich und du?

„Was sich erhebt, das will auch wieder enden,
30 was sich erlebt – wer weiß denn das genau,
die Kette schließt, man schweigt in diesen Wänden
und dort die Weite, hoch und dunkelblau."

Aus: Gottfried Benn: Sämtliche Gedichte. Klett-Cotta: Stuttgart 1998.
(Aus urheberrechtlichen Gründen nicht in reformierter Schreibung)

---

[2] Übergangszeit zwischen Sonnenunter- bzw. -aufgang und Nacht

Selbstbewusstsein und Selbstverlust in Gedichten von Sarah Kirsch und Ulla Hahn

■ *Lesen Sie den Brief auf dem Arbeitsblatt 44 und interpretieren Sie entweder die beiden Gedichte von Sarah Kirsch oder dasjenige von Ulla Hahn. Gehen Sie bitte so vor, wie der Brief Ablauf und Aufgaben beschreibt.*

Sarah Kirsch
Dreistufige Drohung

Du willst jetzt gehn?
Das sag ich dem Mond!
Da hat sich der Mond
im Großen Wagen verladen,
5 der fühlt mit mir, weißzahnig
rollt er hinter dir her!

Die Klinke drückst du?
Ich sag es dem Wind!
Er schminkt dich
10 mit Ruß und Regen
peitscht dich mit Hagelkörnern,
glasmurmelgroß.

Du musst jetzt fort?
Gut, ich sag es keinem.
15 Ich werde ohne Tränen
und Träume schlafen;
nichts hindert dich.

Aus: Sarah Kirsch: Erklärung einiger Dinge. Dokumente und Bilder.
Ebenhausen b. München: Langewiesche-Brandt, 1978.

Ulla Hahn
Mit Haut und Haar

Ich zog dich aus der Senke deiner Jahre
und tauchte dich in meinen Sommer ein
ich leckte dir die Hand und Haut und Haare
und schwor dir ewig mein und dein zu sein.

5 Du wendetest mich um. Du branntest mir dein
Zeichen
mit sanftem Feuer in das dünne Fell.
Da ließ ich von mir ab. Und schnell
begann ich vor mir selbst zurückzuweichen

und meinem Schwur. Anfangs blieb noch Erinnern
10 ein schöner Überrest der nach mir rief.
Da aber war ich schon in deinem Innern
vor mir verborgen. Du verbargst mich tief.

Bis ich ganz in dir aufgegangen war:
da spucktest du mich aus mit Haut und Haar.

Aus: Ulla Hahn: Herz über Kopf. © 1981, Deutsche Verlagsanstalt, München, in der Verlagsgruppe Random House GmbH

Sarah Kirsch
Bei den weißen Stiefmütterchen

Bei den weißen Stiefmütterchen
Im Park wie ers mir auftrug
Stehe ich unter der Weide
Ungekämmte Alte blattlos
5 Siehst du sagt sie er kommt nicht

Ach sage ich er hat sich den Fuß gebrochen
Eine Gräte verschluckt, eine Straße
Wurde plötzlich verlegt oder
Er kann seiner Frau nicht entkommen
10 Viele Dinge hindern uns Menschen

Die Weide wiegt sich und knarrt
Kann auch sein er ist schon tot
Sah blass aus als er dich untern Mantel küsste
Kann sein Weide kann sein
15 So wollen wir hoffen er liebt mich nicht mehr

Aus: Sarah Kirsch: Sämtliche Gedichte. © 2005, Deutsche Verlagsanstalt, München, in der Verlagsgruppe Random House GmbH

Ulla Hahn (geb. 1946): aufgewachsen in Monheim/Rheinland; nach einer Bürolehre Studium der Literaturwissenschaft, Geschichte und Soziologie; Lehraufträge an Universitäten; verheiratet mit dem SPD-Politiker Klaus von Dohnanyi. Als Lyrikerin der „neuen Subjektivität" bekannt geworden, erschien 2001 ihr autobiografischer Roman *Das verborgene Wort*.

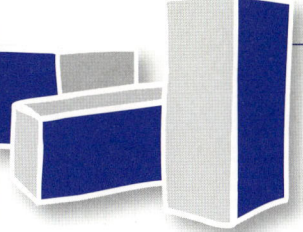

Liebeslyrik im Kontext von Dramen und Romanen – Gedichte über die Liebe

In umfangreicheren literarischen Werken können Gedichte die Gefühle, Sehnsüchte und Einstellungen liebender Personen zum Ausdruck bringen. Direkt oder indirekt offenbaren sie deren innere Verfassung, ihr Verhältnis zueinander und manchmal auch Konfliktstoff. Die folgenden Kapitel stellen einige Beispiele vor, die natürlich auch Neugier für das Drama oder den Roman wecken sollen.

7.1 Goethes *Faust*

Die Gretchentragödie im ersten Teil des *Faust* enthält drei Gedichte, in denen sich die Empfindungen und Wirkungen der Liebe in unterschiedlicher Weise zeigen. Außerdem drängen sich Parallelen zwischen der Szene *Am Brunnen* und einem Carmen buranum aus dem Spätmittelalter auf. Die Schülerinnen und Schüler wählen sich eines der Gedichte auf dem **Arbeitsblatt 47** (S. 204 f.) oder den Vergleich der Brunnenszene mit dem Carmen auf dem **Arbeitsblatt 48** (S. 206 f.) aus, bearbeiten die Aufgabe zu zweit und stellen ihre Ergebnisse der Klasse vor.

> ■ *Interpretieren Sie eines der Gedichte auf dem Arbeitsblatt 47 oder vergleichen Sie die Szene und das Lied auf dem Arbeitsblatt 48. Erläutern Sie Ihre Ergebnisse Ihren Mitschülerinnen und Mitschülern.*

Nach der ersten flüchtigen Begegnung auf der Straße führt Mephisto Faust, der unerbittlich darauf drängt, in Margaretes Nähe zu kommen, in ihr Zimmer, wo er die Atmosphäre ihres Lebensraums, überschäumende Liebesgefühle, aber auch eine Identitätskrise erlebt. Der vornehme, angesehene Wissenschaftler, der im Bund mit dem Teufel steht, ist hingerissen von dem jungen, zurückhaltenden, frommen Mädchen aus einfachen Verhältnissen, vor dessen Bett die Emotionen aus ihm herausbrechen und ihn überwältigen, ohne dass sie selbst anwesend ist. Das Oxymoron „Wonnegraus" und Ausrufesätze verstärken deren Intensität. Faust preist in der Überzeugung des Stürmers und Drängers die Natur als Schöpferin der außerordentlichen Anmut Gretchens, das er in religiösen Bildern und Wendungen ins Übermenschliche erhöht (vv. 2712, 2715 f.). Das sechsfache „Hier" (vv. 2710–11, 2713, 2715, 2719, 2721) bringt zum Ausdruck, wie sehr ihn dieser intime Ort der Geliebten anzieht und fesselt. Dann aber erstaunen und verwirren ihn die eigenen Empfindungen. Die Verse gruppieren sich zu drei Strophen mit zwei vier- und zwei fünfzeiligen Jambenzeilen und unterschiedlichen Endreimformen. Er spricht in der zweiten und dritten (v. 2727) Person zu sich selbst wie zu einem Gegenüber, von dem er nicht weiß, wie ihm geschieht. Auf Genuss – ein Schlüsselwort der Faust-Dichtung (vgl. etwa v. 1696) – aus, erfüllt ihn zum ersten Mal etwas ganz anderes, nämlich Liebe: „Mich drang's, so grade zu genießen,/Und fühle mich in Liebestraum zerfließen!" (vv. 2722f.) Er glaubt, er sei einer magischen Kraft ausgesetzt (v. 2721) und Spielball der unscheinbarsten Vorgänge. Fragesätze verdeutlichen seine Verunsicherung, die sich zu einer Identitätskrise auswächst: „Armsel'ger Faust! Ich kenne dich nicht mehr." (v. 2720) Er erniedrigt sich im Kontrast zu Gretchens Erhöhung und in Umkehrung der Standesunterschiede selbst (vv. 2727f.) und fürchtet sich davor, von dem eintretenden Mädchen überrascht und als Frevler entlarvt zu werden.

Fausts Monolog in Gretchens Zimmer in der Szene *Abend*

Verse 2709 – 16

- Erleben der Atmosphäre von Gretchens Lebensraum in ihrer Abwesenheit
- überwältigende Liebesgefühle des vornehmen, angesehenen Wissenschaftlers für das junge, zurückhaltende, fromme Mädchen aus einfachen Verhältnissen
- Preis der **Natur** als Schöpferin außerordentlicher Anmut (Sturm und Drang)

- Ausrufesätze
- Steigerung durch sechsfaches „Hier"
- Oxymoron „Wonnegraus" (v. 2709)
- religiöse Bilder und Wendungen
- vier- und fünfhebige Jamben

Verse 2717 – 28

- Erstaunen, Verwirrung, Verunsicherung
- Liebesempfindungen anstelle von Genuss
- Vermutung einer magischen Kraft und eines kleinsten Vorgangs, dessen Spielball er wird; Angst vor dem überraschenden Eintreten Gretchens
- Selbsterniedrigung: Umkehrung der Standesunterschiede

- Gruppierung zu drei Strophen mit 4- und 5-hebigen Jambenzeilen und unterschiedlichen Endreimformen
- Sprechen mit sich selbst in der zweiten/dritten Person
- Kontrast zur Erhöhung des einfachen Mädchens
- Fragen

↓

Identitätskrise

Im Gegensatz zu den Worten Fausts, der zwischen enthusiastischer Bewunderung und grüblerischen Selbstzweifeln zerrissen ist, singt Gretchen gleich darauf im ruhigen Volksliedton die Ballade von der stetigen, lebenslangen Treue des „Königs in Thule" zu seiner toten Geliebten. Aus dem „goldnen Becher", den sie ihm „sterbend" gab, trinkt er regelmäßig und weint dabei um sie. Er vererbt ihn nicht, sondern wirft ihn ins Meer, bevor er stirbt, nachdem er ein letztes Mal daraus getrunken hat. Der wertvolle Becher symbolisiert die Liebe, Treue und Trauer des Königs. Das Attribut „heilig" rückt ihn wie einen Abendmahlskelch in die Nähe des Göttlichen, aber nicht im Sinne der christlichen Vorstellung, sondern eines Glaubens an die Liebe – „ein, zumindest für damalige Zeit [das Lied entstand 1774], heidnisch anmutendes Bekenntnis" (Lenz[1], S. 64): „[D]er König [gesteht] sich ein, dass sie [die Liebe] die wesentlichste Erfahrung seines Lebens ist, der kostbarste Besitz, so geheim und überwältigend, dass er nicht weitergegeben werden kann. [...] Bei dem standesgemäßen Sterben

---

[1] Siegfried Lenz: Der Mittelpunkt der Welt. In: 1000 Deutsche Gedichte und ihre Interpretationen. Zweiter Band, a. a. O.

vor versammelter Ritterschaft demonstriert der König, worin er den Mittelpunkt der Welt erkannt hat." (Ebd.) Das von Gretchen gesungene Volkslied mit seiner einfachen, altertümlichen Sprache und Luthers Deutsch in Vers 2765 (nach Johannes 11, v. 35) ist wie das weitere *Lied am Spinnrad*[1] Teil ihrer Welt und verweist auf ihre Herkunft und Lebensweise, aus der sie sich von Faust herausreißen lässt. Vielleicht erkennt das Mädchen in der Treue des Königs ein Vorbild für sich selbst oder es sehnt sich nach einem Mann, der ihr in ähnlicher Weise über den Tod hinaus treu bleibt – was Fausts Wesen widerspricht. Da die Ballade vom Sterben und Trauern handelt, deutet sie auf Gretchens eigenen Tod voraus. Mit „der erwachenden Liebe" „[geht] auch bereits die Angst [einher], dass sie ‚verrauschen' könnte (*An den Mond*)" (Goethe-Handbuch Bd. 1, S. 134).

Gretchen singt das Lied vom *König in Thule*

- Treue des Königs zu seiner toten Geliebten
- Trauer beim regelmäßigen Gebrauch des „goldnen Becher[s]"
- keine Weitergabe des Trinkgefäßes an die Erben,
- sondern Wurf ins Meer nach dem letzten Trunk vor dem Tod

↓

Treue des Königs als Vorbild für Gretchen
Sehnsucht nach gleicher Treue
eines Mannes
Vorahnung/Andeutung des
eigenen Todes
Angst vor dem Erlöschen der Liebe

- Volkslied-Ballade als Teil von Gretchens Welt:
  3-hebige Verse mit weiblich-männlichen Kreuzreimen
  einfache, altertümliche Sprache
  Luther-Deutsch (v. 7 nach Joh 11, v. 35)
- Becher als Symbol der Liebe, der Treue, der Trauer und des Todes
- Attribut „heilig": Liebe als etwas Göttliches und Mittelpunkt der Welt

In ihrem *Lied am Spinnrad*, das sich zum Vergleich mit dem späteren Gedicht *Der Spinnerin Nachtlied* von Clemens Brentano anbietet (**Arbeitsblatt 32**, S. 136), bringt Gretchen in schlicht erscheinender, aber kunstvoller Weise zum Ausdruck, dass sie ihr inneres Zentrum verloren hat und ihr Leben ganz auf den Geliebten ausrichtet. Wenn die Schülerinnen und Schüler verliebt sind, mögen sie vielleicht ähnliche Erfahrungen machen. In der ersten Strophe, die sich zweimal refrainartig wiederholt und das Lied dadurch inhaltlich gliedert, beklagt das Mädchen seine Trauer und Ruhelosigkeit. Die zweite und dritte Strophe setzen die Beschreibung des bedrückenden Befindens fort, in dem jede Lebensfreude fehlt und Kopf und Sinn zerrüttet sind, nennen aber auch den Grund, die Fixierung auf den Geliebten. Sie stellen mit dem sie umrahmenden Refrain Gretchens Zustand dar; es überwiegt das Hilfsverb „sein". Mit Ausnahme des Lokalsatzes in Vers 3378, der auf den abwesenden Faust als Ursache ihres Gemützustandes hinweist, reihen sich einfache Aussagesätze in Übereinstimmung mit der Versstruktur aneinander. „Wiederholungsphänomene ergeben ein Muster, mithilfe dessen das jeweilig Statuierte auf stets gleiche Weise gesagt wird; sie prägen sich […] in ihren staccatohaften, das Surren des Spinnrads begleitenden Rhythmen dem Emp-

---

[1]   Beide Lieder wurden von Franz Schubert vertont und sind zum Beispiel auf folgender CD zu hören: Franz Schubert. Lieder. classic *collection*. Frechen: Delta Music (51174), 2004, CD 1, Nr. 5, 8.

finden mächtig ein." (Michelsen[1], S. 82) Die Strophen 5 – 7 rücken nun den bisher in einem Personalpronomen nur kurz erwähnten Geliebten in den Mittelpunkt. Allein auf ihn zielt Gretchens Schauen und Bewegen, dessen Äußeres, Reden und nichtsprachliche Verständigungsformen es in einem einzigen, elliptischen, anaphorisch aufzählenden Satz beschreibt. Diese Ansammlung von Schönheitsmerkmalen zeichnet sich durch eine Steigerung der Nähe und Vertrautheit aus und erinnert an die des Hohenliedes (vgl. Kap. 2.2 und **Arbeitsblatt 11**, S. 66). In dem „als End- und Höhepunkt der Reihung besonders akzentuiert[en] [...,] [...] imaginierten ‚Kuss‘ kulminiert das Bild des draußen [...] befindlichen Attraktionspoles, der eine geradezu saugende Wirkung auf das Ich ausübt, es aus sich herausreißt und mit magnetischer Gewalt in sein Kräftefeld zieht./Diesem Gezogenwerden korrespondiert von innen ein Drängen und Streben" (Michelsen, S. 85), das in den letzten beiden Strophen Raum greift. Gretchens Verlangen entsteht in seinem Innern, seinem Gefühl, jenseits von Erziehung und Überlegung, und richtet sich, analog zur Beschreibung des Geliebten, darauf, ihn zu berühren und zu küssen. Die emotionale Verstärkung durch Ausrufesätze und die Interjektion „Ach" verbindet diese beiden Teile ebenso wie die Satzkonstruktionen, die die Strophengrenzen überspringen. „An die Stelle des ‚Seins‘ treten [in den Strophen 5, 9 und 10] Verben einer sich steigernden Aktivität". „Artikuliert also in der ersten Monologhälfte das Ich den Verlust seiner Ruhe noch als Zustand, so erfährt es ihn in der zweiten in der Dynamik des Verlustig-Gehens, in der Bewegung des Außer-sich-Geratens." (Michelsen, S. 83) Der liedhafte Monolog besteht aus Strophen mit vier Versen, „von denen fast jede einen gekreuzten Reim und zwei Waisen aufweist (xaxa); nur die zweite Strophe hat zwei Paarreime (aabb)" (ebd., S. 80). Die zweihebigen Verse sind „wohl auch als Anpassung an die eintönige Bewegung des von Gretchen gedrehten Spinnrades zu verstehen", über der „sich die dominierenden Töne der Ruhelosigkeit durchsetzen", die „in den ungleichmäßig verteilten Senkungen begründet" ist (ebd., S. 80f.). Wortwiederholungen und parallele Satzkonstruktionen unterstützen diesen Effekt.

---

[1] Peter Michelsen: Gretchen am Spinnrad: Zur Szene ‚Gretchens Stube‘ in Goethes *Faust I*. In: P. M.: Im Banne Fausts. Zwölf Faust-Studien. Würzburg: Königshausen und Neumann 2000

Liedmonolog Gretchens am Spinnrad

1., 4., 6 Strophe als Refrain: *Trauer und Ruhelosigkeit*

2., 3. Strophe: *Gretchens Zustand*

- Verlust aller Lebensfreude
- Zerrüttung von Verstand („Kopf") und Wahrnehmung („Sinn")
- Grund: Fixierung auf den Geliebten

- Hilfsverb „sein"
- Reihe einfacher Aussagesätze
- Übereinstimmung von Vers- und Satzstruktur
- einziger Lokalsatz (v. 3378)

5. – 7. Strophe: *Anziehungskraft des Geliebten*

- einziges Ziel von Gretchens Schauen und Bewegen
- Beschreibung seines Äußeren, seines Redens und seiner nichtsprachlichen Verständigungsformen (Händedruck, Kuss)

- Verben der Aktivität (Str. 5)
- ein einziger elliptischer Satz ⎫
- anaphorische Aufzählung ⎬ (Str. 6 f.)
- Schönheitsmerkmale in der Art des Hohenliedes ⎭

9., 10. Strophe: *Gretchens drängendes Verlangen*

- nach Berührung und Kuss
- als Gefühl jenseits von Erziehung und Überlegung

- Steigerung der Nähe und Vertrautheit
- Ausrufesätze (vv. 3401, 13) ⎫
- Interjektion „Ach" (vv. 3401, 08) ⎬ emotionale Verstärkung ⎭
- strophenübergreifende Satzkonstruktionen

vierzeilige Strophen mit jeweils einem Kreuzreim und zwei Waisen
(Ausnahme: Paarreime in Str. 2)

zwei Hebungen: *Monotonie* ◄────► unregelmäßige Füllungen dazwischen: *Unruhe*
+ Wortwiederholungen
parallele Satzkonstruktionen

Das mittelalterliche *Carmen buranum Nr. 126* steht der Brunnenszene des Sturm-und-Drang-Dramas inhaltlich überraschend nahe. Eine junge Frau – das Ich des Lieds und Bärbelchen – liebt einen fremden Mann und wird schwanger, der Geliebte verschwindet deshalb. Nun muss sie die selbstgerechten, mitleidlosen und hartherzigen Reaktionen und das Gerede der Menschen ertragen, die sie aus ihrer Gemeinschaft ausgrenzen. Die Frau des Carmen, die über ihre Situation berichtet, weiß keinen Ausweg und leidet unter Einsamkeit und seelischen Schmerzen. Selbst ihre Eltern sind wütend auf sie und schlagen sie. In der Dramenszene verhält sich Lieschen genau so wie die Leute in dem älteren Gedicht, wenn sie mit verstecktem Neid, vor allem aber schadenfroh Gretchen von Bärbelchens Schicksal erzählt. In dem anschließenden Monolog erkennt Gretchen darin ihre eigene Lage und ihr Fehlverhalten, bisher selbst nach diesem Muster gehandelt und sich dabei sogar besonders hervorgetan zu haben, und bereut es. Dennoch steht sie jetzt zu allem, wozu die Liebe sie trieb (vv. 3585 f.), und auch das weibliche Ich des Gedichts kritisiert die Reaktion der Gesellschaft, wenn diese so tue, „als hätt sonstwas ich getan", „als wär ich auf schiefer Bahn" (vv. 21, 24).

Carmen buranum Nr. 126 und die Brunnenszene im *Faust*

Perspektive der betroffenen Frau	Gemeinsamkeiten	Perspektive der anderen Leute
• Wut und Schläge der Eltern	**Situation** • heimliche Liebe einer jungen Frau zu einem fremden Mann • Schwangerschaft • Verschwinden des Geliebten	• Lieschen erzählt Gretchen vom Schicksal Bärbelchens • versteckter Neid, • Schadenfreude
• Ausweglosigkeit, Einsamkeit, seelischer Schmerz	**Folgen** • selbstgerechte, mitleidslose, hartherzige Reaktionen und Gerede der Menschen • soziale Ausgrenzung • Rechtfertigung der Liebesbeziehung • Gesellschaftskritik	**Gretchens Perspektive** • Erkennen ihrer eigenen Lage • Reue über bisheriges Fehlverhalten

7.2 Schillers *Räuber*: Amalias Liebeslieder

Auch von den beiden Liebesliedern in den *Räubern* suchen sich die Schülerinnen und Schüler eines aus, um es zu zweit zu interpretieren und die Ergebnisse der Klasse vorzustellen. Die Aufgaben zu Goethes *Faust* und zu Schillers Drama auf den **Arbeitsblättern 47–49**, S. 204–208 können auch gemeinsam zur Bearbeitung angeboten werden, wenn die Schülerinnen und Schüler über die Liebeslyrik hinaus einen Einblick in ein frühes Werk der jungen Dichter und die Epoche des *Sturm und Drang* erhalten sollen.

■ *Interpretieren Sie eines der beiden Gedichte auf dem Arbeitsblatt 49.*
Stellen Sie Ihre Ergebnisse der Klasse vor.

Der Wechselgesang zwischen Hektor und Andromache, der sich auch in Kapitel 5.3 behandeln lässt, spiegelt die Liebesbeziehung zwischen Karl Moor und Amalia. Sie haben ihn früher „oft zusammen zu der Laute gesungen"; jetzt aber kämpft Karl als Räuberhauptmann für Gerechtigkeit, während Amalia weiter im Schloss seines Vaters lebt und diesem beisteht. Die vier Strophen bestehen aus jeweils sechs Versen mit fünfhebigen Trochäen und dem Reimschema aabccb und werden abwechselnd von Hektor und dessen Frau gesprochen. Andromache beginnt mit einem indirekten, vorwurfsvollen Appell, Hektor solle nicht in den Kampf um Troja ziehen. In zwei rhetorischen Fragesätzen macht sie deutlich, dass sein Tod sie ewig von ihm trenne und er auch eine Verantwortung als Vater trage. Hektor zeigt sich in der zweiten Strophe jedoch entschlossen, sein Leben für die Stadt zu opfern, weil ihr Schicksal auf seinen Schultern liege (v. 9). Er vertraut seinen Sohn Astyanax dem Schutz der Götter an und ist davon überzeugt, dass die Familie nach dem Tod in den Gefilden der

Seligen wieder zusammenfinde. Andromache beklagt dagegen in der nächsten Strophe die Stille und Einsamkeit ohne ihn sowie den Untergang von Hektors Familie wie der Stadt. Für sie endet seine Liebe mit dem Tod: „Deine Liebe in dem Lethe stirbt." (v. 18) Dieser Auffassung widerspricht ihr Gatte im letzten Vers des gesamten Gedichts energisch, der die Verneinung mit dem letzten Wort in Verbindung mit dem männlichen Umarmungsreim in Vers 21 und dem Ausrufezeichen besonders betont: „Hektors Liebe stirbt im Lethe nicht!" Er hebt in der Schlussstrophe, die aus drei Ausrufesätzen besteht, hervor, dass sie das Einzige sei, was von ihm bleiben müsse. Als er das Kampfgetöse des wilden (v. 22) Achill hört, den schon Andromache gleich am Anfang als personalen Mittelpunkt der Schlacht benannte, weil sein Freund Patroklus getötet wurde (vv. 2f.), und die Lage für die Stadt immer bedrohlicher wird, hält ihn nichts mehr zurück. Er sieht vor allem die gefährdete Stadt, seine Frau dagegen eher die private und persönliche Seite. Diesen Gegensatz verdeutlicht das Motiv der Waffen, das in allen vier Strophen präsent ist: Andromache verbindet damit die Gefahren für ihren Geliebten, dessen Tod und den dadurch entstehenden Verlust (vv. 2f., 13f.), Hektor jedoch besteht mit der Aufforderung an seine Frau, sie ihm zu bringen, unerbittlich auf seinem Willen, in den Kampf zu ziehen.

Amalias Lied *Hektors Abschied* (Szenen II/2 und IV/2)

Andromache	Wechselgesang	Hektor

4 Strophen aus 6 Versen mit 5-hebigen Trochäen und dem Reimschema aabccb

1. indirekter, vorwurfsvoller Appell in zwei rhetorischen Fragesätzen, nicht in den Krieg um Troja zu ziehen:

- ewige Trennung durch den Tod
- Verantwortung als Vater

2. Entschlossenheit, das Leben für seine Stadt zu opfern:

- Verantwortung für die Stadt
- Vertrauen auf den Schutz der Götter für seinen Sohn
- Wiedersehen nach dem Tod in den Gefilden der Seligen

3. Ende der Liebe durch den Tod:

- „Deine Liebe in dem Lethe stirbt." (v. 18)
- Stille und Einsamkeit
- Untergang von Hektors Familie und Trojas

4. Widerspruch in zwei Ausrufesätzen: Weiterbestehen der Liebe im Jenseits: „Hektors Liebe stirbt im Lethe nicht!" (v. 24)

- als Ausnahme von allem, was mit dem Tod endet
- Notwendigkeit, den wütenden Achill aufzuhalten
- Aufforderung, nicht zu trauern

Gefahr, Tod, Verlust ◄——— Waffenmotiv ———► Kampfeswille

privat-persönliche Sphäre   Einsatz für die bedrohte Stadt

Spiegelung der Liebesbeziehung zwischen Karl Moor und Amalia

Beistand für den alten Moor   Kampf des Räuberhauptmanns für Gerechtigkeit

Die gegensätzlichen Auffassungen von Andromache und Hektor über das Fortbestehen der Liebe nach dem Tod geben Anlass, diese Frage mit der Klasse zu diskutieren.

■ *Andromache glaubt, dass „Deine [Hektors] Liebe in dem Lethe stirbt" (v. 18). Ihr Gatte widerspricht ihr nachdrücklich: „Hektors Liebe stirbt im Lethe nicht!" (v. 24).*
Erörtern Sie die beiden Auffassungen.

In dem melancholisch-sentimentalen Lied, das Amalia zu Beginn des dritten Akts im Garten singt, bewundert sie die Schönheit, die Umarmungen und die Küsse ihres Geliebten und das ihr dadurch zuteil gewordene Liebesglück begeistert, empfindet deshalb aber auch in der Schlussstrophe den Schmerz um seinen Tod, von dem sie zu diesem Zeitpunkt ausgehen muss, besonders tief. Der für Schillers frühe Lyrik, insbesondere die Laura-Gedichte in der *Anthologie auf das Jahr 1782* typische hyperbolische Sprachgestus feiert die Liebe als kosmisches, durch religiöse Bezeichnungen (vv. 1, 9) noch gesteigertes Ereignis und bietet die Fülle des rhetorischen Instrumentariums wie Vergleiche (vv. 1, 3 f., 10 f., 16), Metaphern (vv. 1, 3, 6 f., 9, 13 f.), Aufzählungen (vv. 1 f., 5–16), elliptische Satzverkürzungen (vv. 5, 7 f., 9) und Parallelismen (vv. 5/9, 10 f.) auf, um den Enthusiasmus der Geliebten verbal zu entfachen. Die erste der fünf Strophen aus jeweils vier Versen mit fünfhebigen Trochäen und Kreuzreimen mit abwechselnd weiblichen und männlichen Endungen preist die anaphorisch herausgestellte Schönheit Karls mit überirdisch-mythologischen Bildassoziationen zu Engeln und Helden der germanischen Ruhmeshalle Walhalla sowie einem Superlativ, der ihn über „alle[ ] Jünglinge[ ]" (v. 2) erhebt. Die Wirkung seines Blicks, dessen Milde das vorangestellte „[h]immlisch" mit dem Eindruck des Engels verknüpft, veranschaulicht und steigert eine Bilderhäufung, an der die Maiensonne, das blaue Meer und der Spiegel beteiligt sind. Die zweite Strophe rühmt die Umarmungen des Geliebten im engen Aneinander der Herzen, deren Klopfen zwei Modaladverbiale intensivieren, und von Mund und Ohr, die „gefesselt" sind. Ein Oxymoron und die kraftvoll-dynamischen, wirbelnden Aufwärtsbewegungen des Geistes „himmelwärts" beschreiben die dadurch entstehenden Folgen. Die dritte Bewunderungsstufe gilt Karls Küssen. Sie erstreckt sich über zwei Strophen, die durch die Satzkonstruktion miteinander verbunden sind. Die Liebenden gehen ineinander auf, was Vergleiche mit Flammen, Harfentönen sowie „Erd und Himmel" verdeutlichen. Die Aufzählung von äußeren (Lippen, Wangen) und inneren (Geist, Seele) Bestandteilen der Person sowie von Verben heftigster Bewegung (stürzen, rasen) zeigt, dass die Liebe den ganzen Menschen mit ungeheurer Energie erfasst. Im Bild des Feuers (vv. 6, 10, 14) findet die sich steigernde Gefühlsaufwallung ihren Ausdruck und in der Auflösung der Sphären (v. 15 f.) ihren Höhepunkt. Die bis dahin wirksamen außerordentlichen Kräfte sind in der letzten Strophe mit dem Tod des Geliebten erlahmt – sie steht deshalb zu den vorausgehenden in äußerstem Kontrast. Dem zweimaligen Satzanfang „Er ist hin" folgt nur noch der wiederholte Hinweis auf die Vergeblichkeit des Stöhnens, Seufzens und Wimmerns, das in der Interjektion „Ach" (vv. 17, 20) seinen Schlusspunkt findet.

Amalias Liebeslied am Anfang des dritten Akts

- melancholisch-sentimentale Bewunderung des Geliebten
- Liebesglück als kosmisches, religiös überhöhtes Ereignis
- tiefer Schmerz um den vermeintlich Toten

1. Schönheit
   und Blick des Geliebten

2. Umarmungen:
   enges Aneinander der Herzen,
   von „Mund und Ohr"

3./4. Küsse:
   Ineinander-aufgehen der Liebenden

- 5 Strophen aus 4 Versen mit 5-hebigen Trochäen, Kreuzreime mit abwechselnd männlichen und weiblichen Endungen
- hyperbolische Rhetorik: Vergleiche, Metaphern, Aufzählungen, Ellipsen, Parallelismen
- überirdisch-mythologische Bildsprache (Engel, Walhalla), Superlativ
- Bildhäufung (Maiensonne, Meer, Spiegel)
- Oxymoron („wütendes Entzücken")
- kraftvoll-dynamische, wirbelnde Aufwärtsbewegungen des Geistes „himmelwärts"
- Satzkonstruktion über 2 Strophen hinweg
- Vergleiche (Flammen, Harfentöne, „Erd und Himmel")
- Aufzählungen, Verben heftigster Bewegung

sich steigernde Gefühlsaufwallung (Feuer, vv. 6, 10, 14)
Auflösung der Sphären (vv. 15 f.) als Höhepunkt

Kon- ↕ trast

Energie- und Kraftlosigkeit

5. Klage um den verlorenen Geliebten:
   Vergeblichkeit der Schmerz- und Trauerlaute

- zweimaliger Satzanfang „Er ist hin"
- Wiederholungen
- Interjektion „Ach"

7.3 Theodor Fontane: Effi Briest
Heinrich Heine: Seegespenst

Crampas nutzt in dem Ausschnitt aus dem 17. Kapitel des Romans auf dem **Arbeitsblatt 50**, S. 209 f., Effis Hinweis auf die legendäre, im Meer versunkene Stadt Vineta, um mit seiner unvollständigen Wiedergabe des Inhalts von Heines Gedicht ihre Neugier zu wecken und in der Hoffnung, dass sie die fehlenden Teile liest, seine Zuneigung zu der jungen Frau raffiniert erkennen zu lassen. Das Verborgene, dem Effi in ihrer späteren Beziehung zu Crampas ausgeliefert ist – etwa durch die Briefe, die Innstetten sieben Jahre später durch Zufall findet, oder durch den Schloon, bei dessen Umfahrung das Verhältnis beginnt, das der Erzähler in äußerster Diskretion kaum erwähnt – zeigt seine Macht schon in dem Gedicht und seiner Zusammenfassung durch Crampas. Denn der Passagier erschaut die Stadt „träumenden Auges" (v. 2) in der Tiefe des Meeres „[a]nfangs wie dämmernde Nebel" (v. 6), bis sich ihre Konturen

197

und Einzelheiten allmählich klarer abzeichnen, und der Major verschweigt mit dem zweiten und dritten Teil das Wesentliche des Gedichts: die Sehnsucht nach der wartenden Geliebten, die sich auf dem Meeresgrund vor ihm versteckt (vv. 54f.), den durch aufbrechende Wunden seines Herzens erneuerten Schmerz sowie die Suche nach dem Mädchen und das Glück, es gefunden zu haben. Er unterscheidet nicht zwischen „seidenrauschende[n] Jungfern" mit „[s]chlanke[n] Leibchen" und unter „schwarzen Mützchen/[…] hervorquellendem Goldhaar", die durch die Straßen wandeln, und [b]ejahrte[n] Frauen", die zur Kirche eilen. Schließlich verschiebt er den Grund, aus dem der Schiffsgast sich in die Tiefe stürzen will: Nicht die Geliebte, sondern das Glockengeläute, die Kirche und die Frauen, die den Gottesdienst besuchen, ziehen ihn nach unten. Crampas möchte durch das Verändern und Verschweigen seine Zuneigung für Effi nicht zu deutlich offenbaren, sondern nur indirekt zu verstehen geben, um seine Begleiterin nicht einer peinlichen Situation auszusetzen. Wahrscheinlich sucht er ihr Interesse für das ganze Gedicht zu wecken, um seine Botschaft versteckt zu übermitteln.

Wenn die Schülerinnen und Schüler die Inhaltsangabe von Crampas an Heines Gedicht überprüfen, wenden sie früher erworbene Kenntnisse und Fähigkeiten an. Da die Information über den Inhalt eines literarischen Textes Teil des Interpretationsaufsatzes ist, bietet sich eine schriftliche Übung anhand des etwas umfangreicheren Gedichtes an. Die Aussagen des Majors über den Dichter Heine, dem sich das Gespräch im weiteren Verlauf zuwendet, können anhand der Textbeispiele aus dem *Buch der Lieder* auf dem Arbeitsblatt 33 (vgl. Kap. 3.3) erörtert werden. Sie erhalten so Einblick in den Prozess der Heine-Rezeption und nehmen selbst daran teil.

■ *Bearbeiten Sie die Aufgabe auf dem Arbeitsblatt 50.*

Inhaltsangabe von Heines Gedicht *Seegespenst* durch Crampas in Fontanes Roman *Effi Briest* (17. Kapitel)

Er
- unterscheidet nicht zwischen jungen Frauen (vv. 22–25), die durch die Straßen wandeln, und „bejahrte[n]", die zur Kirche eilen (vv. 28–34)

- verschweigt den zweiten und dritten Teil des Gedichts:
  - die Sehnsucht nach der wartenden Geliebten in der Tiefe des Meeres
  - den durch aufbrechende Wunden seines Herzens erneuerten Schmerz
  - die Suche nach dem Mädchen und das Glück, es gefunden zu haben

- ändert den Grund, aus dem der Schiffsgast sich in die Tiefe stürzen will: Nicht die Geliebte, sondern das Glockengeläute, die Kirche und die Frauen, die den Gottesdienst besuchen, ziehen ihn nach unten.

Mögliche **Gründe für die veränderte oder unvollständige Wiedergabe des Gedichts:**

Crampas möchte
- seine Zuneigung für Effi nicht zu deutlich offenbaren
- seine Begleiterin keiner peinlichen Situation aussetzen
- Neugier auf das ganze Gedicht wecken
- seine Botschaft versteckt übermitteln

■ *Verfassen Sie eine korrekte und vollständige Inhaltsangabe von Heines Gedicht „Seegespenst".*

■ *Erörtern Sie unter Bezug auf Heines Gedichte aus dem „Buch der Lieder" auf dem Arbeitsblatt 33, ob die Aussagen von Crampas über den Dichter zutreffen.*

7.4 Bertolt Brecht: Der gute Mensch von Sezuan – Ich will mit dem gehen, den ich liebe

Das ungewöhnliche Bekenntnis Shen Tes, mit dem sie sich nicht nur über wirtschaftliche und moralische Erwägungen hinwegsetzt, sondern nicht einmal Gegenliebe verlangt, mag nicht nur Schülerinnen und Schüler irritieren. Gleichwohl macht es darauf aufmerksam, was Liebe eigentlich ist, nämlich ein Sich-Hingezogen-Fühlen zu einem Menschen, die Bereitschaft, sich ihm hinzugeben und damit auch sich ihm auszuliefern. Dieses Zentrum erreichen auch Liebesgedichte oft nicht, weil sie eher egozentrisch um das Ich und nicht um das Du kreisen. Die fünf schlicht erscheinenden Sätze sind doch kunstvoll arrangiert, was den Schülerinnen und Schülern auffällt, wenn sie, wie in den Aufgaben 1 und 2 des **Arbeitsblattes 51**, S. 211 verlangt, selbst eine sinnvolle Reihenfolge suchen und ihre Version mit derjenigen Brechts vergleichen, die auf dem folgenden Tafelbild wiedergegeben ist. Die parallel gebauten Sätze bestehen jeweils aus einem Hauptsatz, in dem das Modalverb „wollen" die Entschlossenheit des Subjekts zu einem Tun oder Unterlassen zur Geltung bringt, und einem Neben- bzw. Gliedsatz. Der erste und der letzte Satz, die sich nur ganz leicht durch das Demonstrativpronomen „dem" und das Personalpronomen „ihm" unterscheiden und in einem – formal betrachtet – Relativ- bzw. funktional gesehen – Attributsatz ausklingen, wiederholen und verstärken dadurch Shen Tes Willen in einer positiven Aussage. Sie stellen den Rahmen des Gedichtes dar. Die drei so eingerahmten Verse enthalten Negationen mit angegliederten – formal – Interrogativ- und – funktional – Objektsätzen und sind nach dem Prinzip der inhaltlichen Steigerung angeordnet. Shen Te lehnt Kostenberechnungen und damit das Kriterium der Nützlichkeit in der Liebe ab, dann weigert sie sich, moralisch-ethische Maßstäbe anzulegen, und schließlich befreit sie sich sogar von der Voraussetzung der Gegenliebe.

Nachdem die Schülerinnen und Schüler ihre Versionen der Anordnung mit der ihres Sitznachbarn und Brechts Reihenfolge verglichen haben, findet in der Klasse ein Gespräch über die Begründungen statt.

■ *Bearbeiten Sie die Aufgaben 1 und 2 auf dem Arbeitsblatt 51.*

■ *Begründen Sie unterschiedliche Anordnungen.*

Bei der Analyse des Satzbaus wenden die Schülerinnen und Schüler ihr grammatisches Wissen an und wiederholen und festigen es dadurch. Sie erkennen dabei außerdem den Zusammenhang zwischen syntaktischen Strukturen und äußerer Form. Aufgabe 3 auf dem Arbeitsblatt 51 nehmen sie zunächst allein in Angriff, nach etwa fünf Minuten werden die Ergebnisse gesammelt und besprochen.

■ *Analysieren Sie die Struktur der Sätze und die äußere Form von Brechts Gedicht (Aufgabe 3 auf dem Arbeitsblatt 51)*

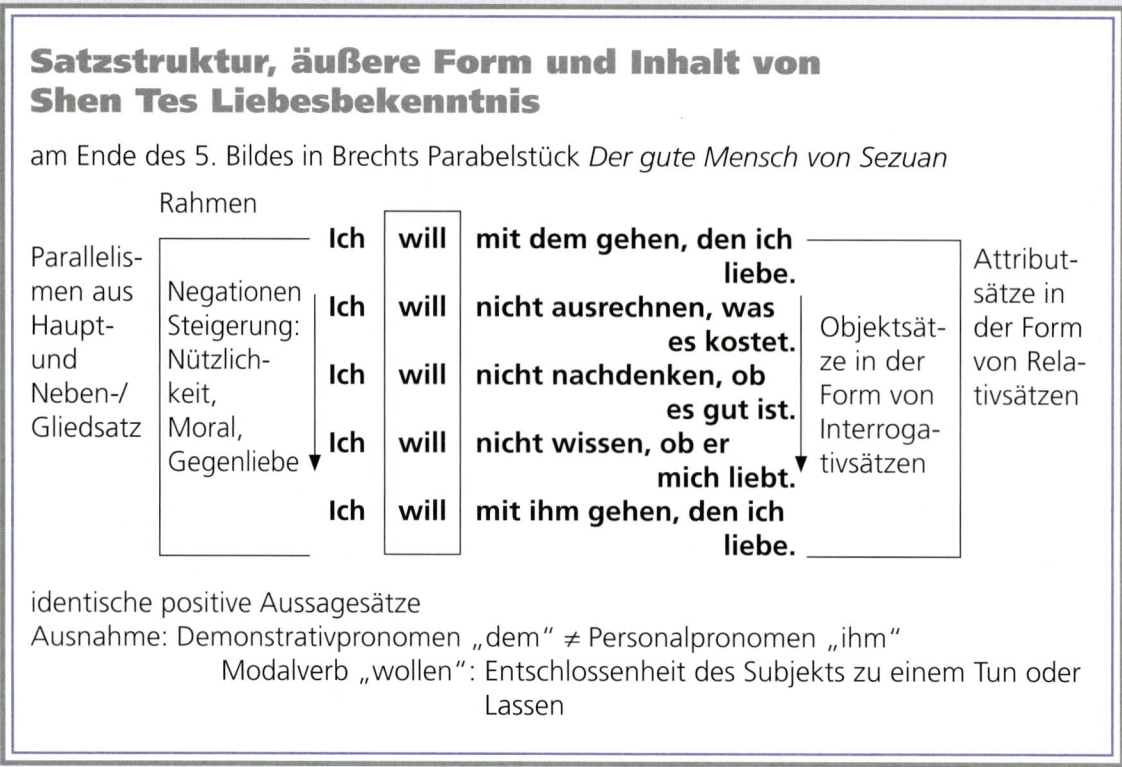

Die formale Analyse mündet in eine Diskussion über Shen Tes Einstellung.

 Erörtern Sie die Haltung, die in dem Gedicht zum Ausdruck kommt. (Aufgabe 4 auf dem Arbeitsblatt 51)

7.5 Gedichte über die Liebe

Brechts Verse im vorausgehenden Kapitel leiten abschließend zu einigen Gedichten über, die das Phänomen der Liebe thematisieren und symbolisieren und außerdem den Bogen schlagen zum Anfang des Unterrichtsmodells. Die beiden Gedichte des älteren Goethe aus dem *Buch Suleika* des *West-östlichen Divan* auf dem **Arbeitsblatt 52**, S. 212, das berühmte, mit *Gingo biloba* überschriebene und das weniger bekannte *An vollen Büschelzweigen* – sie lassen sich mit dem Wechselgesang zwischen Hatem und Suleika auf dem **Arbeitsblatt 37**, S. 161 verbinden – veranschaulichen an Pflanzenteilen – einem Gingko-Blatt und Kastanien – , wodurch Liebe entsteht und was sie bewirkt, und münden in die Erkenntnis, dass sie in „meinen Liedern" ihren Ausdruck findet. So markieren sie das für Goethe typische Bezugsfeld Liebe-Natur-Poesie. Das Gedicht *Gingo biloba* gibt in seinem letzten Vers in einer rhetorischen Frage die symbolische Deutung mit Nachdruck vor: „Fühlst du nicht an meinen Liedern,/Dass ich eins und doppelt bin?" Auf den ersten Blick kann das heißen, dass der Liebende sich mit der Geliebten verbunden weiß und als Individuum doch er selbst bleibt. Dahinter öffnet sich aber ein größerer Deutungsraum, den die zweite Strophe nahelegt: „Es entsteht ein poetisches Reflexionsbild des platonischen Liebes- und Geschlechter-Mythos, das entsprechend beide Momente [„des ‚Eins- und -Doppelt'"] in einer spannungsvollen Einheit enthält: Die ursprüngliche Einheit hat sich verloren und erlaubt allererst die Liebe als Möglichkeit einer erneuten ideellen Einheit" (Kremer[1], S. 219). Schon die äußere Form des

---

[1] Detlef Kremer: Ein allegorisches Lesezeichen des *West-östlichen Divan*. In: Bernd Witte [Hrsg.]: Gedichte von Johann Wolfgang Goethe. Interpretationen. Stuttgart: Reclam 1998

Gingko-Blattes legt die Symbolik nahe: „Seine umrisshafte Herzform prädestiniert es zum Emblem der Liebe." (Ebd.) Darüber hinaus verweist es im Kontext des *West-östlichen Divan* auf die Verbindung von Orient und Okzident. Die erste Strophe erinnert an seine Herkunft und kündigt seine Symbolhaftigkeit an, die zweite stellt in zwei echten Fragesätzen zwei gegensätzliche Erklärungen als These und Antithese vor: „Handelt es sich um eine ursprüngliche Einheit, die auseinandergebrochen ist? Oder sind hier zwei ursprünglich getrennte Teile zusammengewachsen?" (Ebd.) Die dritte Strophe gibt schließlich die Antwort, in der Gefühl, Poesie und Blattsymbolik verschmelzen. Das zweite Gedicht *An vollen Büschelzweigen* zeigt am Symbol der Kastanien, wie Liebe und Poesie von außen unbemerkt im Innern wachsen und, wenn sie reif sind, der Geliebten als reiche Gabe zufallen. Die erste Strophe macht sie auf die Kastanienfrüchte aufmerksam, deren äußerlich gleichbleibenden Zustand die zweite Strophe beschreibt. Die dritte wendet sich dem innern Wachstum und nach außen gerichteten Drängen des personifizierten Kerns zu, der in der letzten, aus seiner Schale befreit, zu Boden fällt und zum Sinnbild wird. Das Gedicht schildert einen Vorgang, in dem Bewegung und Energie zunehmen, während *Gingo biloba* einen Reflexionsprozess wiedergibt. Beide Texte beginnen aber mit einer deiktischen Geste, die den Blick auf Einzelheiten der Natur und deren Symbolkraft lenkt.

Die Schülerinnen und Schüler versuchen zu zweit den Bedeutungsgehalt des Gingkoblattes und der Kastanienfrüchte anhand der Gedichte zu bestimmen und ermitteln deren inhaltlichen Aufbau entlang der Strophengliederung. Über nicht erkannte Symbolbezüge, etwa den Mythos der platonischen Liebe, informiert der Lehrer oder die Lehrerin.

■ *Bearbeiten Sie die Aufgaben auf dem Arbeitsblatt 52.*

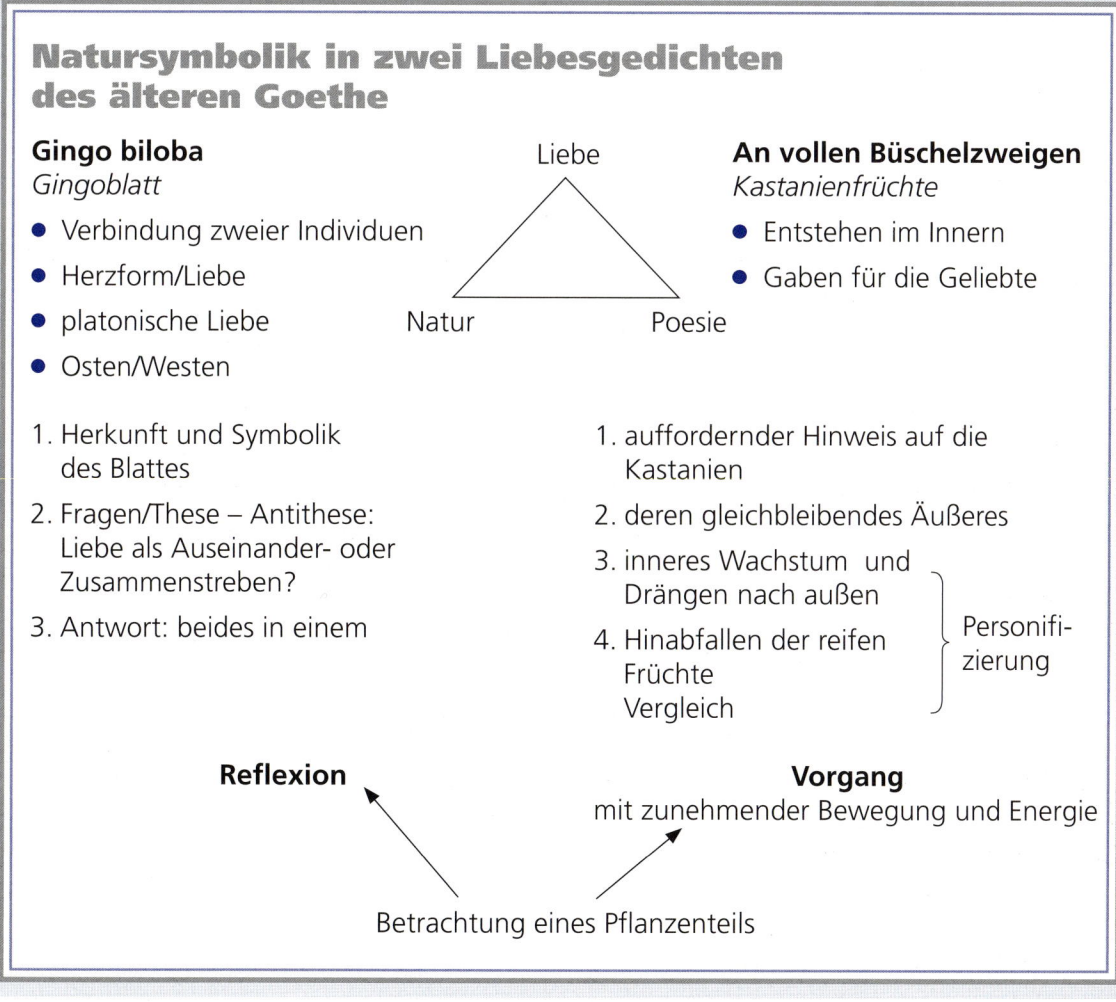

Natursymbolik in zwei Liebesgedichten des älteren Goethe

Gingo biloba
Gingoblatt

Liebe

An vollen Büschelzweigen
Kastanienfrüchte

- Verbindung zweier Individuen
- Herzform/Liebe
- platonische Liebe
- Osten/Westen

Natur   Poesie

- Entstehen im Innern
- Gaben für die Geliebte

1. Herkunft und Symbolik des Blattes
2. Fragen/These – Antithese: Liebe als Auseinander- oder Zusammenstreben?
3. Antwort: beides in einem

1. auffordernder Hinweis auf die Kastanien
2. deren gleichbleibendes Äußeres
3. inneres Wachstum und Drängen nach außen
4. Hinabfallen der reifen Früchte Vergleich

Personifizierung

Reflexion

Vorgang
mit zunehmender Bewegung und Energie

Betrachtung eines Pflanzenteils

Der Artikel von Marcel Reich-Ranicki zu dem Gedicht *An vollen Büschelzweigen* anlässlich der 1500. Ausgabe der Frankfurter Anthologie am 29. November 2003, der auf dem **Arbeitsblatt 53** (S. 213f.) zu lesen ist, enthält im zweiten Teil ab Z. 103 einige Erläuterungen und Urteile, die die Schülerinnen und Schüler lesen, um ihre bisher gewonnenen Erkenntnisse zu überprüfen oder zu ergänzen, aber auch um zu erfahren, was professionelle und kenntnisreiche Interpreten dazu schreiben. Im ersten Teil geht der Verfasser auf Goethes Verhältnis zu Frauen, insbesondere zu Marianne von Willemer ein; die Schülerinnen und Schüler erfahren darin etwas von der Persönlichkeit des Dichters und lassen sich vielleicht dazu anregen, sich näher zu erkundigen. Die Liebe sei für Goethe das Zentrum seines Lebens und Inspiration für sein Dichten gewesen. Er habe jedoch in den Beziehungen zu Frauen eher die eigenen Vorstellungen von ihnen als ihre Eigenart geliebt. Marianne von Willemer, eine musisch-künstlerisch interessierte und begabte dreißigjährige Frau habe der Sechsundsechzigjährige im Sommer 1815 zu einem harmlosen Liebesspiel verführt, das ihn verjüngt und seine literarische Produktivität angeregt habe. Ihr verdanke er den entscheidenden Impuls zu den Liebesgedichten im Buch *Suleika* des *West-östlichen Divan*, das auch einige von ihr enthalte. Allerdings sei er wie oft vor den auflodernden Gefühlen Mariannes und einer ernsthaften, auf Dauer angelegten Bindung geflohen.

Die Schülerinnen und Schüler lesen den ersten Teil des Artikels von Reich-Ranicki auf dem **Arbeitsblatt 53**, S. 213f. und notieren die wichtigsten Informationen, die Goethes Verhältnis zu Frauen und insbesondere zu Marianne von Willemer charakterisieren.

■ *Bearbeiten Sie die Aufgaben auf dem Arbeitsblatt 53.*

Goethes Verhältnis zu den Frauen seiner Liebesbeziehungen und zu Marianne von Willemer

nach Marcel Reich-Ranicki: „Sie ist bis heute unser aller Glück" (FAZ vom 29. Nov. 2003)

- Liebe als Zentrum seines Lebens
- Ich-Bezogenheit
- Inspiration für sein Dichten
- Liebe zu den eigenen Vorstellungen von den Frauen, nicht deren Eigenart

- musisch-künstlerisch interessierte und begabte Frau
- großer Altersunterschied
- von Goethe im Sommer 1815 zu einem harmlosen Liebesspiel verführt
- Verjüngung und poetische Produktivität des Dichters
- entscheidender Impuls und einige von ihr selbst verfasste Gedichte für das Buch *Suleika* im *West-östlichen Divan*
- Flucht vor einer ernsthaften, dauerhaften Bindung

Zwei der Gedichte auf dem **Arbeitsblatt 54**, S. 215 illustrieren, was Liebe ist, durch Bilder von Segelbooten und einer wilden Rose, während Gernhardt jeden Versuch, Liebe in Sprache erfassen zu wollen, dreimal rundweg und unverblümt zum Scheitern verurteilt. Liebe sei nur zu erleben; wer das nicht wolle, müsse auf sie verzichten. Der letzte Vers hebt diese Alternative ironisch auf, indem er die Bestandteile eines redensartlichen Hendiadyoins isoliert: „Man hat nur die Wahl: Kopf oder Kragen." Wer Kopf und Kragen riskiert, handelt leichtsinnig. Wer sich zwischen Kopf und Kragen entscheiden muss, nimmt in jedem Fall – ob er sich auf die Liebe einlässt oder nicht – ein hohes Risiko in Kauf. Die durch Endreime verbundenen

Verspaare in der Form von Epigrammen spitzen eine Einsicht antithetisch zu und wiederholen sie. Sie greifen auf die Umgangssprache zurück, durch Alliterationen wirken sie leicht und eingängig, sie enthalten aber kaum Bilder. Im Gegensatz dazu vertraut Conrad Ferdinand Meyer ganz der Vorstellung zweier Segel, um die Harmonie des äußeren Anblicks, des Bewegens, des Empfindens und Verlangens darzustellen. Dem inhaltlichen Gleichmaß entspricht der Satzbau, den Parallelismen prägen und der sich der Versform anpasst. Reiner Kunze beschreibt die Liebe in freien Rhythmen als das Wachsen und Wuchern „eine[r] wilde[n] rose in uns", die durch den Blick, den Hauch und die Berührung des Geliebten in Augen, Wangen und Haut Wurzeln treibt und sich im Innern als Gefühl ausbreitet, das vom Verstand nicht zu erfassen und zu beherrschen ist. Diesem schreibt jedoch am Ende der zweiten Strophe ein Prädikativ bildhaft die Eigenschaft des Messers zu. Diese bedrohlich erscheinende Kennzeichnung des Verstandes schließt ein adversatives „[a]ber" an die vorausgehende Beschreibung der Liebe an, sodass zu erwarten ist, dass mit dem Messer die wild wuchernde Rose des Gefühls beschnitten werden soll. Doch die letzte Strophe sieht für den Verstand eine ganz andere Aufgabe vor, nämlich der Liebe Raum zu schaffen. Von den drei Strophen, die Wiederholungen am Anfang jeweils miteinander verflechten, ist die erste, die das Rosenbild der entstehenden Liebe entfaltet, die weitaus umfangreichste. Die beiden folgenden aus sechs und fünf Versen kennzeichnen den Verstand als nützliches Instrument, der für das Gedeihen der Liebe sorgt – er ist ihr so auch formal untergeordnet.

Die Schülerinnen und Schüler stellen zunächst fest, welche Erkenntnisse über die Liebe die drei Gedichte enthalten, und erörtern anschließend die Einstellungen, die sie zum Ausdruck bringen. Die Diskussion setzt das zu Shen Tes Bekenntnis geführte Gespräch (vgl. S. 200) auf einer breiteren Grundlage fort und kann neben diesem auch Erich Frieds Gedicht *Was es ist* auf dem **Arbeitsblatt 1**, S. 34 oder weitere Texte einbeziehen.

■ *Erörtern Sie die Erkenntnisse und Einstellungen, die in den Gedichten auf dem Arbeitsblatt 55 zum Ausdruck kommen.*

Drei Gedichte über die Liebe

C. F. Meyer: Zwei Segel

● Harmonie des äußeren Anblicks, des Bewegens, des Empfindens und Verlangens

R. Kunze: Die Liebe

● Wachsen und Wuchern „eine[r] wilde[n] rose" in uns
● Ausbreitung von sinnlichen Wahrnehmungen aus ins Innere des Gefühls
● vom Verstand weder zu erfassen noch zu beherrschen
● dessen Aufgabe: der Liebe Raum zu schaffen

R. Gernhardt: Fünf schlichte Gedichte zu einem komplexen Thema (1)

● Unmöglichkeit, Liebe sprachlich zu erfassen
● Alternative: Liebe zu erleben oder auf sie zu verzichten

Liebesgedichte in Goethes *Faust*

■ *Interpretieren Sie eines der drei Gedichte. Berücksichtigen Sie neben dem Inhalt auch Sprache und Form in gegenseitiger Wechselwirkung und erläutern Sie die Stimmung der sprechenden Personen.*
Stellen Sie Ihre Ergebnisse der Klasse vor.

Der in vielen Wissenschaften bewanderte Faust ist seines Gelehrtendaseins überdrüssig und lässt sich deshalb auf einen Pakt mit dem Teufel Mephistopheles ein, um die Welt jenseits seiner Studierstube zu erleben. Nach einem verjüngenden Trank in der Hexenküche begegnet er dem frommen Gretchen aus einfachen Verhältnissen, doch er muss sich mit seinem Verlangen nach ihr gedulden. Denn als Faust Gretchen auf der Straße anspricht, weist sie ihn zwar ab, doch der fremde Mann hat ihr Interesse geweckt. Mephisto führt ihn in ihr Zimmer, als sie es für kurze Zeit verlässt.

Abend
Ein kleines reinliches Zimmer.

[...]
                Was fasst mich für ein Wonnegraus!
2710 Hier möcht ich volle Stunden säumen.
Natur! Hier bildetest in leichten Träumen
Den eingebornen Engel aus;
Hier lag das Kind! mit warmem Leben
Den zarten Busen angefüllt,
2715 Und hier mit heilig reinem Weben
Entwirkte sich[1] das Götterbild!

Und du! Was hat dich hergeführt?
Wie innig fühl ich mich gerührt!
Was willst du hier? Was wird das Herz dir schwer?
2720 Armsel'ger Faust! Ich kenne dich nicht mehr.

Umgibt mich hier ein Zauberduft?
Mich drang's, so grade zu genießen,
Und fühle mich in Liebestraum zerfließen!
Sind wir ein Spiel von jedem Druck der Luft?

2725 Und träte sie den Augenblick herein,
Wie würdest du für deinen Frevel büßen!
Der große Hans[2], ach wie so klein!
Läg, hingeschmolzen, ihr zu Füßen.

Als Gretchen zurückkommt und zu Bett geht, singt sie:

Es war ein König in Thule[3]
2760 Gar treu bis an das Grab,
Dem sterbend seine Buhle[4]
Einen goldnen Becher gab.

Es ging ihm nichts darüber,
Er leert' ihn jeden Schmaus;
2765 Die Augen gingen ihm über,
Sooft er trank daraus.

Und als er kam zu sterben,
Zählt' er seine Städt' im Reich,
Gönnt' alles seinem Erben,
2770 Den Becher nicht zugleich.

Er saß beim Königsmahle,
Die Ritter um ihn her,
Auf hohem Vätersaale,
Dort auf dem Schloss am Meer.

2775 Dort stand der alte Zecher,
Trank letzte Lebensglut
Und warf den heiligen Becher
Hinunter in die Flut.

Er sah ihn stürzen, trinken
2780 Und sinken tief ins Meer,
Die Augen täten ihm sinken,
Trank nie einen Tropfen mehr.

---

[1] entwickelte sich
[2] volkstümliche Wendung für einen Mann, der etwas ist

[3] legendäres Königreich im hohen Norden
[4] Geliebte

Mephisto arrangiert eine Begegnung zwischen Faust und Gretchen bei deren Nachbarin. Nachdem sie sich am Gartenhäuschen zum ersten Mal geküsst haben, ist die Geliebte wieder allein.

Gretchens Stube

GRETCHEN am Spinnrade allein.

Meine Ruh ist hin,
3375 Mein Herz ist schwer;
Ich finde sie nimmer
Und nimmermehr.

Wo ich ihn nicht hab,
Ist mir das Grab,
3380 Die ganze Welt
Ist mir vergällt.

Mein armer Kopf
Ist mir verrückt,
Mein armer Sinn
3385 Ist mir zerstückt.

Meine Ruh ist hin,
Mein Herz ist schwer;
Ich finde sie nimmer
Und nimmermehr.

3390 Nach ihm nur schau ich
Zum Fenster hinaus,
Nach ihm nur geh ich
Aus dem Haus.

Sein hoher Gang,
3395 Sein' edle Gestalt,
Seines Mundes Lächeln,
Seiner Augen Gewalt

Und seiner Rede
Zauberfluss,
3400 Sein Händedruck
Und ach sein Kuss!

Meine Ruh ist hin,
Mein Herz ist schwer;
Ich finde sie nimmer
3405 Und nimmermehr.

Mein Busen drängt
Sich nach ihm hin.
Ach dürft ich fassen
Und halten ihn,

3410 Und küssen ihn,
So wie ich wollt,
An seinen Küssen
Vergehen sollt!

In: Goethe. Berliner Ausgabe. Bd. 8.
Berlin und Weimar: Aufbau Verlag,
2. Aufl. 1973, S. 235–237, 258f.

Carmen buranum Nr. 126
und die Brunnenszene im *Faust*

■ *Vergleichen Sie das Lied mit der Dramenszene und erarbeiten Sie Gemeinsamkeiten und Unterschiede. Stellen Sie Ihre Ergebnisse dem Kurs vor.*

Carmina burana

126

Ach, was fang ich Arme an!
Lang hab heimlich ichs getan
    und verstohlen ihn geliebt.

Nun wird alles offenbar,
5 denn mein Leib zeigt sonnenklar,
    dass es bald bei mir was gibt.

Mutter schlägt mich täglich mehr,
Vater zürnt mir gar so sehr,
    beide sind so bös zu mir.

10 Ganz allein sitz ich zuhaus,
traue mich nicht mehr hinaus,
    lebt denn wohl, Gespielen ihr!

Will ich auf die Straße gehn,
bleiben alle Leute stehn,
15   als ob wunder was ich sei.

Sehn sie meinen dicken Bauch,
tuscheln sie nach Leutebrauch,
    lassen schweigend mich vorbei.

Wundern sich und stoßen sich,
20 und ein jeder zeigt auf mich,
    als hätt sonstwas ich getan.

Es besagt ein jeder Wink:
auf den Holzstoß mit dem Ding!
    als wär ich auf schiefer Bahn.

25 Was erzähl ich weiter noch?
Bin ja im Gerede doch
    und in aller Leute Mund.

Bin um ihn in großer Not,
Kummer bringt mir noch den Tod,
30   ich ertrink in Tränen schier.

Dabei tut mirs doppelt leid,
dass um diese Kleinigkeit
    mein Geliebter mir entschwund.

Denn ob Vaters hartem Drohn
35 ist nach Frankreich er entflohn,
    weilet jetzt so weit von hier.

Ließ in Trübsal mich zurück,
mit ihm schwand dahin mein Glück,
    und mein Herz ist, ach, so wund.

C. B. Die Lieder Benediktbeurer Handschrift. [...]
München: dtv, 1979. Übers. v. Carl Fischer.

Faust überredet Gretchen, die Nacht mit ihm zu verbringen, und gibt ihr Mephistos Schlaftropfen für ihre Mutter. Im Anschluss daran findet die folgende Szene statt.

Am Brunnen

GRETCHEN und LIESCHEN mit Krügen.

LIESCHEN. Hast nichts von Bärbelchen gehört?   3545
GRETCHEN. Kein Wort. Ich komm gar wenig unter Leute.
LIESCHEN. Gewiss, Sibylle sagt' mir's heute!
    Die hat sich endlich auch betört.[1]
    Das ist das Vornehmtun!
GRETCHEN.   Wieso?
LIESCHEN.   Es stinkt!
    Sie füttert zwei, wenn sie nun isst und trinkt.
GRETCHEN. Ach!   3550
LIESCHEN. So ist's ihr endlich recht ergangen.
    Wie lange hat sie an dem Kerl gehangen!
    Das war ein Spazieren,
    Auf Dorf und Tanzplatz Führen,
    Musst überall die Erste sein,   3555
    Kurtesiert'[2] ihr immer mit Pastetchen und Wein;
    Bildt' sich was auf ihre Schönheit ein,
    War doch so ehrlos, sich nicht zu schämen,
    Geschenke von ihm anzunehmen.
    War ein Gekos' und ein Geschleck;   3560
    Da ist denn auch das Blümchen weg!
GRETCHEN. Das arme Ding!
LIESCHEN.   Bedauerst sie noch gar!
    Wenn unsereins am Spinnen war,
    Uns nachts die Mutter nicht hinunterließ,
    Stand sie bei ihrem Buhlen süß;   3565
    Auf der Türbank und im dunkeln Gang
    Ward ihnen keine Stunde lang.
    Da mag sie denn sich ducken nun,
    Im Sünderhemdchen Kirchbuß'[3] tun!

---

[1] aus eigener Schuld, da sie sich hat betören lassen
[2] frz. courtiser = den Hof machen
[3] öffentliche Bloßstellung mit Worten von der Kanzel

3570 GRETCHEN. Er nimmt sie gewiss zu seiner Frau.
LIESCHEN. Er wär ein Narr! Ein flinker Jung
    Hat anderwärts noch Luft genung.
    Er ist auch fort.
GRETCHEN.   Das ist nicht schön!
LIESCHEN. Kriegt sie ihn, soll's ihr übel gehn.
3575   Das Kränzel[4] reißen die Buben ihr,
    Und Häckerling streuen wir vor die Tür! *(Ab.)*
GRETCHEN *(nach Hause gehend).*
    Wie konnt ich sonst so tapfer schmälen,
    Wenn tät ein armes Mägdlein fehlen[5]!

Wie konnt ich über andrer Sünden
Nicht Worte gnug der Zunge finden!   3580
Wie schien mir's schwarz, und schwärzt's[6] noch gar,
Mir's immer doch nicht schwarz gnug war,
Und segnet mich[7] und tat so groß,
Und bin nun selbst der Sünde bloß!
Doch – alles, was dazu mich trieb,   3585
Gott! war so gut! ach war so lieb!

Aus: Johann Wolfgang von Goethe: Faust. Der Tragödie erster Teil. In: Goethe. Berliner Ausgabe. Band 8. Berlin und Weimar: Aufbau Verlag, 2. Auflage 1973, S. 264 f.

---

[4] wird vom Haupt der Braut gerissen, die sich dem Verlobten zu früh hingegeben hat
[5] Fehler machen, Fehltritt tun

---

[6] das schwarz Gemachte noch immer nicht schwarz genug finden
[7] Kreuz über sich als Dank schlagen; Zeichen selbstgerechter Erhebung über die Unglücklichen

---

Die **Carmina Burana** (= Lieder aus Benediktbeuren) sind „eine Sammlung von Manuskripten in vulgärlateinischer und mittelhochdeutscher Sprache […], die während des 13. Jahrhunderts in dem südbayerischen Kloster Benediktbeuren gesammelt worden waren." Die „rund 200 […] Gedichte […] und Lieder […]" „aus verschiedenen Ländern" „entstammen dem Repertoire der Vaganten, wandernder Mönche aus jener fernen Zeit". „[S]ie feierten in ihren Liedern überwiegend die Freuden von Bett, Spiel und Gelage. Kirche und Staat gegenüber nahmen sie […] eine satirische Position ein". (Booklet zu Carl Orff: Carmina Burana, EMI Records Ltd. 1998. Nr. 7 540542, S. 5)

Amalias Liebeslieder in den *Räubern*

■ *Interpretieren Sie eines der beiden Gedichte. Berücksichtigen Sie neben dem Inhalt auch Spra-*
che und Form in gegenseitiger Wechselwirkung und ermitteln Sie die Stimmung, die in ihnen
zum Ausdruck kommt. Stellen Sie Ihre Ergebnisse der Klasse vor.

Angelika Kauffmann, Hektors Abschied von Andromache

Karl Moor glaubt sich durch eine Intrige seines Bruders
Franz von seinem Vater verstoßen und hat sich zum
Hauptmann einer Räuberbande küren lassen. Den-
noch liebt der alte Moor Karl nach wie vor und auch
Amalia bleibt ihrem Geliebten verbunden. In Szene
II/2 spielt sie dessen Vater das Lied vom Abschied zwi-
schen Andromache und Hektor (vgl. Homers **Ilias***, 6.*
und 22. Gesang) vor, das die Liebenden „oft zusam-
men zu der Laute gesungen" haben. Am Schluss der
Szene IV/4 erkennen sich die Getrennten in ihm end-
gültig wieder, als Karl unter fremdem Namen das vä-
terliche Schloss aufsucht.

Andromache

Willst dich, Hektor, ewig mir entreißen,
Wo des Aeaciden[1] mordend Eisen
Dem Patroklus[2] schröcklich Opfer bringt?
Wer wird künftig deinen Kleinen lehren
5 Speere werfen und die Götter ehren,
Wenn hinunter dich der Xanthus[3] schlingt?

Hektor

Teures Weib, geh, hol die Todeslanze,
Lass mich fort zum wilden Kriegestanze,
Meine Schultern tragen Ilium[4];
10 Über Astyanax[5] unsre Götter!
Hektor fällt, ein Vaterlandserretter,
Und wir sehn uns wieder in Elysium[6].

Andromache

Nimmer lausch ich deiner Waffen Schalle,
Einsam liegt dein Eisen in der Halle,
15 Priams[7] großer Heldenstamm verdirbt!
Du wirst hingehn, wo kein Tag mehr scheinet,
Der Cocytus[8] durch die Wüsten weinet,
Deine Liebe in dem Lethe[8] stirbt.

Hektor

All mein Sehnen, all mein Denken
20 Soll der schwarze Lethefluss ertränken,
Aber meine Liebe nicht!
Horch! Der Wilde rast schon an den Mauern –
Gürte mir das Schwert um, lass das Trauren,
Hektors Liebe stirbt im Lethe nicht!

Durch von Franz lancierte Falschinformationen glaubt
Amalia, dass Karl im Krieg gefallen sei. Zu Beginn des
dritten Akts singt sie das melancholische Liebeslied
im Garten zur Laute.

Schön wie Engel, voll Walhallas[9] Wonne,
Schön vor allen Jünglingen war er,
Himmlisch mild sein Blick, wie Maien Sonne,
Rückgestrahlt vom blauen Spiegel-Meer.

5 Sein Umarmen – wütendes Entzücken! –
Mächtig feurig klopfte Herz an Herz,
Mund und Ohr gefesselt – Nacht vor unsern Blicken –
Und der Geist gewirbelt himmelwärts.

Seine Küsse – paradiesisch Fühlen! –
10 Wie zwo Flammen sich ergreifen, wie
Harfentöne ineinander spielen
Zu der himmelvollen Harmonie,

Stürzten, flogen, rasten Geist und Geist zusammen,
Lippen, Wangen brannten, zitterten, –
15 Seele rann in Seele – Erd und Himmel schwammen
Wie zerronnen, um die Liebenden.

Er ist hin – vergebens ach! vergebens
Stöhnet ihm der bange Seufzer nach.
Er ist hin – und alle Lust des Lebens
20 Wimmert hin in ein verlornes Ach! –

Aus: Friedrich Schiller: Die Räuber und andere Räubergeschichten. Hrg. von
J. Diekhans, erarb. und mit Anmerkungen versehen von Barbara Schubert-Felmy.
Paderborn: Schöningh Verlag, 1999, S. 47–49, 80, 110

---

[1] Achill
[2] dessen Freund
[3] Fluss bei Troja
[4] Troja
[5] Sohn Hektors und Andromaches
[6] Gefilde der Seligen

[7] Priamos, König von Troja, Vater vieler Nachkommen
[8] Unterweltflüsse; ein Trank aus dem Lethe führt zum Vergessen
[9] Heldensaal in der germanischen Mythologie

Heinrich Heines Gedicht *Seegespenst* in Fontanes Roman *Effi Briest*

■ *Vergleichen Sie Heines Gedicht mit der Inhaltsangabe durch Crampas im 17. Kapitel des Romans. Welche Gründe könnten den Major zu den Änderungen veranlassen?*

Heinrich Heine
Seegespenst

Ich aber lag am Rande des Schiffes,
Und schaute, träumenden Auges,
Hinab in das spiegelklare Wasser,
Und schaute tiefer und tiefer –
5 Bis tief, im Meeresgrunde,
Anfangs wie dämmernde Nebel,
Jedoch allmählich farbenbestimmter,
Kirchenkuppel und Türme sich zeigten,
Und endlich, sonnenklar, eine ganze Stadt,
10 Altertümlich niederländisch,
Und menschenbelebt.
Bedächtige Männer, schwarzbemäntelt,
Mit weißen Halskrausen und Ehrenketten
Und langen Degen und langen Gesichtern,
15 Schreiten über den wimmelnden Marktplatz,
Nach dem treppenhohen Rathaus,
Wo steinerne Kaiserbilder
Wacht halten mit Zepter und Schwert.
Unferne, vor langen Häuserreihn,
20 Wo spiegelblanke Fenster
Und pyramidisch beschnittene Linden,
Wandeln seidenrauschende Jungfern,
Schlanke Leibchen, die Blumengesichter
Sittsam umschlossen von schwarzen Mützchen
25 Und hervorquellendem Goldhaar.
Bunte Gesellen, in spanischer Tracht,
Stolzieren vorüber und nicken.
Bejahrte Frauen,
In braunen, verschollnen Gewändern,
30 Gesangbuch und Rosenkranz in der Hand,
Eilen, trippelnden Schritts,
Nach dem großen Dome,
Getrieben von Glockengeläute
Und rauschendem Orgelton.

35 Mich selbst ergreift des fernen Klangs
Geheimnisvoller Schauer!
Unendliches Sehnen, tiefe Wehmut,
Beschleicht mein Herz,
Mein kaum geheiltes Herz; –
40 Mir ist, als würden seine Wunden
Von lieben Lippen aufgeküsst,
Und täten wieder bluten, –

Heiße, rote Tropfen,
Die lang und langsam niederfall'n
45 Auf ein altes Haus, dort unten
In der tiefen Meerstadt,
Auf ein altes, hochgegiebeltes Haus,
Das melancholisch menschenleer ist,
Nur dass am untern Fenster
50 Ein Mädchen sitzt,
Den Kopf auf den Arm gestützt,
Wie ein armes, vergessenes Kind –
Und ich kenne dich armes, vergessenes Kind!

So tief, meertief also
55 Verstecktest du dich vor mir,
Aus kindischer Laune,
Und konntest nicht mehr herauf,
Und saßest fremd unter fremden Leuten,
Jahrhundertelang,
60 Derweilen ich, die Seele voll Gram,
Auf der ganzen Erde dich suchte,
Und immer dich suchte,
Du Immergeliebte,
Du Längstverlorene,
65 Du Endlichgefundene, –
Ich hab dich gefunden und schaue wieder
Dein süßes Gesicht,
Die klugen, treuen Augen,
Das liebe Lächeln –
70 Und nimmer will ich dich wieder verlassen,
Und ich komme hinab zu dir,
Und mit ausgebreiteten Armen
Stürz ich hinab an dein Herz –

Aber zur rechten Zeit noch
75 Ergriff mich beim Fuß der Kapitän,
Und zog mich vom Schiffsrand,
Und rief, ärgerlich lachend:
,Doktor, sind Sie des Teufels?'

Aus: Heinrich Heine: Buch der Lieder. Die Nordsee. Nr. 10. In: H. H.: Ich weiß nicht, was soll es bedeuten. Gedichte. Stuttgart, München: Deutscher Bücherbund, 1986, S. 186–188

Theodor Fontane
Effi Briest

*Die 17-jährige Effi Briest aus einer preußischen Land-
adelsfamilie heiratet mit dem Wohlwollen ihrer Eltern
den eine Generation älteren Baron von Innstetten,
der Landrat in dem kleinen Badeort Kessin an der
pommerschen Ostseeküste ist. Dort fühlt sich die
mädchenhafte, von romantischen Vorstellungen erfüllte junge Frau nicht wohl. Als Major Crampas, ein
Bekannter Innstettens aus früheren, gemeinsam verbrachten Zeiten, nach Kessin zieht und Effi kennenlernt, sucht er ihre Zuneigung zu gewinnen. Nach
Ausritten zu dritt machen sich Crampas und Effi im
17. Kapitel allein auf den Weg, weil ihr Gatte Dienst-
geschäften nachgehen muss. Am Strand sagt sie zu
ihrem Begleiter:*

„[…] Aber sehen Sie da die Bojen, wie die schwimmen
und tanzen. Die kleinen roten Fahnen sind eingezo-
gen. Immer, wenn ich diesen Sommer, die paar Mal,
wo ich mich bis an den Strand hinauswagte, die roten
5 Fahnen sah, sagt ich mir: Da liegt Vineta[1], da *muss* es
liegen, das sind die Turmspitzen …"
„Das macht, weil Sie das Heine'sche Gedicht kennen."
„Welches?"
10 „Nun, das von Vineta."
„Nein, das kenne ich nicht; ich kenne überhaupt nur
wenig. Leider."
„Und haben doch Gieshübler und den Journalzirkel!
Übrigens hat Heine dem Gedicht einen anderen Na-
15 men gegeben, ich glaube ‚Seegespenst' oder so ähnlich. Aber Vineta hat er gemeint. Und er selber – verzeihen Sie, wenn ich Ihnen so ohne weiteres den
Inhalt hier wiedergebe – der Dichter also, während er
die Stelle passiert, liegt auf einem Schiffsdeck und
20 sieht hinunter, und sieht da schmale, mittelalterliche

Straßen und trippelnde Frauen in Kapotthüten[2], und
alle haben ein Gesangbuch in Händen und wollen
zur Kirche, und alle Glocken läuten. Und als er das
hört, da fasst ihn eine Sehnsucht, auch mit in die
Kirche zu gehen, wenn auch bloß um der Kapotthüte 25
willen, und vor Verlangen schreit er auf und will sich
hinunterstürzen. Aber im selben Augenblicke packt
ihn der Kapitän am Bein und ruft ihm zu: ‚Doktor,
sind Sie des Teufels?'
„Das ist ja allerliebst. Das möchte ich lesen. Ist es 30
lang?"
„Nein, es ist eigentlich kurz, etwas länger als ‚Du hast
Diamanten und Perlen' oder ‚Deine weichen Lilien-
finger'[3] …" und er berührte leise ihre Hand. „Aber
lang oder kurz, welche Schilderungskraft, welche An- 35
schaulichkeit! Er ist mein Lieblingsdichter, und ich
kann ihn auswendig, so wenig ich mir sonst, trotz
gelegentlich eigener Versündigungen, aus der Dich-
terei mache. Bei Heine liegt es aber anders: Alles ist
Leben, und vor allem versteht er sich auf die Liebe, 40
die doch die Hauptsache bleibt. Er ist übrigens nicht
einseitig darin … "
„Wie meinen Sie das?"
„Ich meine, er ist nicht bloß für die Liebe … "
„Nun, wenn er diese Einseitigkeit auch hätte, das 45
wäre am Ende noch nicht das Schlimmste. Wofür ist
er denn sonst noch?"
„Er ist auch sehr für das Romantische, was freilich
gleich nach der Liebe kommt und nach Meinung
einiger sogar damit zusammenfällt. Was ich aber 50
nicht glaube. Denn in seinen späteren Gedichten, die
man denn auch die ‚romantischen' genannt hat, oder
eigentlich hat er es selber getan, in diesen romantischen Dichtungen wird in einem fort hingerichtet,
allerdings vielfach aus Liebe. […]" 55

Aus: Theodor Fontane: Effi Briest. Roman. Hrsg. v. J. Diekhans. Erarbeitet und
mit Anmerkungen und Materialien versehen von S. Volk. Paderborn: Schöningh
Verlag 2005, S. 157f.

---

[1] sagenhafte Stadt an der Ostsee, die wegen des Hochmuts
 ihrer Bewohner vom Meer verschlungen worden sein soll
[2] kleine, unter dem Kinn gebundene Damenhüte der Biedermeierzeit

---

[3] Heine-Gedichte aus dem *Buch der Lieder (Die Heimkehr)*

Shen Tes Liebesbekenntnis am Ende des fünften Bildes in Bertolt Brechts Parabelstück *Der gute Mensch von Sezuan*

1. Die Reihenfolge der Verse wurde vertauscht. Schneiden Sie die Sätze aus, ordnen Sie die Streifen so, wie es Ihnen sinnvoll erscheint, und begründen Sie Ihre Lösung.

2. Vergleichen Sie Ihre Reihenfolge zunächst mit der Ihres Sitznachbarn und dann mit derjenigen Brechts. Erklären Sie mögliche Abweichungen.

3. Erläutern Sie die Struktur der Sätze und die Form von Brechts Gedicht.

4. Erörtern Sie die Haltung, die in dem Gedicht zum Ausdruck kommt.

Die Prostituierte Shen Te hat mit dem Geschenk der Götter, denen sie ein Nachtquartier zur Verfügung stellte, einen Tabakladen erworben, den sie aber nur halten kann, indem sie einen rücksichtslosen Vetter Shui Ta erfindet, in den sie sich verwandelt. Sie verliebt sich in den arbeitslosen Flieger Yang Sun, der sie ausnützt, wird aber gleichzeitig von dem reichen Barbier Shu Fu umworben. Mit den folgenden Versen wendet sie sich an das Publikum und begründet ihre Entscheidung, mit Sun wegzugehen.

Ich will nicht wissen, ob er mich liebt.

Ich will mit ihm gehen, den ich liebe.

Ich will mit dem gehen, den ich liebe.

Ich will nicht nachdenken, ob es gut ist.

Ich will nicht ausrechnen, was es kostet.

Aus: Bertolt Brecht: In: Große kommentierte Berliner und Frankfurter Ausgabe, Band 6, Stücke 6 © Suhrkamp Verlag Frankfurt am Main 1989

Zwei Natursymbole der Liebe in Gedichten des älteren Goethe

1. Bestimmen Sie den Bedeutungsgehalt der Natursymbole in den beiden Gedichten.

2. Stellen Sie möglichst knapp und konzentriert den inhaltlichen Aufbau der beiden Gedichte dar.

Gingo biloba (1815)

Dieses Baums Blatt, der von Osten
Meinem Garten anvertraut,
Gibt geheimen Sinn zu kosten,
Wie's den Wissenden erbaut.

5 Ist es *ein* lebendig Wesen,
Das sich in sich selbst getrennt?
Sind es zwei, die sich erlesen,
Dass man sie als *eines* kennt?

Solche Frage zu erwidern,
10 Fand ich wohl den rechten Sinn;
Fühlst du nicht an meinen Liedern,
Dass ich eins und doppelt bin?

Aus: Johann Wolfgang von Goethe: West-östlicher Divan.
Buch Suleika. In: Berliner Ausgabe. Bd. 3. Berlin und Weimar:
Aufbau Verlag, 3. Aufl. 1979, S. 89 f.

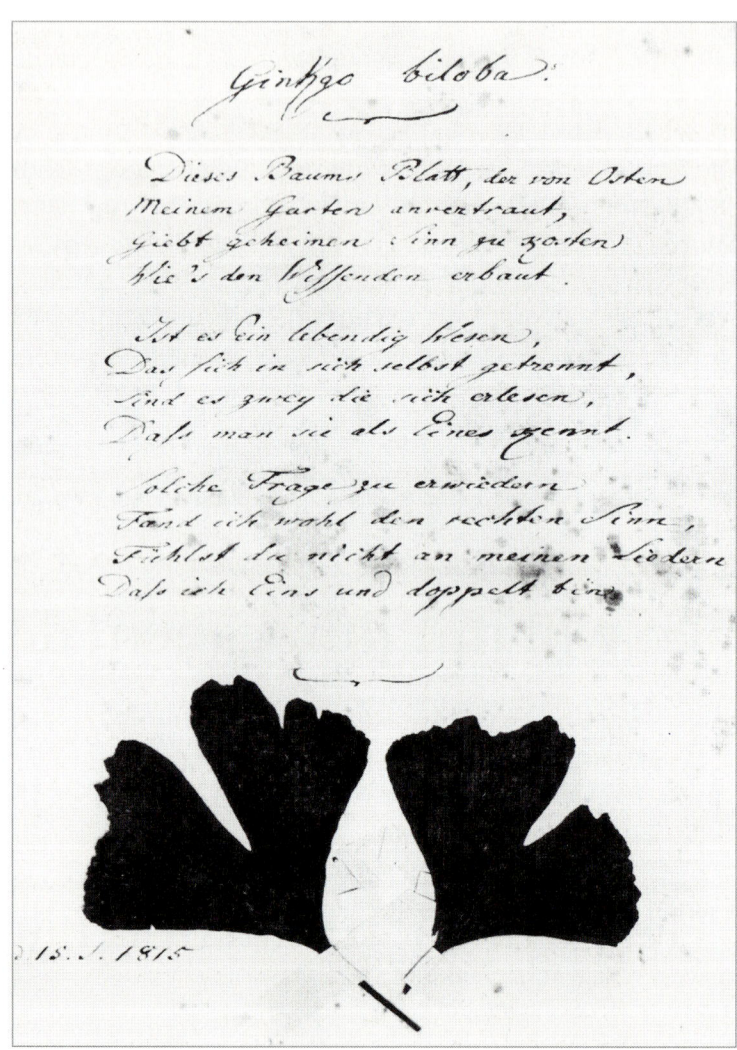

An vollen Büschelzweigen,
Geliebte, sieh nur hin!
Lass dir die Früchte zeigen,
Umschalet stachlig grün.

5 Sie hängen längst geballet,
Still, unbekannt mit sich,
Ein Ast, der schaukelnd wallet,
Wiegt sie geduldiglich.

Doch immer reift von innen
10 Und schwillt der braune Kern,
Er möchte Luft gewinnen
Und säh die Sonne gern.

Die Schale platzt, und nieder
Macht er sich freudig los;
15 So fallen meine Lieder
Gehäuft in deinen Schoß.
                    (1815)

Ebd., S. 102

Goethe als liebender Dichter

1. Lesen Sie die Interpretation des Gedichts „An vollen Büschelzweigen" im zweiten Teil des Artikels ab Zeile 103. Überprüfen und ergänzen Sie dabei Ihre bisher gewonnenen Einsichten.

2. Bestimmen Sie Goethes Verhältnis zu Frauen, insbesondere zu Marianne von Willemer, wie es Reich-Ranicki beschreibt. Notieren Sie die wichtigsten Informationen.

1500. Frankfurter Anthologie

Marcel Reich-Ranicki:
Sie ist bis heute unser aller Glück

Käthchen Schönkopf und Lili Schönemann, die Friederike aus Sesenheim, Charlotte Buff und Charlotte von Stein, Christiane, die er in sein Haus genommen hat, Marianne, die Unvergleichliche, und die ande-
5 ren alle – bis hin zu der kleinen Ulrike, der wir die große Elegie verdanken, die Marienbader. Sie haben ihn bewundert, verehrt, geliebt. Und er, Goethe? Er hat an diese Mädchen und Frauen viele seiner Verse gerichtet, vielleicht die schönsten. Er hat sie be-
10 sungen, wie noch nie Mädchen und Frauen besungen wurden, jedenfalls nicht in deutscher Sprache.
Die Liebe war der Urgrund seiner Existenz und folglich auch seines Dichtens. Aber wie war das eigentlich: Musste Goethe dichten, weil er geliebt hat? Oder
15 hat er geliebt, weil er dichten wollte und musste? War also sein Lieben gleichsam ein Mittel zu seinem Werk? So einfach ist das wieder nicht. Nur: Er war in höchstem Maße egozentrisch und also monologisch veranlagt. An wen er sich in seinen Gedichten auch wand-
20 te, er sprach mit sich selbst und so gut wie immer nur über sich selbst.
In seinen erotischen Versen ist von dem Liebenden die Rede, selten von der Geliebten. In einem der berühmtesten Gedichte des jungen Goethe, jenem, das
25 mit den Worten „Wie herrlich leuchtet/Mir die Natur!" beginnt, wird der Adressatin, es ist Friederike, gewünscht: „Sei ewig glücklich,/Wie du mich liebst." Das ist unmissverständlich: Das Glück der Angesprochenen hat damit zu tun, dass sie ihn, den Herrn aus
30 Frankfurt, lieben darf. Und den [sic!] unmittelbar vorangehenden Versen konnte sie die wichtigste Ursache dieses beschwörenden Wunsches erfahren: Mit ihrer Jugend habe sie, Friederike, dem Autor der Verse „zu neuen Liedern und Tänzen" verholfen. Das war
35 offenbar alles. So fing es in seinen jungen Jahren an, und so ist es geblieben: Die Frauen, die seinen Weg kreuzten, hatten allesamt – mochten sie von so schlichter Geistesart sein wie das Blumenmädchen Christiane oder so gescheit wie die Hofdame von
40 Stein –, sie hatten alle ihm zu dienen, also zu seinem Werk, zu neuen Liedern beizutragen.

Als Goethe Riemer gegenüber einmal bemerkte, dass die meisten Menschen nicht das an dem anderen lieben, was er tatsächlich ist, vielmehr das, was sie ihm leihen, dass sie bloß „ihre Vorstellung von ihm" 45 lieben, also sich selber – da sprach er mit Sicherheit auch von *seiner* Beziehung zu den Frauen: Sie bedeuteten ihm alle weniger, als man seinen Versen entnehmen könnte. Und Marianne? Das Mädchen, das mit einer Theatertruppe aus Österreich nach Frank- 50 furt gekommen war, traf Goethe, als sie gerade den erheblich älteren Bankier von Willemer geheiratet hatte. Sie war eine einzigartige Person, jedenfalls im Leben von Goethe. Was sie von den anderen Frauen unterschied, das war ihre erstaunliche musische Be- 55 gabung. Sie konnte offenbar alles, was sie wollte: tanzen, singen, dichten – und auch verführen.
Doch es war umgekehrt: Der sechsundsechzigjährige Goethe hat Marianne im Sommer und Herbst 1815 (sie war damals dreißig Jahre alt) bezaubert und so- 60 gleich verführt, regelrecht verführt – doch nur zu einem Spiel, einem Liebesspiel, einem harmlosen. Er ist entzückt, er spürt „Frühlingshauch und Sommerbrand", es entstehen in rascher Folge neue Gedichte. Zwölf, dreizehn Jahre später wird er Eckermann sa- 65 gen, dass „bei vorzüglich begabten Menschen, auch während ihres Alters, immer noch frische Epochen besonderer Produktivität" wahrzunehmen seien. Er spricht von „temporärer Verjüngung". Das bezieht sich auf die Zeit des „West-östlichen Divans", auf die 70 Wochen und Monate im Zeichen Mariannes. Sie wird freilich in diesem Rückblick nicht einmal erwähnt. Dankbarkeit gehörte nicht zu den hervorstechenden Eigenschaften Goethes.
Marianne hat das Spiel mitgemacht, sie war eine fa- 75 belhafte Partnerin, eine bessere hätte er sich nicht wünschen können. Sie war sein Glück, sie ist bis heute unser aller Glück. Denn ihr verdanken wir das Kernstück des „Divans", das „Buch Suleika". Die abermalige Jugend, die er sich einredete, die Liebe zu 80 Marianne, die er sich ebenfalls wohl einbildete, hat er im orientalischen Kostüm verfremdet und verklärt. Und sie hat das erotische Spiel zu einem poetischen Dialog erhoben, indem sie zwei, drei eigene Gedichte beisteuerte, die so schön sind, dass Goethe sie in den 85 „Divan" übernehmen konnte. Aber in dem Augenblick, da er spürte, womit er wohl nicht gerechnet

hatte, dass sich nämlich die heiteren Gefühle der jungen, der schwärmenden Frau in ein Liebesfeuer zu
90 verwandeln begannen – hat er sich, wie schon so oft in seinem Leben, von der Partnerin rasch verabschiedet und ist geflohen.

Sie verfiel in tiefe Depression und bat ihn wiederholt um ein Treffen. Mariannes Mann schloss sich dieser
95 Bitte an. Goethe wollte davon nichts wissen. Er hat sie nie wiedergesehen. Das ist sicher und nicht neu: Er war ein bis zur Grausamkeit hartherziger Mensch. Nicht wenige Frauen hätten darüber berichten können, auch Christiane Vulpius. Aber vielleicht war
100 diese Hartherzigkeit die unerlässliche Voraussetzung für sein Werk.

Das Gedicht, das mit den Worten „An vollen Büschelzweigen …" beginnt, stammt aus dem „Buch Suleika". Er hat diese Verse wenn nicht für Marianne
105 geschrieben, so doch mit dem Gedanken an sie. Es ist eines der weniger bekannten Gedichte des „Divans", es wird nie zitiert, kaum kommentiert. Warum? Ich weiß es nicht, aber ich bitte, es mir zu glauben: Für mich ist es der Inbegriff der Poesie des reifen, des
110 alten Goethe. Vollkommene Verse sind es, die seiner Lyrik einen ganz neuen Ton hinzufügen. Gelassenheit mit ruhiger Beschwingtheit vereint dieses Naturgedicht, aus ihm sprechen Zuversicht und Glück. Es ist auf höchster Ebene kunstvoll und gleichwohl von
115 fließender, ja von zwingender Natürlichkeit. Sie wird von unüblichen Worten nicht im Geringsten beeinträchtigt. Goethe verblüfft uns mit einem neuen, einem wunderbaren Verbum („umschalen"), er verwendet ein schon zu seinen Zeiten längst veraltetes
120 Wort („geduldiglich"), er lässt einen Ast „wallen", die Früchte sind „längst geballet".

Die Naturverbundenheit gehört zu den immerwährenden Elementen von Goethes Dasein und Dichten. Aber es war nie seine Sache, die Natur um ihrer selbst
125 willen zu besingen. Wohin er auch blickte, er hatte

– wie er es selber sagte – beständig „die Symbole der sich ewig abnutzenden und immer sich verjüngenden Welt" vor Augen. Die Frauen und die Blumen, der Mond und die Sterne, der Wald und das Reh – in allen sah er die ewige Zier. Und in allen darf der Leser Sym- 130 bole finden und entdecken, er darf sie genießen.

Auch der Baum, der hier der Aufmerksamkeit jener empfohlen wird, die Goethe seine Geliebte nennt und die es vielleicht auch sein wollte, ist zunächst nichts anderes als ein realer Baum. Da dessen Früch- 135 te „umschalet stachlig grün" sind (also stachlige grüne Schalen haben), muss es sich um einen Kastanienbaum handeln. Sein Ast wiegt „geduldiglich", doch in den grünen Früchten reift von innen und schwillt der braune Kern, der, offensichtlich mit 140 einem Tier oder mit einem menschlichen Wesen verglichen, Luft gewinnen möchte und zur Sonne drängt. Der Kern sprengt die Schale und macht sich freudig los.

Erst die letzten beiden Verse lassen den Sinn des Ge- 145 dichts begreifen: Der von der Natur spricht, redet über sich selber und seine Poesie. Die schönen, die reifen Kastanien symbolisieren nichts anderes als seine neuen Lieder. Er überreicht sie nicht der Geliebten, er legt sie ihr nicht zu Füßen. Er lässt sie, gehäuft wie 150 Früchte, in ihren Schoß fallen. Für sie, Marianne von Willemer, hat er diese Verse gedichtet, er hat sie für sie, kann man wohl sagen, gezeugt. Und sie durfte sie empfangen.

Goethes Weltsicht und seine Selbstwahrnehmung 155 waren in voller Übereinstimmung. Wie er stets einig mit seiner Aufgabe und seinem Ziel, mit dem Sinn seiner Existenz war, so war er einig mit der Natur, die ihn umgab. Er war im Einklang mit sich selbst wie sein Türmer Lynceus, den er singen lässt: „Und wie 160 mir's gefallen/Gefall ich auch mir."

Aus: Frankfurter Allgemeine Zeitung vom 29.11.2003, Nr. 278, S. 38. © F.A.Z. GmbH, Frankfurt am Main

Lässt sich in Worten mitteilen, was Liebe ist?

1. *Lesen Sie die drei Gedichte. Welche Erkenntnisse über die Liebe enthalten sie?*

2. *Erörtern Sie die Einstellungen, die in den drei Gedichten zum Ausdruck kommen. Sie können durch die Verse Shen Tes aus Brechts Parabelstück „Der gute Mensch von Sezuan" auf dem Arbeitsblatt 51 und Erich Frieds Gedicht „Was es ist" auf dem Arbeitsblatt 1 in die Diskussion einbeziehen.*

Conrad Ferdinand Meyer
Zwei Segel (1882)

Zwei Segel erhellend
Die tiefblaue Bucht!
Zwei Segel sich schwellend
Zu ruhiger Flucht!

5 Wie eins in den Winden
Sich wölbt und bewegt,
Wird auch das Empfinden
Des andern erregt.

Begehrt eins zu hasten,
10 Das andre geht schnell,
Verlangt eins zu rasten,
Ruht auch sein Gesell.

Aus: Conrad Ferdinand Meyer: Sämtliche Werke. Bd. 1.
Hg. von H. Zeller u. a. Zäch. Bern: Benteli 1963

Conrad Ferdinand Meyer (1825–98), Sohn einer Züricher Bürgerfamilie, deren Spannungen ihn Zeit seines Lebens beeinträchtigten und zu psychischen Erkrankungen führten; enge Beziehung zu seiner Schwester Betsy, die seine späte Ehe belastete. Neben Gedichten verfasste Meyer Novellen, zum Beispiel *Das Amulett.*

Robert Gernhardt
Fünf schlichte Gedichte
zu einem komplexen Thema (1)

Über Liebe kann man nicht schreiben.
Man liebt oder lässt es bleiben.

In Worte lässt sich Liebe nicht fassen.
Man kann sie nur leben oder lassen.

5 Liebe entzieht sich dem Sagen.
Man hat nur die Wahl: Kopf oder Kragen.

Aus: Lichte Gedichte. Zürich: Haffmanns 1997

Reiner Kunze
Die Liebe

Die liebe
ist eine wilde rose in uns
Sie schlägt ihre wurzeln
in den Augen,
5 wenn sie dem blick des geliebten begegnen
Sie schlägt ihre wurzeln
in den wangen,
wenn sie den hauch des geliebten spüren
Sie schlägt ihre wurzeln
10 in der haut des armes,
wenn ihn die hand des geliebten berührt
Sie schlägt ihre wurzeln,
wächst wuchert
und eines abends
15 oder eines morgens
fühlen wir nur:
sie verlangt
raum in uns

Die liebe
20 ist eine wilde rose in uns,
unerforschbar vom verstand
und ihm nicht untertan
Aber der verstand
ist ein messer in uns

25 Der Verstand
ist ein Messer in uns,
zu schneiden der rose
durch hundert zweige
einen himmel

Aus: Reiner Kunze: gespräch mit der amsel. © S. Fischer Verlag GmbH,
Frankfurt am Main 1984

Reiner Kunze (geb. 1933), Sohn eines Bergarbeiters und einer Kettlerin im Erzgebirge; seit dem 16. Lebensjahr SED-Mitglied; 1951–55 Studium, u. a. Literatur-, Musik- und Kunstgeschichte; wissenschaftlicher Assistent; nach jahrelangen Auseinandersetzungen mit der Partei und Publikationsverbot, verbunden mit persönlichen Krisen, 1977 Übersiedlung in die Bundesrepublik. Kunzes Gedichte und kurze Prosatexte setzen sich mit persönlichen Situationen und der gesellschaftlichen Wirklichkeit oft kritisch auseinander.

Der Interpretationsaufsatz

8.1 Inhalt – Aufbau – Teilübungen

Der Interpretationsaufsatz, in dem die Schülerinnen und Schüler ein Gedicht interpretieren oder zwei lyrische Texte vergleichen, stellt eine komplexe und anspruchsvolle Aufgabe dar, bei deren Bewältigung zahlreiche Teilleistungen erbracht werden, die sich zu einem individuellen Ganzen zusammenfügen. Um die damit verbundenen Anforderungen erfüllen zu können, müssen die Schülerinnen und Schüler die nötigen Fähigkeiten schrittweise erwerben. Die Schwierigkeiten, vor die sie das Verfassen eines vollständigen Aufsatzes stellt, lassen sich in zwei Richtungen reduzieren und dadurch leichter bewältigen: Zum einen bietet sich an vielen Stellen und schon in frühen Phasen der Unterrichtseinheit die Gelegenheit, kleine, sehr eingeschränkte oder auch allmählich sich ausweitende Schreibaufgaben zu Einzelaspekten der Interpretation zu stellen. Die entstehenden kurzen Texte können den Unterricht bereichern, indem der Kurs unterschiedliche Sichtweisen, inhaltliche Ansätze, Schreibweisen und Formulierungsvarianten kennenlernt, Gespräche darüber in Gang kommen und sich weitere Vorschläge daran anschließen. Zum andern erleichtern Interpretationsergebnisse, die die Schülerinnen und Schüler bereits erarbeitet haben und ihnen in Stichworten vorliegen, die Konzentration auf das Schreiben, das dadurch entlastet wird. Einen Vorschlag dazu enthält das nächste Kapitel.

Um den schillernden Begriff des Interpretierens klarer zu fassen und auf die Anforderungen eines Aufsatzes zu beziehen, informieren sich die Schülerinnen und Schüler über den entsprechenden Basisoperator und weitere handlungsinitiierende Verben, die mit ihm in Verbindung stehen, in **Zusatzmaterial 4**, S. 234. Von ihm aus erweitern sie ihr Wissen über den Inhalt und den Aufbau eines Interpretationsaufsatzes sowie die Vorgehensweise anhand des **Arbeitsblattes 55**, S. 220. Offene Fragen werden in einem Unterrichtsgespräch beantwortet.

■ *Informieren Sie sich in Zusatzmaterial 4, was der Operator des Interpretierens von Ihnen verlangt.*

■ *Informieren Sie sich auf dem Arbeitsblatt 55 über den Inhalt, den Aufbau und das Verfassen eines Interpretationsaufsatzes.*

Aus den Einzelaspekten, wie sie das Arbeitsblatt 55 verzeichnet, lassen sich für ein Gedicht oder auch mehrere Texte eingeschränkte Schreibaufgaben ableiten, die den Schülerinnen und Schülern verdeutlichen, was damit gemeint ist, und sie zum Üben anregen. Die folgenden Beispiele bieten eine Auswahl und können vom Lehrer oder von der Lehrerin dort eingesetzt werden, wo es im Unterrichtszusammenhang sinnvoll erscheint. Die Seitenangaben verweisen auf die Anwendung in diesem Modell.

■ *Formulieren Sie erste Eindrücke und Empfindungen zu einem Gedicht in einem kurzen Text. (Vgl. S. 23 f. und 38 f.)*

■ *Verfassen Sie eine Einleitung des Interpretationsaufsatzes, die Angaben zum Text – Verfasser, Überschrift, Quelle, Entstehungszeit – enthält und das Thema benennt.*

■ *Fassen Sie den Inhalt des Gedichts kurz zusammen.*

■ *Wählen Sie aus der Übersicht auf dem **Arbeitsblatt 4**, S. 41, einen/einige geeignete/n inhaltliche/n oder sprachlich-formale/n Gesichtspunkt aus und schreiben Sie dazu Ihre Erkenntnisse und Begründungen auf – erst stichwortartig, dann in einem zusammenhängenden Text.*

■ *Formulieren Sie eine/mehrere Interpretationshypothese/n und überprüfen Sie diese, indem Sie Begründungen und Textbelege suchen – erst stichwortartig, dann in einem zusammenhängenden Text.*

■ *Identifizieren und deuten Sie ein semantisches Feld – erst stichwortartig, dann in einem zusammenhängenden Text.*

■ *Identifizieren Sie ein auffälliges Merkmal der Satz-, Vers- und Strophenstruktur und leiten Sie daraus inhaltliche Erkenntnisse ab – erst stichwortartig, dann in einem zusammenhängenden Text.*

Die Gespräche über die kurzen Schülertexte im Kurs sollten eher Gelungenes als Fehlerhaftes in den Vordergrund rücken. Wenn Korrekturen oder Ergänzungen nötig sind, können sie als Ratschläge oder Verbesserungsvorschläge artikuliert werden. Geeignete Impulse lenken das Gespräch in diese Richtung:

● Was ist in dem Text gelungen?
● Was können Sie aus ihm lernen?
● Welche Ratschläge geben Sie dem Verfasser/der Verfasserin?
● Machen Sie Verbesserungsvorschläge.
● Zu welchen weitergehenden Überlegungen regt Sie der Text an?

8.2 Arbeit mit Beispielaufsätzen

Beispielaufsätze sollen keine engen Muster als ausschließlich richtige Lösungen vorgeben, sondern den Schülerinnen und Schülern eine Vorstellung davon vermitteln, wie ein Interpretationsaufsatz aussehen kann. Sie wollen die individuellen Gestaltungsräume und Vorlieben keinesfalls beschneiden, sondern erweitern, etwa dadurch, dass die – auch kritische – Auseinandersetzung mit ihnen dem eigenen Schreiben Impulse gibt und die schriftsprachlichen Fähigkeiten ausbaut. Beispielaufsätze veranschaulichen außerdem, wie die abstrakten Vorgaben auf dem **Arbeitsblatt 55**, S. 220 umzusetzen sind.
Liegen den Schülerinnen und Schülern Interpretationsergebnisse in Stichworten vor, können sie sich ganz auf das Schreiben ihres Aufsatzes konzentrieren. **Arbeitsblatt 56**, S. 221 enthält solche stichwortartigen Ergebnisse zu Goethes Gedicht *Willkommen und Abschied*. Sie schließen sich an dessen Behandlung in Kapitel 1.5 an und sind in zwei Spalten nach inhaltlichen und sprachlich-formalen Aspekten geordnet.

■ *Verfassen Sie auf der Grundlage des Arbeitsblattes 56 einen Interpretationsaufsatz zu Goethes Gedicht „Willkommen und Abschied".*

Arbeitsblatt 57, S. 222 f., enthält den Beispielaufsatz einer Schülerin, der in einer frühen Phase der Unterrichtseinheit auf der Grundlage der Tabelle auf dem Arbeitsblatt 56 entstand und den der Lehrer maßvoll überarbeitet hat, ohne Anlage und Stil zu verändern. Mit ihm können die Schülerinnen und Schüler ihre eigenen Texte vergleichen oder, wenn sie selbst sich an der schriftlichen Interpretation eines anderen Gedichtes versuchen, an dem fremden Beispielaufsatz erkennen und überprüfen, wie die Vorgaben des Arbeitsblattes 55 angewandt wurden.

Sie setzen sich mit dem Text auseinander und ziehen Folgerungen für ihr eigenes Schreiben. Sie identifizieren einzelne Teile, benennen diese und beschreiben, was sie enthalten. Diesen Aufgaben widmen sie sich zunächst allein, dann vergleichen sie ihre Ergebnisse mit ihrem Sitznachbarn und schließlich bringen sie ihre Einsichten in ein Unterrichtsgespräch ein.

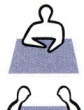

■ *Lesen Sie den Beispielaufsatz zu Goethes Gedicht „Willkommen und Abschied"auf dem Arbeitsblatt 57. Vergleichen sie ihn, falls Sie eine eigene schriftliche Interpretation verfasst haben, mit ihrem eigenen Text. Bearbeiten Sie die dort gestellten Aufgaben zunächst allein.*
Besprechen Sie im Anschluss daran Ihre Einschätzungen und Ergebnisse mit Ihrem Sitznachbarn und bringen Sie die wichtigsten Punkte in ein Unterrichtsgespräch mit der ganzen Klasse ein.

Der Aufsatz besteht aus folgenden Teilen: An die *Einleitung* mit Titel, Dichter, Einordnung des Gedichts und einem kurzen Hinweis auf dessen Inhalt und Thema im ersten Absatz schließt sich im zweiten eine kurze, persönlich gefärbte *erste Wahrnehmung* an. Der dritte Absatz befasst sich mit dem *Aufbau und der äußeren Form* des Gedichts, bevor im vierten die *eingehende, linear angelegte, d. h. dem Verlauf des Textes folgende Interpretation* beginnt, die sich bis zum achten Absatz erstreckt. In diesem ausführlichen Teil untersucht die Verfasserin Inhalt, Sprache und Form in ihrem Wechselspiel und nach dem hermeneutischen Prinzip, Einzelheiten und allgemeinere Einsichten aufeinander zu beziehen. Im neunten Absatz wendet sie sich dem *Titel* und seiner Bedeutung zu, während sie im zehnten einen besonders auffälligen, *prägenden und epochenspezifischen Aspekt* des gesamten Gedichts hervorhebt. Der Aufsatz endet mit einer *persönlichen Einschätzung*.

Ein häufig beklagtes Defizit von Schüleraufsätzen besteht darin, dass Inhalt, Sprache und Form nicht in ihrer Wechselwirkung untersucht werden, sondern die sprachlich-formalen Mittel nur funktionslos benannt sind. Das **Arbeitsblatt 56**, S. 221 kann dabei helfen, dieser Schwäche entgegenzuwirken, wenn es so kopiert wird, dass in der Tabelle nur eine Spalte ausgefüllt ist. Die Schülerinnen und Schüler untersuchen dann, welche sprachlich-formalen Mittel den inhaltlichen Stichworten entsprechen oder – umgekehrt – wie sich jene mit dem Inhalt in Verbindung bringen lassen. So erwerben sie allmählich ein Gespür für die Bedeutung der Wechselwirkung von Inhalt, Sprache und Form, die sich bei jeder weiteren Interpretation an augenfälligen Einzelelementen nachweisen, vertiefen und damit im Bewusstsein verankern lässt.

■ *Ergänzen Sie auf dem Arbeitsblatt 56 die leere Spalte durch sprachlich-formale Mittel bzw. inhaltliche Gesichtspunkte, die den Eintragungen in der jeweils anderen Spalte entsprechen.*

■ *Vergleichen Sie Ihre Ergebnisse mit denen Ihres Sitznachbarn.*

An die schriftliche Interpretation eines einzelnen Gedichts schließt sich der Vergleich zweier Texte aus unterschiedlichen Epochen an. Die Aufgabe auf dem **Arbeitsblatt 58**, S. 224 sieht dafür Heinrich Heines *Auf Flügeln des Gesanges* und Hilde Domins *Magere Kost* vor. Der Beispielaufsatz dazu auf dem **Arbeitsblatt 59**, S. 225 ff. kann wiederum auf zweierlei Art und Weise Verwendung finden: als Vorbereitung auf einen eigenen Aufsatz, dem andere Gedichte zugrunde liegen, oder als Grundlage für einen Vergleich mit der eigenen Arbeit zu diesen Texten. Das bekannte und von Felix Mendelssohn Bartholdy vertonte Heine-Gedicht eröffnet einen musikalischen Zugang zu diesem Vorhaben[1].

---

1 Schubert · Schumann · Mendelssohn Bartholdy. Lieder nach Gedichten von Heinrich Heine. Christoph Prégardien (Tenor), Andreas Staier (Fortepiano). Bertelsmann Music Group Company in Coproduktion mit dem WDR 1994. deutsche harmonia mundi Nr. 05472 77319 2, Nr. 20

■ *Bearbeiten Sie die Aufgabe auf dem Arbeitsblatt 58.*

Während die Besprechung des Beispielaufsatzes wie bei dem vorausgehenden zu *Willkommen und Abschied* erfolgt, finden sich die Schülerinnen und Schüler zur Korrektur und Überarbeitung ihrer eigenen Texte in Dreiergruppen zusammen. Sie unterstützen sich dabei untereinander mit Verbesserungs- und Formulierungsvorschlägen, die sie mit einer sog. Textlupe herausfinden und sich gegenseitig mitteilen.

■ *Bilden Sie Dreiergruppen, in denen Sie Ihre Interpretationsaufsätze mit dem*
Vergleich zweier Gedichte korrigieren und überarbeiten. Der Bewertungsbogen
(Zusatzmaterial 5, S. 235) kann Ihnen helfen, auf einzelne Teile und Gesichtspunkte zu achten.
Unterstützen Sie sich dabei gegenseitig mit Verbesserungs- und Formulierungsvorschlägen.
Verwenden Sie bei der Korrektur der fremden Arbeiten eine sog. Textlupe, eine Tabelle mit folgenden Spalten, in der Sie Ihre Bemerkungen eintragen.

Das gefällt mir/ ist gelungen	Das stört mich/ist falsch/ verstehe ich nicht/ist zu verbessern	Meine Tipps und Vorschläge

Der Bewertungsbogen (**Zusatzmaterial 5**, S. 235) eignet sich auch als Grundlage bei der Besprechung von Schüleraufsätzen im Klassenverband. Die Items werden vor dem Vortrag unter den Zuhörenden aufgeteilt, sodass jeder auf zwei bis drei Punkte achten muss und dennoch alle abgedeckt sind. Dieses Vorgehen fördert die Konzentration und damit die Qualität der Rückmeldungen.
Diese sollten wiederum vor allem Gelungenes hervorheben oder Ratschläge enthalten, die für den Verfasser oder die Verfasserin auch akzeptabel sind.
Schließlich kann der Bewertungsbogen bei der Korrektur von Klassenarbeiten Verwendung finden. Er informiert die Schülerinnen und Schüler, wie ihre Note im Einzelnen zustande kommt.

Notizen

_____

_____

_____

_____

_____

_____

_____

_____

Inhalt, Aufbau und Verfassen eines Interpretationsaufsatzes

■ *Lesen Sie die folgenden Informationen.*

Aufgabe

Gedichte wollen weder informieren noch unterhalten; sie konfrontieren vielmehr die Leser und Leserinnen mit Situationen, Erlebnissen, Gefühlen, Erfahrungen, Einsichten und Gedanken in einer Art und Weise, in der Sprache nicht nur als Instrument benutzt wird, sondern mit allen ihr gegebenen Möglichkeiten ihre Wirkung entfalten kann:

- in der Struktur (Grammatik) und Bedeutung (Semantik) von Worten, Sätzen und Texten
- in der Metrik (Verse, Jamben, Trochäen, Daktylen) sowie Strophen- und Reimformen (Paar-, Kreuz-, Schweif-, umarmender oder Binnenreim)
- in Klängen (helle/dunkle, Vokale, Alliterationen)
- in Bildern (Vergleiche, Metaphern, Symbole)

Diese Ebenen wirken in lyrischen Texten zusammen und erzeugen ein **mehrschichtiges und mehrdeutiges Sprachgebilde**, das es in einem Interpretationsaufsatz schriftlich zu erschließen gilt.

Vorgehen

Bei der Bewältigung dieser Aufgabe helfen folgende Schritte:

- mehrfaches und genaues *Lesen*, das alle Ebenen der Sprache berücksichtigt.
- *Markieren* von bedeutsamen Textstellen (Schlüsselwörtern, semantischen Feldern, Wiederholungen, beziehungsvollen Andeutungen, sprachlichen oder formalen Besonderheiten, Bildern, rhetorischen Mitteln) mit unterschiedlichen Farben oder Symbolen (Unterstreichen mit geraden, gewellten, gestrichelten oder gepunkteten Linien; Striche, Pfeile, Bögen, Fragezeichen, Blitze)
- *Notieren* von Zusammenfassungen in eigenen Worten, Erläuterungen, Bezügen, Deutungsaspekten und -hypothesen sowie insbesondere Beziehungen zwischen inhaltlichen, sprachlichen und formalen Elementen (vgl. **Arbeitsblatt 4** auf S. 41)
- *Entwerfen* einer Linear- (dem Verlauf des Gedichts) und einer aspektgeleiteten (den Schwerpunkten folgenden) Analyse, in der sich inhaltliche, sprachliche und formale Einzelbeobachtungen zu übergreifenden Erkenntnissen zusammenfügen
- *Begründen*, *Ergänzen* und *Überprüfen* bisheriger Einsichten: Finden sich zusätzliche Belege? Ergeben sich weitere Überlegungen oder gedankliche Bögen? Sind die bisherigen Notizen und Entwürfe haltbar?

Inhalt und Aufbau

- Angaben zum Text (Verfasser, Überschrift, Entstehungszeit, Quelle)
- Thematik
- unmittelbarer Eindruck, persönlicher Zugang, subjektives Empfinden
- inhaltliche Erläuterung und Deutung nach dem hermeneutischen Prinzip: gegenseitige Erhellung von Erkenntnissen im Detail und Verständnis des Textganzen
- Aufbau, Form und Sprachgestaltung in *Wechselwirkung* mit Inhalt, Absicht und Wirkung
- Einordnung in den Kontext (Epoche, Gesamtwerk des Verfassers, politisch-soziale, geistesgeschichtliche Zusammenhänge)
- eigene Wertung (evtl. mit Blick zum ersten Eindruck), Gegenwartsbezug, zeitgebundener und zeitübergreifender Gehalt

Interpretationsergebnisse als Arbeitsgrundlage beim Verfassen eines Interpretationsaufsatzes

■ *Verfassen Sie auf der Grundlage der folgenden tabellarisch zusammengestellten Ergebnisse einen Interpretationsaufsatz zu Goethes Gedicht „Willkommen und Abschied".*

Inhalt	Sprache und Form
Aufbruch in der Dämmerung bedrohliche Natur bei Nacht/frohe Erwartung Ankunft und Liebesglück Abschiedsschmerz und Dankbarkeit	4 Strophen zu je 8 Versen 4–hebige Jamben Kreuzreime mit abwechselnd weiblichen/männlichen Endungen
Das lyrische Subjekt ist eins mit sich selbst, es folgt seinem eigenen Verlangen und ist erfüllt von der Begegnung mit der Geliebten.	Übereinstimmung von Satz- und Versstruktur
Das „**Herz**" als Zentrum menschlichen Empfindens und Handelns und als Kennzeichen des *Sturm und Drang*: Bedenkzeiten entfallen, der Verstand wird übergangen	am Anfang des Gedichts und in jeder Strophe: Wahrnehmung des schlagenden Herzens, Glut, Harmonie, Beklemmung
Weg – Ziel Natur – Liebe Einsamkeit – Gemeinschaft stürmischer Beginn – gelassener Ausklang	Zweiteilung (Str. 1, 2/3, 4) dunkle/helle Vokale lyrisches Ich/+ Du Bewegung/Ruhe
Dunkelheit der Nacht	Assonanzen (Der M**o**nd v**o**n einem W**o**lkenhügel/ **U**msa**u**sten scha**u**erlich mein **O**hr/Die N**a**cht schuf t**au**send/
Licht der Liebesbegegnung	D**i**ch sah **i**ch, und d**ie** m**i**lde Freude)
Bedrohlichkeit der Natur und der Nacht	Adjektive und Substantive, die negative Gefühle wecken (Nacht, Riese, Finsternis mit hundert schwarzen Augen, kläglich, schauerlich, tausend Ungeheuer)
Verlebendigung und Vermenschlichung der Natur	Personifizierungen (Abend, Erde, Eiche, Finsternis, Mond)
Verbindung von Mensch und Natur	Metaphern (Nebelkleid, Frühlingswetter)
Wirkung und Ausstrahlung der Liebe	Adjektive und Substantive, die positiv besetzt sind (frisch, fröhlich, mild, süß, lieblich, Zärtlichkeit); ungewöhnliche Neuschöpfung aus beiden Wortarten als **Steigerung**: rosenfarbnes Frühlingswetter
Steigerung des Liebesglücks	Ausrufesätze als Paare/Parallelismen Chiasmus am Schluss (Wiederholung, Aktiv/Passiv)
Überwindung von Hindernissen und Trennungen durch die Liebe, von ihr hervorgerufene gegensätzliche Empfindungen	Gegensätze (Doch, Z. 14, 25, 31, Wonne/Schmerz)
Intensität des plötzlichen Aufbruchs, Größe des Liebesglücks über die Zeit des Zusammenseins hinaus und Ausdehnung in den Raum des Göttlichen	Anaphern am Anfang und am Schluss
innere Heiterkeit trotz äußerer Unwirtlichkeit	Alliteration (frisch und fröhlich)

Beispielaufsatz zu *Willkommen und Abschied*

1. Lesen Sie den Interpretationsaufsatz. Überprüfen Sie, inwieweit die Vorgaben des Arbeitsblattes 55 umgesetzt wurden.

2. Vergleichen Sie, falls Sie einen eigenen Aufsatz zu dem Gedicht verfasst haben, diesen mit dem folgenden Beispiel.

3. Was können Sie aus dem Beispiel für das Verfassen eigener Interpretationsaufsätze lernen? Ich welchen Punkten lässt sich der vorliegende Aufsatz verbessern?

4. Welche Teile können Sie erkennen? Schreiben Sie passende Bezeichnungen an den Rand.

Das der Liebeslyrik zuzuordnende Gedicht „Willkommen und Abschied" wurde von einem der bedeutendsten deutschen Dichter, Johann Wolfgang Goethe, in der gefühlsintensiven Epoche des „Sturm und Drang" im Jahr 1771 verfasst. Später hat es der Verfasser überarbeitet – in dieser Version soll es interpretiert werden. Das Gedicht thematisiert das sehnsüchtige Verlangen eines jungen Mannes nach seiner Geliebten, der zu begegnen er einen gefährlichen nächtlichen Ritt auf sich nimmt. Voller Freude und Glück trifft sich das Liebespaar endlich, doch schon am nächsten Morgen muss es sich wehmütig und voller Trauer wieder trennen.

Gleich zu Beginn des Lesens ist mir der Wechsel der Stimmung während des Gedichts aufgefallen. In den ersten beiden Strophen herrscht eine gedrückte und bedrohliche Stimmung, während sich in der dritten Strophe ein Wandel vollzieht und der Leser das Gefühl von Freude, Glück und leidenschaftlicher Liebe vermittelt bekommt. Diese Betonung und Hervorhebung der Gefühle ist auch ein typisches Kennzeichen des „Sturm und Drang".

Das Gedicht ist in vier Strophen mit jeweils acht Versen aufgeteilt. Dadurch bestimmen Gleichmaß und Klarheit den Aufbau und die äußere Form. Dieser entspricht auch die inhaltliche Gliederung: Dem Aufbruch in der Dämmerung folgen die Schilderung der bedrohlichen Natur bei Nacht und der frohen Erwartung. Ankunft und Liebesglück werden von Abschiedsschmerz und Dankbarkeit abgelöst, die die Trennung erleichtern. Auch das Reimschema ist durch Regelmäßigkeit gekennzeichnet, da die Verse durchweg mit Kreuzreimen enden, bei denen sich weibliche und männliche Endungen abwechseln. Als Metrum hat Johann Wolfgang Goethe im gesamten Gedicht einen 4-hebigen Jambus verwendet. Dieser fließende Rhythmus lässt das Gedicht sehr harmonisch und gefühlvoll wirken. Die weitgehende Übereinstimmung von Vers- und Satzstruktur zeigt, dass das lyrische Subjekt eins mit sich selbst ist. Es folgt seinem eigenen Verlangen und ist von der bevorstehenden Begegnung mit der Geliebten erfüllt.

Das Gedicht setzt mit einer Aufbruchsituation ein, in der sich das lyrische Ich zu Pferde aufmacht, um seine Geliebte zu besuchen. Die Personifizierung „[d]er Abend wiegte schon die Erde" (v. 3) deutet an, dass bald die Zeit des Schlafengehens kommt und die Dunkelheit hereinbricht. Bäume und Sträucher verstärken die bedrohliche und beängstigende Stimmung, die durch die weiteren Personifizierungen „schon stand im Nebelkleid die Eiche,/ein aufgetürmter Riese" (v. 5 f.) und „wo Finsternis aus dem Gesträuche/mit hundert schwarzen Augen sah" (v. 7 f.) veranschaulicht wird.

Auch in Strophe 2 spürt der Leser deutlich die Angst, die den jungen Mann umgibt. Dies wird durch die Personifizierung in Verbindung mit dunklen Vokalen der „o"-Assonanz „[d]er Mond von einem Wolkenhügel/sah kläglich aus dem Duft hervor" (v. 9 f.) deutlich. Denn selbst der sonst hell strahlende Mond ist hier nicht imstande, als Lichtquelle zu dienen, sondern scheint nur „kläglich" (v. 10) hervor. Zusätzlich tragen das Adjektiv „schauerlich" (v. 12) und das Substantiv „Ungeheuer" zum Bild dieser Bedrohlichkeit und Angst (v. 13) bei, da man sich darunter ein gefährliches und bedrohliches Wesen vorstellt.

Mit der Gegensatzkonjunktion „doch" (v. 14) ändern sich nun aber die Gefühle und damit auch die Stimmung des Gedichts. Es tritt eine Wende ein. Das lyrische Ich überwindet seine Ängste aus sehnsüchtigem Verlangen nach seiner Geliebten. Die Alliteration „Doch frisch und fröhlich war mein Mut" (v. 14) verdeutlicht dies und stellt die innere, mutige Entschlossenheit des lyrischen Ichs dar. Auch der elliptische Parallelismus „In meinen Adern welches Feuer!/In meinem Herzen welche Glut!" (v. 15 f.), der in den beiden folgenden Ausrufesätzen erscheint, soll die nicht mehr zu zügelnde Erwartung auf die Begegnung mit der Geliebten veranschaulichen und die heiße Leidenschaft zeigen, mit der es den Liebenden seinem Ziel zutreibt.

In Strophe 3 trifft das Subjekt nun endlich nach allen Gefahren und Strapazen, die es auf sich genommen
85 hat, voller Erwartung und Freude bei seiner Geliebten ein. Das Glück des Liebespaares ist vollendet und das lyrische Ich spürt tiefe Gefühle in sich, was durch die Formulierung „Dich sah ich, und die milde Freude/floss von dem süßen Blick auf mich" (v. 17f.), ver-
90 deutlicht wird. Der Dichter lässt den Leser an den Gefühlen des lyrischen Ichs teilhaben. Die hellen Vokale der „i"-Assonanzen, das Enjambement und die beiden Adjektive „mild" (v. 17) und „süß" (v. 18) verstärken beim Leser zusätzlich das Bild starker Emo-
95 tionalität.

Noch einmal, am Anfang der Strophe 4, erscheint die Gegensatzkonjunktion „doch" (v. 25). Denn nun, beim Leuchten der „Morgensonne", muss das lyrische Ich den Heimweg antreten. Die Formulie-
100 rungen „Doch ach, schon mit der Morgensonne/verengt der Abschied mir das Herz" (v. 26) und „In deinem Auge welcher Schmerz" (V. 28) zeigen, dass der Abschied beiden schwerfällt und sehr schmerzerfüllt für die Liebenden ist. Die getrübte Stimmung
105 wird noch durch Trauer verstärkt, da die Geliebte beim Abschied Tränen vergießt: „[U]nd sahst mir nach mit nassem Blick" (v. 30). Obwohl der Abschied schmerzhaft ist, gehen beide in Dankbarkeit an die Götter auseinander und sind froh, dass Liebe in dieser
110 Welt existiert. Dies wird durch den Chiasmus der letzten beiden Verse des Gedichts „Und doch, welch Glück, geliebt zu werden!/Und lieben, Götter, welch ein Glück!" deutlich. Mit der Liebe überschreitet der Mensch also die Grenzen des Diesseits und hat Teil
115 an der himmlischen Sphäre.

Der Titel mit den beiden Begriffen „Willkommen" und „Abschied" bezieht sich nur auf die letzten beiden Strophen. Das lyrische Ich trifft in der Nacht voller Glück und Leidenschaft seine Geliebte (Willkommen). Schließlich müssen sich beide im frühen 120 Morgengrauen voller Schmerz und Trauer wieder voneinander trennen (Abschied). In der ersten Hälfte des Gedichts stehen dagegen der Weg zu diesem Ziel und die Einsamkeit im Vordergrund.

Besonders auffällig an diesem Gedicht ist die häufige 125 Wiederholung des Substantivs und Symbols „Herz" (vv. 1, 16, 19, 26). Auch daran ist die Hervorhebung der Gefühle zu erkennen, welche die Epoche des „Sturm und Drang" auszeichnen. Denn das Herz steht als Symbol für den Ort des intensiven Gefühls 130 und der Liebe. Es ist das Zentrum menschlichen Empfindens und Handelns, ohne das kein Mensch imstande ist zu leben.

Persönlich hat mir das Gedicht sehr gut gefallen. Respekt verdient, finde ich, der besondere Schreibstil 135 Johann Wolfgang Goethes. Er hat es geschafft, dem Leser die ausgeprägte Gefühls- und Gedankenwelt des lyrischen Ichs sehr eindrucksvoll darzustellen. Der Leser fühlt sich als Teil des Gedichts und spürt die starken Emotionen und Gefühle des lyrischen 140 Ichs selbst. Es wird eine scheinbare Nähe zum lyrischen Ich aufgebaut. Das Thema, die Liebe und die damit verbundenen Gefühle, bewegt die Menschen, seit es sie gibt. Schon bei Adam und Eva spielten Liebe und Leidenschaft eine große Rolle. 145 Auch in unserer heutigen Zeit werden Themen wie Liebe, Emotionen und Leidenschaft vielfach in Kunst, Literatur, Musik und vor allem im Film gespiegelt.

Zurückhaltend überarbeiteter Text einer Schülerin

Interpretation und Vergleich zweier Gedichte

■ Interpretieren und vergleichen Sie die beiden Gedichte.
Orientieren Sie sich an den Hinweisen auf dem Arbeitsblatt 55.

Heinrich Heine

Auf Flügeln des Gesanges,
Herzliebchen, trag ich dich fort,
Fort nach den Fluren des Ganges,
Dort weiß ich den schönsten Ort.

5 Dort liegt ein rotblühender Garten
Im stillen Mondenschein;
Die Lotosblumen erwarten
Ihr trautes Schwesterlein.

Die Veilchen kichern und kosen,
10 Und schaun nach den Sternen empor;
Heimlich erzählen die Rosen
Sich duftende Märchen ins Ohr.

Es hüpfen herbei und lauschen
Die frommen, klugen Gazell'n;
15 Und in der Ferne rauschen
Des heiligen Stromes Well'n.

Dort wollen wir niedersinken
Unter dem Palmenbaum,
Und Liebe und Ruhe trinken,
20 Und träumen seligen Traum.

Aus: Heinrich Heine: Buch der Lieder. Lyrisches Intermezzo, Nr. 9.
In: ders.: Ich weiß nicht, was soll es bedeuten.
Gedichte. Stuttgart, München: Deutscher Bücherbund 1986, S. 75f.

Hilde Domin
Magere Kost

Ich lege mich hin,
ich esse nicht und ich schlafe nicht,
ich gebe meinen Blumen
kein Wasser.
5 Es lohnt nicht den Finger zu heben.
Ich erwarte nichts.

Deine Stimme die mich umarmt hat,
es ist viele Tage her,
ich habe jeden Tag
10 ein kleines Stück von ihr gegessen,
ich habe viele Tage
von ihr gelebt.
Bescheiden wie die Tiere der Armen
die am Wegrand
15 die schütteren Halme zupfen
und denen nichts gestreut wird.

So wenig, so viel
wie die Stimme,
die mich in den Arm nimmt,
20 mußt du mir lassen.
Ich atme nicht
ohne deine Stimme.

Aus: Hilde Domin: Gesammelte Gedichte. © S. Fischer Verlag,
Frankfurt am Main 1987 (aus lizenzrechtlichen Gründen nicht
in reformierter Schreibung)

Beispielaufsatz eines Gedichtvergleichs

1. *Lesen Sie den Aufsatz, in dem zwei Gedichte interpretiert und verglichen werden.*

2. *Vergleichen Sie, falls Sie einen eigenen Aufsatz zu den Gedichten verfasst haben, diesen mit dem folgenden Beispiel.*

3. *Was können Sie aus dem fremden Aufsatz für das Verfassen eigener Interpretationsaufsätze lernen? Ich welchen Punkten lässt sich der vorliegende Aufsatz verbessern?*

4. *Welche Teile können Sie erkennen? Schreiben Sie passende Bezeichnungen an den Rand.*

In den beiden Gedichten „Auf Flügeln des Gesanges" von Heinrich Heine, Nr. 9 des „Lyrischen Intermezzos" im „Buch der Lieder", und „Magere Kost" von Hilde Domin aus dem 1962 erschienenen Band
5 „Rückkehr der Schiffe" wendet sich ein Ich an ein geliebtes Du, mit dem es im einen Fall in einer paradiesisch-exotischen Welt seine Erfüllung finden möchte und von dem es im anderen nach der Trennung etwas für sich zu retten versucht, weil es ohne
10 dieses Gegenüber nicht leben kann. So strahlt das Heine-Gedicht in Erwartung des bevorstehenden Glücks Begeisterung und Harmonie aus, während Domins Verse depressiv, hoffnungslos und verkrampft wirken.
15 Der ältere Text besteht aus fünf Strophen mit jeweils vier Versen, die immer drei betonte Silben mit einer oder zwei Senkungen dazwischen enthalten. In den Kreuzreimen wechseln sich männliche und weibliche Endungen ab. Wie die ersten beiden Zeilen ankündi-
20 gen, beschreibt das Gedicht einen Fantasieflug nach Indien an den Ganges. Dort befindet sich für das Subjekt der „schönste[ ] Ort" und deshalb möchte es die Geliebte „[a]uf Flügeln des Gesanges" dort hintragen. Sowohl die Flugmetapher als auch der Gesang
25 weisen darauf hin, dass die Realität verlassen und ein Raum aufgesucht wird, den die Einbildungkraft hervorbringt. Dieser Ort ist durch das Attribut „schön" mit einer ästhetischen Kategorie versehen und durch den Superlativ besonders hervorgehoben. Das An-
30 fangswort „Fort" des dritten Verses wiederholt den Schluss des zweiten und verbindet damit Wunsch, Aufbruch und Ziel. Darüber hinaus entsteht durch die folgende Anapher „Dort", welche die erste und zweite Strophe zusammenfügt, und das jene abschlie-
35 ßende Wort „Ort" ein kunstvolles Reimgefüge, das in Gleichklängen den Gesang selbst erzeugt, den das Gedicht ankündigt. Die folgenden drei Strophen malen den Ort der Sehnsucht näher aus: zunächst die zweite als „rotblühende[n] Garten/Im stillen Mon-
40 denschein", in dem „[d]ie Lotosblumen" die Geliebte als „[i]hr trautes Schwesterlein [erwarten]". Mit der

Farbe Rot und dem Mond stehen Liebessymbole im Vordergrund, während die Lotosblume Reinheit und Harmonie zum Ausdruck bringt. Das Licht des Mondes (v. 6) und der Sterne (v. 10) breitet sich über 45 der nächtlichen Szenerie aus, die eine romantische Stimmung erzeugt, in der das Liebespaar am Schluss sich seinen Träumen hingeben will. Die Diminutive „Herzliebchen" und „Schwesterlein" versetzen das Du in eine Welt kindlicher Wesen, die in der dritten 50 Strophe als personifizierte Blumen die Poesie und Magie des Ortes sprachlich hervorheben. Das Kichern und Kosen der Veilchen (v. 9) begleitet der Gleichklang einer Alliteration, und wenn sich die Rosen „[h]eimlich" „duftende Märchen" erzählen (vv. 11 f.), 55 erfreuen sie sich nicht nur an einer Gattung, die für das Kindliche, Romantische und Übernatürliche steht wie keine andere, sondern deren Reiz erfasst in einer Synästhesie sogar den Geruchssinn. Die ersten beiden Verse der vierten Strophe beziehen mit den 60 Gazellen auch die Tierwelt in dieses Lauschen ein, das über die Märchen hinaus der Ankunft der Geliebten gelten kann, die am Ende der zweiten Strophe als Schwester der Lotosblüten angekündigt wurde. Die menschliche Seite der schnellen und schönen Tiere 65 kommt nicht wie bei den Blumen in Verbalphrasen, sondern in den zwei Adjektiven „fromm" und „klug" zum Ausdruck; das erste verweist auf den religiösen Bereich, der auch in dem „heiligen Strom[ ]" anklingt. Er spielt aber keine zentrale Rolle wie in der Literatur 70 der Hochromantik, sondern bleibt eher im Hintergrund wie das Rauschen des Flusses „in der Ferne" (v. 15). Mit der akustischen Wahrnehmung des in der ersten Strophe angestrebten Ganges und dem zu Beginn der letzten Strophe wieder aufgegriffenen Lokal- 75 adverb „Dort" haben auch die Liebenden ihr Ziel erreicht. Ich und Du verschmelzen zu einem „wir", das Paar will – vielleicht erschöpft von den Anstrengungen des weiten Fluges – unter einer Palme „niedersinken" „Und Liebe und Ruhe trinken" (v. 19). 80 Zwei Abstrakta werden mit einem sehr konkreten Verb der Flüssigkeitsaufnahme verknüpft, der Genuss

des Liebesglücks erstreckt sich auf Körper und Seele und mündet in einen „seligen" Traum, der das Ge-
85 dicht in einer Figura etymologica abschließt. Auf die-
sen Höhepunkt laufen die Aufzählungen und Steigerungen der letzten Strophe zu, die in den abschließenden Zeilen die Anapher „Und" zusätzlich ver-
stärkend verbindet.
90 Im Gegensatz zu der Fülle von Sinneseindrücken und
dem Gefühlsüberschwang in Heines Gedicht weist
schon der Titel „Magere Kost" von Domins Versen
auf deren sinnliche und emotionale Kargheit hin, die
sich auch in der Form spiegelt: Sie verzichten auf
95 Reime und ein gleichmäßiges Versmaß. Während
Heines Ich sich ganz dem Du zuwendet und von der
Vorstellung des Zusammenseins mit ihm erfüllt ist,
befasst sich das Subjekt im zweiten Gedicht nur mit
sich selbst und seiner Situation des Alleinseins nach
100 der Trennung von dem Geliebten, die schon „viele
Tage" zurückliegt. So beginnt die erste Strophe mit
der Anapher des dreifachen Personalpronomens
„Ich", das später noch vier weitere Verse einleitet. Sie
umfasst wie die letzte sechs Zeilen und steht im Zei-
105 chen von Passivität, Perspektivlosigkeit und Verneinung, ohne dass ein Grund genannt wird. Das Subjekt teilt mit, dass es sich hinlegt und was es nicht
tut, nämlich essen, schlafen und die Blumen mit
Wasser versorgen. Zwei lebensnotwendige Bedürf-
110 nisse werden dabei mit demjenigen nach Schönheit
und Natur in einer Klimax steigernd aneinanderge-
reiht und außerdem mit dem in den Verben „lege",
„esse" und „gebe" ausschließlich erklingenden e-Vo-
kal mit dem Eingangsvers verbunden. Der Zeilen-
115 bruch in den Versen 3 f. isoliert das fehlende Wasser
der Blumen und hebt es dadurch hervor: Wie ihnen
bleibt das lebensspendende und -erhaltende Element
auch dem Ich vorenthalten. Deshalb „lohnt [es] nicht
den Finger zu heben" (v. 5), weil nichts mehr zu er-
120 warten ist (v. 6). Erst die zweite Strophe nennt gleich
am Anfang die Ursache für die Melancholie des Ichs,
die in der ersten geschildert wird: „Deine Stimme, die
mich umarmt hat" (v. 7). Der Geliebte tritt nicht
mehr real und als ganze Person in Erscheinung, son-
125 dern ist nur noch mit seiner Stimme in der Erinnerung als fiktiver Bezugspunkt anwesend. In der Personifizierung dieser Stimme leben aber die früheren
Umarmungen wieder auf. Sie bildet nach wie vor das
Lebenszentrum des Ichs und stillt ein elementares
130 Bedürfnis wie die Nahrung, die es isst. Die zweite
Strophe ist mit zehn Versen umfangreicher als die
beiden anderen, die sie einrahmen, und damit als
Mittelpunkt des Gedichts gekennzeichnet. Sie steht
durch die grammatische Zeitform des Perfekts im Zei-
135 chen der Vergangenheit und erklärt mit der Erinnerung an den Klang der Stimme die vergangene Liebe
zum bleibenden Lebensmittel, von dem das Subjekt
„viele Tage" (vv. 8, 11) gelebt hat. Es ging sparsam

damit um: Indem es täglich nur „ein kleines Stück
von ihr gegessen" hat (v. 10), suchte es die lebensnot- 140
wendige Kost auf einen möglichst langen Zeitraum
zu verteilen. Diese „Bescheidenheit" (v. 13) vergleicht
es mit den „Tiere[n] der Armen", die ihre Nahrung
selbst „am Wegrand" suchen müssen und nicht ge-
füttert werden können. Nach diesem Blick zurück in 145
die Vergangenheit auf eine zwar erlahmte, aber doch
noch schwach vorhandene Aktivität und der in der
Eingangsstrophe beschriebenen vollkommenen Un-
tätigkeit in der Gegenwart wendet sich die dritte Strophe mit einer nachdrücklichen Forderung an das Du 150
der Zukunft zu: „So wenig, so viel/wie die Stimme,/
die mich in den Arm nimmt,/musst du mir lassen."
(vv. 18–20) Das Subjekt überwindet seine Lethargie
und erhebt einen Anspruch, den es als lebenswichtig
begründet: „Ich atme nicht/ohne deine Stimme." 155
(v. 21 f.) In dem in einem Parallelismus formulierten
Paradoxon hebt der Eingangsvers der letzten Strophe
die große, lebensrettende Bedeutung der erinnerten
Stimme als Überbleibsel der vergangenen Liebe hervor. Das Ich kann sich aber von der vergangenen 160
Liebesbeziehung nicht lösen, es lebt wie in einem
Gefängnis in Abhängigkeit von dem Geliebten und
ist nicht in der Lage, für sein Leben selbst und eigenständig einen Inhalt, einen Sinn und ein Ziel zu finden. 165
Beim Vergleich der beiden Gedichte sind die Gegensätze offensichtlich: Domin schildert eine vergangene Liebesbeziehung und die deprimierende Situation des verlassenen Ichs, das sich notdürftig am
Leben hält. Heine dagegen gibt der Begeisterung über 170
das Liebesglück Ausdruck. Das Subjekt erwartet dessen Vollendung an einem weit entfernten exotisch-
magischen Ort, an den es seine Geliebte tragen will.
Seine Energie und Vorstellungskraft überwindet dabei alle Grenzen, während Domins Ich sich eingeengt 175
fühlt und passiv verhält. Es versucht, seiner Enttäuschung Herr zu werden. Gemeinsam ist beiden Gedichten jedoch, dass sie die überwältigende und un-
widerstehliche Macht und Wirkung der Liebe zum
Ausdruck bringen und durch Metaphern des Trinkens 180
(v. 19 bei Heine) und Essens (v. 10 bei Domin) als
Nahrung und damit als lebensnotwendig darstellen.
Das machtvolle Gefühl der Liebe besteht unabhängig
davon, ob die Liebenden tatsächlich und körperlich
zusammen sind, und es kann, wie die Texte zeigen, 185
in gegensätzliche Richtungen wirken. Bei Heine be-
flügelt es die Fantasie, bei Domin lähmt es alle eigenen Lebensregungen. Der exotische Ort von Heines
Gedicht, die nächtliche Atmosphäre, die Naturbilder,
die märchenhafte Stimmung, die religiösen Anspie- 190
lungen, die Macht der Gefühle und des Gesangs, die
poetische und klangvolle Sprache sowie die Form des
Volkslieds sind Merkmale romantischer Lyrik, die
Heine als Dichter bewundert. Die kritische Haltung

195 des wichtigsten Repräsentanten des Jungen Deutschland gegenüber den politischen und gesellschaftlichen Verhältnissen in seiner Heimat zur Zeit der Restauration und in Verbindung damit auch die Ablehnung wichtiger Grundhaltungen der Romantiker
200 wie die Begeisterung für das Mittelalter und die zentrale Stellung der katholischen Kirche sind in dem Gedicht kaum zu bemerken. Allenfalls in der Übertreibung zeigt sich eine leise Ironie. Domins spröde Verse vertreten dagegen eine Form der Liebeslyrik,
205 wie sie sich seit der Mitte des 20. Jahrhunderts in der Bundesrepublik entwickelt hat. Sie verzichtet nach dem Missbrauch von Romantik und Rhetorik durch den Nationalsozialismus auf rhythmische Sprachmelodie, Wortprunk und die Entfesselung von Gefühlen
210 und beschränkt sich auf elementare Aussagen und Bilder. Oft drehen sich die Gedichte um misslingende, scheiternde oder beendete Liebesbeziehungen und deren Nachwirkungen für die Einzelpersonen. Erwartungen und Hoffnungen erfüllen sich nicht, sodass eine Leere entsteht, die weder Sachwerte noch 215 Medienangebote überdecken können.

Wie Leser die Gedichte aufnehmen, hängt stark von ihrer eigenen Verfassung ab: Heines Verse wird derjenige schätzen, den eine neue Liebe erfasst, belebt, verändert und in den Bann der anderen Person zieht. 220 Domins Gedicht dagegen spricht diejenigen an, die selbst unter dem Eindruck einer Trennung stehen. Da diese allerdings schon einige Zeit zurückliegt, erscheinen mir das Ausmaß der Niedergeschlagenheit und die nach wie vor bestehende Fixierung auf das gelieb- 225 te Du übertrieben und unrealistisch. Viel eher kann ich verstehen, dass man sich am Anfang einer Liebesbeziehung viele, auch fantastisch anmutende Wunschvorstellungen in Gedanken ausmalt.

Autorentext

Versmaße und -formen, Reim-, Strophen- und Gedichtformen. Rhetorische Figuren

Versmaße

Jambus	xX
Trochäus	Xx
Daktylus	Xxx

Enjambement

(Zeilensprung, -bruch) Vers- und Satzstruktur decken sich nicht; das Satzgefüge dehnt sich über das Versende hinaus

Reimformen

Paarreim	aabb
Kreuzreim	abab
umarmender Reim	abba
schweifender Reim	aabccb
Binnenreim	**Reim innerhalb eines Verses**

stumpfe/männliche Kadenz	einsilbiges, betontes Reimwort (weit/schreit)
klingende/weibliche Kadenz	Reimwort aus einer betonten und einer unbetonten Silbe (Speise/Reise)

Waise	reimloser Vers in einer Strophe mit Endreimen

Versform

Alexandriner	Zeile aus sechs Jamben mit Zäsur in der Mitte: Ein Mund, der Rosen führt und Perlen in sich heget

Strophenformen

Volksliedstrophe	vier Volksliedzeilen mit drei oder vier Hebungen und dem Kreuzreimschema abab mit abwechselnd weiblichen und männlichen Kadenzen
Terzine	italienische Strophenform aus drei Versen in fünfhebigen Jamben mit weiblichen Kadenzen und übergreifender Reimbindung aba/bcb/cdc/ ...
Stanze	italienische Strophenform aus acht Versen mit fünfhebigen Jamben, abwechselnd weiblichen und männlichen Kadenzen und einer strengen Reimform abababcc (zwei Terzinen und einem abschließenden Reimpaar)

Gedichtform

Sonett	Gedicht aus zwei vierzeiligen Quartetten (Aufgesang mit dem Reimschema abba abba) und zwei dreizeiligen Terzetten (Abgesang mit dem Reimschema cdc dcd, das variiert werden kann)

Rhetorische Figuren

Die folgende Liste soll nicht dazu dienen, dass die Schülerinnen und Schüler jede einzelne Eintragung auswendig lernen, sondern vielmehr das Verständnis für die Gestaltungsmöglichkeiten der Sprache jenseits der grammatischen Regeln fördern. Um die Figuren übersichtlicher darzustellen und ihre Zielrichtung zu verdeutlichen, sind sie in Gruppen zusammengefasst. Dabei lassen sich Überschneidungen oder umstrittene Zuordnungen nicht vermeiden. Ergiebige und kompetente Informationen über Begriffe und Definitionen liefert das Metzler-Literatur-Lexikon, hrsg. von Günther u. Irmgard Schweikle. 2., überarb. Aufl. Stuttgart 1990. Die Beispiele stammen aus den Gedichten in diesem Unterrichtsmodell.

1. Wortfiguren (wiederholte, variierte oder neu geschaffene Wörter oder Wortfolgen)

Akkumulation (Häufung)	Aneinanderreihung von Wörtern, die zu einem Oberbegriff gehören	Dies wunderliche Werk, das Gott hat aufgericht, Die Erde, Luft und See, des Himmels hohe Thronen
Amplifikatio (Erweiterung)	kunstvolle Aufschwellung einer Aussage über das Nötige hinaus.	Bedächtige Männer, schwarzbemäntelt, Mit weißen Halskrausen und Ehrenketten Und langen Degen und langen Gesichtern, Schreiten über den wimmelnden Marktplatz
Epiphrasis (Nachsatz)	Fortsetzung eines abgeschlossenen Satzes zur Steigerung oder Verdeutlichung	Wenn der Sommer lächelt, der holde
Klimax (Steigleiter)	Eine Reihe von Wörtern oder Sätzen bringt eine Steigerung zum Ausdruck.	So ist zum Lieben jedwede Zeit Die echte, die rechte, die beste
Neologismus	neu gebildetes Wort	Siebensternenschuhe
Figura etymologica	Spiel mit der Bedeutung von Wörtern des gleichen Stamms	Und träumen seligen Traum

2. grammatische Figuren (Satzbaumuster, Abweichungen vom üblichen Wortlaut oder Satzbau)

Asyndeton	Reihe gleichgeordneter Wörter, Wortgruppen oder Sätze ohne verbindende Konjunktion	O Erd, o Sonne! O Glück, o Lust!
Chiasmus (Überkreuzstellung)	vertauschte Stellung zweier Wörter in aufeinander folgenden Satzgefügen	O Traum einer Liebe! O Liebe eines Traums!
Ellipse (Auslassung)	unvollständiger Satz	Rauch, quellend über die Dächer, Vom Gegenlichte gesäumt.
Exclamatio (Aufschrei)	Umwandlung einer Aussage in einen Ausruf	Das sag ich dem Mond!
Hendiadyoin (eins durch zwei)	Verstärkung eines Begriffs durch zwei gleichwertige, mit *und* verbundene Wörter, meist Substantive	zwischen Tür und Angel
Hypotaxe (Unterordnung)	Nebensatzgefüge	Wir wissen beide, jene Worte, die jeder oft zu anderen sprach und trug, sind zwischen uns wie nichts und fehl am Orte
Inversion (Umkehrung)	Die Wortfolge wird verändert.	Der Frühling nach dem Winter öd
Parataxe (Beiordnung)	Hauptsätze folgen aufeinander.	Jetzt bist zu fort. Dein Zug ging neun Uhr sieben. Ich hielt dich nicht zurück. Nun tut's mir leid.
Parenthese (Einschub)	Einfügung eines selbstständigen, von Gedankenstrichen, Klammern oder Kommas begrenzten Satzes in einen anderen	Ich glaube, dass sie [die Bäume] blühen werden – innen ist grün – dass du mich liebst und es verschweigst.
rhetorische Frage	Umwandlung einer Aussage in eine Frage	Muss immer der Morgen wiederkommen?

3. Sinnfiguren *(innere Organisation einer Aussage mit dem Ziel der semantischen Erweiterung oder Verdeutlichung)*

Antithese (Gegen-Satz)	Verbindung gegensätzlicher Gedanken oder Begriffe	Ich fasse guten Stoff Du fassest schlechten.
Apostrophe	Anrede abwesender Personen oder Dinge	Diotima! selig Wesen!
Correctio (Verbesserung)	unmittelbare Berichtigung einer eigenen Äußerung	– Ich weiß, das wird jetzt manches Mal so sein. Sehr oft vielleicht … Beziehungsweise: immer.
Epitheton (Beiwort)	einem Substantiv oder Namen beigefügtes Adjektiv oder Partizip	seidenrauschende Jungfern
Interjektion (Einwurf)	in einen Satzzusammenhang eingeschobener Einwurf	Oh! ich kehre noch ins Leben
Oxymoron	Verbindung zweier sich widersprechender Begriffe	süße Beschwerden
Paradoxon (Unerwartetes)	Eine scheinbar widersinnige Aussage erweist sich als sinnvoll.	Eine Nacht aus Gold, Sterne aus Nacht

4. Klangfiguren *(Wirkung durch die akustische Gestalt eines Satzes)*

Alliteration	gleicher betonter Anlaut zweier oder mehrerer Wörter in unmittelbarer Nähe	Wie heraus in Luft und Licht
Anapher (Wiederaufnahme)	Mehrere Satzteile oder Sätze fangen mit demselben Wort oder derselben Wortgruppe an.	Wie glänzt die Sonne! Wie lacht die Flur!
Epipher (Zugabe)	Mehrere Satzteile oder Sätze hören mit demselben Wort oder derselben Wortgruppe auf.	Unendliches Sehnen, tiefe Wehmut, Beschleicht mein Herz, Mein kaum geheiltes Herz; –
Parallelismus	In aufeinander folgenden Sätzen sind die Satzglieder in gleicher Weise angeordnet.	Ich will nicht ausrechnen, was es kostet. Ich will nicht nachdenken, ob es gut ist.
Repetitio (Wiederholung)		O Lieb, o Liebe!

5. Bildfiguren/Tropen *(uneigentliche Rede, oft durch bildliche Übertragung)*

Hyperbel	Übertreibung	Was Wunder ist es dann, dass ihr mich sehet sterben/Mehr als zehntausendmal, eh' kaum hingeht ein Tag
Ironie (Verstellung)	Das Gegenteil des Gesagten ist gemeint.	Ein Fischer wohl fischte lange, bis er den Toten fand. „Nun sieh da, du liebliche Jungfrau, hast hier deinen Königssohn!"
Litotes	Untertreibung durch Verneinung des Gegenteils	beglücke zu selten nicht der Nacht Geweihte
Metapher (Übertragung)	Ein Wort aus einem anderen Bedeutungszusammenhang ersetzt das eigentlich gemeinte.	Auf Flügeln des Gesanges
Periphrase	Umschreibung einer Person, einer Sache oder eines Begriffs durch kennzeichnende Tätigkeiten, Eigenschaften oder Wirkungen	am dürren Hügel, der in engen dunklen Raum die Gestalt meines Lebens barg [am Grab]
Personifikation	Pflanzen, Tieren, Dingen oder abstrakten Begriffen werden menschliche Eigenschaften zugeschrieben.	da lächeln alle Sterne

Symbol	Ein konkreter Gegenstand verweist auf einen allgemeinen Sinnzusammenhang.	das zerbrochene Ringlein in dem Gedicht Eichendorffs
Synästhesie	Vermischung unterschiedlicher Sinneswahrnehmungen	duftende Märchen
Synekdoche	Ersetzung eines Begriffs durch einen engeren oder weiteren desselben Bedeutungsfeldes	„Eisen" für Lanze oder Schwert
Vergleich	Zwei Vorstellungen aus unterschiedlichen Bedeutungszusammenhängen werden ausdrücklich – durch „wie", „als ob" – zueinander in Beziehung gesetzt.	Wie Rosenwässer wohlgebrennt/Mir Tränen überfließen.

Übungen zum Bestimmen von Versmaßen

1. *Markieren Sie zuerst die betonten, dann die unbetonten Silben.*

2. *Bestimmen Sie das Versmaß und die Versform anhand der Hinweise im unteren Teil des Arbeitsblattes.*

Herz, mein Herz, was soll das geben?
Was bedränget dich so sehr?
Goethe: Neue Liebe neues Leben

Ich habe was zu sinnen,
Ich hab, was mich beglückt;
Eichendorff: Mir ist zu licht zum Schlafen

Warum gabst du uns die tiefen Blicke
Unsre Zukunft ahndungsvoll zu schaun
Goethe

Lass dich, Geliebte, nicht reun, dass du mir so schnell dich ergeben!
Glaub' es, ich denke nicht frech, denke nicht niedrig vor dir.
Goethe: Römische Elegien. III.

Der wohlgesetzte Fuß, die lieblichen Gebärden
Die werden teils zu Staub, teils nichts und nichtig werden.
Christian Hoffmann von Hoffmannswaldau: Vergänglichkeit der Schönheit

So ist er endlich da, der Augenblick,
Und Karl darf diese teure Hand berühren!
Friedrich Schiller: Don Carlos, vv. 624 f.

Vers:	=	abgegrenzte und durch die regelmäßige Silbenfolge gegliederte Zeile; Form und Gestaltungsmittel dichterischer Sprache. Herkunft: lat. versus: = Umkehr, Wende des Pflugs; Furchen-, Zeilenpaar.
Jambus (Pl. Jamben):	=	unbetonte (Senkung, x) und betonte (Hebung, X) Silbe als Einheit (Takt, Versfuß) zur Gliederung von Versen: **xX**
Trochäus (Pl. Trochäen):	=	metrische Einheit aus einer betonten und einer unbetonten Silbe: **Xx**
Daktylus (Pl. Daktylen):	=	metrische Einheit aus einer betonten und zwei unbetonten Silben: **Xxx**

In den Textbeispielen kommen folgende Versformen vor:

drei- und fünfhebiger Jambus; sechshebiger Jambus mit Zäsur in der Mitte (Alexandriner); vier- und fünfhebiger Trochäus; sechshebige Daktylen, von denen nur vier vollständig sind

Handlungs- und produktionsorientierte Formen des Lyrikunterrichts

[...]

2. Aktives und produktives Lesen – teilweise veränderter – Gedichte

Aktives Hören und Sehen eines Gedichts
Rezitationen der Lehrkraft und/oder von Tonträger; ggf. Illustrationen oder Verfilmungen zu einem Gedicht [...]

Aktives Lesen
Erprobung verschiedener Vortragsweisen, Unterstreichen von Passagen, kommentierendes Lesen, Lesen mit verteilten Rollen [...]

Antizipierendes Lesen
Vermutungen zu Überschriften und teilweise rezipierten Gedichten

Rekonstruierendes Lesen
Wiederherstellen von zerschnittenen Gedichten, Ergänzen von weggelassenen Textteilen (z. B. End- oder Binnenreimwörter, Metaphern, Überschriften), Rekonstruktion zweier vermischter Gedichte, Wiederherstellen von Gedichten mit aufgehobener Zeilenstrukturierung („Prosafassung") etc.

3. Produktive Konkretisation literarischer Texte

Darstellende Konkretisation
Szenische Kontextualisierung und Interpretation eines Gedichtes, Gestaltung lebender Bilder zu einem Gedicht (Standbilder), Erstellen von Text-Bild-Collagen, musikalische Darbietung

Visuelle Konkretisation
Illustrieren von Kernstellen, Umsetzen in einen Comic (bei Balladen und Erzählgedichten); Herstellen eines passenden Videoclips, Umsetzen in Visuelle Poesie (unter Verwendung der Textverarbeitung), Gestalten einer multimedialen Präsentation für PC (MS-PowerPoint)

Konkretisation des lyrischen Ichs
Schreiben einer Rollenbiografie, Verfassen von fiktiven Briefen

Gedichte vergleichen
Selbstständige Beobachtung von Besonderheiten, wobei Vergleichstexte auch von den Schüler/-innen gesucht werden. Mögliche Gesichtspunkte: Themen und Motive, poetologische Aspekte, Entstehungsgeschichte (Fassungsvergleich), historische Kontexte (z. B. [Liebes]gedichte aus verschiedenen Epochen, Strömungen), literarische Qualität (Wertung)

4. Produktive Veränderung literarischer Texte

Parallelgedicht schreiben
Verfassen eines Gedichts nach dem Gestaltungsschema des gelesenen Textes

Veränderung der Textsorte
[...] Umschreiben eines Liebesgedichts in einen Schlagertext etc.

Verändern sprachlich-stilistischer Gegebenheiten
Austausch bzw. Entfernen von Wörtern (Metaphern, Vergleichen, Reimschemata) und Erprobung der dadurch veränderten Wirkung

Verändern des Aufbaus
Umstellen der Strophen

5. Produktive Auseinandersetzung mit literarischen Texten

Produktive literarische Erörterung
Kommentierende Gestaltung, besonders geeignet für Textverarbeitungs- und Hypertextprogramme

Produktive Gesamtdarstellung der Auseinandersetzung mit einem Text
Erstellen einer Wandzeitung; Gestalten von Internetseiten, einer Literaturzeitung oder einer Gedichtanthologie; Erstellen eines Plakats zum Autor; Verfassen einer Empfehlung ...

Nachproduktion
Verfassen von eigenen Gedichten bei Verwendung der Gattung, des Stils, der Motive des Ursprungstextes; Gegentexte verfassen [z. B. Perspektivenwechsel vom Ich zum Du])

Aus: Ulf Abraham, Matthis Kepser: Literaturdidaktik Deutsch. Berlin: Erich Schmidt, 2. Auflage 2006, S. 136 f.

Operatoren zur Interpretation von Lyrik

interpretieren
Basisoperator des Interpretationsaufsatzes:
hermeneutisches, d. h. auf Erkennen und Verstehen gerichtetes Arbeiten am Text;
erklärende und *wertende* Textauslegung;
Untersuchung von Textinhalt und Textform in ihrer Wechselbeziehung
mithilfe textanalytischer Mittel und Verfahren;
Synthese *analytisch* gewonnener Ergebnisse

erklären
einen Sachverhalt in einen Begründungszusammen-hang stellen;
etwas kausal schlussfolgernd herleiten

analysieren/untersuchen
Zerlegen eines Textganzen in Einzelheiten des Inhalts und der Form;
strukturierendes, systematisches Erschließen und *Darstellen* der einzelnen Textaspekte bzw. Textele-mente für sich und in ihrer Wechselbeziehung;
bei literarischen Texten Grundlage des Interpretie-rens

darstellen/darlegen
Zusammenhänge, Probleme usw. unter einer be-stimmten Fragestellung sachbezogen ausführen;
Strukturen, Situationen usw. objektiv abbilden

beurteilen/bewerten
Textinhalte und Textgestaltungen [...] reflektieren, *prüfen* und in ein ästhetisches und/oder ethisches Wertesystem *begründend einordnen*

prüfen
etwas, z. B. eine [...] Auffassung, ein Ergebnis usw., auf seine Schlüssigkeit, Gültigkeit, Berechtigung hin kriterienorientiert betrachten und *bewerten*

begründen
Positionen, Auffassungen, Urteile usw. kausal *bestim-men*, argumentativ herleiten und stützen

einordnen
Einzelnes [...] aspekt- und kriterienorientiert in einen Gesamtzusammenhang stellen

bestimmen
etwas [...] prägnant, akzentuiert und kriterienbezo-gen feststellen

vergleichen
Gemeinsames und Unterschiedliches *herausarbeiten* und gegenüberstellen;
gewichtend ein Ergebnis formulieren

herausarbeiten
Strukturen, Leitgedanken [...], ggf. unter bestimmten Aspekten, aus einem Textganzen herauslösen und in textbezogener Vorgehensweise akzentuiert, auf Wesentliches konzentriert herausheben

Aus dem Operatorenkatalog für die schriftliche Abiturprüfung im Fach Deutsch an den allgemein bildenden und beruflichen Gymnasien in Baden-Württemberg auf der Grundlage der Einheitlichen Prüfungsanforderungen (EPA) der Kultusministerkonferenz

Bewertungsbogen *Lyrikinterpretation*

Kriterien	Indikatoren	1	2	3	4	5	6	Noten
Sprache								
Ausdruck	*treffend, korrekt*							*unangemessen*
	abwechslungsreich							*eintönig*
Satzbau	*variabel*							*gleichförmig*
	korrekt							*fehlerhaft*
R/Z	*kaum Fehler*							*zahlreiche, gravierende Fehler*
Inhalt								
Inhalt und Form	*erfasst*							*nicht erfasst*
deutende Erklärungen	*vielfältig*							*eindimensional*
	tiefgehend							*oberflächlich*
	überzeugend							*nicht einleuchtend*
textanalytische Mittel und Methoden	*sicher beherrscht*							*nicht verwendet*
Verbindung von Erkenntnissen im Detail und über den gesamten Text	*aufschlussreich*							*nicht gelungen*
Vergleich	*Gemeinsamkeiten herausgearbeitet*							*nicht angestellt*
	Unterschiede gegenübergestellt							
(literatur)geschichtliche/ biografische Bezüge	*begründet dargelegt*							*fehlen*
Bewertung von Haltungen und literarischer Qualität	*begründet*							*nicht vorhanden*
Aufbau	*schlüssig geordnet*							*ungeordnet*

Epochenbeschreibungen

Hohes Mittelalter (1170–1270)

Bis ins 11. Jahrhundert sind überwiegend Geistliche die Autoren deutschsprachiger Literatur und der Inhalt bezieht sich meistens auf religiöse Themen. Dies ändert sich im 12. Jahrhundert. Neben den bisher
5 führenden Klöstern und Bischofssitzen entwickeln sich Fürsten- und Adelshöfe zu geistigen Zentren. Das **Rittertum** – und damit zum ersten Mal ein weltlicher Stand – beginnt sich im Lebensstil wie in der Dichtung eine eigene hohe Kulturform zu schaffen.
10 Die Grundlage für diese Kultur, deren Träger der Adel ist, bildet die Machtentfaltung des **staufischen Kaisertums** (1138–1254). „hovelich" oder „hovisch" („was zum Hof gehört"; in erweiterter Bedeutung: „schön", „edel", „vornehm", „reich", „tugendhaft")
15 wird zum Programmwort eines neuen (ritterlichen) Ideals: Man versucht in lebensbejahender Einstellung („hohem muot") religiöse und gesellschaftliche Verpflichtungen miteinander zu verbinden. [...]
Die neuen Kunstformen werden vom französischen
20 Rittertum entwickelt, das damals für ganz Europa tonangebend ist. Die drei wichtigsten Gattungen des Hochmittelalters sind Minnelyrik und Spruchdichtung, höfischer Roman und Heldenepos. Die spezifische lyrische Form der ritterlichen Standeskultur ist
25 der **Minnesang**. Der Begriff „Minne" meint die durch „Zuneigung", „Liebe" gekennzeichnete Beziehung eines Ritters zu einer von ihm verehrten verheirateten adeligen Dame („frouwe": „Herrin"), die für ihn unerreichbar bleibt; d.h. dass jede Aussicht auf eine
30 Erfüllung dieser Liebe ausgeschlossen ist. Minnelyrik ist eine von individuellen Erlebnissen weitgehend freie Dichtung und wird als Lied vor der höfischen Gesellschaft vorgetragen, die aus adeligen Herren mit ihren Frauen besteht; die unverheirateten Töchter
35 haben keinen Zutritt zur Geselligkeit des Hofes. Dem strophisch gegliederten Text ist jeweils eine (einstimmige) Melodie mit begleitendem Saitenspiel zugeordnet und der Dichter ist zugleich Komponist, Sänger und Begleiter. Erhalten ist die Minnelyrik fast aus-
40 schließlich in später zusammengestellten Sammelhandschriften wie der kunstvollen, mit den Bildern der Dichter geschmückten „Manessischen Liederhandschrift" (um 1300). [...]
Die Sprache der Dichter seit etwa 1100 ist das **Mittel-**
45 **hochdeutsche**. [...]

Barock (1600–1720)

Das 17. Jahrhundert ist die Epoche des **Barock** (von portug. barocco: schiefrunde Perle). Diese Epochenbezeichnung wird auch als Stilbegriff für die Literatur, Architektur, Malerei und Musik dieser Zeit verwendet, die als Einheit von Gegensätzen erscheint. Prä- 5 gende Erfahrung dieses Jahrhunderts ist **der Dreißigjährige Krieg** (1618–1648), der durch die Auseinandersetzungen zwischen Protestantismus (Reformation) und Katholizismus (Gegenreformation) entsteht. Ein Drittel der deutschen Bevölkerung 10 kommt in diesen Jahren ums Leben, weite Landstriche sind verwüstet.
Die Grauen des Krieges, Mord, Zerstörungen, Hunger und Seuchen, rufen den verunsicherten Menschen die Vergänglichkeit des Irdischen ins Bewusstsein 15 und bewirken ein besonderes Verhältnis zum Tod. Kennzeichnend für den Barockmenschen ist eine **antithetische Grundstimmung** aus Todesangst und Lebensgenuss, tiefer Frömmigkeit und Leidenschaft. Trotz der großen Kriegsschäden gelingt den Fürsten- 20 höfen ein rascher Wiederaufbau. Nach dem Vorbild Frankreichs, wo Ludwig XIV., der „Sonnenkönig", als absoluter Herrscher regiert, werden die **Fürstenhöfe** zu Mittelpunkten des politischen und kulturellen Lebens; sie ziehen Adlige und bürgerliche Gelehrte als 25 Hofbeamte an, die zu Hauptträgern der Kultur werden.
Durch ihre höfischen Zentren und Auftraggeber erhält die Dichtung öffentlichen, repräsentativen Charakter. Es ist das Verdienst von Martin Opitz, mit 30 seinem „Buch von der Deutschen Poeterey" (1624) für klare Regeln, vor allem in Hinblick auf die Sprache und Versform der Dichtung, gesorgt zu haben. Die Dichter dieser Zeit verwenden die sprachlichen Mittel nicht, um ein einmaliges Erlebnis zu gestalten, 35 sondern um etwas Allgemeines im Besonderen auszudrücken (allegorisches Verfahren). Die **Allegorie** (Verbildlichung von Abstraktem) wird zur wichtigsten Aussageform der Barockdichtung. [...]
Als neue, streng gegliederte Gedichtform wird das 40 **Sonett** aus Italien übernommen. Es besteht aus 14 Versen, die in zwei vierzeilige (Quartette) und zwei dreizeilige Strophen (Terzette) gegliedert sind. Das beherrschende Versmaß [...] des Sonetts (auch des Dramas) im Barock ist der Alexandriner, eine sechs- 45 hebige Zeile mit regelmäßigem Wechsel von Senkung und Hebung (Jambus) und einem Sinneinschnitt (einer Zäsur) nach der dritten Hebung. [...]

Sturm und Drang (1767–1785)

In der Mitte des 18. Jahrhunderts vollzieht sich in Deutschland ein Umbruch: Ein Teil der Jugend wehrt sich gegen eine Lebensform, die nur von Zweckmäßigkeit bestimmt ist, und stellt der Verstandeskultur
5 der Aufklärung das Recht des Gefühls, des Triebs und der Spontaneität gegenüber; dabei lässt sie sich von Pietismus und Empfindsamkeit anregen. In dieser revolutionären Jugendbewegung werden zwar Vernunft und klares Denken nicht als unwichtig ange-
10 sehen, man will aber gegen deren einseitige Vorherrschaft vorgehen und betont deshalb das Schöpferische, Fantasie- und Gefühlvolle, das man mit dem **Geniebegriff** verbindet: Das Genie ist der Inbegriff der schöpferischen Kraft, die Vollendung des natur-
15 haften Individuums. Diese jungen Menschen fordern Freiheit für den produktiven Geist und dessen Recht auf Produktivität. Obwohl sie keine konkreten politischen Ziele verfolgen, ist ihr **Freiheitsbegriff** durchaus politisch geprägt: Er richtet sich nämlich auch
20 gegen soziale Unterdrückung, die Willkür des absolutistischen Herrschers und bürgerlich-christliche Moralvorstellungen und enthält die Forderungen nach freier Entwicklung der eigenen Anlagen, nach Menschenrecht und sozialer Gerechtigkeit.
25 Gleichzeitig bildet sich ein neues **Verständnis für die Natur**: So wie der Mensch aus seiner Natur heraus frei leben soll, um seine Individualität zu entwickeln, misst man der Natur selbst einen Wert bei – auch ohne menschliche Einwirkung und Gestaltung. Es
30 kommt nun für den Menschen darauf an, die Natur nicht mehr nach seinen Vorstellungen zu bearbeiten und zurechtzustutzen, sondern eine angemessene Einstellung zu ihr, ein unmittelbares Empfinden für die Natur zu gewinnen.
35 Die Vertreter der Geniezeit oder des **Sturm und Drang**, wie die Epoche nach einem zeitgenössischen Schauspiel von Friedrich Maximilian Klinger genannt wird, drücken ihre neue Haltung auch in einer veränderten **Sprache** aus. Begriffe, die das Gefühl kenn-
40 zeichnen, stehen im Mittelpunkt. Häufig verwendet man Verben, um Gedankengänge lebendig zu gestalten; und diese Gedankengänge müssen nicht immer logisch sein und in der überkommenen grammatischen Form ausgedrückt werden, sie sollen vielmehr
45 die innere Aufgewühltheit widerspiegeln. In der epischen Dichtung, vor allem aber in der Lyrik werden vorzugsweise **persönliche Erlebnisse** verarbeitet, sodass die Dichtung autobiografische Züge annimmt. Neben der Lyrik schätzt die junge Generation
50 das Drama als ihrer Gefühlshaltung gemäß. In dem englischen Dichter William Shakespeare (1564–1616) findet man die Kultfigur, deren Naturgewalt alle einengenden Kunstregeln sprengt.

Klassik (1786–1832)

Das von lateinisch classicus („ein zur ersten Steuerklasse Gehöriger"; übertragen: „ersten Ranges", „mustergültig", „vollendet") abgeleitete deutsche Adjektiv **klassisch** bezeichnet eine geistesgeschichtliche Epoche, die von nachfolgenden Zeiten als vor- 5 bildlich anerkannt wird. Im 18. Jahrhundert verstand man unter „Klassik" vor allem die griechische und römische Antike, die durch den Einfluss der Renaissance auch in Deutschland wiederentdeckt worden war. Die Epoche der **Klassik** in der deutschen Litera- 10 tur wird im Wesentlichen von zwei (in den Adelsstand erhobenen) Dichtern repräsentiert: Johann Wolfgang Goethe und Friedrich Schiller.
Örtlicher Mittelpunkt der Klassik ist **Weimar**, ein „Mittelding zwischen Dorf und Stadt" (Johann Gott- 15 fried Herder), das damals wenig mehr als 6000 Einwohner hat.
Man kann die **Zeit der Klassik** mit Daten aus der Biografie beider Dichter eingrenzen. Die Klassik im engeren Sinn, die Hochklassik, beginnt mit Goethes 20 Italienreise (1786–1788), während der er – angeregt durch die Begegnung mit der antiken Kultur – die neuen Ideen entwickelte, und endet mit Schillers Tod (1805). Die Klassik im weiteren Sinn reicht bis zu Goethes Tod (1832), fast parallel mit der literarischen 25 Romantik, die gegen Ende des 18. Jahrhunderts beginnt und bis über das erste Drittel des 19. Jahrhunderts wirkt.
Das **Ideal der Klassik** ist die harmonische Einheit des Guten, Wahren und Schönen im Sinne der Formung 30 und Normung aller menschlichen Anlagen und Fähigkeiten. Weder zu viel Verstand noch zu viel Gefühl gelten als vorbildlich, sondern eine maßvolle, in der Vernunft begründete reine Menschlichkeit im Dienst der gesamten Menschheit (Humanität). Dabei beruft 35 man sich vor allem auf die Philosophie Immanuel Kants (1724–1804), der den sogenannten kategorischen Imperativ u.a. folgendermaßen formuliert: „Handle so, dass die Maxime deines Willens jederzeit zugleich als Prinzip einer allgemeinen Gesetzgebung 40 gelten könne." Im Gegensatz zum Sturm und Drang bekennt man sich in der Klassik zu einer idealen Seins- und Wertordnung.
Der **politische Hintergrund** für die Zeit vor und kurz nach der Jahrhundertwende ist durch die Franzö- 45 sische Revolution und ihre Wirkung auf das übrige Europa geprägt, dann durch den Aufstieg und die Persönlichkeit Napoleon Bonapartes (1769–1821) sowie den Rückgang der Macht Preußens.
Wenn diese Ereignisse kaum in der Literatur der Klas- 50 sik verarbeitet werden, so liegt das im Wesentlichen daran, dass die Geisteshaltung der Zeit mehr von philosophischen als von politischen Gedankengängen bestimmt ist.

₅₅ Der klassische **Kunststil** ist in erster Linie darauf gerichtet, zeitlose Sinnbilder zu schaffen und menschliches Handeln harmonisch zu gestalten. Nach der Epoche des Sturm und Drang, die absolute künstlerische Freiheit forderte, ist nun das Bedürfnis nach
₆₀ Gesetz und Regel gewachsen. Gegenüber der Romantik folgt die Klassik einer besonders auf „Vollendung" bedachten Kunstkonzeption, der die geschlossene Form entspricht, so z. B. im Drama. Die Sprache des klassischen Dramas ist an den Vers (vorherrschend
₆₅ Jambus) gebunden und sucht allgemein gültige Formulierungen. Der klassische Roman ist durch eine ideelle Orientierung gekennzeichnet, vor allem in der Form des Bildungsromans. Auch in der Lyrik strebt man nach Idealisierung und Klärung des Individu-
₇₀ ellen zum allgemein Gültigen, z. B. mithilfe der Symbolik.

Romantik (1798–1835)

Um 1797 kommt der Begriff „romantische Poesie" auf, aus dem später der Name für diese Epoche abgeleitet wird. „**Romantisch**" bedeutet in dieser Zeit so viel wie „im ‚Roman' vorkommend", „fantasievoll",
₅ „wunderbar", „unwirklich" – alles, was sich dem nüchternen Verstand entzieht. Als Epochenbegriff bezeichnet **Romantik** die Zeit zwischen 1798 und 1835. Dies ist eine politisch außerordentlich bewegte Zeit: Sie steht unter dem Zeichen von Napoleons Auf-
₁₀ stieg und Sturz, den Befreiungskriegen, der Neuordnung Europas auf dem Wiener Kongress, der Restauration sowie der demokratisch-liberalen und nationalen Unabhängigkeitsbewegungen.
Die Romantik entwickelt sich größtenteils parallel
₁₅ zur Klassik und zum Teil zeitgleich zum Biedermeier und zum „Jungen Deutschland". Hinsichtlich ihrer Opposition gegen einen engen Vernunftbegriff, der nur das rational Erfassbare und Nützliche gelten lässt, und ihrer Hochschätzung des Gefühls kann die Ro-
₂₀ mantik als Weiterführung der Empfindsamkeit und des Sturm und Drang betrachtet werden. Neben dem Bewusstsein und der Reflexion hält man nun auch die Abgründe des Seelischen, Träume, Geheimnisvolles, Dämonisches für wesentlich.
₂₅ Die Grenzen zwischen Fantasie und Wirklichkeit verschwimmen. Die Autoren setzen sich sogar zum Ziel, die Welt zu „romantisieren", damit sie ihren „ursprünglichen Sinn" wieder finde: „Indem ich dem Gemeinen einen hohen Sinn, dem Gewöhnlichen
₃₀ ein geheimnißvolles Ansehn, dem Bekannten die Würde des Unbekannten, dem Endlichen einen unendlichen Schein gebe so romantisire ich es" (Novalis, „Fragmente").
Anders als die Klassik hat die Romantik verschiedene
₃₅ **Zentren** (Jena, Berlin, Heidelberg, Stuttgart) und ent-

wickelt sich in mehreren **Phasen** (Früh-, Hoch- und ₄₀ Spätromantik). Erstmals spielen auch Frauen eine aktivere Rolle im kulturellen Leben.
Das Märchen wird wieder entdeckt, ebenso das Volkslied und die Sage. Außerdem wendet man sich der Geschichte zu und begeistert sich für das christliche ₄₅ Mittelalter als den nationalen Ursprung Deutschlands. Die Brüder Grimm, die „Kinder- und Hausmärchen" sowie „Deutsche Sagen" sammeln, aufschreiben und herausgeben, arbeiten an einem „Deutschen Wörterbuch", das die Sprachentwicklung dokumentiert. Aus ₅₀ der Erforschung der deutschen Sprache und Literatur entsteht eine Wissenschaft, die Germanistik.
Am bedeutendsten ist die romantische **Lyrik** mit ihrer raffinierten Mischung aus volksliedhafter Schlichtheit und bewusster Kunstfertigkeit. Daneben ist der ₅₅ **Roman**, zu dessen Bestandteilen oft auch Gedichte, Märchen, Erzählungen und philosophische Reflexionen gehören, eine wichtige Form romantischer Dichtung. Der Roman bleibt – vor allem in der Frühromantik – häufig unvollendet, Fragment. Das Frag- ₆₀ mentarische, die Wertschätzung des Unbewussten, die Vermischung der Gattungen, die Hinwendung zur Volkspoesie und zum Mittelalter sind **Merkmale romantischer Dichtung**.

Biedermeier (1820–1850)

Die Epoche des Biedermeier umfasst politisch im Wesentlichen die Zeit der Metternich'schen **Restauration** nach der Neuordnung Europas auf dem Wiener Kongress (1815). Dabei geht es um den Versuch, die Verhältnisse des 18. Jahrhunderts vor der Französ- ₅ sischen Revolution (1789) so weit wie möglich wieder herzustellen. Zur Bekämpfung der revolutionären bürgerlichen Kräfte (der Republikaner und Liberalen) und Ideen geht man mit Zensurschikanen, Hausdurchsuchungen und Haftstrafen gegen sie vor; „auf- ₁₀ rührerische" Bühnenstücke wie z. B. „Die Räuber" werden verboten. Dieser restaurative Druck führt vielfach zur Resignation, aber auch zu einer Betonung des Privaten und der persönlichen Bildung. Besonders gern beschäftigt man sich mit der Litera- ₁₅ tur. Almanache (Kalender und Jahrbücher) und Taschenbücher finden eine Verbreitung wie nie zuvor. Der Bildungsdrang des Bürgertums ist auch an der Gründung der heute noch bedeutenden Enzyklopädien (Nachschlagewerke) von Brockhaus und Meyer ₂₀ erkennbar.
Es kommt jedoch auch zu kämpferischer Kritik an den sozialen und politischen Zuständen in Deutschland und der Forderung nach Reformen, insbesondere im „Jungen Deutschland" und „Vormärz". Für die ₂₅ Werke solcher Autoren, die das politische Geschehen weitgehend ausklammern und sich auf traditionelle

Wertordnungen (Familie, Volk, Heimat), auf Religion und Geschichte zurückziehen, hat sich der Begriff 30 „Biedermeier" durchgesetzt; seine ursprünglich negative, herabsetzende und ironisierende Bedeutung (des Spießigen) hat er seit Anfang des 20. Jahrhunderts verloren.

Einerseits knüpfen diese Autoren, die im Schatten der 35 Klassik stehen, an deren Idealen an; ihre Werke weisen auch insofern eine **Tendenz des Bewahrens** auf. Andererseits nehmen sie ihre Umwelt sehr genau wahr, was sich in einer realistischen Tendenz äußert: in der Liebe zu den kleinen Dingen, zum Detail. We- 40 gen ihrer **Wirklichkeitsnähe** werden manchmal die Werke des Biedermeier sogar dem „Frührealismus" zugeordnet, während man das Junge Deutschland und die Dichtung des Vormärz als „politischen Realismus" und die folgende Epoche als „bürgerlichen" 45 oder „poetischen Realismus bezeichnet.

Neben der Vorliebe für das Überschaubare und der Betonung des Geborgenen zeigen die meist vereinzelt und zurückgezogen lebenden Schriftstellerinnen und Schriftsteller des Biedermeier auch Verständnis für 50 das Abgründige dieser Zeit. Sie erkennen durchaus den **Zwiespalt** zwischen ihren Idealen und den Einschränkungen durch die reale Alltagswelt, insbesondere ihre politische Unmündigkeit, und leiden an ihrer Situation. Die Forschung sieht „in der Entsa- 55 gung, die sich aus dem Zwiespalt von Ideal und Leben ergibt, einen Grundbegriff des Biedermeiers" (Friedrich Sengle: „Biedermeierzeit").

Eduard Mörikes „Gebet" (1832) ist ein Ausdruck dieser **Selbstbescheidung**:

60
> Wollest mit Freuden
> Und wollest mit Leiden
> Mich nicht überschütten!
> Doch in der Mitten
> Liegt holdes Bescheiden.

Aus: Werke. Hg. von Hannsludwig Geiger. Berlin und Darmstadt: Der Tempel-Verlag 1963, S. 83 f.

65 Mit dieser Geisteshaltung ist allerdings die Gefahr verbunden, dass man Problemen ausweicht, in die Erinnerung flieht und zu Passivität neigt.

Realismus (1850–1890)

[...] Das Fehlschlagen der Revolution von 1848 bewirkt einen Einschnitt in der geistigen – und damit auch der literarischen – Entwicklung des 19. Jahrhunderts. Mit geschärftem Wirklichkeitssinn stehen viele 5 Schriftsteller von nun an ihrer Umwelt gegenüber. Diese ist geprägt von zunehmender Technisierung und Industrialisierung, aber auch der wachsenden Bedeutung sozialer Probleme, vom Aufschwung der Naturwissenschaften und dem Verlust religiöser Ori- 10 entierung.

Die Literatur dieser Zeit ist durch **Realismus** im Sinne der Wortherkunft (lat. res = Sache, Ding) als „**Sachgebundenheit**" gekennzeichnet; ihn sehen die Autoren dieser Zeit selbst als Ziel und Merkmal ihres Schaffens an, ohne allerdings das literarische Erbe aus 15 Klassik und Romantik ganz aufzugeben.

Schon in früheren Zeiten hat es immer wieder Versuche einer wirklichkeitsnahen Kunst, verstanden als „Nachahmung der Natur" (Mimesis), gegeben. Um den Realismus als Epochenbezeichnung von einer 20 solchen Kunstrichtung abzugrenzen, nennt man heute den Realismus der Jahre nach der gescheiterten Revolution von 1848 bis zur Entlassung des Reichskanzlers Otto von Bismarck (1890), in manchen Literaturgeschichten auch bis 1898, dem Todesjahr 25 Theodor Fontanes und Conrad Ferdinand Meyers, je nach Akzentsetzung „**poetischen**", „**psychologischen**" oder „**bürgerlichen**" Realismus.

Den deutschen Dichtern dieser Zeit ist gemeinsam, dass sie die ihnen fassbare Welt möglichst unpartei- 30 isch beobachten und ausschnitthaft schildern, sich aber zugleich bemühen, einen größeren Zusammenhang wenigstens erahnen zu lassen. Häufig greift man auch auf geschichtliche Themen zurück. „Realismus" heißt für die Autoren dieser Epoche also 35 nicht „wirklichkeitsgetreue", „präzise" Abbildung der den Menschen umgebenden Wirklichkeit (Natur, Umwelt, Gesellschaft), wie sie die in dieser Zeit zu den Vervielfältigungstechniken aufsteigende Fotografie leistet, nicht „das nackte Wiedergeben alltäg- 40 lichen Lebens, am wenigsten seines Elends und seiner Schattenseiten" (Theodor Fontane), sondern die Darstellung dieser Wirklichkeit unter spezifisch poetischer Stoffauswahl und in dichterischer Gestaltung. Nach Theodor Fontane erstrebt der so verstandene 45 Realismus „Widerspiegelung alles wirklichen Lebens [...] im Elemente der Kunst", und „ohne diese Verklärung gibt es [...] keine eigentliche Kunst" („Unsere lyrische und epische Poesie seit 1848").

Dadurch unterscheiden sich die Werke dieser Litera- 50 turepoche von denen des Naturalismus.

In der Lyrik neigt man dazu, Subjekt und Objekt (z. B. Ich und Natur) zu trennen, sodass sich die Welt der Dinge verselbstständigen kann; als ein Mittel indirekter Aussage wird dann die Symbolisierung der Au- 55 ßenwelt genutzt.

Der Realismus bevorzugt die Gattung der Epik und dabei Darstellungsmittel, die der Objektivierung dienen, z. B. die Rahmenerzählung.

Impressionismus/Symbolismus (1890–1920)

Das Ende des alten und der Beginn des neuen Jahrhunderts ist literarisch durch eine Fülle unterschiedlicher Bestrebungen und Stilrichtungen gekennzeich-

net. Ihr gemeinsames Merkmal besteht darin, dass sie
5 als **Gegenströmungen zum Naturalismus** auftreten,
einer Richtung der europäischen Literatur zwischen
1880 und 1900, die die objektive und naturgetreue
Wiedergabe der Wirklichkeit fordert. Zwar sind auch
sie auf dem Boden des zweiten Kaiserreiches im Zeit-
10 alter des Imperialismus mit seinem politischen und
wirtschaftlichen Herrschaftsstreben entstanden; ihre
Anhänger wollen jedoch mit dem Zeitgeschehen, der
Alltagswirklichkeit und der Weltanschauung des
Materialismus nichts zu tun haben.
15 Die sogenannten **Neuklassiker** besinnen sich auf
Werte und Formen der klassischen Überlieferung, die
sie als Ausdruck vornehmen (aristokratischen) Le-
bensgefühls pflegen; die Vertreter der „Neuroman-
tik" finden wieder Gefallen am Nichtalltäglichen,
20 am Geheimnisvollen und Wunderbaren. Größere
Wirkungen üben in der Jahrhundertwende jedoch
zwei andere Kunstrichtungen aus: Impressionismus
und Symbolismus. Mit dem Begriff **Impressionismus**
(lat. „impressio": Eindruck), den man von der zeitge-
25 nössischen französischen Malerei übernimmt, wird
ein neues Kunstideal bezeichnet: Nicht Erscheinungs-
formen einer vermeintlich objektiven Wirklichkeit
sind ihm wichtig, sondern subjektive Eindrücke, die
von Augenblick zu Augenblick wechseln und feinste
30 Halbtöne, Schattierungen, Stimmungen erfassen. Ihre gesteigerte Empfindungskraft richten die Impres-
sionisten nicht nur auf die Außenwelt, sondern auch
auf seelische Regungen, die nun psychologisch genau
wiedergegeben werden.
35 Während der Impressionismus mit der Darstellung
subjektiver Eindrücke stärker sensualistisch orientiert
ist, d. h. sich im Wesentlichen auf Sinneswahrneh-
mung bezieht, ist der **Symbolismus** eine eher spiri-
tualistische Kunstrichtung, die das Wirkliche als geis-
40 tig oder Erscheinungsweise des Geistigen deutet.
Diesen hintergründigen Zusammenhang in allen
Dingen gestaltet der Symbolist in konzentrierter
Form mithilfe des Symbols oder Sinnbildes. Einige
Künstler, die sich dem Symbolismus zugehörig füh-
45 len, vertreten die Forderung nach einer Kunst um der
Kunst willen („l'art pour l'art"), die nur von einem
erlesenen Kreis eingeweihter Kunstverehrer angemessen aufgenommen werden kann.
Diesen verschiedenen Strömungen liegt die Erfah-
50 rung sozialer Entfremdung und Isolierung zugrunde,
ein **Krisenbewusstsein**, das sich sowohl mit dem Bewusstsein von Niedergang, Weltmüdigkeit und Verfall („Décadence") und dem Ende des bürgerlichen
Zeitalters („Fin de siècle") verbinden kann als auch
55 mit Erneuerungsstreben und Aufbruchsbegeisterung.
Das optimistische Stilbemühen der Zeit findet seinen
deutlichsten Niederschlag im sogenannten **Jugendstil** der bildenden Kunst; dessen Tendenz zur Erlesen-
heit und Stilisierung beeinflusst auch die Literatur,

sodass von einem literarischen Jugendstil gesprochen 60
werden kann. Im Sinne des Jugendstils wurden Bücher mit dekorativen Drucktypen, Illustrationen, Ti-
telseiten und Einbänden ausgestattet.
Die bedeutendsten Leistungen der Epoche liegen auf
lyrischem Gebiet. Bevorzugt wird eine durch Me- 65
trum, Reim und Strophenform gehobene Sprache,
wobei der Symbolismus zu strengeren Formen neigt.
Die literarischen Zentren der Zeit sind **Wien**, **Berlin**
und **München**.

Expressionismus (1910–1925)

Der **Expressionismus** (lat. „expressio": Ausdruck),
zunächst als **Ausdruckskunst** Bezeichnung für die
europäische bildende Kunst zu Anfang des Jahrhunderts, seit 1911 auch für die Literatur, ist die einzige
noch deutlich nach Stilmerkmalen abgrenzbare lite- 5
rarische Epoche des 20. Jahrhunderts. Statt „Expressionismus" wird häufig der Begriff **Moderne** verwendet. Die Werke dieser Epoche werden vor allem von
der Generation der zwischen 1875 und 1895 gebore-
nen Schriftsteller verfasst, denen der **Ausdruck inne- 10
ren Erlebens und innerlich „geschauter" Wahrheit**
entscheidend wichtig ist. Diese junge Künstlergene-
ration ist geprägt durch
- die Auseinandersetzung mit den Vätern der Grün-
  derzeitgeneration: einem neureichen, scheinbar 15
  selbstzufriedenen, Kapitalismus und Militarismus
  unterstützenden Bürgertum;
- enormen wirtschaftlichen Aufschwung, Expansion
  von Industrie und Technik: um 1910 ist Deutschland der zweitgrößte Industriestaat der Welt; 20
- das Erlebnis der Großstadt: die Gesellschaft dieser
  Zeit ist vor allem durch die explosionsartige Ver-
  städterung gekennzeichnet, mit der die Ballung
  sozialer Probleme verbunden ist;
- die Erfahrung des Krieges als „Vision des Grauens": 25
  das Erschrecken angesichts des sinnlosen Massen-
  sterbens führt zur Infragestellung aller bisherigen
  Wertvorstellungen, zur Ablehnung von Tradition,
  herkömmlichen Denk- und Sprachmustern.
Expressionistische Literatur ist jedoch nicht nur Aus- 30
druck von **Entfremdungserfahrungen** und **Zivilisa-
tionskritik**; sie äußert sich auch in der **Sehnsucht
nach dem neuen Menschen** und dem radikalen Versuch, zum „Wesentlichen" der Wirklichkeit vorzusto-
ßen; Wirklichkeit wird vieldimensional gedeutet. 35
Stilistische Kennzeichen des Expressionismus sind
- Ausdrucksformen extremer Subjektivität wie Pa-
  thos und Ekstase,
- visionäre Bilder als neue Ausdrucksmöglichkeiten
  in überkommenen Formen, 40
- Verfremdungsmittel, die das Bedrohliche hinter
  den Erscheinungen zur Geltung bringen,

- „Befreiung" der Sprache aus grammatischen Normen,
45 - die Nähe zur Montagetechnik des neuen Mediums Film, die in Zeilenstil und Simultantechnik expressionistischer Texte erkennbar ist.

Zu Beginn der expressionistischen Literaturepoche herrscht die Lyrik vor; deren beherrschende Stellung
50 wird gegen Ende des Weltkrieges durch das Drama eingenommen. Hinter Lyrik und Drama tritt der expressionistische Roman zurück.

Neue Sachlichkeit/Weimarer Republik (1918–1933)

[...] Als literarische Epoche lässt sich die Zeit zwischen 1918 und 1933 nicht so bestimmt abgrenzen wie die politische. Das gilt vor allem für den Beginn: Zwar bildet die Ablösung der monarchischen Staats-
5 form durch die republikanische historisch einen deutlichen Einschnitt, im literarischen Bereich bleiben die Übergänge zum Expressionismus jedoch fließend.

Seit dem Ende des Ersten Weltkrieges und den poli-
10 tischen und wirtschaftlichen Belastungen, die dem Zusammenbruch der alten Ordnung folgen, besonders nach der Inflation (1923), bezeugen allerdings viele der nun hervortretenden Dichtungen in immer stärkerem Maße ein **desillusioniertes, nüchternes**
15 **oder gar skeptisches Verhältnis der Autoren zur Wirklichkeit.** Der oft pathetisch übersteigerten Ausdrucksweise des Expressionismus setzt man eine sachliche, um Genauigkeit bemühte Sprache entgegen. Der aus der Malerei übernommene, 1923 ge-
20 prägte Begriff **Neue Sachlichkeit** wird für die Folgezeit stilbestimmend. Die neusachliche Richtung ist jedoch nicht einheitlich, vor allem nicht in ihrem Kunstverständnis und ihren Absichten.

Mit dem neuen Wirklichkeitsbewusstsein mag es zu-
25 sammenhängen, dass nicht-fiktionale Prosa an Bedeutung gewinnt und solche literarischen Formen einen Aufschwung erleben, die von sich aus der realistischen Schreibweise nahestehen; vielen Lesern gelten nun z.B. Reportage und Essay als „kunstfä-
30 hig".

Zur beherrschenden Form dieser Epoche wird jedoch der **Roman.** [...]

Die chaotische Welt der „Großstadt" sieht man in **Berlin** verkörpert, das in den „Goldenen Zwanziger-
35 jahren" eine kulturelle Blüte erlebt. Nachhaltiger als die überkommenen Gattungen der Dichtung verändern **die neuen Medien** Film, Rundfunk und Schallplatte das kulturelle Leben. Viele Schriftsteller passen sich der Situation an und nutzen diese Medien: Sie
40 schreiben Hörspiele, lesen im Rundfunk und verarbeiten ihre Werke im Film.

Zweite Hälfte des 20. Jahrhunderts (1949–1990)

[...] Zunehmende Ost-West-Spannungen und die Isolierung des eigenen Territoriums durch die Machthaber der DDR führen zu einer noch tieferen Spaltung Deutschlands [, als sie schon durch die Teilung in zwei Staaten besteht] – und zu zwei Literaturen. 5
[...] Die Geschichte der Literatur der Bundesrepublik Deutschland ist nicht unabhängig von der Entwicklung dieses Staates zu beschreiben.

1. **Phase (1949-1959): Gesellschaftskritik und Auseinandersetzung mit politischen Themen** 10
[...] Kritik an der Wohlstandsgesellschaft wird zu einem wichtigen Thema der Literatur. Außerdem setzen sich die deutschen Schriftsteller engagiert mit politischen Themen auseinander, wie der Wiederaufrüstung der Bundesrepublik, dem Eintritt in 15 die NATO, der atomaren Rüstung und dem Antikommunismus.

2. **Phase (1960-1968): Politisierung der Literatur und öffentliches Engagement der Schriftsteller**
[...] [Die „außerparlamentarische Opposition" 20 (APO)] wendet sich gegen den Vietnamkrieg, gegen die USA und deren vermeintlichen Imperialismus, aber auch – in einer antiautoritären Bewegung – u.a. gegen staatliche Institutionen, die bürgerliche Gesellschaft und deren Moralvorstel- 25 lungen. Innenpolitisch streitet man über die Notstandsgesetze, die von vielen als Einschränkung der Grundrechte angesehen werden, über Friedenssicherung und die Schwierigkeiten der Vergangenheitsbewältigung. [...] 30
Diese Auseinandersetzungen prägen auch die Literatur dieser Zeit. Literatur, so wurde mancherorts gefordert, soll sich vorrangig auf ihren sozialen und politischen Gebrauchswert ausrichten, nicht auf ihre ästhetische Qualität. Von Bedeutung ist 35 vor allem die dokumentarische Literatur der 60er-Jahre.

3. **Phase (1969-1977): Neue Subjektivität**
[...] Innere Spannungen prägen diese Zeit. Vor allem die Terroranschläge der sogenannten „Rote 40 Armee Fraktion" (RAF) erzeugen ein Klima von Unsicherheit und Hass. Neben der Rüstungspolitik bereiten die Umweltproblematik und die hohe Arbeitslosigkeit, aber auch der Zustrom von Aussiedlern und Asylanten vielen Bundesbürgern Sorge 45 und Angst. In der Literatur setzt man sich zwar mit diesen Problemen auseinander, im Wesentlichen besinnt man sich aber auf das eigene Ich und seine subjektive Welt. [...] Die Autoren verstehen ihre Suche nach Identität und Authentizität beim 50 Schreiben allerdings nicht als Flucht vor der bedrängenden Wirklichkeit, sondern als Fortführung ihres gesellschaftlichen Engagements. Die „Neue

Subjektivität" macht sich in der Literatur dieser
Jahre vor allem in Form des Interesses an eigener
und fremder Lebensgeschichte bemerkbar; es werden zum Beispiel viele autobiografische Werke veröffentlicht. In den 70er-Jahren entsteht außerdem
im Zuge der Frauenbewegung eine neue Art von
Texten, die spezifisch weibliche Erfahrungen zum
Ausdruck bringen.

4. Phase (1978–1990): Im Zeichen der „Postmo-
derne"
Viele Deutsche haben in den 80er-Jahren das Gefühl, dass wir in einer Zeit des kulturellen Still-
stands leben, in einer „nachgeschichtlichen" Epoche („Post-Historie"), und sind orientierungslos. In
dieser Phase taucht besonders häufig der Begriff
„Postmoderne" auf; er bezeichnet vor allem den
Verlust verbindlicher Orientierungen und Wertset-
zungen, der mit dem Bewusstsein einhergeht, von
ökologischen und sozialen Katastrophen globalen
Ausmaßes bedroht zu sein. Dieses Krisenbewusstsein findet in unterschiedlicher Weise Eingang in
die Literatur dieser Zeit und überdauert die Ereignisse des Herbstes 1989. […]

Aus: Rainer Madsen: Geschichte der deutschen Literatur in Beispielen. Von den
Anfängen bis zur Gegenwart. Paderborn: Schöningh Verlag 1999, S. 33 f., 84 f.,
117 f., 131–133, 151 f., 169 f., 202 f., 227 f., 244, 255 f., 300–302

Literaturhinweise

Textsammlungen und -ausgaben

Hans Wagener [Hrsg.]: „Es schlug mein Herz". Deutsche Liebeslyrik. Stuttgart: Reclam 2006 (Universal-Bibliothek Nr. 18430).

Jörg Drews [Hrsg.]: Das Labyrinth ist eröffnet. Liebesgedichte der Gegenwart. Stuttgart: Reclam (Universal-Bibliothek Nr. 18541), 2008.

Evelyne Polt-Heinzl und Christine Schmidjell [Hrsg.]: Liebesgedichte aus aller Welt. Stuttgart: Reclam, 2001.

Kurt Eigl [Hrsg.]: Die klassischen Gedichte der Weltliteratur. Salzburg, Stuttgart: Das Bergland-Buch, 1966.

Des Knaben Wunderhorn. Alte deutsche Lieder. Gesammelt von Achim von Arnim und Clemens Brentano. Kritische Ausgabe in drei Bänden. Herausgegeben und kommentiert von Heinz Rölleke. Stuttgart: Reclam (Universalbibliothek Nr. 1250), 1987.

Minnesang. Mittelhochdeutsche Texte mit Übertragungen und Anmerkungen. Hrsg., übersetzt und mit einem Anhang versehen von Helmut Brackert. 8. Aufl. Frankfurt am Main: Fischer Taschenbuch-Verlag, 2004.

Bertolt Brecht: Liebesgedichte. Ausgewählt von Werner Hecht. Frankfurt am Main: suhrkamp taschenbuch 3795, 2006.

Johann Wolfgang Goethe: Liebesgedichte. Ausgewählt von Karl Eibl. Frankfurt am Main: Insel Verlag (insel taschenbuch 2825), 2002.

Heinrich Heine: Ich weiß nicht, was soll es bedeuten. Gedichte. Stuttgart, München: Deutscher Bücherbund, Winkler, 1986.

William Shakespeare: The Sonnets/Die Sonette. Englisch und in ausgewählten deutschen Versübersetzungen. Mit Anmerkungen und einem Nachwort herausgegeben von Raimund Borgmeier. Bibliographisch ergänzte Ausgabe. Stuttgart: Reclam (Universal-Bibliothek Nr. 9729), 2003.

Wissenschaftliche Literatur, Handbücher, Interpretationen

Gerhard Härle: Lyrik – Liebe – Leidenschaft. Streifzug durch die Liebeslyrik von Sappho bis Sarah Kirsch. Göttingen: Vandenhoeck & Ruprecht/Lizenzausgabe für die Wissenschaftliche Buchgesellschaft, 2007.

Hiltrud Gnüg [Hrsg.]: Interpretationen – Liebesgedichte der Gegenwart. Stuttgart: Reclam (Universal-Bibliothek Nr. 17520), 2003.

Goethe-Handbuch. Bd. 1. Gedichte. Hrsg. von Regine Otto und Bernd Witte. Sonderausgabe. Stuttgart: Metzler und Carl Ernst Poeschel Verlag, 2004.

Mitteilungen des Deutschen Germanistenverbandes 1/2003 (Liebeslyrik), 4/2004 (Lyrik in der Schule). Aisthesis Verlag.

Marcel Reich-Ranicki [Hrsg.]: 1000 Deutsche Gedichte und ihre Interpretationen. Zehn Bände. Zweite Auflage. Frankfurt am Main und Leipzig: Insel, 1995. (Frankfurter Anthologie)

Wulf Segebrecht: Gedichte und Interpretationen. Band 3: Klassik und Romantik. Stuttgart: Reclam (Universal-Bibliothek Nr. 7892), 1984

Lexika der Symbole

Udo Becker: Lexikon der Symbole. Lizenzausgabe für KOMET Frechen. Freiburg im Breisgau: Herder, 1992.

Christoph Wetzel: Das große Lexikon der Symbole. Darmstadt: Primus Verlag, 2008.

Textsammlungen für die Schule

Siegfried Braun, Hans Lobentanzer [Hrsg.]: Deutsche Liebesgedichte. Für die Sekundarstufe. Stuttgart: Reclam (Universal-Bibliothek Nr. 9590, Arbeitstexte für den Unterricht), 1985.

Reinhard Lindenhahn, Birgit Neugebauer: Lyrik – Liebe vom Barock bis zur Gegenwart. Berlin: Cornelsen 2007 (Kursthemen Deutsch).

Adelheid Petruschke: Liebeslyrik. Stuttgart: Klett, 2006 (Editionen mit Materialien).

Lernhilfen für Schüler/innen

Kurt Binneberg: Lektürehilfen Liebeslyrik. Stuttgart: Klett, 2007.

Ursula Frank: Deutsche Liebeslyrik. Sekundarstufe II. Lektüreschlüssel für Schülerinnen und Schüler. Stuttgart: Reclam (UB 15402), 2008.

CDs

Johann Wolfgang Goethe: Und doch, welch Glück, geliebt zu werden. Rezitationen von Cornelia Kühn-Leitz. Leuenhagen & Paris, Hannover. Bestell-Nr. 203396. ISBN 3-923976-24-0.

Gabriele Kreis [Hrsg.]: Ich liebe Dich. Prominente Stimmen lesen Liebeslyrik. Hörbuch Hamburg. 3-89903-711-1.

In einem kühlen Grunde. Deutsche Volkslieder Männerchor. A Cappella. Rundfunk-Jugendchor Wernigerode. Deutsche Schallplatten. DS 1095-2. P & C 2006 B.T.Music.

Des Knaben Wunderhorn. Alte deutsche Lieder. Rundfunk-Jugendchor Wernigerode. Deutsche Schallplatten. DS 1090-2. P & C 2004 B.T.Music.

Schubert-Lieder. Anne Sofie von Otter (Mezzosopran), Bengt Forsberg (Piano). Deutsche Grammophon Hamburg. Nr. 453 481-2.

Franz Schubert. Lieder. 2 CD. Frechen: Delta Music, 2004. Digital Capriccio DDD 51174.

Schubert – Schumann – Mendelssohn Bartholdy: Lieder nach Gedichten von Heinrich Heine. Christoph Prégardien (Tenor), Andreas Staier (Fortepiano). deutsche harmonia mundi. C & P 1994 BMG (Bertelsmann Music Group) Music. 05472 77319 2.

Ich liebe dich. Fritz Wunderlich singt die schönsten romantischen Lieder. P 1966 Polydor International GmbH, Hamburg. Deutsche Grammophon Favorit. Stereo 427 017-2.

Comedian Harmonists: Muss i denn zum Städtele hinaus. Delta Music Frechen 2004. Nr. 13817.

EinFach Deutsch

Unterrichtsmodelle

Herausgegeben von Johannes Diekhans

Ausgewählte Titel der Reihe:

Unterrichtsmodelle – Klassen 5–7

Germanische und deutsche Sagen
91 S., DIN A4, kart.   Best.-Nr. 022337

Otfried Preußler: Krabat
131 S., DIN A4, kart.   Best.-Nr. 022331

Unterrichtsmodelle – Klassen 8–10

Gottfried Keller: Kleider machen Leute
64 S., DIN A4, geh.   Best.-Nr. 022326

Das Tagebuch der Anne Frank
112 S., DIN A4, kart.   Best.-Nr. 022272

Friedrich Schiller: Wilhelm Tell
90 S., DIN A4, geh.   Best.-Nr. 022301

Unterrichtsmodelle – Gymnasiale Oberstufe

Barock
152 S., DIN A4, kart.   Best.-Nr. 022418

Romantik
155 S., DIN A4, kart.   Best.-Nr. 022382

Lyrik nach 1945
189 S., DIN A4, kart.   Best.-Nr. 022379

Bertolt Brecht: Leben des Galilei
112 S., DIN A4, kart.   Best.-Nr. 022286

Georg Büchner: Dantons Tod
143 S., DIN A4, kart.   Best.-Nr. 022369

Georg Büchner: Woyzeck
115 S., DIN A4, kart.   Best.-Nr. 022313

Friedrich Dürrenmatt: Der Besuch der alten Dame
124 S., DIN A4, kart.   Best.-Nr. 022417

Friedrich Dürrenmatt: Die Physiker
102 S., DIN A4, kart.   Best.-Nr. 022407

Theodor Fontane: Effi Briest
140 S., DIN A4, kart.   Best.-Nr. 022409

Theodor Fontane: Irrungen, Wirrungen
89 S., DIN A4, kart.   Best.-Nr. 022388

Max Frisch: Homo faber
88 S., DIN A4, geh.   Best.-Nr. 022315

Johann Wolfgang von Goethe: Faust I
145 S., DIN A4, kart.   Best.-Nr. 022277

Johann Wolfgang von Goethe: Die Leiden des jungen Werthers
128 S., DIN A4, kart.   Best.-Nr. 022365

Gerhart Hauptmann: Die Ratten
122 S., DIN A4, kart.   Best.-Nr. 022427

E.T.A. Hoffmann: Der Sandmann
123 S., DIN A4, kart.   Best.-Nr. 022357

Franz Kafka: Erzählungen
ca. 128 S., DIN A4, kart.   Best.-Nr. 022422

Franz Kafka: Der Prozess
143 S., DIN A4, kart.   Best.-Nr. 022363

Heinrich von Kleist: Michael Kohlhaas
100 S., DIN A4, kart.   Best.-Nr. 022349

Gotthold Ephraim Lessing: Emilia Galotti
141 S., DIN A4, kart.   Best.-Nr. 022279

Robert Musil: Die Verwirrungen des Zöglings Törleß
153 S., DIN A4, kart.   Best.-Nr. 022400

Friedrich Schiller: Don Carlos
182 S., DIN A4, kart.   Best.-Nr. 022420

Friedrich Schiller: Die Räuber und andere Räubergeschichten
134 S., DIN A4, kart.   Best.-Nr. 022343

Christa Wolf: Kassandra
109 S., DIN A4, kart.   Best.-Nr. 022393

Schöningh Verlag
Postfach 2540
33055 Paderborn

Schöningh

Fordern Sie unseren Prospekt zur kompletten Reihe an:
Informationen 0800 / 18 18 787 (freecall)
info@schoeningh.de / www.schoeningh-schulbuch.de